그린뉴딜과 집단에너지

그린뉴딜과 집단에너지

조형희·윤종헌·이　찬·정재동·이재용·홍희기
배성호·이명주·왕광익·유기영·임용훈·심상준

'그린뉴딜'은 한국판 뉴딜의 핵심축으로 기후변화에 대응하고 경제성장을 꾀하고자 하는 정책입니다. 현재의 '탄소의존 경제'에서 산업체계 개선 및 미래기술 개발을 통해 '저탄소 경제'로의 패러다임 전환을 의미합니다. 특히 탄소의 순배출을 0으로 하는 넷제로 사회로의 변혁을 위해 탄소중립 목표를 전 세계가 추진하는 가운데, 그린뉴딜은 그 기반을 갖추고 실행하는 주요 전략입니다.

우리나라도 지난해 10월 '2050 탄소중립'을 선언하고 전 분야가 도전하고 있습니다. 집단에너지사업도 이에 대응하여 수소 등 신재생에너지와 미활용에너지의 활용을 확대하고, 디지털 기술을 융합하여 수요관리 역량을 높이는 등 노력을 기울이고 있습니다. 집단에너지사업은 다수의 이용자에게 열과 전기를 공급함에 있어 버려지는 에너지를 회수하여 사용하기 때문에 효율적인 에너지원입니다. 집단에너지사업법 제1조 목적에서도 볼 수 있듯이 이러한 특성때문에 기후변화 대응 수단으로 도입되었고, 여전히 유효한 수단입니다. 서울 등 6개 광역지자체에서 집단에너지를 지역에너지전환의 주요 수단으로 꼽았고, 독일, 영국, 덴마크에서도 지속가능성을 확보하고 탄소중립 달성을 위한 수단으로써 집단에너지를 활용하고 있습니다.

더 깨끗한 에너지를 공급하기 위해서는 기존의 집단에너지 사업 모델에 다양한 기술을 접목하여 돌파구를 마련하는 노력이 필요한 시점입니다. 이에 집단에너지연구회원 및 각 분야 전문가의 견지로 다양한 기술을 융합하고, 그 가능성에 대해 공감대를 나누고자 합니다.

이 책의 1부에서는 지속가능한 집단에너지사업을 위한 에너지전환 기술 및 에너지 효율과 소비자의 편리성을 높일 수 있는 기술에 대해 다루고 있습니다. 2부에서는 탄소중립 실현의 수단으로 탄소 저감 적용기술, 신재생에너지와의 융합기술에 대해 다루고 있습니다. 미래의 집단에너지는 저탄소 에너지 공급을 위해 기존 인프라를 스마트하게 개선하고, 비화석 에너지원을 활용한 안정적 에너지 공급 기술이 적용될 것입니다. 이미 구축된 집단에너지 열병합발전 및 배관망 인프라를 기반으로 신재생에너지원이 뿌리내릴 수 있는 토대가 될 것입니다.

이 책의 출간을 위해 집필에 힘써주신 집단에너지연구회원 및 전문가, 관계자 여러분의 노고에 진심으로 감사 말씀을 드립니다. 특히 집단에너지연구회가 네 번째 출간하는 이 책이 집단에너지의 미래기술에 화두를 던지고 관심을 불러일으키는 계기가 되기를 기대합니다. 이 책을 통해 에너지 업계, 관련 산업뿐 아니라 일반 국민에게도 집단에너지에 대한 이해가 깊어지는 기회가 되기를 바랍니다.

한국지역난방공사 사장 **황창화**

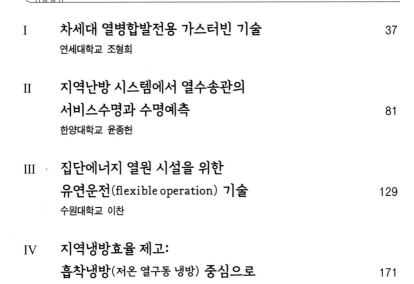

1부   지속가능을 위한 집단에너지 기술

2부 탄소중립 실현을 위한 집단에너지 기술

요 약

Ⅰ. 차세대 열병합발전용 가스터빈 기술

조형희(연세대학교)

전 세계적인 탄소중립 및 탈탄소화 정책으로 인해, 이산화탄소 배출을 저감할 수 있는 신재생에너지원의 중요성이 대두되고 있다. 하지만, 신재생에너지원은 기후와 시간에 따른 전력생산의 간헐성이 나타난다. 그러므로 지속적이고 안정적인 전력공급을 위해서는 가스터빈 발전이 신재생발전의 backup용으로 필수적일 것으로 예상된다. 또한, 파리기후협약 및 정부의 2050 탄소중립 정책으로 저탄소 전원강화(신재생, LNG 등)를 통해 온실가스 감축효과 극대화를 위한 고효율 복합발전용 가스터빈 기술이 주목받고 있다. 이로 인해 국내뿐만 아니라 세계적으로도 집단에너지 비율에서 신재생에너지와 천연가스 기반의 가스터빈 발전 비율이 점차 증가하고 있는 추세이다. 하지만, 가스터빈 발전을 집단에너지에 적용하기 위해서는 여전히 배기오염물질을 낮추는 것이 필요로 하다.

그리하여, 가스터빈 제작사들은 가스터빈 발전 배기오염물질 저감을 위한 기술 개발을 하고 있다. 최근에는 기동시간이 빠르고, 내구성이 좋은 항공용 터빈을 발전용으로 전환한 항공용 파생 가스터빈을 개발하고 있다. 항공용 파생 가스터빈은 중·소형으로 개발되는 발전용 가스터빈보다 높은 열효율, 낮은 배기오염 물질 배출량, 기동/정지가 빠른 특징으로 분산발전용 에너지공급원으로 고려되고 있다. 또한, 연료전지와 가스터빈을 결합한 하이브리드 시스템, 수소 연료를 사용하는 수소 가스터빈이 차세대 기술로 주목받고 있다. 하이브리드 연료전지-가스터빈 시스템은 복합 열효율을 70%까지 높일 수 있는 동시에, 대기오염물질 배출량을 크게 줄일 수 있는 장점이 있다. 또한, GE, Siemens, MPW 등 선진 가스터빈 제작사들은 기존에 제작된 연소기에 수소를 주입하여 수소-천연가스 혼소용 가스터빈 연구를 수행 중에 있다.

궁극적으로 가스터빈 제작사들은 100%의 수소 연료를 사용할 수 있는 가스터빈을 개발하는데 목표를 두고 있다. 이는 모든 국가들이 탄소중립 정책을 시행하기 위해서 온실가스배출 감축을 목표로 하고, 그 요구조건을 맞추기 위해 수소 가스터빈을 적극적으로 개발을 하고 있으며, 성능과 안정성을 검증하기 위한 실증 프로젝트를 진행하고 있다. 따라서 국내에서도 수소 경제 로드맵을 통해 수소를 활용한 친환경 에너지 정책에 맞는 수소 가스터빈 개발이 요구된다. 탄소중립 정책과 안정적인 에너지 공급을 위해서 신재생에너지와 가스터빈을 혼합한 하이브리드 형태의 집단에너지 운영 플랫폼 구축이 전기 및 열의 안정적 공급에 적합한 방식으로 운전될 것으로 예상된다.

Ⅱ. 지역난방 시스템에서 열수송관의 서비스수명과 수명예측

윤종헌(한양대학교)

지하매설물에 대한 안전관리 중요성이 증대되고 있는 현 시점에서, 열수송관은 47% 이상이 15년 이상 사용된 노후배관이므로, 합리적인 교체시기를 예측하는 것이 매우 중요한 이슈사항으로 대두되고 있다. 하지만, 열수송관은 작동환경에 따라 다른 노화 경향을 보인다.

관계자가 업무하는 평일 낮 시간에만 열이 공급되는 관공서는 온도 편차가 크게 나타나며, 평균온도가 낮게 측정되는 현상을 보인다. 반면에 24시간 거주자가 온수를 필요로 하는 일반 거주지는 온도 편차가 적고, 평균 온도가 높게 측정되는 현상을 보인다. 관공서와 일반거주지에서 얻은 시편으로 열-기계적 물성 평가를 진행한 결과, 온도 편차가 클수록 열 수축과 팽창으로 인해 기계적 노화를 가속화 하여 셸 격벽 두께가 보다 빠르게 감소하며 평균 온도가 높을수록 화학적 노화를 가속화 하여 주요 작용기가 감소하는 경향을 보인다. 또한, 열수송관의 보온재 발포과정에서 발생하는 폴리우레탄폼의 밀도차이는 열수송관의 초기 물성의 편차마저 유발하기 때문에 잔여수명의 예측은 단순히 한 가지 변수만을 사용하여 예측하는 것이 불가능하다. 열수송관의 노화에 영향을 미치는 인자로는 평균온도, 온도편차, 산화, 토압, 피로, 시간, 가수분해 등이 있으며, 모든 영향인자는 독립적으로 작용하기도 하고, 서로에게 영향을 미치기도 한다. 이러한 이유로 아레니우스식에 기반 하여 화학적 노화에 대한 단일 변수만을 고려하는 기존의 열수송관 수명예측 방법은 정확도가 떨어질 수밖에 없으며, 이를 해결하기 위한 새로운 수명예측 방법의 제안이 필요하다.

머신러닝을 이용하여 열수송관의 노화에 영향을 미치는 다수의 영향변수가 갖는 상관관계를 기계 학습하여 잔여수명을 예측할 경우, 해당 방법을 도입한 세계 최초의 기관이 될 수 있다. 사람이 알 수 없을 정도로 다수의 영향변수가 갖는 복잡한 상관관계를 예측하기 위해 발전되고 있는 머신러닝 기술은 열수송관의 잔여 수명예측에 적합하다고 판단하고 있다. 열수송관의 작동환경과 초기 물성 편차 등 모든 변수들을 고려한 새로운 잔여수명 평가 방법의 제안으로 2018년 발생한 백석역 사고와 같은 인명피해를 사전에 방지할 수 있으며, 약 8,556km에 달하는 열수송관을 효율적으로 교체하여 국고가 낭비되는 것을 방지할 수 있을 것으로 기대된다.

Ⅲ. 집단에너지 열원 시설을 위한
유연 운전(flexible operation) 기술

이　찬(수원대학교)

기존의 화석연료 기반 가스터빈 복합 및 열병합, 석탄화력 설비들은 대부분이 기저부하(base-load)용이므로 정격 출력에서 최대의 효율을 달성할 수 있도록 설계되어 운영되는 설비이며, 대형 설비이기 때문에 부하변동률도 크지 않게 설계되어 있다. 그러나 이러한 기존의 화력 발전소/열병합 설비들이 앞으로는 재생에너지 부하변동에 신속히 대응하기 위해서 좀 더 유연한 운전(flexible operation) 특성을 가져야 하고, 이를 위해서는 기존 설비들의 개조(retrofit) 및 개량(improvement)과 그에 따른 새로운 운전 기술의 개발/적용이 이루어져야 함을 알 수 있다. 이러한 재생에너지 부하변동에 대응하는 기존 에너지설비의 새로운 운전 기술을 유연 운전기술(flexible operation techniques)이라 칭하며, 최근 들어 유럽 및 미국의 다수의 발전, 열병합 산업체에서 다양한 유연 운전기술에 대한 연구/개발과 그에 따른 실증 적용이 활발히 이루어지고 있다.

그러므로 최근에 관심이 집중되고 있는 유연 운전기술들을 소개하고자 한다. 이를 위해서, 먼저 유연 운전기술의 주요인자와 기준을 정의하고, 유연 운전기술의 종류와 특징을 요약하여 설명하고자 한다. 그리고 소개한 유연 운전기술들이 석탄화력, 가스화력(가스터빈, 복합발전 및 열병합)

설비들에 어떻게 적용되고 있는 지를 소개하고, 유연 운전기술의 적용에 따른 효과들도 검토하고자 한다. 이와 더불어, 최근에 국내, 외 산업 현장에서 이루어지고 있는 유연 운전기술 프로젝트들을 소개하고, 이러한 성공 사례들이 향후 이루어질 국내 화력 발전소 및 열병합 플랜트의 유연성(flexibility) 제고에 어떠한 시사점을 주는지도 설명하고자 한다.

IV. 지역냉방효율 제고:
흡착냉방(저온 열구동 냉방) 중심으로

정재동(세종대학교)

냉방은 난방, 물, 전기와는 달리 기본적인 수요가 아닌 고급 또는 추가적인 수요로 인식되는 경우가 많다. 하지만, 건물 냉방 필요성은 여러 지역에서 측정된 냉방 일수 증가로 알 수 있듯이 기후 변화로 인해 더욱 가속화될 것이다. 지역난방의 개념, 장점, 시스템 최적화 등에 대해서는 많은 논의가 이루어졌지만, 지역냉방 시스템에 대한 연구는 부족한 실정이다. 오늘날 단열로 인해 난방보다는 냉방 이슈가 갈수록 중요해지고 있고 냉방수요증가 및 냉방에서 전기가 차지하는 비율이 커지고 있는 추세에서 지역냉방에 주목할 필요성 있다.

기존의 집단에너지 냉방 열원공급 사업의 95℃이상 열원은 흡수식 냉동기로 사용되고 있지만 집단에너지 공급시설 또는 산업공정에서 발생되는 비교적 낮은 60~80℃의 저온열원은 국내 하절기 냉방활용기술이 전무한 상황으로 사용처가 없어 전량 방출 및 냉각 폐기되고 있다. 또한, 중대형 건물은 흡수식 냉방시스템이, 주택용은 제습식 냉방 시스템이 보급되기 시작했지만 중소형 건물에 적합한 냉방방법에 대한 부재로, 흡착냉방기술에 대한 현황, 작동원리, 기술적 이슈 등에 대한 소개가 이루어졌다.

흡착식 냉동기의 보급에 보다 큰 문제는 상대적으로 큰 시스템 크기

일 것이다. 근래 다양한 사이클 개발로 효율은 많이 향상 되었으나 보다 콤팩트하고 신뢰성을 높이기 위해서는 각 요소기기, 특히 흡착탑의 고효율화가 필요하다. 흡착탑의 효율 향상 방안으로는 1) 흡착탑의 코팅을 통한 열전달 향상, 2) 흡착제 개발, 3) 흡착탑 최적화와 더불어 4) 하이브리드 시스템개발 등이 있을 수 있다.

몇 가지 열구동 냉동 방법 중에 각 기술이 적용될 수 있는 환경이 다르고, 각각의 장단점이 존재하므로 어느 한 방법만이 좋다고는 할 수 없다. 각 냉방방법이 가지는 상대적인 우위의 영역이 존재한다. 지역냉방에 적용함에도 냉방규모에 따라 적절한 시스템이 선택되어야 하고, 이를 위해서는 다양한 조건에 대응할 수 있는 기술개발이 이루어져야 한다.

흡착냉방기술은 35kW급 저온수 구동으로 한국지역난방공사 수원사업소에 시범 설치, 적용되었다. 최근 하이브리드 시스템으로 구성하여 기존의 문제점을 점차 극복하고 실용화에 가깝게 접근하는 연구가 이루어지고 있고, 차후 많은 관심을 가질 필요가 있다.

V. 지역난방 열사용시설을 위한 디지털화(Digitalization) 기술

이재용(한국에너지기술연구원)

정부와 산업계는 데이터 확보의 중요성을 인식하고 에너지 분야의 디지털화(Digitalization) 및 디지털 전환(Digital transformation)을 위한 활발한 움직임을 보여주고 있다. 최근 데이터 수집용 하드웨어의 성능향상 및 가격 하락과 스마트폰 사용의 보편화로 사람과 장치 간의 연결성이 향상되면서 데이터 수집량이 급격히 증가하고 있다. 이와 더불어 기계학습 등 다변수 분석 기법이 빠르게 발전하고 데이터를 이해하는 수준(Data literacy)이 높아지면서 다양한 분야에서 디지털화 및 디지털 전환에 큰 변화의 시기를 맞이하고 있다.

집단에너지 분야에서도 에너지산업의 디지털화 추세에 맞춰 열사용시설 대상의 디지털화를 통해 집단에너지 공급사, 건물 관리자 및 사용자에게 각종 편익을 제공할 수 있는 기법이 소개되고 있다. 하지만 디지털화 이전 단계인 디지털 변환(Digitization)이 필요한 곳의 비중이 여전히 높으며, 일부 디지털화가 이루어진 열사용시설에서도 데이터의 품질이 분석 가능한 수준에 미치지 못하거나, 수집된 데이터에 가치를 부여하지 못하고 버려지는 경우가 많다. 이렇듯 아직 지역난방 분야의 디지털화 및 디지털 전환을 위한 데이터 수집과 활용에 대한 노력이 더욱 필요한 상황이다.

　가정 부문 에너지 사용량의 70~80%를 차지하는 열에너지의 적정 관리를 위해서는 건물 부문 수요관리 및 디지털화 정책이 보다 적극적으로 시행될 수 있도록 사업자의 적극적인 수용과 정부의 정책적 지원이 필요하다. 지금은 디지털화에 의한 설비의 단순 효율 개선 효과를 넘어서 디지털 전환을 통해 새로운 형태의 비즈니스 모델을 개발하여 높은 부가가치 창출 및 새로운 시장 개척의 기회를 찾을 시점이다.

VI. 4세대 지역난방에 신재생 열에너지의 활용

홍희기(경희대학교)

　　국내 지역난방 사업은 여러 가지 요인으로 인해 어려움을 겪고 있다. 더욱이 지역난방 운영의 세계적인 추세는 건물의 단열효율을 향상시켜 열 사용량을 줄이고, 공급온도를 낮추어 열 손실을 줄이며, 신재생에너지 및 미활용에너지를 활용하는 등의 방향으로 전환되고 있다. 이러한 현재 지역난방의 경향을 4세대 지역난방이라고 부르는데, 궁극적으로 우리나라도 4세대 지역난방을 구축해야 한다는 의견이 제기되고 있다. 4세대 지역난방의 큰 목표는 세 가지로 나타낼 수 있다. 첫째로 4세대 지역난방에는 기존의 중앙 집중 방식의 열원만으로 열을 공급하는 것이 아닌 신재생에너지원을 사용하여 온실가스 배출량을 줄이거나, 신재생에너지원만으로 열을 공급하는 등의 시도들이 나타난다. 둘째로 열병합발전, 보일러 등 중앙열원에서 생산하여 사용자에게 공급하는 열의 온도를 기존보다 저온으로 혹은 신재생에너지원의 열 생산온도 수준으로 감소시키는 것이 4세대 지역난방의 최근 경향이다. 마지막으로 스마트 열 그리드(Smart Thermal Grid)를 도입하는 것이 4세대 지역난방의 최종 단계이다.

　　정부는 제1차 기후변화대응 기본계획을 위해 첫 번째 과제로 신재생에너지 보급 확대에 두고 있다. 이는 에너지 및 산업공정 분야의 온실가스 배출량이 국가 전체의 94.7%를 차지하고 있어 그 파급효과가 지대하기 때문이다. 신재생에너지 발전 비중을 2034년까지 25.8%로 확대하는 내용을 담은 '제5차 신재생에너지 기술개발 및 이용·보급 기본계획(이하 5차 기본계획)'을 확정했다. 따라서 4세대 지역난방으로 지칭되는 새로운 지역난방 시스템에서는 이런 사항들을 충족할 수 있도록 해야 한다.

해외에서는 주로 바이오에너지와 폐기물에너지를 주로 활용하고 있으나, 우리 실정에는 태양열, 지열, 연료전지 그리고 수열 등이 가능성 있어 보인다. 이 중 태양열은 공급에 간헐적인 단점이 있으나, 연료전지와 수열, 지열은 시간에 제약없이 열원의 활용이 가능해 적절히 혼합하여 시너지 효과를 낼 수 있을 것으로 판단된다. 신재생열에너지는 기본적으로 저온열 획득에 유리하며, 저온열원 공급으로 낮은 열수요에 맞춰 50~60℃ 가량의 열을 공급하고 30℃ 내외로 회수하는 4세대 지역난방에 매우 잘 부합된다. 또한 기존의 CHP와 신재생에너지 모두 분산형 특성을 갖는 시스템인 만큼, 신재생열에너지를 활용한 CHP를 통해 동반성장이 가능할 것으로 전망된다.

Ⅶ. 분산에너지로서의 스마트 집단에너지 기술

배성호(한국에너지기술평가원)

그린뉴딜과 탄소중립 실현 등 에너지 패러다임의 전환에 발맞춰 분산에너지의 역할이 강화될 전망이다. 대표적인 분산에너지인 집단에너지는 같은 양의 연료로 열과 전기를 동시에 생산하기 때문에 에너지 효율을 높이고 온실가스를 감축하는데 기여하고 있다. 그러나 최근 온실가스 배출 증대에 따른 기후변화의 영향에 대응하기 위해 국가 차원의 환경규제가 점차 강화되고, 보다 구체화되면서 천연가스, 석탄 등 화석연료를 주요 연료로 사용하는 기존 국내 열병합발전의 열공급시스템에 대한 지속적 확산은 한계에 직면할 것이다. 집단에너지의 지속가능한 친환경 에너지 시스템으로의 전환이 불가피하며, 이는 최근 급속히 성장하고 있는 재생에너지와의 연계, 기존 집단에너지의 보다 더 유연하고 지능적인 시스템으로의 기술적 업그레이드 등 이를 촉진하는 혁신적 기술개발이 필요한 시점이다.

최근 전 산업계에서 불고 있는 4차 산업혁명 기반기술들이 에너지산업에 접목하면서 에너지산업의 스마트화가 진행되고 있다. 집단에너지 분야도 IoT기술을 융합하여 스마트발전소, 가상 네가와트/네가히트 시스템, 전기/열 통합그리드, 지능형 열수송/저장시스템, 지능형 에너지관리

시스템 등이 실현 가능할 것으로 기대된다. 또한 에너지공유사회에 대응하는 열에너지 거래시스템 및 거래기반 구축, 분산에너지 확산에 따른 통합 관리시스템, 소비인식전환 기반의 지능형 에너지관리, 디지털기반 플랫폼 등과 같이 미래사회 에너지시스템 변화에 따른 새로운 비즈니스 모델을 위한 혁신적인 기술개발이 요구된다.

집단에너지의 스마트화는 기존 시스템을 보다 더 유연하고 안정적이며 지능적으로 업그레이드하여 경쟁력을 높이고 미래 분산에너지 시스템의 핵심 요소로 자리매김하는데 기여할 것이다.

Ⅷ. 제로에너지주택 보급 확대를 위한 제4세대 지역난방의 활용 제안

이명주(명지대학교)

　　세계적으로 온실가스 감축은 각 부문별로 2050년 탄소중립에 맞추어 국가 정책은 물론 국민들의 실천 방안까지 포함하여 수립하고 있다. 한국도 세계적인 추세에 맞추어 2050년 탄소중립을 선언했다. 아직 시간이 많이 남았다고 생각할 수 있으나, 지속적으로 지구의 대기온도가 상승하고 있고 기상이변도 온난화 방향으로 일어나고 있으므로 탄소배출 감축은 지금 강력하게 추진해도 시간이 촉박하다. 특히 건축물은 한 번 짓고 나면 거의 30년 가까이 지속이 되므로 짓기 전에 제로에너지건축물로 설계를 하고 시공을 해야 한다.

　　노원 제로에너지 주택단지는 국토교통부와 국토교통과학기술진흥원이 발주하고 노원구청, 서울시 그리고 명지대학교 연구단이 완공시킨 국내 최초 제로에너지 주택단지(노원이지하우스)이다. 명지대학교 IT &제로에너지건축센터는 노원구청과 한국지역난방공사의 지원을 받아 2018년 이후로 지금까지 노원이지하우스를 열과 전기에너지를 분리하여 모니터링하고 있다. 현재까지의 열에너지 사용량을 추적한 결과, 난방에너지 사용량은 기존 건축물에 비해 거의 절반 이하로 줄어들었지만, 급탕용 온수 사용량은 별로 차이가 나지 않고 있다. 온수 사용량이 줄지 않는 상황에서 재생에너지인 지열시스템만으로 열에너지를 공급한다고 가정했을 때, 시설 노후화 또는 시스템의 결함이 발생하면 온수 공급이 원활하지 않게 되어 민원이 발생할 수 있다. 이러한 상황을 대비한다면 기존 지역난방이 공급하는 온도보다 낮은 온도로 공급할 수 있고, 1차에너지 환산계수도 화석연료에 비해 낮은 '제4세대 지역난방'을 연구와 실증을 통해 상용화 모델로 정착시킬 필요가 있다. 이는 향후 대규모 주택단지를 제로에너지 주택단지로 만들고 이를 통해 2050 대한민국 탄소중립 달성을 견인하는 청정열 에너지공급 전략이라고 할 수 있다. 왜냐하면 기존 방식의 신재생에너지만으로 주거단지에서 사용하는 열에너지를 안정적으로 충당시킬 수 없기 때문이다. 분산형 열원인 '지열시스템과 결합된 제4세대 지역난방 '공급방식을' 한국형 열에너지 공급시스템'으로 하루빨리 받아들이고 연구개발을 진행한다면 온실가스 감축량도 줄이면서 주민의 삶의 질을 향상시킬 수 있을 것이다.

IX. 스마트 그린시티 시대의
   수소기반 집단에너지의 추진방향

왕광익(그린디지털연구소)

 화석연료에 의한 탄소배출로 지구온난화와 기후변화, 대기오염 등의 문제점이 심각하게 발생하여 세계적으로 청정연료로 에너지 패러다임 전환의 필요성이 대두되고 있으며 이를 동시에 해결할 수 있는 저탄소 청정에너지원으로 수소가 유력한 대체제로 새롭게 조명되고 있다. 이와 함께 도시에서도 다양한 도시문제를 해결하고자 스마트 그린시티와 수소도시를 적극적으로 추진하고 있다. 특히, 정부는 수소도시를 구축하여 수소를 주된 에너지원으로 활용하면서 도시경제 및 시민 생활에 근본적 변화를 초래하는 건강하고 깨끗한 도시를 만들고자 하나 사업 초기에 여러 기술적 제약과 안전성에 대한 우려가 있어 도시 전반에 바로 적용하기에는 위험성이 많아 시범적으로 운영 기술을 실증하기 위해 수소시범도시 추진 전략을 수립('19.9)하여 수소시범도시 3개소(울산, 안산, 전주·완주)와 R&D특화도시 1곳(삼척)을 선정하여 도시 활동의 핵심인 주거와 교통, 인프라 및 지역 산업과 연계한 특성에 따른 특화사업을 '20~'22년까지 3개년간 조성 및 실증 추진 중에 있다.

 이러한 패러다임 변화에 따라 집단에너지도 변화가 필요하다. 집단에너지사업 입장에서 현재 직면한 RPS, 온실가스 배출 규제, 향후 도입될 것으로 예상되는 미세먼지 배출 규제 등 복잡한 현안 해결과 지속적인 사업의 성장동력 확보를 위해 친환경 수소에너지 기반의 차세대 집단에너지 사업 모델로의 과감한 전환을 고려해 볼 필요가 있다. 따라서, 수소 기반 친환경에너지 생산, P2G(Power to Gas)를 이용한 수소와 이산화탄소 자원화 이용, 메탄화 반응 폐열 활용을 통한 풍부한 재생에너지 열원 확보 등 미래 수소 사회로의 진입을 주도할 수 있는 집단에너지가 필요하다.

향후 수소에너지 기반 분산형 집단에너지로의 지속적인 발전을 위해서는 ①4세대 지역난방 및 스마트히트그리드 확대 등 분산형 집단에너지 활성화 추진, ②수소에너지 사회로의 전환을 위한 수소 서브스테이션을 통한 집단에너지 공급 추진, ③전력, 온열 및 냉열, 연료 등의 수요 모델이 포함된 통합 에너지 그리드 운영플랫폼 기반의 에너지 운영 최적화 등과 같은 방향성을 가지고 끊임없는 노력이 필요하다.

X. 쓰레기매립지 갈등과 SRF 열병합발전
: 수도권 사례를 중심으로

유기영(서울연구원)

인천시의 2025년 수도권매립지 사용종료, 정부의 2026년 수도권 생활쓰레기 직매립 금지 발표로 수도권 3개시도는 대체매립지와 소각시설 같은 중간처리시설을 동시에 확보해야 할 상황에 놓여있다. 본 장은 3~8개 자치구가 공동이용하는 서울의 4개 대형 소각시설이 과거 서울의 신도시지역에 건설된 점에 착안하여 "수도권 신도시지역 SRF 열병합발전" 적용모델과 구현을 위한 정책방안을 제시하는 데에 목적을 두고 있다.

2019년 수도권매립지에 반입되는 생활쓰레기는 하루 2,154톤이고, 91%에 이르는 가연물 함량, 발열량이 높은 플라스틱류의 증가, 수분이 많은 음식물류폐기물 감소 등 갈수록 질적으로 연료로써 활용에 유리해지고 있다. 우리나라의 SRF 열병합발전은 2008년 국제유가 급등, 국제적인 탄소배출 저감 노력에 기반하여 정책적으로 시작되었다. 사업초기 정부의 SRF 제조시설·사용시설 관리기준 마련과 SRF발전에 최대 0.5 신재생에너지 가중치 부여에 힘입어 원주, 부산, 포항 사례 같은 시설들은 안정적으로 운영 중이다. 반면 일부사업은 어려움을 겪고 있는데 ①SRF 연소에 따른 환경피해 우려, ②소각시설과 다른 SRF발전시설 주변지역 지원 차이, ③타 광역자치단체 SRF에 대한 주민들의 거부감 ④수익성 악화 등이 주요 이슈들이다.

수도권 신도시지역 SRF열병합발전 모델은 광역협력사업의 일종으로서 소정의 요건을 갖추어야 가치가 있다. 품질기준에 맞는 SRF를 타지자체와 갈등 없이 생산할 수 있도록 생활쓰레기 발생 지자체 관내에 생산시설을 구비해야 한다. SRF열병합발전시설은 일 350톤 SRF 연소, 유동상식 연소로, 75%이상 에너지 회수, 10MW이상 발전 등의 능력을 갖추고, SRF 반입료 징수를 통해 소각시설에 준하는 주민지원기금 조성해야 한다. 이 SRF열병합발전 모델은 생활쓰레기 직접 소각과 비교하여 생활폐기물 재활용 확대, 환경오염물질 제어, 에너지 회수 면에서 당연히 우위에 있다.

하지만 이 모델이 실제로 구현되려면 지금까지와는 다른 사업추진 방식과 정책이 요구된다. 사업자는 주민들이 부정확한 정보와 오해에서 벗어나도록 SRF열병합발전에 관한 정확한 정보를 제공해야 한다. SRF반입 지자체는 소각시설에 준하는 주민지원기금 조성되도록 합당한 비용을 부담하고, 정부는 SRF제조·사용시설에 대한 재정지원을 이전 수준으로 복원해야한다. 특히 수도권매립지 사례처럼 환경부장관과 수도권 3개시도지사는 수도권 신도시지역 SRF열병합발전에 관한 합의서를 작성하여 사업추진기반을 공고히 할 필요가 있다.

XI. 재생에너지를 활용한 그린 집단에너지 기술

임용훈(숙명여자대학교)

정부는 제9차 전력수급기본계획, 제3차 에너지기본계획을 통해 친환경 재생에너지와 분산에너지 중심의 새로운 에너지생태계 마련을 위해 고심 중이며, 세부 실행계획으로 분산에너지 활성화 로드맵을 수립, 지역에너지 자립 강화, 신시장·신사업 창출 중심으로 분산에너지 활성화를 본격화할 것으로 전망되고 있다. 이에 따라 집단에너지 사업자로서는 정부의 탈석탄 에너지전환 및 기후변화 대응 친환경 에너지 정책 기조에 부합할 수 있는 실효적인 대응방안 마련을 통한 대응전략 수립이 시급하다.

일련의 정부 정책에 따른 재생에너지 중심의 분산에너지 보급 확대 시, 전력계통 안정성 확보 차원에서의 대응방안 마련과, 기후변화 영향으로 강도 및 발생주기가 증대되고 있는 자연재해로부터의 전력망 손상에 따른 회복탄력성 문제 등이 국가 전력산업 측면에서의 주요한 이슈로 대두될 것으로 전망되므로 기후변화 대응으로 급변하는 대내·외 사업환경 변화에 부합하여 집단에너지 사업 측면에서는 전통적인 집단에너지 사업의 편익이라 할 수 있는 ① 에너지절감 및 환경개선 편익, ② 고효율성 기반 사업자 및 사용자 운영비용 편익 이외에, 기후변화로 인해 점차 그 규모 및 발생횟수가 증가하고 있는 태풍, 홍수 등 재난·재해에 따른 블랙아웃(Black-out) 등 국가적 전력망 피해 상황 손실을 최소화하기 위한 리질리언스(Resilience; 회복탄력성) 확충 편익, 그리고 재생에너지 비중 확대(2035년 최대 40%)에 따라 필연적으로 수반되는 전력계통 불안정성을 흡수할 수 있는 Power to Heat(P2H), Power to Gas(P2G) 기술을 활용, 전력계통 변동성 해소 편익이 기대되는 『재생에너지 기반 분산형 마이크로 집단에너지』 신사업 추진을 통해 집단에너지 사업의 활로를 모색할 필요가 있다.

특히 전 세계적으로 재생에너지 보급 확대에 따른 새로운 문제점으로 전력계통 안정성 문제가 심각하게 대두되고 있으며, 태양광, 풍력 등은 기상상태에 따라 가동시간이 간헐적으로, 주파수 추종 운전이 불가하고, 전력 역조류, 고조파, 전압 상승 등의 부작용 발생이 지적되고 있음에 주목할 필요가 있다.

대규모 열 수요처와 열 공급 네트워크 인프라 및 대용량 축열조 설비를 갖추고 있는 집단에너지 시스템은 재생에너지원의 변동성에 따른 전력계통 진입 불가시, 현행의 출력 제한방식 대신 에너지저장이 용이한 열에너지로 전환·이용(Power to Heat)하거나 재생전력의 전기분해와 기존 열병합발전 설비에서 배출되는 온실가스인 CO_2를 활용할 수 있는 에너지저장 개념의 Power to Gas (P2G) 기술과 연계성이 매우 우수한 적정 대안 기술로 큰 관심을 받고 있으며, 향후 재생에너지 보급 확대에 따른 전력계통 안정화 역할이 기대되고 있다.

XII. 탄소 제로 열병합발전을 위한 CCUS 기술

심상준(고려대학교)

　　최근 들어 정부의 「2050년 탄소 중립 선언」 이후로 에너지 수급 구조의 대대적인 변화와 산업구조의 개편을 예고한 가운데, 2018년 7월 수정 발표한 「2030 국가 온실가스 감축 기본 로드맵 수정본」에서는 에너지 부문의 경우 10.3Mt CO_2를 CCUS기술을 활용하여 감축하는 방안을 구체적으로 명시하고 있다. 한편, 「9차 전력수급기본계획-최종안」에 의하면, 중·장기적인 관점에서 석탄에너지를 신재생에너지로 대체하기 위한 과도기적 방법으로서 고효율·친환경 집단에너지 기반 LNG열병합발전의 확대가 예상되는 가운데, 향후 탄소 제로 열병합발전 달성을 위하여 LNG 열병합발전 도입 증가로 발생한 이산화탄소의 포집-저장 및 그 중 일부를 유용하게 자원으로 활용하고, 이를 통해 경제적으로 탄소 저감을 달성하는 「CCUS(Carbon Capture, Utilization and Storage)」기술의 역할 및 향방 대한 고찰이 필요하다. 현재 전 세계적으로 CCUS 기술 개발은 기술 성숙도 측면에서 상용화 근접 초기단계로, 국제적으로 실질적 탄소배출권(certified emission reduction or carbon credit)을 인정받을 수 있는 현재로서는 유일한 「CDM 방법론」에 구체적으로 명시된 기술로는 주로 광합성 생물 유래의 대기 중 CO_2 직접 이용 기술(DAC) 및 생활하수폐기물 유래 바이오에너지를 활용한 생물학적 기술들(BECCS/DACCS)과 일부 광물화/콘크리트화 기술들이 대부분이다. 그러나 「IEA 에너지기술전망 보고서」에서 향후 100년 동안 신재생에너지가 화석연료를 완전히 대체하는 데는 한계가 있을 것으로 분석함에 따라 국제적 흐름상 산업배가스(발전업체 포함) 유래 CCUS 기술들도 머지않아 국제적으로 인정받을 수 있을 것으로 사료된다. 높은 효율로 열과 전기를 동시에 생산할 수 있는 종합에너지솔루션으로서 열병합 발전 기반의 집단에너지는 화석연료 사회에서 신재생에너지 사회로의 전환에 훌륭한 가교 역할을 할 수 있는 대안으로 떠오르고 있다. 또 같은 목적, 즉 신재생에너지 기반의 탈탄소 경제 사회 구축을 두고 최근 진행되고 있는 그린 뉴딜 생태계 조성에서도 집단에너지의 역할은 적지 않을 것으로 판단된다. 하지만 여전히 열병합 발전 또한 많은 부분에서 액화 천연가스 등 CO_2-양성(CO_2-positive) 연료에 의존하고 있어 탈탄소 사회 실현에 실질적인 역할을 수행하기 위해서는 CCUS 기술과의 병합을 통해 에너지 생산에서 발생하는 대기 중으로의 CO_2 배출을 최소화해야 한다. 따라서 고효율 에너지·열원인 LNG 열병합발전을 기반으로 하는 집단에너지 시스템도 「탄소중립」의 시대적 요구에 적극 부응하여 대규모 「친환경·경제적 탄소 제로 CCUS 융합 시스템」을 구축하고, 변화하는 사회의 요구에 선제적으로 대응함으로써 국가 CO_2 감축 목표에 기여하는 동시에 탈탄소 사회 구축을 위한 그린 뉴딜에서의 그 역할을 수행해야 한다.

I

차세대 열병합발전용 가스터빈 기술

조형희

연세대학교

서론

1. 집단에너지 개요

집단에너지는 대규모 설비에서 열 및 전기에너지를 동시에 다수에게 공급하는 이점이 있어 2차 산업혁명 이후 꾸준하게 사용되어온 에너지 공급 방법이다. 집단에너지 시스템을 구성하는 열병합발전소(CHP), 열전용보일러(HOB) 등의 설비는 운전의 편이성과 높은 에너지 이용 효율로 인해 세계 각국에서 사용되고 있다. 이러한 집단에너지 설비는 지역별 냉·난방 수요를 바탕으로 대규모 지역에 24시간 연속적인 냉·난방을 가능하게 하며, 산업단지에는 저렴한 가격의 에너지를 공급하여 기업경쟁력을 강화시킬 수 있는 장점이 있다. 지금까지 집단에너지 설비 에너지원으로 대부분 화석연료가 사용되어 왔으나, 최근 세계 각국에서 탄소중립(Net-zero CO2) 정책이 진행됨에 따라 집단에너지 사업도 큰 전환점을 맞고 있다.

　이미 선진국에서는 화석연료를 온실가스 배출의 주범으로 지목하고 이를 저감하기 위해 탄소중립을 국가 아젠다로 선언하였다. 2017년부터 영국, 프랑스, 스웨덴, 덴마크, 헝가리, 뉴질랜드 등 6개국이 "탄소중립(온실가스 순배출이 '0' 인 상태)"을 법제화 하였으며, 최근에는 유럽연합(EU), 일본, 미국 등 주요국들도 2050년까지 탄소중립을 선언하였다. 또한 최대 화석연료 소비국인 중국도 2060년까지 탄소중립을 선언하였다. 이러한 세계적인 변화에 발맞춰 2020년 7월 우리 정부도 "한국판 뉴딜 종합계획[1]"을 수립했으며, 저탄소 분산형에너지 확산, 녹색산업 혁신 생태계 구축, 도시공간생활 인프라 녹색전환 등을 목표로 하여, 그린 경제로의 전환을 제창하였다.

　이러한 경제구조의 저탄소화는 현재 화석연료 중심의 에너지원을 신재생에너지로 전환하는 에너지 패러다임의 전환을 의미하며, 급격한 에너지 전환정책 시기에 발맞춰 대규모 집단에너지사업은 새로운 방향 설정과 사업 변화를 모색해야 하는 시점이다. 하지만 대표적 신재생에너지원 인 풍력에너지와 태양광에너지로는 집단에너지에 필요한 열에너지(난방)를 공급하기에는 한계가 있다. 또한 태양광에너지와 풍력에너지는 기후와 시간에 따라서 간헐적으로 전력이 생산되는 단점이 있다. 따라서 지속적인 에너지 수요에 대응하기 위해서는 신재생에너지의 간헐성을 보충할 수 있고 안정적으로 전력생산이 가능한 보조(backup) 에너지원이 필요하며, 이는 적정량의 발전과 기동/정지가 용이한 가스터빈을 이용한 열병합발전방식이 가장 적절하다고 할 수 있다. 특히 집단에너지원의 역할과 분산전원의 역할을 동시에 할 수 있는 중소형 열병합발전의 개발이 요구된다. 중소형 열병합발전은 신재생에너지의 간헐성을 해결하고 상대적으로 CO_2 발생이 적어 탄소중립으로 가는 중간단계에 필수적인 기술이다.

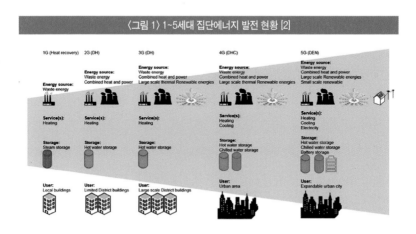

〈그림 1〉 1~5세대 집단에너지 발전 현황 [2]

이를 위해서 국가 주도적으로 다양한 기술개발 노력이 필요하며, 먼저 화력발전에서 발생하는 이산화탄소 포집기술 개발을 통한 온실가스 배출 감축, 에너지효율 개선, 그린 수소 이용 등을 적극 활용해야 탄소중립으로의 전환을 촉진할 수 있다. 궁극적으로 탄소중립 정책을 실현하기 위해서는 수소에너지를 기반으로 하는 하이브리드 연료전지-가스터빈 시스템과 수소 가스터빈 개발이 요구된다. 더불어 미래 5세대 집단에너지원은 건물에서 생산하는 에너지를 이용하는 것으로, 건물 에너지 생산의 간헐성을 고려하여 집단에너지 플랫폼을 구축해야 한다.〈그림 1〉이를 통해서 화석연료의 사용을 줄여 친환경적이면서 에너지 비용을 저감 할 수 있고, 신재생에너지의 간헐성을 극복할 수 있는 안정적인 집단에너지 운영 플랫폼을 구축하는 것이 필요하다. 이러한 기술개발을 토대로 그린 수소 기술혁신 및 상용화를 추진해 수소를 사용하는 집단에너지원으로 하이브리드 연료전지-가스터빈 시스템, 수소 가스터빈 등을 개발해 2050년에 전력 및 냉·난방 분야에서 탄소중립을 달성할 수 있는 그린 수소에너지로의 전환을 목표로 해야 한다.

이러한 상황에서 본 장을 통해 향후 집단에너지의 핵심 요소인 신재생에너지와 분산발전의 중요성과 집단에너지원의 핵심 기술인 열병합발전의 국내·외 발전 동향을 파악하고, 열병합발전의 핵심 기기인 가스터빈의 개발 동향 및 원리에 대하여 알아보고자 한다. 이를 토대로 우리나라 탄소중립 정책을 달성하기 위해 필요한 핵심 기술의 하나인 수소 가스터빈 발전 방향에 대해 알아보고자 한다.

2. 신재생에너지원의 중요성

집단에너지는 초기에 석탄을 이용한 열병합발전이 주를 이루었으나, 최근에는 가스터빈을 사용한 복합열병합발전 및 신재생에너지 설비가 빠르게 증가하고 있다. 1990년대 이후 전 세계적으로 탄소 배출량이 급격하게 증가하는 추세를 보이고 있고, 이와 같은 추세는 지속적인 인구 증가와 개발도상국의 산업발전으로 인한 탄소 배출 가속화가 원인이며, 2040년까지 탄소 배출이 지속적으로 증가할 것으로 예측되고 있다. 이를 개선하기 위해서는 화석연료 대신에 신재생에너지원을 사용하여 전기와 열을 공급함으로서 탄소 배출을 줄여야 한다. 이에 파리기후변화협약에 따라 각국에서는 화석연료 사용을 줄이고 신재생에너지 설비의 활용을 늘리고자 노력하고 있다. "BP energy outlook"에서도 제시한 바와 같이 향후 신재생에너지의 비율은 점차 증가해 2040년경에는 기존의 석탄화력발전을 대체할 것으로 예측하고 있다.〈그림 2〉

우리나라도 2020년도에 수립된 제9차 전력수급계획[3]을 통해 석탄을 이용한 화력발전의 비중을 낮추고 가스터빈 복합발전과 신재생에너지 비중을 높이는 계획을 수립하였으며, 온실가스 배출전망치(BAU; Business As Usual)를 기존 대비 37% 감축을 목표로 하였다. 뿐만 아니라 2020년 12월 발표한 "제5차 신재생에너지 기술개발 및 이용 보급 기본계획"을 통해 신재생에너지 보급을 2035년까지 총 에너지의 11%를 달성한다는 목표를 세우고 기술개발 및 보급사업에 대해 지원하고 있다.[4] 정부의 발표에 따르면 글로벌 에너지시스템에서 신재생에너지의 전력 생산이 차지하는 비중은 2040년까지 전체 전력 생산량의 약 40%를 차지할 것으로 예측하고 있다. 또한 "2050 탄소중립 정책"에서도 신재생에너지원의 중요성을 강조하였으며 이산화탄소 배출 저감을 위해 신재생에너지원의 용량 증가는 필수적이다.

화석연료가 아닌 에너지원을 대체에너지라고 통칭해왔으나, 2004년부터 "신에너지 및 재생에너지 개발·이용·보급 촉진법"에 의거하여 대체에너지를 "신에너지" 및 "재생에너지"로 구분하였고, 공급 비중을 증대시키고 있다. 국내 신·재생에너지 법에서는 3개의 신에너지원과 8개의 재생에너지원을 하나의 법률에서 규정하고 있다. "신에너지"는 기존의 화석연료를 변환시켜 이용하거나 수소·산소 등의 화학 반응을 통해 전기 또는 열을 생산하는 것을 뜻하며, "수소에너지, 연료전지, 석탄을 액화/가스화한 에너지"가 이에 해당된다. "재생에너지"는 태양, 풍력, 물, 지열, 생물유기체 등을 활용한 에너지 생산 방식을 의미한다.

이러한 분류 방식을 토대로, 정부는 2001년 수립된 "1차 기본계획(1997~2006)"과 2003년 수립된 "2차 신재생에너지 기술개발 및 이용 보급 기본계획(2003~2012)"를 토대로 신재생에너지의 보급의 중요성을 인식하고 육성하였다. 기본계획을 통해 해상 풍력, 태양광 및 연료전지 등의 신재생에너지 발전 비율을 높이기 위한 정책을 펼치고 있다. 최근 신재생에너지원 발전량을 살펴보면 그에 대한 노력을 확인할 수 있다. 2017년 대비 2019년에 신재생에너지를 이용한 발전량은 약 10,000GWh가 증가하였으며, 2017년 국내 신재생에너지원별 발전량을 보면 전체의 77%를 폐기물(51%)과 바이오(16%)에너지에서 공급되고, 나머지 23%가 태양광, 풍력, 수력, 연료전지 등을 이용한 에너지원에서 공급되었다. 따라서 폐기물의 의존도가 매우 높게 나타났다. 하지만, 2019년 10월에 기존에 인정하던 신재생에너지의 폐기물 사용 인정 범위를 개정하였으며, 비재생폐기물을 사용하여 생산하는 폐기물 에너지는 신재생에너지 항목에서 제외하도록 하였다.〈그림 3〉또한 정부는 "제5차 신재생에너지 기술개발 및 이용 보급 기본계획"을 통해 2014년 기준 전체 발전량의 4.9%인 신재생에너지를 2030년까지 21.6%까지 증가시킬 계획이며, 이를 통해 누적 온실가스 9.9톤을 감축시킬 전망이다. 이렇듯 신재생에너지는 탄소 배출량을 감소시킬 수 있는 가장 중요한 에너지원이기 때문에 향후 지역난방에서도 신재생에너지와 접목하는 방법을 개발하는 것이 필수적이라고 할 수 있다.

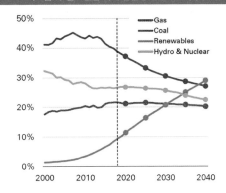

〈그림 2〉 연료원별 세계 발전량 변화 예측 [5]

〈그림 3〉 국내 신재생에너지원별 발전량 비교 [6, 7]

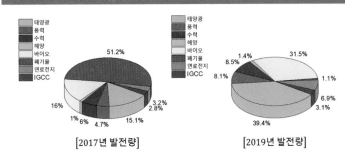

[2017년 발전량]   [2019년 발전량]

3. 분산발전의 중요성

분산발전은 중앙집중형 발전 방식에 비해 송배전 인프라 건축비용과 운영비용의 절감, 대단위 발전소 건립에 대한 부담감 감소, 에너지 손실 감소 등의 장점을 가진다. 이러한 장점 때문에 우리나라는 효율적인 에너지 사용이 가능한 열병합발전을 중심으로 하는 지역난방사업을 지속적으로 추진하였고, 1993년 집단에너지 보급을 시작으로 점차 확대하고 있다. "제5차 집단에너지 공급 기본계획"에서는 친환경에너지 전환정책에서 집단에너지의 중요성을 인식하고, 열병합발전소를 분산형 전원으로 규정하였으며, 신재생에너지를 결합한 분산형 집단에너지 설비 비율을 확대하려는 계획을 수립하였다.

이러한 집단에너지 보급은 1992~2000년의 태동기를 거쳐, 발전기, 확대기를 지나 2014~2018년 성숙기에 접어들고 있다. 새로이 수립된 "5차 집단에너지 공급 기본계획"에서는 미세먼지, 기후변화대응에 대한 국민의 관심이 커지고 친환경에너지 시설의 요구가 증대됨에 따라, 주거지 인근 발전소의 주민 수용성이 중요해지고 있다. 이에 단순 열공급이 아닌 비상시 안정적으로 전기와 열에너지 공급이 가능한 분산발전의 형태가 더욱 중요시 대두되고 있다. 미국에서 허리케인과 같은 자연재해로 인해 대규모 정전사태가 발생하게 되어, 주변 시설 및 기업에도 큰 피해를 입히는 사례가 나타났다. 하지만, 전력망에서 전력을 공급받지 않고 자가 발전을 한 골드만삭스 본사 건물은 정전이 일어나지 않아 피해를 입지 않았다. 이와 같이 효과적인 분산발전시스템을 구성한 경우 자연재해 및 사고로 인한 전력망 손상 발생 시의 불안정성을 해소하여 안정적인 에너지 공급을 받는 것이 가능하다. 이를 해결하기 위해서는 소규모의 설비 공간을 차지하는 가스터빈과 신재생에너지원을 결합한 분산발전시스템이 좋은 해결방안이 될 수 있다.

본론

1. 집단에너지원로서의 열병합발전

열병합발전은 하나의 에너지원으로부터 전기에너지와 열에너지를 동시에 발생시켜 전기와 열을 가정 및 산업단지에 공급하는 종합 에너지시스템을 의미한다. 하나의 연료로부터 전기와 열, 두 가지의 에너지원을 얻을 수 있기 때문에 고효율 에너지 통합 기술로 각광 받고 있다. 이러한 열병합발전시스템은 산업단지, 빌딩, 주택 등에 필요한 전기와 열에너지를 외부 전력회사의 수전에 의존하지 않고 자체 생산하여 공급할 수 있기 때문에 분산발전방식에 매우 적합한 방식이다.

열병합시스템은 에너지효율 측면에서 전체 에너지 활용률이 75%~90%로 매우 우수하며, 분산형 전원으로 이용하기 편리하여 하절기 전력 첨두부하(Peak-cut)용으로 안정된 전력 수급이 가능한 장점이 있다. 또한 송전에 필요한 설비비 절감과 송전 손실을 줄일 수 있고, 전력을 자체 생산함으로써 전력요금 절감 및 전력판매 수익이 가능하다. 뿐만 아니라 열병합발전에 사용되는 연료는 LNG로써 공해 배출(NOx, SOx) 저감 및 이산화탄소 발생량을 줄여 환경적인 측면에서도 큰 장점이 있다. 분산형 전원으로의 장점과 에너지 효율성 측면에서 큰 장점이 있기 때문에 국내는 물론 세계적으로도 열병합발전의 설비 비율 및 사용 비율이 증가하는 추세이다.

따라서 국내·외 열병합발전 정책 및 동향과 열병합발전 시스템을 구성하는 기기의 특징에 대해서 살펴보고자 한다. 또한 핵심기기인 가스터빈의 개발 동향에 대해서 살펴보고 앞으로 나아가야 할 방향에 대해서 알아보고자 한다.

(1) 국외 열병합발전 동향

파리기후협약에 의거하여 유럽연합을 필두로 주요 선진국들은 석탄발전과 원자력발전을 신재생에너지로 전환하는 정책을 수립하고, 에너지 전환 정책 목표 달성을 위해 열병합발전을 주요한 수단으로 인식하고 다양한 정책을 도입하고 있다. EU의 열병합발전 로드맵(European Cogeneration Roadmap)에 의하면 2030년까지 EU 전체 전력의 20%인 750TWh를 신재생에너지원으로 충당할 계획이며, 동시에 1264TWh의 열을 공급하는 것을 추진하고 있다. 또한 유럽에너지효율지침(European Energy Efficiency Directive)를 통해 분산형 전원의 비중을 2035년까지 15% 이상으로 확대하고자 한다. 이를 위해 "CODE2(Cogeneration observatory and dissemination europe)" 프로그램을 운영해 효과적인 지원정책을 모색하고 궁극적으로 2030년까지 이산화탄소 배출량을 350Mt 감축하는 것을 목표로 하고 있다. 〈표 1〉은 EU의 열병합발전 발전량, 설비용량 등을 보여주고 있으며, 독일, 이탈리아, 네덜란드, 스페인, 폴란드 순으로 열병합발전 용량이 큰 것을 알 수 있다. 미국도 마찬가지로 석탄발전의 비중을 감축하고, 열병합발전과 신재생에너지의 비율을 증가하는 것을 목표로 하고 있다. 미국은 2020년 바이든 대통령 당선인이 청정에너지 사용을 중시하면서 기존의 화석연료 사용에 부정적인 입장을 보이고 있다.[8] 2035년까지 전력 부문에서 탄소중립(Net-zero CO₂), 2050년까지 전 부문에서 탄소중립을 목표로 친환경, 저탄소 경제로의 점진적인 전환을 추구하고 있다. 이를 위해 향후 4년간 2조 달러를 투자해 청정에너지 인프라를 구축하고, 파리기후변화협약에 재가입해 2025년까지 이산화탄소 배출량을 26%~28% 감축하는 것을 목표로 하고 있다. 뿐만 아니라, 2040년까지 열병합발전의 비율을 31%, 신재생에너지 비율을 18%까지 증가시키는 것을 목표로 하였다. 청정에너지에 대한 요구 및 집단에너지 시스템의 지속적인 성장을 위해 이러한 목표를 세웠으며, 전 세계적으로 열병합발전의 생산량 증대는 물론 신재생에너지 비율을 증가하기 위한 정책을 수립하고 있다.

중국은 국가에너지국(NEA)의 "2018년 에너지 업무 지도의견"을 통해 에너지 공급부문 개혁 지속, 에너지 공급의 양적 성장에서 질적 성장으로 전환 및 청정에너지 확대를 발표하였다. 이를 위해 전력 믹스 구조 개선을 통해 석탄 의존도는 59%까지 감축시키고, 청정에너지 설비를 7.5%, 비화석에너지의 비중을 14.3%까지 확대시킬 계획이며, 이는 2,000TWh의 발전량에 이른다.[9] 특히, 석탄 의존도를 지속적으로 감축하는 전략을 통해, 각 지역의 난방용 에너지를 청정에너지 설비로 대체하는 프로젝트를 적극 추진하며, 해당 지역의 규모는 약 10억 ㎡로 설정하고 있다. 이로 인해 열병합발전의 원료인 LNG의 소비가 급증하고, LNG 공급 파이프라인을 전국적으로 확산 및 저장시설 확충 등 적극적인 정책을 펴고 있다.

일본은 2011년 후쿠시마 원전 사고 이후 열병합발전 수요가 증가하였다. 일본의 "에너지기본계획"에 따르면, 에너지 정책 기본 원칙과 목적은 에너지 안정공급(Energy Security), 경제 효율성(Economic Efficiency), 환경(Environment)을 중심으로 원전사고 이후 안전(Safety)이 추가된 "3E+S" 전략을 사용하고 있다. 파리기후협약 이후 일본은 2050년까지 온실가스 배출량 80%를 저감하는 장기 전략을 수립하였으며, 이를 위해 2016년 5월 "지구온난화 대응계획(Plan for global warming countermeasures)를 수립하였다. 또한 원자력발전 가동 중지로 인해 발생하는 발전량의 부족분은 대부분 열병합발전으로 대체하고 있으며 전체 발전량의 약 27.2%의 열병합발전 가동률을 보이고 있다.[10]

〈표 1〉 유럽연합 열병합발전 설비용량 및 발전량 (2018년 기준)

	CHP electricity generation, TWh	Gross electricity generation, TWh	Share of CHP in total gross electricity generation	Total CHP Electrical capacity, GW	Total CHP Heat production, PJ	Total CHP Heat capacity, GW	Primary energy savings, PJ
European Union - 27 countries (from 2020)	344.55	2946.04	11.7%	133.60	2650.92	280.48	1264.56
European Union - 28 countries (2013~2020)	366.86	2276.78	11.2%	138.31	2786.91	288.22	1344.42

Belgium	11.37	75.09	15.1%	2.31	89.46	4.87	36.56
Bulgaria	3.64	46.84	7.8%	1.14	40.11	4.33	13.59
Czech Republic	10.02	88.03	11.4%	8.51	102.06	21.70	34.57
Denmark	11.41	30.38	37.6%	5.91	95.16	8.99	79.86
Germany	88.46	643.16	13.8%	53.89	676.06	97.99	265.0
Estonia	1.10	12.36	8.9%	0.23	3.50	0.70	4.23
Ireland	2.13	31.13	6.8%	0.32	11.62	0.63	7.31
Greece	2.37	53.26	4.5%	0.43	17.35	0.93	5.13
Spain	29.00	274.45	10.6%	4.75	141.90	10.27	82.87
France	17.28	581.94	3.0%	6.60	176.45	15.74	60.98
Croatia	1.99	13.63	14.6%	0.86	15.75	2.16	6.37
Italy	39.70	289.71	13.7%	8.63	214.64	18.35	143.44
Cyprus	0.06	5.06	1.1%	0.02	0.62	0.03	0.04
Latvia	3.07	6.72	45.7%	1.27	15.14	1.20	10.41
Lithuania	0.92	3.51	26.3%	0.56	10.21	1.48	4.69
Luxembourg	0.37	2.20	16.6%	0.11	2.92	0.21	1.18
Hungary	4.29	32.00	13.4%	1.49	24.66	2.99	11.62
Malta	0.16	1.96	8.2%	0.14	0.07	0.02	0.08
Netherlands	31.19	114.47	27.2%	8.79	173.83	15.94	102.25
Austria	9.43	68.60	13.7%	2.85	110.82	8.79	13.69
Poland	28.84	170.04	17.0%	10.09	247.07	25.12	109.24
Portugal	6.14	59.64	10.3%	1.24	59.59	4.20	18.34
Romania	5.39	64.88	8.3%	1.62	42.16	4.93	11.59
Slovenia	1.30	16.33	8.0%	0.39	11.32	0.88	4.60
Slovakia	3.01	26.97	11.2%	1.75	32.13	3.70	11.14
Finland	22.82	70.26	32.5%	6.41	245.70	16.54	150.50
Sweden	9.09	163.40	5.6%	3.32	90.60	7.82	75.29
United Kingdom	22.31	330.74	6.7%	4.71	135.98	7.73	79.86

(2) 국내 열병합발전 동향

앞서 언급한 바와 같이, 정부는 집단에너지 보급 확대를 목표로

1993년부터 현재까지 집단에너지 공급계획을 정기적으로 발표하고 있다.[11] ⟨표 2⟩와 같이 1993년에 "1차 집단에너지 공급 기본계획 발표"를 시작으로 집단에너지 공급비율을 점차 늘리고 있다.

1차 집단에너지공급 계획은 1993년부터 2001년까지 계획되었으며, 집단에너지 확대 보급 추진 및 세대 보급률 15% 달성을 목표로 지정제도 운영, 융자 및 세제지원 등의 정책을 펼쳤다. 2차 집단에너지공급 기본계획은 2002년부터 2006년에 걸쳐, 집단에너지 사업에 대한 경쟁여건 조성 및 세대 보급률 11% 증가를 목표로 하였다. 이에 2차 계획에서 지자체 및 공기업, 도시가스사업자, 건설사 등의 사업 참여를 유도해 구역형 집단에너지를 도입하였다. 이를 기반으로 2009년부터 2013년까지 3차 집단에너지공급 계획을 수행하였으며, 연료 다변화 및 내실화에 초점을 맞추었다. 특히, 합리적인 정책 운영 및 내실화를 역점에 두었으며, 열공급 책임성 확보 및 연료 다변화, 폐열 활용을 적극 추진하였다. 또한 2014년부터 2018년까지 4차 집단에너지공급계획을 수립하였으며, 공급 성장과 세대 보급률을 17% 달성을 목표로 하였다. 4차 공급계획에서는 에너지 이용효율 향상 및 온실가스 감축, 분산전원 확대를 핵심 목표로 하여 분산전원 확대 및 지속성장 기반을 구축하였다. 2020년에는 5차 집단에너지 계획을 발표하였으며, 깨끗하고 안전한 집단에너지 생태계 구축을 통한 분산에너지 확대와 에너지 전환을 선도하는 것을 목표로 하였다. 이에 2023년까지 총 408만호, 51개 산업단지의 사업장에 집단에너지 보급을 계획하고 있다.

	수립시기	계획기간	주요 내용
1차	1993.09	1992~2001	• (기본목표)확대보급 추진, 세대 보급률 15% (2001) • (정책)지정제도 운영, 융자 및 세제지원 등
2차	2002.12	2002~2006	• (기본목표)경쟁여건 조성, 세대 보급률 11% (2006) • (정책)지자체, 도시가스사, 건설사 사업참여 유도, 구역형 집단에너지(CES) 도입
3차	2009.11	2009~2013	• (기본목표)내실화, 세대 보급률 16% (2013) • (정책)합리적 운영 및 내실화에 방점, 열공급 책임성 확보, 연료 다변화·폐열 활용 등
4차	2014.12	2014~2018	• (기본목표)지속성장, 세대 보급률 16.9% (2018) • (정책)에너지이용효율, 온실가스 감축, 분산전원 확대의 핵심수단으로서 지속성장 기반 구축
5차	2019.11	2019~2023	• (기본목표)지속성장, 세대 보급률 20.9% (2023) • (정책)분산에너지의 지역 수용성 제고 및 역할 확대, 수소연료전지 및 재생에너지 활용

이러한 보급 계획 및 정책을 바탕으로 〈그림 4〉에 나타난 바와 같이 2018년까지 집단에너지 보급세대 및 보급률은 꾸준히 증가하였다.(보급세대: 약 100만 세대에서 약 320만 세대, 보급률: 3.7%에서 18% 수준) 또한 공기업 및 민간기업의 참여를 확대하는 정책을 통해 사업자수는 10곳에서 44곳까지 확대되었고, 집단에너지 사업을 통한 열판매량은 10,000 [천Gcal/y]에서 36,000 [천Gcal/y]로 증가하였다. 이를 기반으로 정부는 2023년까지 지역난방 세대보급률 21%를 목표로 하고 있으며, 약 6조의 사업비를 투자할 계획이다. 이는 정부의 3차 에너지기본계획에서도 명시한 바와 같이 집단에너지는 친환경적이고 안전한 에너지로 인식하고 해당 사업의 중요성을 깊이 인식하고 있다. 특히 천연가스 기반의 가스터빈 열병합발전소를 확대하여 수요지 인근(수도권, 대도시)에 건설을 유도하고 저온열공급망 확대, 미활

용열 사용 등 열에너지를 분산화하고자 한다. 또한 분산에너지 자원의 지역수용성 강화를 통한 지역 거버넌스 확대, 중규모 택지개발 연계, 지역환경감시단 운영 등 관리체계를 효과적으로 개선해 집단에너지 공급을 확대하고자 한다. 또한 친환경 열공급을 확산하기 위한 노후설비를 교체하고 고형연료 비중이 높은 산업단지의 연료전환을 유도해 오염 물질 배출을 저감 시키고자 한다. 더불어 수소연료전지, 재생에너지 활용을 확대하여 친환경 설비의 보급을 늘리고자 한다.

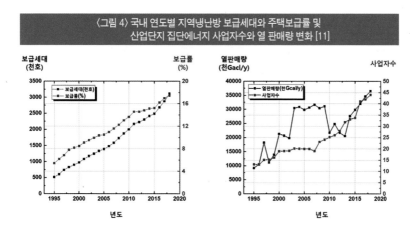

〈그림 4〉 국내 연도별 지역냉난방 보급세대와 주택보급률 및 산업단지 집단에너지 사업자수와 열 판매량 변화 [11]

이와 같이 열병합발전의 생산량은 국내·외에서 정책적으로 주목하고 있으며, 지속적으로 생산이 증가할 것으로 예측된다. EU는 열병합발전설비를 통한 열공급량이 2013년에 비해 2030년에 약 50% 증가될 것으로 예측하고 있다.[12]〈그림 5〉 IEA의 전망에 따르면 2030년에는 신재생에너지가 석탄발전을 추월하여 높은 비율의 발전원이 될 것으로 전망하고 있다. 이는 신재생에너지 발전기술 발달 및 ICT 기술 발달로 다수의 소규모 에너지를 효율적으로 운영될 것으로 전망하고 있다. 즉, 대형 발전소에서 생산된 전기를 장거리 송전망을 통해 공급하던 방식에서 소비자와 생산자간의 거래 플랫폼(negotiating platform)으로 역할이 전환되는 분산발전으로의 시장 변화를 기대하고 있다. 따라서 기존 중앙 집중적인 에너지 발전에서 분산발전 방식으로 전환되고, 열병합발전을 통한 에너지 생산이 앞으로 크게 증대될 것으로 전망된다.

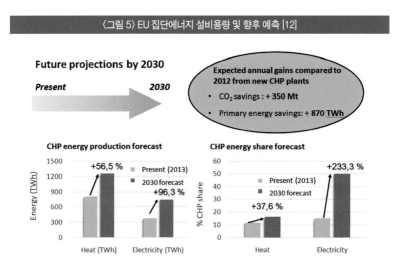

〈그림 5〉EU 집단에너지 설비용량 및 향후 예측 [12]

2. 열병합발전용 기기

(1) 열병합발전용 주요 기기의 특징

열병합발전은 연료를 연소시켜 발전기를 가동해 전기에너지와 열에너지를 동시에 얻는 에너지 발전시스템을 의미한다. 이러한 열병합발전시스템을 구성하는 기기는 대표적으로 가스터빈과 증기터빈이 있으며, 이 외에도 유기랭킨사이클, 연료전지, 왕복동엔진이 존재한다. 〈그림 6〉 이러한 기기들은 필요한 전력량, 부지 면적, 열적 요구, 연료 가용성 등 다양한 목적에 따라 사용처가 달라진다.

가스터빈은 브레이튼사이클을 기반으로 하며 압축기, 연소기, 터빈으로 구성되며, 고온의 연소가스가 터빈을 회전시켜 얻어진 동력을 이용하여 전기에너지를 생산한다. 또한, 터빈 배기열을 이용해 지역난방에 필요한 열을 공급하게 된다. 증기터빈은 여러 분야에서 널리 사용되어 왔으며, 랭킨사이클을 기반으로 하고 있다. 물을 고압의 증기로 변환하여 증기를 이용해 터빈을 회전시켜 얻어진 동력을 이용해 전기를 생산하고, 출구에서 나온 배기열을 이용해 지역난방 열원으로 공급한다. 유기랭킨사이클은 물보다 상변화가 낮은 온도에서 발생하는 유기매체를 작동유체로 사용한다. 증기터빈이 적용되기 어려운 저온의 열원으로부터 전력을 생산하기 위해 개발된 방식이며, 작동유체가 물에 비해 비체적도 작고 낮은 온도에서 끓는 점이 형성되어 저온 열원에서 경제적으로 우수한 장점(상대적 저온으로도 전력생산이 가능한)이 있다. 연료전지는 1900년대 후반에 개발되어 현재 친환경 발전기기로 각광 받고 있다. 연료전지는 작동 온도에 따라 고분자전해질 연료전지(PEMFC), 인산염 연료전지(PAFC), 용융탄산염 연료전지(MCFC), 고체산화물 연료전지(SOFC)로 구분되고 있다. 연료전지는 기존 터빈과 다르게 화학에너지를 이용해 전기에너지를 생산하며, 다른 열기관에 비해 효율이 높은 것이 장점이다. 왕복동엔진은 내연기관 엔진으로써 연료 점화 방식에 따라 오토사이클과 디젤사이클로 구분된다. 마이크로 터빈은 대형 가스터빈과 다르게 크기가 작아 냉각기술을 적용하기 어렵기 때문에 터빈입구

온도가 낮게 설계되고, 그로 인해 에너지 효율이 낮아 재생 열교환기를 설치하여 효율을 높이는 것이 특징이다.

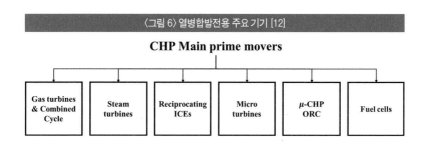

CHP Main prime movers

| Gas turbines & Combined Cycle | Steam turbines | Reciprocating ICEs | Micro turbines | μ-CHP ORC | Fuel cells |

열병합발전 기기의 특징은 기존에 출판된 집단에너지 서적[13]에 자세히 서술되어 있으므로 본 서적에는 기기별 특징과 장·단점만 요약하였다. 〈표 3〉 일반적으로 낮은 출력에서 사용되는 것은 왕복동 엔진과 마이크로 터빈, 유기랭킨사이클, 연료전지이며, 높은 출력에는 가스터빈과 증기터빈을 사용한다. 왕복동 엔진은 빠른 기동시간과 상대적으로 낮은 투자비용이 드는 장점이 있지만, 유지비용이 비싸고, 대기오염 배출량이 많으며, 소음이 크다는 단점이 있다. 마이크로 터빈은 크기가 작고, 대기오염물질 배출량이 적지만, 상대적으로 낮은 효율로 소규모 열병합발전에만 사용되고 있다. 유기랭킨사이클은 낮은 열원에서 사용할 수 있으며, 다양한 연료를 사용할 수 있다. 하지만 투자비용이 높고, 낮은 부하에서 효율성이 낮으며 대기 온도에 민감한 단점이 있다. 연료전지는 대기 오염물질 및 소음이 적고, 부하 변동에 따라 효율이 바뀌지 않는다는 장점이 있으나 높은 설치비용과 연료처리(개질) 과정이 필요하고 연료의 불순물에 민감하다는 단점이 있다.

기기	장점	단점
왕복동 엔진 (Spark ignition) 1kW~5MW	• 부분 부하 운전 시 높은 출력 효율 • 빠른 기동 시간 • 상대적으로 낮은 투자비용	• 높은 유지비용 • 낮은 열원 • 상대적으로 높은 대기 오염물질 배출량
왕복동 엔진 (Compression ignition) 4~20MW	• 낮은 압력에서 작동 • 최대 부하에서 좋은 성능	• 냉각이 필요 • 낮은 주파수 소음 발생
가스터빈 500kW~ 400MW	• 높은 내구성 • 낮은 대기오염물질 배출량 • 높은 열 이용성 • 보일러나 다른 증기 열원 제공 가능	• 높은 압력 필요 • 낮은 부하에서 열 효율성 낮음 • 대기 온도 증가 시 출력 감소
증기터빈 150kW~ 1000MW	• 연료 다양성 • 다양한 온도 대역에서 열 회수 가능 • 높은 내구성 및 수명 • 열 비율에 따른 다양한 출력	• 낮은 기동 시간 • 보일러나 다른 증기 열원 필요
마이크로 터빈 30kW~300kW	• 적은 부품 • 소형 크기 • 적은 대기 오염물질 배출량	• 높은 비용 • 상대적으로 낮은 효율 • 아주 낮은 전력/열 비율
유기랭킨사이클 1kW~3MW	• 낮은 온도 작동 조건 • 연료 다양성 • 낮은 유지 보수 비용 • 모듈식 설계 가능	• 높은 투자 비용 • 낮은 전력/열 비율 • 낮은 부하에서 효율성 낮음 • 대기 온도에 의존
연료전지 5kW~2MW	• 낮은 대기오염물질 배출 및 소음 • 모든 부하에서 높은 효율 • 모듈식 설계 가능	• 높은 비용 • 연료 처리 과정 필요 • 연료 불순물에 민감함 • 낮은 출력 밀도

3. 열병합발전용 가스터빈 개발 동향

(1) 개요

가스터빈은 압축기, 연소기, 터빈으로 구성되어 있다. 흡입된 공기를 압축기에서 압축하고, 연소기에서는 압축된 공기와 연료가 연소 반응을 통해 얻어진 고온·고압의 가스가 팽창하면서 터빈을 회전시켜 동력을 얻는 기기이다. 가스터빈의 열효율은 터빈입구온도(TIT, Turbine Inlet Temperature)와 압축비가 증가할수록 증가한다. 따라서 가스터빈 제조사는 열효율을 향상시키기 위해서 지속적으로 터빈입구온도를 높이기 위한 노력을 하고 있다. 터빈입구온도를 높이면서 가스터빈이 안정적으로 작동하기 위해서는, 고온의 연소가스에 노출되는 터빈의 고온부품(터빈 블레이드/베인, 연소기 내벽)을 보호하기 위한 냉각기술과 고온부품 소재, 주조 및 열차폐코팅 기술을 개발해야 한다. 현재 운전되는 발전용 가스터빈의 경우 터빈입구온도(TIT)가 1100℃인 D/E급에서 최고 1600℃인 J급까지 개발되어 운용 중에 있다.

가스터빈의 배기가스 온도는 650℃ 정도로 높기 때문에, 이를 활용하기 위해 가스터빈 후단에 증기터빈을 연계하여 사용하는 복합발전시스템(Combined gas and steam turbine power plant)과 난방열로 활용하는 열병합발전시스템(Cogeneration or combined heat and power, CHP)이 있다. 또한 작동 온도범위가 다른 가스터빈, 증기터빈 및 난방열을 순차적으로 활용해서 열효율을 극대화하는 복합열병합발전시스템(Combined-cogeneration power plant)도 운전되고 있다.

열병합발전은 고온·고압의 연소가스를 이용해 터빈을 구성하는 블레이드를 회전시켜 얻어낸 회전 동력을 전기에너지로 변환해 전기를 생산하고, 고온의 배기열을 난방열원으로 사용할 수 있기 때문에 열효율(75~90%)이 매우 높은 시스템이다. 이러한 장점으로 인해 집단에너지에서 가스터빈의 설비 비중이 전 세계적으로 증가하는 추세다. 산업용 전력을 생산하는 가스터빈은 통상 5~20MW급을 소형, 30~150MW급을 중형, 150MW급 이상을 대형으로 구분하고 있다. 대형 가스터빈은 미국(GE), 독일(Siemens), 일본(MPW, MHPS에서 최근 사명 변경)이 전 세계 대형 가스터빈 시장을 독점하고 있고, 이탈리아(Ansaldo)도 가스터빈 제작기술을 보유하고 있다. 최근에 국내 기업인 두산중공업은 산·학·연 공동 R&D 국책과제를 통해 대형 가스터빈 국산화에 성공하였고, 성능시험 중에 있다.

대형 가스터빈뿐만 아니라 비상발전 및 신재생발전의 보조 동력(backup)을 위한 분산 발전용 중·소형 가스터빈의 필요성도 증가하는 추세이다. 신재생에너지는 기후와 시간에 따른 에너지 공급의 간헐성 때문에, 상시 운전이 가능한 가스터빈과 연계하여 통합시스템을 운영하는 것이 반드시 필요하다. 이에 국내에서도 50~100MW급 중형 터빈에 대한 개발 필요성이 대두되고 있다. 또한 항공용 가스터빈을 발전용으로 변형한 항공용 파생 가스터빈(Aero-derivative gas turbine)에 대한 개발 필요성도 증가하고 있다. 더불어, 친환경 발전의 중요성으로 인해, 연료전지와 가스터빈을 하나의 사이클로 구성한 하이브리드 시스템에 대한 연구가 진행되고 있으며, 수소를 연료로 하여 CO_2 배출량을 저감시키는 수소 가스터빈에 대한 연구도 활발히 수행되고 있다.

(2) 대형 가스터빈

앞서 언급한 바와 같이 대형 가스터빈 제작 기술은 전 세계적으로 소수 국가만 보유한 기술이다. 이러한 소수의 국가들은 지속적으로 가스터빈의 효율 및 출력을 향상시키기 위한 연구를 수행하고 있다. GE사의 경우는 전 세계적으로 F-class 모델을 가장 많이 판매하였고, 해당 모델은 200MW 수준의 출력과 38.6%의 발전효율을 나타내고 있다. 국내에서도 상당수의 F-class 모델이 운용 중에 있다. 그리고 최근에 개발된 GE의 H-class 모델은 복합발전 출력 430MW, 복합발전효율 64%의 고효율 가스터빈이 개발되었으며, 국내에서도 해당 모델이 운용 중에 있다. Siemens도 F급 모델인 SGT6-5000F는 출력이 200MW, 효율 38.16%로 GE 기종과 유사한 성능을 나타내고 있으며, H-class 모델은 274MW, 발전효율은 40%를 나타낸다. MPW사는 세계 최초로 터빈입구온도 1600℃의 성능을 가진 M501J 모델을 출시하였다. 해당 모델은 327MW의 출력과 41%의 발전효율을 가지는 우수한 성능을 나타내고 있다. MPW사는 일본국가 프로젝트로 터빈입구온도가 1700℃의 성능을 가진 초고효율 가스터빈을 개발하고 있다고 밝혔다.

〈그림 7〉은 MPW(이전 MHPS)사의 가스터빈 개발 현황을 나타낸다. 1970년대에 M501A 모델을 시작으로 출력 및 효율을 향상시키기 위해서 지속적으로 연구/개발을 해왔고, 2000년대에는 터빈입구온도 1600℃의 M501J모델 개발에 성공하였다. MPW사는 고온의 연소가스로부터 고온부품의 손상을 방지하기 위해 향상된 냉각기술과 코팅기술 및 재질 성능향상 등 다양한 방면에서 기술 개발을 수행하고 있다.

〈표 4〉는 제작사별로 국내에 설치한 가스터빈에 대한 설비용량을 발전자회사와 민간발전사별로 구분하여 나타내었다. 표에서 보는 바와 같이 2020년 기준으로 가스터빈 설비용량은 민간발전사가 13.5GW로 발전자회사의 12GW보다 더 많이 보유하고 있음을 알 수 있다. 최근 들어서 MPW와 지멘스사의 가스터빈이 많이 설치되었음을 보여주고 있다. 〈표 5〉는 국내 발전사별 복합발전용으로 설치된 가스터빈의 기종과 설치대수 및 설비용량을 보여주고 있다.

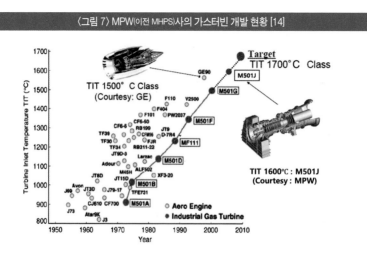

〈그림 7〉 MPW(이전 MHPS)사의 가스터빈 개발 현황 [14]

〈표 4〉 제작사별 국내 가스터빈 설치 현황 (2020년 기준)

제작사	발전회사(MW)	민자회사(MW)	합계(MW)	점유율(%)
GE	4,188.7	1,565.1	5,753.7	22.5
알스톰	1,822.1	300.0	2,122.1	8.30
MPW	3,636.9	5,822.7	9,459.6	37.0
지멘스	2,386.5	5,853.3	8,239.9	32.2
합계	12,034.2	13,541.1	25,575.3	100

〈표 5〉 국내 발전사별 복합발전용 가스터빈 운영현황 (2020년 기준)

한국지역난방공사		한국중부발전		한국남부발전		한국동서발전		한국서부발전		한국남동발전
가스터빈 5종 11대/ 1,419MW		가스터빈 6종 18대/ 2,784MW		가스터빈 4종 22대/ 3,254MW		가스터빈 3종 14대/ 1,974MW		가스터빈 3종 12대/ 2,238MW		가스터빈 1종 8대/624MW
MPW	M501G 2대 (247x2, 동탄)	MPW	M501F 2대 (167x2, 세종)	MPW	M501F 3대 (183x3, 영월)	MPW	M501J 2대 (287x2, 울산)	MPW	M501J 2대 (286x2, 평택)	알스톰	GT11N 8대 (78x8, 분당)
	M501F 2대 (161x2, 화성)		M501G 2대 (241x2, 서울)	GE	7FA 8대 (150x8, 신인천)	WH	W501D5 2대 (100x2, 울산)		M501G 2대 (233x2, 군산)		
	M501F 2대 (163x2, 파주)	알스톰	GT24 6대 (150x6, 보령)		7FA 6대 (150x8, 부산)		W501D5 6대 (100x6, 일산)	GE	7FA 8대 (150x8, 서인천)		
	H-25 2대 (32x2, 삼송)		AT24 2대 (150x2, 인천)		6B 2대 (35x2, 한림)		W501F 4대 (150x4, 울산)				
	H-25 1대 (32x1, 동남권)	지멘스	V84.3A 4대 (161x2, 164x2, 인천)	지멘스	SGT 1대 (235x1, 안동)						
GE	7EA 1대 (78x1, 판교)	GE	6FA 2대 (5x2, 제주)								
지멘스	SGT6 1대 (103x1, 광교)										

국내에서는 두산중공업이 대형가스터빈을 개발하여 성능시험을 수행 중에 있다. 두산중공업의 가스터빈은 DGT6-300H S1모델로써

출력 270MW, 복합발전효율 60%이상 목표로 하고 있다. 두산중공업의 DGT6-300H S1 모델은 Siemens의 SGT6-8000H 모델과 MPW사의 M501G와 유사한 수준의 성능을 나타낸다. 최근에는 MPW사의 M501J모델과 유사한 성능을 얻기 위해서 DGT6-300H S2 모델을 개발 중에 있으며 출력 380MW, 복합발전효율 63%를 목표로 하고 있다.

이러한 대형 가스터빈은 석탄발전과 비교하였을 때 미세먼지(PM2.5)배출은 12.5%, 황산화물과 질소산화물은 33.3% 수준으로 배출되기 때문에 친환경적인 특징이 있다. 또한 주택단지 및 산업단지에 전기와 열을 동시에 효과적으로 공급하기 위해 도심 근교에 위치해야 하며, 이는 집단에너지원에 매우 적합한 발전 방법이다. 또한 전량 수입에 의존하던 가스터빈의 핵심 구성품인 고온부품(터빈 블레이드/베인, 연소실 내벽)을 다수의 국내 기업들이 국산화하기 위해서 노력하고 있다.

(3) 항공용 파생 가스터빈(Aero-derivative gas turbine)

항공용 파생 가스터빈은 항공기에 사용되고 있는 엔진을 발전용으로 변환한 것을 뜻한다. 항공용 파생 가스터빈은 동일 규모의 발전용 터빈으로 제작된 엔진보다 높은 효율을 가지고 있으며, 발전용 가스터빈 엔진보다 가볍고 설치공간이 작아 플랜트 설계에 용이하다. 또한 기동시간이 발전용보다 빨라 긴급한 전력 공급에 효과적이 측면이 있어, GE사 뿐만 아니라 Rolls Royce, Pratt & Whitney Power Systems와 같이 항공용 터빈 엔진 기술을 보유한 회사들이 항공용 파생 가스터빈을 제작하고 있다. 항공용 파생 가스터빈은 소규모 발전용(100MW 이하)에 주로 사용되며, 비슷한 규모의 발전용 가스터빈 보다 효율이 10% 이상 좋은 것이 특징이다. 또한 천연가스와 액체 연료를 혼합하여 사용할 수 있기 때문에 연료 사용 측면에도 유용성이 있다. 실제로, 세계 항공용 파생 가스터빈 시장의 성장 규모는 2016년부터 2020년 사이 5%의 성장률을 보이고 있다. 항공용 파생 가스터빈의 출력은 다른 발전용 가스터빈에 비해 작기 때문에 주로 첨두부하로 사용되고, 필요에 따라서 빠른 기동/정지가 가능해, 소규모 도시에 전기와 열을 공급하기 위한 집단에너지 기기 및 신재생에너지 Backup용으로 적합하다.

항공용 터빈도 발전용 가스터빈과 마찬가지로 출력과 효율을 향상시키기 위한 연구가 꾸준히 수행되고 있다. 앞에서 언급한 바와 같이, 냉각기술, 열차폐 코팅기술, 소재 등의 발달로 인해 가스터빈 성능이 지속적으로 향상되고 있으며, Trent 800 항공용 가스터빈 엔진을 기반으로 Trent 60 DLE와 Trent 60 WLE 항공용 파생 가스터빈 엔진을 개발하였다. Trent 60 Engine은 가장 성능이 우수하고 효율이 좋은 엔진으로, 42%의 열효율을 가지며, 최첨단 항공 우주 부품 기술을 적용하여 내구성이 뛰어난 것이 특징이다.

〈그림 8〉은 GE사의 항공용 파생 가스터빈 엔진 개발 추이를 나타낸다. GE의 가스터빈 엔진은 군사용으로 만들어진 엔진을 민간 항공기용으로 개발하였고, 해당 모델을 기반으로 발전용 가스터빈 엔진으로 변형하여 개발하였다. CF6엔진은 Boeing 747기종에 사용되며, 이 엔진을 기반으로 GE LM2500과 LM6000 항공용 파생 가스터빈 엔진을 개발하였다. GE 항공용 파생 가스터빈 엔진도 열효율

이 높은 것이 특징이 있으며, LM6000 모델의 경우, NOx 배출량이 15 ppm으로 국내 배출 허용기준치(2015년 이전 설치된 가스터빈)인 40 ppm보다 낮은 배출량을 나타낸다.

〈그림 8〉 GE 항공용 파생 가스터빈 엔진 [15]

(4) 하이브리드 연료전지-가스터빈 시스템

하이브리드 연료전지-가스터빈 시스템은 압축공기가 SOFC stack에 주입되고, SOFC stack에서 화학반응을 통해 전기를 생산하고, 발생한 고온의 가스가 가스터빈 연소기로 주입되어 터빈에서 동력에너지를 생산하는 방식이다. 이때, SOFC stack을 작동시키기 위한 온도와 압력 선정, 연료 유형 및 연료 처리를 위한 하부 시스템 구성, SOFC에서 양극 재순환 또는 열회수 증기 발생기를 통한 개질 공정에 필요한 증기 생산, 재열시스템 구성 등은 하이브리드 연료전지-가스터빈 시스템 설계의 주요 변수이다. 따라서 지난 몇 년 동안 전기 효율성을 개선하고 비용 절감을 위한 다양한 하이브리드 연료전지-가스터빈 시스템이 개발되어 왔다.

하이브리드 연료전지-가스터빈 시스템은 기존 브레이튼 사이클에서 가압 SOFC stack을 통합한 것이 가장 일반적인 구성이다. 〈그림 9〉는 터빈에서 나온 배기가스가 SOFC stack으로 들어가는 공기를 예열하기 위한 열교환기가 적용된 하이브리드 연료전지-가스터빈 시스템의 개략도이다. 시스템의 기본 원리는 다음과 같다. 이 시스템은 외부 공기가 SOFC 작동 압력에 맞게 압축되고, 압축된 공기는 열교환기를 통해 예열된다. 예열된 공기는 SOFC stack의 음극으로 주입되고 마찬가지로, 연료(수소) 압축기에 의해 SOFC 작동 압력까지 압축된 연료(수소)는 양극으로 주입된다. 압축된 수소와 공기(산소)가 전기 화학 반응을 통해 전기에너지를 생산한다. 반응하지 않은 일부 수소와 공기(산소)는 연소기로 흐르게 되고 터빈 작동 온도에 맞게 연소한다. 가스터빈 연소기에서 팽창된 연소가스가 터빈 블레이드를 회전시키고 발전기를 구동해 가스터빈에서 추가 전력을 생산한다.

　　이때, SOFC 연료전지 작동 압력은 가장 중요한 설계 변수이며, 이는 시스템 효율과 신뢰성에 큰 영향을 미친다. 하이브리드 연료전지 시스템은 연료전지와 가스터빈을 연계해 운전하기 때문에, 가스터빈의 터빈 입구 온도(TIT)를 맞추기 위해 SOFC 열교환기에서 나오는 배기가스에 보조 연소기를 이용해 추가 열을 공급하여 출력과 효율을 높이기도 한다. 또한, 터빈 출구에서 배출되는 배기가스를 재생열교환기(Recuperator)로 흐르게 하여 압축공기를 예열하도록 구성해서, 기존 SOFC 스택에 비해 높은 전기 효율을 얻을 수 있도록 시스템을 구성하기도 한다.

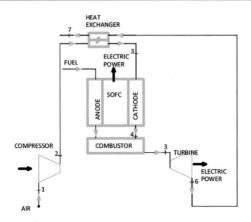

　　최근 Siemens 에서는 하이브리드용 SOFC 연료전지 모듈을 개발해 공개한 바 있다. 〈그림 10〉은 개발된 연료전지 모듈 개념도이다. 지멘스 SOFC 연료전지 모듈은 양극 재순환 장치로 구성되어 있으며, 양극에서 전기 화학반응이 일어나기 때문에 내부적으로 일정량의 증기가 생성된다. 따라서 양극 재순환 장치가 있는 연료전지를 사용할 경우 배열회수보일러(Heat Recovery Steam Generator)대용으로 사용 가능하기 때문에 플랜트 설치비용을 절감 할 수 있는 장점이 있다. 이 하이브리드 연료전지-가스터빈 시스템은, 기존 성능 대비 출력은 12%, 발전효율은 3% 향상되었다고 발표하였다. 이와 같이 하이브리드 연료전지-가스터빈 시스템은 계속해서 출력과 발전효율을 높이는 방향으로 개발이 진행되고 있다.

　　최근 기후 및 미세먼지 이슈로 인해 탈탄소화 정책에 발맞춰 친환경 연료전지 시스템의 발전비율은 더욱 증가할 것이다. 하지만 연료전지의 출력만으로는 한계가 있기 때문에 연료전지와 가스터빈을 결합한 시스템을 구성하는 것이 전체적인 시스템 효율 향상(이론상 복합열효율 70%)에 효과적이다. 이러한 시스템 구성은 소형에서 기존 가스터빈과 증기터빈 복합발전시스템보다 더 높은 발전효율을 가질 수 있어 향후 미래가 기대되는 기술 중 하나이다.

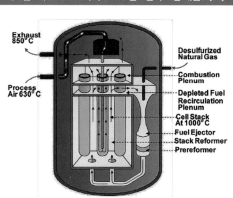

(5) 수소 가스터빈

정부는 친환경 에너지 정책에 따라 2019년 수소 경제 활성화 로드맵을 발표하고 수소를 친환경 에너지원으로 선정하고 정책 방향과 추진 전략을 발표하였다.[18] 발전 분야에서는 연료전지 보급을 확대하는 동시에 대규모 발전이 용이한 수소 가스터빈 개발 및 실증을 목표로 하고 있다. 수소 가스터빈은 잉여 신재생에너지원을 통해 생산된 수소를 사용 연료로 이용하기 때문에, 온실가스를 배출하지 않으면서 안정적이고 원활한 에너지 공급을 가능케 하는 장점이 있다. 또한 수소 가스터빈은 운전 유연성이 뛰어나고, 온실가스/

미세먼지 저감과 신재생에너지의 간헐적 전력생산의 단점을 보완하기 위한 보조전원(Backup power)으로 사용될 수 있는 장점이 있다. 이러한 수소 가스터빈은 대용량의 수소를 사용할 수 있는 수소 경제의 한 축을 담당할 수 있기 때문에 꼭 필요한 기술이다.

이러한 수소 가스터빈이 기존의 천연가스 가스터빈과 다른 점 중 하나가 연소기술이다. 수소 연소는 천연가스에 비해 화염속도가 빨라 화염내 거동이 불안정하고 역화가 발생하는 특징이 있다. 해외의 경우 발전용 수소 가스터빈 개발에 대해 국가적인 차원에서 연구개발이 수행되고 있으며, 일본의 kawasaki 중공업[19]에서는 고베시에 1MW급 수소 가스터빈 발전 플랜트를 실증했다. 또한 대표적인 대형 가스터빈 제작사인 GE, Siemens, MPW 등도 수소 가스터빈 개발을 위해 연소기술에 대한 연구/개발을 수행하고 있다. 수소 가스터빈 연소기 개발에 앞서 천연가스와 수소를 혼소할 수 있는 가스터빈 연소기를 개발하고 있다. 천연가스만 사용했을 때와 달리 연료에 수소의 분율 증가로 인해 화염 길이가 짧은 특징이 나타나고 수소 분자가 가볍기 때문에 화염속도가 더 빠른 것이 특징이다. 이는 연소 불안정을 촉진하여 기기의 손상을 줄 수 있다. 그렇기 때문에 가스터빈 선진 제조사들은 연소기내 연소 불안정을 줄이고, 역화를 방지하며, NOx를 줄일 수 있는 마이크로믹서(micro-mixer) 방식의 연소기에 대한 연구/개발을 수행되고 있다. 〈그림 11〉은 마이크로믹서 방식의 원리를 나타내고 있으며, 기존의 가스터빈 연소 방식은 연소실 내에 넓은 영역에서 화염장이 분포하나, 마이크로믹서 연소기에서는 작은 화염이 많이 분포하게 하는 것이 특징이다. 마이크로믹서 방식을 적용하면 연료의 체류 시간이 저감되기 때문에 NOx 생성을 줄일 수 있고, 연료(수소) 자체가 고속으로 분사되기 때문에 역화 또한 방지할 수 있는 것이 장점이다.

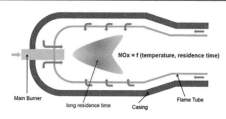

〈그림 11〉 수소 연소용 마이크로믹서 연소기의 원리 [20]

(a) Typical combustor

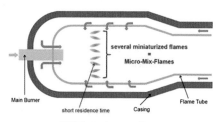

(b) Micromixer combustor

GE는 현재 3가지 종류의 수소-천연가스 혼소용 연소기를 개발하였다.[21] 먼저 항공용 파생 가스터빈(Aero-derivative gas turbine)에 적용된 SAC (Single annular combustor)는 수소 혼소의 비율이 30~85% 수준까지 가능하다. 대형 가스터빈에 적용되고 있는 MNQC (Multi-nozzle quiet combustor)는 약 89%까지 수소와 천연가스의 혼소가 가능하고, 최종적으로 100% 수소 연소를 검증하고 있다. 하지만, SAC와 MNQC 연소기에서의 연소방식은 확산 화염방식(Diffusion combustion method)을 사용함으로 인해 NOx의 배출이 많은 것이 단점이다. 예혼합 방식인 DLN (Dry Low NOx) 연소기의 경우, NOx 배출이 적은 반면에 수소 혼소 비율이 15% 수준까지 밖에 되지 않아 지속적인 연구가 필요하다. 이에 GE는 미국 정부의 지원을 받아 수소 전소 시스템에 대한 연구를 수행하고 있고, 현재 연소기 방식으로는 대형 가스터빈에 적용하는 것이 불가능하기 때문에, 화염장의 온도 상승과 역화의 위험성을 줄일 수 있는 방법인 "Multi-tube Mixer" 개발 필요성을 언급하였다. 최근에는 〈그림 12〉와 같이 연료의 수소 비율을 향상시킬 수 있는 연소기를 미국 국가 프로젝트를 통해 개발하였다. 또한 2021년에 처음으로 상용 운전에 들어갈 GE HA 가스터빈에 적용 가능한 수소 연소기를 개발하였으며, 연료 주입기가 500개 이상이고, 전체 연료의 50%를 수소로 사용할 수 있는 것이 특징이다.

[F and HA DLN 2.6]　　[US DOE High Hydrogen turbine]　　[50% Hydrogen combustor]

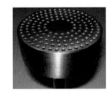

MPW는 수소 가스터빈 개발을 위해 합성가스(syngas), 부생가스(refinery gas), COG(coke oven gas), BFG(blast furnace gas) 등 다양한 형태의 수소 연소를 위한 연소기 모델을 개발하고 있다. MPW는 시스템 효율 향상 및 NOx 배출 저감을 위한 예혼합 연소기를 개발 하고 있으며, 크게 2가지 개념으로 진행하고 있다. 첫째는 체적 기준의 30%까지 수소와 천연가스 혼소 시스템을 개발하고, 둘째로는 100% 수

소 연소기 개발이다. 현재는 수소와 천연가스의 혼소를 이용한 가스터빈의 적용 가능성이 크고, 100% 수소 연소 운전은 수소 인프라 부족으로 인한 수소 연료 공급 부족으로 운전이 불가능하다고 판단하고 있다. 따라서 2030년까지는 현재의 가스터빈을 수소와 천연가스 혼소 시스템으로 개발하고, 향후 100% 수소 연소 가스터빈 개발을 계획하고 있다.

〈그림 13〉은 MPW 수소 가스터빈 연소기 개념도를 보여주고 있으며, 예혼합 연소방식에서 강한 스월 유동을 형성하는 방법을 선택하였다. MPW는 수소를 20%까지 혼소를 한 경우 기존 연소기와 노즐을 사용해도 역화의 문제가 나타나지 않았지만, 수소를 30% 이상 혼소한 경우 역화로 인해 연소기의 손상이 나타난다고 밝혔다. 따라서 새로운 개념으로 연소기 중앙 부분에 고속 유동을 분사하게 설계하여 역화를 방지하는 방안을 고안하였다.

〈그림 13〉 MPW의 수소 가스터빈 연소기의 개념도; ⒜ 기존 가스터빈 연소기, ⒝ 수소 가스터빈 연소기 [23]

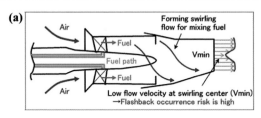

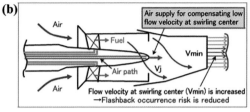

또한 〈그림 14〉에 나타난 것과 같이 MPW도 KHI-Aachen 대학이나 GE에서 사용한 마이크로 믹서 연소기를 마이크로급 가스터빈 multi-cluster 연소기에 적용하는 연구를 하고 있다. 이 방법은 예혼합 방식을 적용함은 물론, 역화의 위험성을 줄이고 고온에서의 연료 체류 시간을 증대시켜 연소실 내 온도를 균일하게 만들어 NOx를 저감하는 데 효과가 있다고 보고하였다.

〈그림 14〉 MPW의 100% 수소 연소 multi-cluster 연소기 [24]

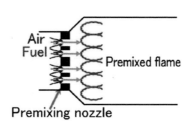

Siemens는 가스터빈 선진 제작사 중 수소-천연가스 혼소기술 개발에 선두주자이다. 수소의 혼소 비율을 15% 수준까지 기존 연소기를 사용해도 문제가 없지만, 그 이상의 수소 분율에서는 역화 발생과 고온의 화염 영역이 존재한다고 밝혔다. 〈그림 15〉는 Siemens에서 개발한 4세대 수소-천연가스 혼소용 연소기를 나타내고 있다. 4세대 연소기는 예혼합 방식을 적용하고 있으며 캔 방식 연소기(Can-type combustor)을 적용하였다. Siemens는 수소-천연가스 혼소 비율에 따라 화염의 위치 및 연소 온도를 최적화하기 위해 다양한 실험을 수행하였고, 각각의 유로에서 공기와 연료의 분율을 제어하는 방

식을 적용하였다. Siemens에서는 전체 연료에서 수소 분율 50%일 때 실증에 성공하였고, 4세대 연소기를 이용하여 40MW급 가스터빈 SGT-750모델에 대해 성능 검증 단계에 있다고 발표하였다. [25]

〈그림 15〉 Siemens의 수소 가스터빈 multi-cluster 연소기의 개념도 [25]

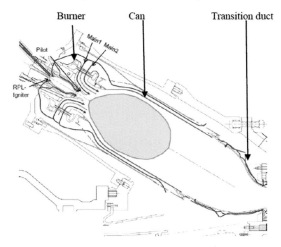

[Siemens 4세대 burner]

③
맺음말

지금까지 집단에너지 기술 현황과 차세대 열병합발전용 가스터빈 미래 전망에 대해 알아보았다. 파리기후협약 및 정부의 2050 탄소중립 정책으로 저탄소 전원강화(신재생, LNG 등), 화력설비를 친환경 기기로의 대체 등을 통한 온실가스 감축효과 극대화를 위해 고효율 복합발전용 가스터빈 기술이 주목받고 있다. 가스터빈은 지속적으로 출력과 효율을 향상시키기 위해서 발전해 왔으며, 최근에는 복합열효율이 65%에 근접한 엔진이 개발되었다.

정부는 5차 집단에너지 계획을 통해 수소 연료전지 및 신재생에너지 생태계 구축을 통해 분산에너지 확대 및 에너지 전환을 선도하고자 하고 있다. 하지만 신재생에너지원의 간헐성을 극복하고 안정적인 전력생산이 가능한 중·소형 가스터빈 개발의 필요성이 요구된다. 이에 가스터빈 제작사들은 고효율 중·소형 가스터빈을 개발하고 있으며, 최근에는 기동시간이 빠르고, 내구성이 좋은 항공용 터빈을 발전용으로 전환한 항공용 파생 가스터빈을 개발하고 있다. 항공용 파생 가스터빈은 중소형으로 개발되는 발전용보다 높은 열효율, 낮은 배기오염 물질 배출량과 기동/정지가 빠른 특징으로 분산발전용 에너지공급원으로 고려되고 있다.

집단에너지에 적용될 가스터빈은 배기오염물질을 더욱 낮추는 것이 필요로 하며, 현재 연료전지와 가스터빈을 결합한 하이브리드 시스템, 수소 연료를 사용하는 수소 가스터빈이 차세대 기술로 주목받고 있다. 하이브리드 연료전지-가스터빈 시스템은 복합 열효율을 70%까지 높일 수 있고, 대기오염물질 배출량을 크게 줄일 수 있는 장점이 있다. 또한, GE, Siemens, MPW 등 가스터빈 제작사들은 기존에 제작된 연소기에 수소를 주입하여 수소-천연가스 혼소용 가스터빈 연구를 수행 중에 있다. 기존의 연소기를 사용하였을 때 나타나는 역화 문제, NOx 문제를 해결하기 위해 수소 혼소용 마이크로 믹서 연소기를 개발하고 있으며, 수소 연료의 비율을 증가시키기 위한 기술을 개발 중에 있다. 궁극적으로 가스터빈 제작사들은 연료의 100%를 수소로 사용할 수 있는 가스터빈을 개발하는데 목표를 두고 있다. 이는 모든 국가들이 탄소중립 정책을 시행하기 위해서 온실가스배출 감축을 목표로 하고 있고, 제작사는 그 요구조건을 맞추기 위해 수소 가스터빈을 적극적으로 개발을 하고 있으며, 성능과 안정성을 검증하기 위한 실증 프로젝트를 진행하고 있다. 따라서 국내에서도 수소 경제 로드맵을 통해 수소를 활용한 친환경 에너지 정책에 맞는 수소 가스터빈 개발이 필요하다.

앞서 언급한 바와 같이 전 세계적인 탄소중립 및 탈탄소화 정책으로 인해, 이산화탄소 배출을 저감시킬 수 있는 신재생에너지원의 중요성이 대두되고 있다. 하지만, 신재생에너지는 기후와 시간에 따른 전력생산의 간헐성 때문에 지속적이고 안정적인 전력공급을 위해서는 가스터빈 발전이 Backup용으로 필수적일 것으로 예상하고 있다. 가스터빈은 대기오염 배출량이 적으며, 전력생산의 안정성과 내구성 및 기동/정지 운전성능이 우수하기 때문에 미래에는 신재생에너지와 가스터빈을 결합한 집단에너지 방식이 주로 사용될 것으로 예측된다.

뿐만 아니라, 중앙집중형 발전 방식에서 벗어나 분산 발전의 필요성이 요구되고 있다. 이로 인해 국내뿐만 아니라 세계적으로도 집단에너지 비율에서 석탄화력발전의 비율은 감소하고 신재생에너지와 천연가스 기반의 가스터빈 발전 비율이 점차 증가하고 있는 추세이다. 정부는 깨끗하고 안전한 집단에너지 생태계 구축을 통한 분산에너지 확대 및 에너지 전환 선도를 목표로 하여 집단에너지 보급을 확대하고자 한다. 따라서 탄소중립 정책과 안정적인 에너지 공급을 위해서 신재생에너지와 가스터빈을 혼합한 하이브리드 형태의 집단에너지 운영 플랫폼 구축이 전기 및 열의 안정적 공급에 적합하다.

1. 대한민국 정부, 2020, "한국판 뉴딜 종합계획".

2. Rismanchi, B., 2017, "District energy network (DEN), current global status and future development" Renewable and Sustainable Energy Reviews, 75, pp.571-579.

3. 산업통상자원부, 2020, "9차 전력수급기본계획".

4. 산업통상자원부, 2020, "제5차 신재생에너지 기술개발 및 이용 보급 기본계획".

5. BP Energy outlook, 2019, "BP Energy Outlook 2019 edition".

6. 에너지경제연구원, 2018, "국제 신재생에너지 정책 변화 및 시장 분석".

7. 한국에너지공단, 2020, "2019년 신·재생에너지 보급통계 결과 요약".

8. 국제금융센터, 2020, "바이든 에너지 정책 영향".

9. 에너지경제연구원, 2018 "세계 에너지 인사이트" 18-12호.

10. 자원경제학회, 2017, "주요국의 에너지정책 사례 및 시사점 연구".

11. 산업통상자원부, 2020, "5차 집단에너지 공급 기본계획".

12. Emmanuel kakaras et al., 2016, "Long term prospects of CHP", National Technical University of Athens, pp.1-116.

13. 한국지역난방공사, 2018, "집단에너지 기술 및 미래 발전방향", 반디컴.

14. Takeishi, K., 2006, "Research Activities for High Temperature Industrial Gas Turbine in Japan", CAME-GT 3rd International Conference.

15. GE aviation, https://www.geaviation.com/

16. A. Buonomano et al., 2015, "Hybrid solid oxide fuel cells-gas turbine systems for combined heat and power: A review", Applied Energy, 156, 32-85.

17. Huang K, Singhal SC. 2013, "Cathode-supported tubular solid oxide fuel cell technology: a critical review", J Power Sources, 237, pp.84-97.

18. 산업통상자원부, 2019, "수소 경제 활성화 로드맵".

19. K. Dobbeling et al., 2008, "Fuel flexibility of the Alstom GT13E2 medium sized gas turbine", ASME Turbo Expo, GT2008- 50950, 719-725.

20. N. Tekin et al., 2018, "Enhancement of fuel flexibility of industrial gas turbines by

development of innovative hydrogen combustion systems", Gas Energy, 2, pp. 1-6.

21. J. Goldmeer, 2019, "Power to gas: Hydrogen for power generation", GE Power Technical Report, GEA33861.

22. Jeffrey Goldmeer, 2020, "GE Gas Power - Hydrogen Technology".

23. K. Inoue et al., 2018, "Development of hydrogen and natural gas co-firing gas turbine", Mitsubishi Heavy Industries Technical Review, 55, 2.

24. M. Nose et al., 2018, "Hydrogen-fired gas turbine targeting realization of CO_2-free society", Mitsubishi Heavy Industries Technical Review, 55, 4.

25. O. Lindman et al., 2017, "SGT-750 fuel flexibility: engine and rig tests", ASME Turbo Expo, GT2017-63412.

II

지역난방 시스템에서 열수송관의 서비스수명과 수명예측

윤종현

한양대학교

서론

1. 지역난방 시스템 및 열수송관 구성

지역난방이란 선진 난방시스템의 한 종류로서, 열병합발전소, 첨두부하보일러, 또는 쓰레기 소각장 등의 대규모의 열 생산시설에서 경제적으로 생산된 중온수(Medium pressure hot water, MPHW)를 주거시설 및 업무, 상업용 건물들에 일괄적으로 공급하는 도시기반 지역난방 시스템이다.[1] 지역난방 시스템은 첨단 오염방지 설비가 완비되어있는 대규모의 열 생산시설에서 경제적으로 열을 생산하기 때문에 열 생산 비용을 줄일 수 있을 뿐만 아니라, 대기오염 물질의 발생을 감소시킬 수 있는 장점이 있다. 또한, 열 생산시설로부터 열을 공급을 받는 수요 시설에서 자체적인 열 생산시설의 교체 및 유지보수 등의 비용을 절감할 수 있는 장점을 갖는다.

일반적인 지역난방 시스템은 〈그림 1〉과 같이 열 생산시설, 열 수송 시설, 열 사용 시설로 구분된다. 지역별 열 생산시설에서 준비된 최대 120°C(1.6bar)의 중온수는 지하에 매설되어있는 열수송 공급관 (supply pipe)을 통하여 수요시설에 공급되며, 공급된 중온수는 높은 온도로 인하여 세대로 직접 전달되지 않고, 건물이나 아파트 단지 내에 설치된 중간 기계실로 전달되어 열교환기를 통하여 수요시설 내의 물을 데우는데 사용된 뒤, 회수관(return pipe)을 통하여 열 생산 시설로 다시 회수된다. 따라서 열 생산시설에서 공급된 중온수는 수요시설 내의 물과 서로 섞이지 않고 열교환 과정만을 거치게 된다.

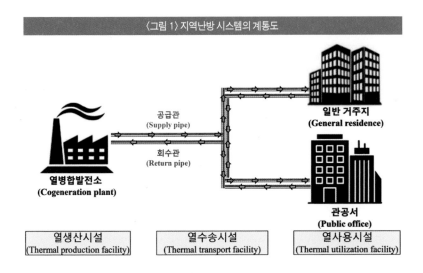

〈그림 1〉 지역난방 시스템의 계통도

지역난방 시스템에서 열수송관은 중온수를 안전하게 공급하고 회수하는 역할을 담당하기 위하여 기계적 특성과 내구성이 우수해야할 뿐만 아니라, 열효율을 극대화하기 위하여 높은 보온성능을 유지해야한다. 열수송관은 운송 중에 발생하는 열손실을 최소화하기 위하여 중온수가 직접 통과하는 내관과 이를 감싸는 보온재, 그리고 보온재를 외부 충격으로부터 보호하는 외관으로 구성된다. 〈그림 2〉는 지역난방에서 사용되고 있는 125A 규격의 열수송관 규성과 재질을 보여준다. 125A규격의 열수송관은 140mm의 외경(Outer diameter)과 5.1mm의 두께를 갖는 탄소강 내관과, 225mm 외경(Outer diameter)과 3.5mm 두께를 갖는 고밀도 폴리에틸렌(HDPE) 외관으로 구성되어 있으며, 내관과 외관 사이에는 경질 폴리우레탄폼 (PU foam)을 삽입하여 보온성능을 극대화하고 있다.

〈그림 2〉 125A규격의 열수송관 사이즈 및 구성

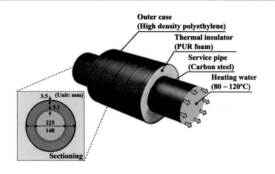

폴리우레탄폼은 상대적으로 높은 비강도와 낮은 투습성[2]을 갖고 있을 뿐만 아니라, 매우 낮은 열전도도를 보이는 재료로서 보온재와 단열재로 산업 전반에 광범위하게 사용되고 있다. 이러한 특성은 폴리우레탄폼의 화학적구조에서 연유한다. 폴리우레탄은 〈그림 4〉의 화학구조에서 경질구조(좌측)와 연질구조(우측)로 구성되어 있으며, 이 중 연질구조가 소수성이 매우 높기 때문에 물이 전혀 통과할 수 없다. 열수송관 내에 폴리우레탄폼 보온재를 제조하기 위하여, 〈그림 3〉과 같이 외관과 내관 사이의 균일한 간극을 맞추기 위한 스페이서를 1~2m 간격으로 설치한 뒤, 4-Methylene diphenyl diisocyanate (MDI)와 Polyol을 1.4:1 비율로 발포하여 보온재를 생성한다.[3, 4] 발포 과정에서 발생되는 화학반응과 생성된 보온재의 화학구조는 〈그림 4〉와 같다.

〈그림 3〉 열수송관 내부의 spacer 예시

Casing
End Seal
Isolator/Spacer
Carrier Pipe

〈그림 4〉 폴리우레탄폼의 화학구조

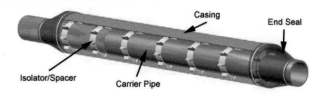

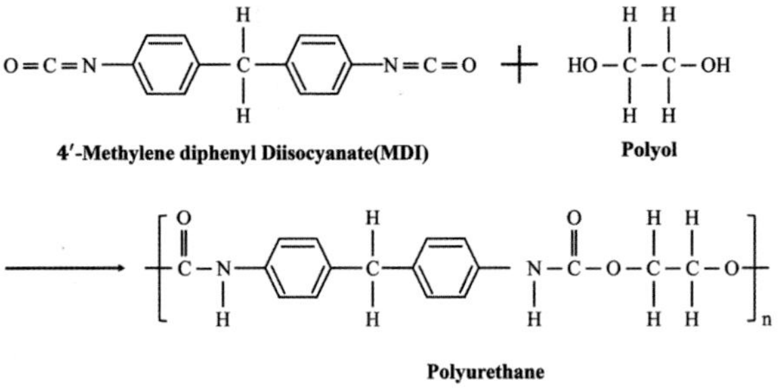

4'-Methylene diphenyl Diisocyanate(MDI)   Polyol

Polyurethane

　　열수송관 제조는 대량생산 방식에 따라 연속생산과 비연속생산으로 분류된다. 연속생산 방식은 전통적인 압출생산과 유사한 구조로서 균일한 단면구성을 유지한 채로 길이 방향으로 튜브를 연속적으로 뽑아내는 방식을 사용하고 있는데 반하여, 비연속방식은 열수송관의 일정 길이를 확보한 상태로 내, 외관을 설치하고 그 사이로 보온재를 발포하여 최종 열수송관을 제조한다. 연속생산 방식으로 제조된 열수송관의 경우, 길이방향으로 균일한 기계적특성 및 보온특성을 보이지만, 생산단가가 매우 높을 뿐만 아니라 보관과 수송을 위하여 유연한 형태로 변형이 필요하여 내관의 소재를 탄소강이 아닌 고가의 유연소재로 대체해야 하는 단점을 갖는다.[5] 국내에서 생산되는 대부분의 열수송관은 비연속생산 방식을 채택하고 있으며, 관경에 따라 125A 열수송관은 12m, 32A 열수송관은 6m 기준으로 내, 외관을 설치하고 내부를 폴리우레탄폼의 발포를 통하여 보온재를 구성하게 된다. 이때 발생되는 가스를 원활하게 배출하기 위하여 내, 외관 파이프를 3~5°가량 기울인 뒤 발포를 진행한다.[6] 그러나 길이 방향에 수직방향으로 작용되는 중력효과와 MDI와 Polyol이 반응하면서 생성되는 비선형적인 압력분포 및 폴리우레탄의 유동에 의하여 비연속생산 방식으로 제조된 열수송관의 경우, 길이 방향으로 보온성능과 전단강도(shear strength)의 편차가 발생될 수 있다는 단점이 존재한다.〈그림 6〉 지역난방시스템 관련 연구가 가장 활발히 진행되고 있는 유럽마저도, 비연속생산 방식으로 제조된 열수송관의 전단강도 편차는 해결하지 못한 상황이다.

〈그림 5〉 생산방법에 따른 열수송관 분류: (a) Continuous pipe; (b) Discontinuous pipe [7]

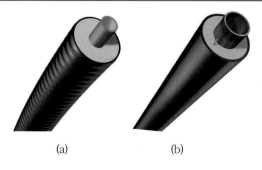

(a)   (b)

〈그림 6〉 연속생산방식(continuous pipe)와 비연속생산방식(discontinuous pipe)의 전단강도 편차 [8]

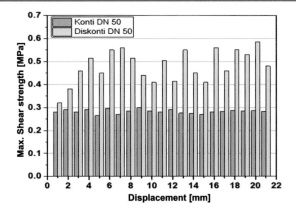

〈그림 7〉 폴리우레탄 폼의 발포 과정 및 벽면 비균일 현상

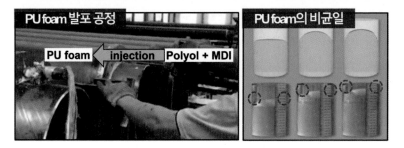

EN253 (2019)[9]에서는 초기 전단강도의 편차를 고려하기 위해 단순히 노화 후 0.12MPa의 전단강도가 확보된다면 잔여수명이 남아있는 것으로 평가하던 기존의 평가방법과 달리, 노화 진행 후 전단강도가 0.12MPa 이상으로 확보됨과 동시에 초기전단강도 대비 노화 진행 후 전단강도의 비율이 45%이상인 경우에 잔여수명이 남아있는 것으로 평가하는 새로운 방법을 도입했다. 하지만, 비연속생산 방식으로 제조된 열수송관의 경우, 〈그림 7〉과 같이 발포 공정상

발생하는 폴리우레탄폼의 비균일 현상으로 인해 초기 전단강도가 불규칙하게 분포하기 때문에 노화가 이미 진행된 시편의 초기 전단 강도를 예측하는 것은 불가능하다. 이러한 본질적인 문제를 해결하기 위해서는 열수송관의 초기 전단강도를 길이방향으로 모두 동일하게 유지시킬 수 있는 제작 방법의 도입이 필요하다. 하지만, 대부분의 열수송관 생산 업체는 영세업체들로 구성되어 있기 때문에, 이러한 문제를 해결하는데 어려움이 있다. 정부의 연구지원 사업과 사업비 지원 프로그램 등을 통해 영세업체들의 고품질 열수송관 생산 능력을 끌어올리는 것이 시급한 시점이다.

2. 지역난방 시스템에서 열수송관의 열화

열 수송관은 매설되는 지역 및 기관의 특징에 따라 다른 작동 조건을 갖기 때문에 같은 기간 동안 보온재에 각기 다른 노화를 유발시킨다. 〈그림 8〉은 열수송관의 열화에 미치는 두가지 영향인자를 보여준다.

〈그림 8〉 열수송관의 열화에 미치는 영향인자: (a) 고온에 의한 열화; (b) 열팽창/수축에 의한 열화

(a)   (b)

〈그림 8〉(a)는 100-120°C로 가열된 중온수가 열수송관의 내관을 따라 이동하면서 발생하는 열로 인해 보온재가 가열되면서 내관에서 가까운 부분부터 열화가 진행되는 것을 보여주며, 〈그림 8〉(b)는 열수송관 내부의 중온수가 열교환을 겪으면서 발생하는 온도의 변화로 인한 열팽창과 수축으로 열수송관에 반복적인 피로를 가하는 현상을 보여준다. 열수송관의 피로는 이와 같이 중온수의 직접적인 열로 인해 발생하는 화학적 노화와 온도의 변화로 인한 수축과 팽창으로 인한 반복적인 피로로 인해 발생하는 기계적 노화를 경험하는 메커니즘으로 인해 점차 심화된다. 이러한 영향인자는 열수송관이 어디에 매설되느냐에 따라 작동 시간과 작동 온도의 범위, 지반의 이동, 그리고 토압 등의 변수가 변하기 때문에 다양한 변수의 조합을 갖을 수 있다. 이러한 노화는 열수송관 보온재인 폴리우레탄폼의 격벽두께(cell wall thickness)를 감소시키며, 화학 작용기의 감소 또한 유발하기 때문에, 전단강도와 같은 기계적 물성이 점차 감소하는 현상을 보이므로, 노화시간을 최대한 늦추고, 노화로 인한 잔여수명을 정확하게 예측하는 방법의 제안이 필요한 실정이다.

현재, 국내에 매설되어 있는 열수송관은 공급관과 회수관을 합치면 1만 km에 육박하지만 지역과 시설의 운용 조건에 따라 겪는 온도 프로파일이 상이한 문제 때문에 지역별 특성에 따른 맞춤형 유지 보수 전략의 수립이 필요하다. 지역난방공사에서 2018년 6월 말 기준 열수송관의 사용기간을 분석한 결과, 전체 열수송관 중 32%가 매설된지 20년 이상 되었으며, 15%가 매설된지 15-20년, 16%가 10-15년 되어 교체 시점에 임박한 상황이다. 열수송관의 교체에는 막대한 비용이 발생함과 동시에 매설된 구간의 통제가 필요하기 때문에, 많은 인력과 시간이 필요하여 잔여수명의 정확한 평가 이후 보수 및 교환이 반드시 이뤄져야하는 지역부터 순차적으로 작업하는 것이 중요하다. 국내외의 다양한 연구기관에서 잔여수명을 예측하는 방법을 제안하고 있지만, 평균 온도, 온도 편차, 산화, 토압, 피로, 가속노화, 시간 등 매우 다양한 변수가 존재하기 때문에 정확하게 정량화된 잔여수명 산출방법이 존재하지 않는 상황이므로 해당 분야에 대한 잔여수명 예측 관련 연구가 시급한 시점이다. 또한, 해외에서 제안하고 있는 잔여수명 산출방법은 해외의 운영조건에 따른 것이기 때문에, 우리나라의 운영조건에 적합한 잔여수명 산출방법의 제안이 필요하다. 열수송관 보온재는 매설되는 지리적 위치와 운영 조건, 매설 조건 등에 따라 다른 노화 이력을 따르기 때문에, 다양한 변수로 인한 조합이 발생하다. 이러한 이유로, 전단강도와 사용 시간과 같은 단순 결과만으로 잔여수명을 예측하는 것은 불가능에 가까운 이론이라 할 수 있다. 머신러닝은 이러한 무수한 변수가 있는 상황에서 결과를 예측하는데 최적화 되어있는 이론이므로, 방대한 실험을 기반으로 한 데이터의 획득만 가능하다면, 보다 정확한 잔여수명을 예측하는 것이 가능할 것으로 기대된다.

본론

1. 작동환경에 따른 열수송관 열화현상

열수송관은 지역난방을 위한 열 공급을 목적으로 설치되는 시설물을 말하며, 발전시설에서 가열된 중온수를 전국 각지의 사용자가 이용하는 시설의 기계실로 열에너지를 전달하는 역할을 담당한다. 기계실로 전달된 중온수는 열에너지를 전달하는 열교환을 마친 뒤 회수관을 거쳐 다시 발전시설로 이동한다. 열 공급을 원하는 시설마다 에너지 사용 시간이 상이하고, 봄, 여름, 가을, 겨울의 온도차이가 큰 우리나라의 특성상 계절에 따른 열 에너지 공급 사이클 또한 상이해진다. 기본적으로, 발전시설에서 나온 중온수는 120°C의 온도로 가열되어 이송되는데, 이렇게 높은 온도의 중온수는 보온재 역할을 담당하는 폴리우레탄폼에 직접적으로 전달되어 열화 현상이 나타난다. 이러한 현상은, 온도와 화학적 열화 시간이 반비례적 관계가 있다는 아레니우스식(Arrhenius equation)으로 설명된다. 또한, 지역난방 이용 시설에 따라 열에너지 공급 사이클이 상이한데, 열에너지 공급이 중단되고 다시 재개됨에 따라 열수송관에 온도변화가 발생하게 되면서, 온도 변화로 인한 수축/팽창 현상이 나타난다. 이러한 스틸 소재 내관의 수축과 팽창 현상은 내관에 접합되어 있는 폴리우레탄폼에 반복적인 피로를 가해 기계적인 노화를 심화시키며, 장기간 사용 시 폴리우레탄폼과 내관과의 접합이 떨어지면서 열수송관의 수명이 다하게 된다. 앞서 설명한 것과 같이 열수송관의 열화현상은 화학적, 기계적 원인에 의해 발생하므로, 두 가지 열화 원인의 완화 방안과 열수송관의 추가 사용 가능여부를 판단하기 위해 복합적인 접근과 연구가 필요하며, 본 장에서 이에 대해 자세히 설명한다.

(1) 열수송관 보온재의 기계적, 화학적 특성

열수송관 보온재의 열화현상을 파악하기 위해서는 우선 노화가 되기 이전의 기계적, 화학적 물성을 확보하는 것이 필요하다. 폴리우레탄은 다공성소재로, 인장과 압축 이방성이 큰 소재이기 때문에, 인장과 압축실험 결과가 기본적으로 필요하며, 이와 더불어 잔여수명을 평가하기 위한 방법으로 전단강도의 평가가 가장 많이 사용되고 있기 때문에 전단실험도 요구된다.

〈그림 9〉는 열수송관의 보온재로 사용되는 폴리우레탄의 기계적 물성 테스트를 위한 시편 규격과 시험 조건을 보여주며, 인장시편은 ISO 1926, 전단시험은 EN253을 참고하여 실험을 진행했다.

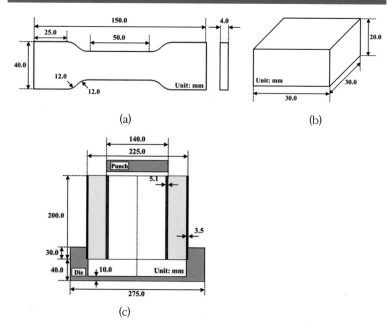

〈그림 9〉 폴리우레탄의 기계적 물성 측정을 위한 시편 규격: (a) 인장시편(ISO 1926); (b) 압축시편; (c) 전단시편 및 시험조건 (EN253)

(a)

(b)

(c)

　　각 기계적 물성 테스트는 충분한 반복 실험을 거친 뒤 시편 품질과 파단 위치 등의 평가와 함께 반복경향이 나타나는지를 확인한 뒤 최종 물성을 선정하고, 기존 문헌과의 비교를 통해 타당성을 검증했다. 〈그림 10〉는 인장실험 결과로, 0.885MPa의 최대인장강도 (Ultimate tensile strength, UTS)와 0.057의 strain, 27.27MPa의 Young's modulus를 확보할 수 있다.

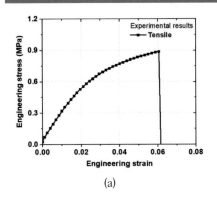

(a)   (b)

또한, 〈그림 11〉은 압축 실험 결과로, 0.65MPa의 압축강도(compressive strength)를 확보할 수 있으며, 최대응력(maximum stress) 이후 소재의 damage로 인해 강도가 점차 감소하는 경향을 보이는 것을 확인할 수 있다.

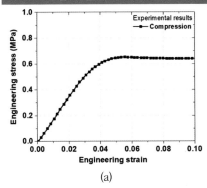

(a)   (b)

〈그림 12〉는 전단실험 결과로, 0.512MPa의 전단강도(shear strength)를 확보할 수 있다. 전단실험에서 유의할 사항은 간혹 내관 및 외관과 폴리우레탄의 접착력이 약한 시편에서 박리(delamination)가 발생하면서 전단강도가 낮게 측정되는 시편이 존재하는데, 이러한 시편은 실험 결과에서 제외시켜야 한다.

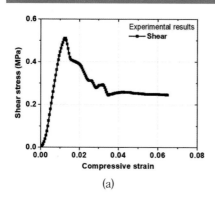

(a)　　　　　　　　　　　　　　(b)

이러한 기계적 물성테스트와 더불어, 푸리에변환적외선분광법(FTIR) 실험을 이용한 작용기의 변화, Computer Tomography(CT)를 이용한 셀 격벽두께(cell wall thickness)의 변화 관찰과 같은 화학적 특성 또한 노화에 따른 변화가 수반되기 때문에 함께 분석이 수행되어야 한다.

푸리에변환적외선분광법(FTIR)은 폴리우레탄의 우레토니민(uretonimine) 결합의 분해와 카보디마이드(carbodiimide) 작용기의 발생과 함께 잔여 조성을 모니터링 할 수 있는 실험법이다. 열수송관에 가해지는 주기적인 열적 및 기계적 부하는 아레니우스 식에 기반하여 재료의 화학적 분해속도를 가속화하여 주요 작용기가 감소하는 경향을 보이므로, 노화 정도를 확인하기 위해 푸리에변환적외선분광법(FTIR) 실험이 필수적으로 요구된다. 푸리에변환적외선분광법(FTIR) 실험은 브루커사(Bruker)의 ALPHA II 스펙트로미터(spectrometer)로 수행되었으며, 각각의 시편은 $4cm^{-1}$의 레졸루션(resolution)으로 300회 스캔되었고, 각 스펙트럼을 생성하기 위해 평균화했다. 폴리우레탄의 주요 작용기는 2975에 속하는 메테인 결합(C-H in mechyl at 2975), 2277에 속하는 이소시아네이트결합(Unreacted NCO at 2277), 1712에 속하는 C=O 결합(C=O in the urethane group at 1712), 1512에 속하는 N-H결합(N-H at 1512), 1411에 속하는 이소시아네이트 링(Isocyanurate rings) 다섯가지로 구성되며, 이를 분석하여 노화 정도를 비교할 수 있다.[10, 11] 푸리에변환적외선분광법(FTIR) 실험을 위한 시편은 IEA-DHC(2020)보고서[12]를 참고하여 적외선 파장을 충분히 인식할 수 있도록 0.5mm의 얇은 두께를 갖도록 제작되었으며, 2mm 직경의 원기둥 형태로 분석을 진행하여 〈그림 13〉에서 그 결과를 보여준다.

〈그림 13〉 폴리우레탄 시편의 푸리에변환적외선분광법 (FTIR) 실험 결과

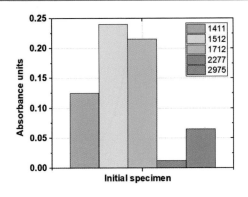

엑스선(X-ray) 컴퓨터단층촬영(CT) 방법은 폴리우레탄의 미세구조를 관찰하는 데 효과적인 비파괴 기술임이 입증된 바 있다. 다양한 크기와 형태를 갖는 cell로 구성되는 다공성 재료인 폴리우레탄의 격벽두께(cell wall thickness)와 기공(porosity)을 분석하기 위한 엑스선(X-ray) 컴퓨터단층촬영(CT) 분석은 브루커사의 CT system을 이용하여 진행했다. 폴리우레탄은 흡수율이 매우 낮기 때문에 획득 매개변수를 신중하게 선택하지 않으면 X선에 투명해지기 쉽기 때문에, 이를 방지하기 위해 몰리브덴 타겟을 선택하여 적용한 뒤 분석을 진행한다. 시편의 사이즈는 시료의 대표성을 갖기 위해 충분한 면적을 선택하여 10x10x15mm의 면적으로 제작한 뒤 resolution을 5um로 향상시키기 위해 분할 촬영했다. 〈그림 14〉는 엑스선(X-ray) 컴퓨터단층촬영(CT)분석으로 얻은 폴리우레탄의 셀 격벽두께 분포를 보여주며, 25~35um의 두께가 가장 많은 분포를 갖는 것을 확인할 수 있다. 또한, 측정영역의 volume fraction은 173.5㎣, 동공의 부피는 151.2㎣으로 측정되어, 기공이 87%인 것을 확인했다.[13-16]

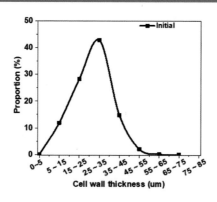

〈그림 14〉 폴리우레탄의 셀 격벽두께 분포

(2) 열수송관 보온재의 이방성을 고려한 FEM해석모델

폴리우레탄의 기계적 특성에 대해 보다 심층적인 분석을 해본 결과 폴리우레탄이 인장-압축 비대칭성을 갖는다는 사실을 추가로 확인했다. 다공성소재인 폴리우레탄은 인장강도와 압축강도가 〈그림 15〉와 같이 약 50%가량 차이나며, 이는 비선형전산해석으로 폴리우레탄의 변형 거동을 일반적인 항복 조건으로 예측하는 것이 불가능하다는 것을 의미한다.

〈그림 15〉 폴리우레탄의 인장, 압축 실험 결과

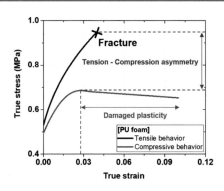

일반적인 다축응력 상태에서 응력성분의 함수가 어느 한계값에 도달할 때 항복이 생긴다는 이론이 항복 조건이며, 등방성 재료에서는 소성적 성질이 모든 방향에 대해서 동일하기 때문에 그 항복조건은 좌표축의 선택에 무관하다. 등방성 재료에 사용되는 항복조건은 미세스(von Mises)와 트레스카(Tresca) 이론이 가장 대표적이며, 평면응력 상태에서 〈그림 16〉(a)와 같이 표현된다.

비선형전산해석에서 인장-압축 비대칭성을 갖는 소재인 폴리우

레탄의 정확한 변형 거동을 예측하기 위해서는, 인장-압축 비대칭
성을 고려할 수 있는 항복 조건의 적용이 가능하며, 대표적인 모델
이 드러커-프라거 항복조건(Drucker-Prager yield criterion)이며, 〈그림
16〉(b)와 같이 표현된다.

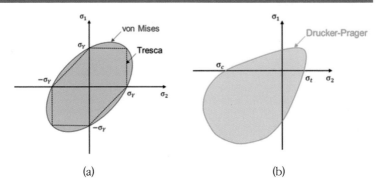

〈그림 16〉 평면응력 상태에서의 미세스(von Mises), 트레스카(Tresca) 항복곡면(a)과
드러커-프라거(Drucker-Prager) 항복곡면(b)

(a)   (b)

드러커-프라거 항복조건(Drucker-Prager yield criterion)은 항복조건
에 수직응력의 영향을 고려할 수 있도록 미세스(von Mises) 항복응력
을 확장한 것이며, 단축인장실험과 단축압축실험에서 구한 항복응
력을 이용하여 단축 비대칭 비를 이용하여 사용하는 소재에 적합
한 항복함수(yield function)로 수정이 가능하다. 일반적으로 구조해석
에 많이 사용되는 범용 해석툴인 아바쿠스(ABAQUS)에서는 드러커-
프라거 항복조건(Drucker-Prager yield criterion)을 적용할 수 있는 CDP
(Concrete Damaged Plasticity) model을 빌트인(built-in)으로 제공하기 때
문에, CDP model의 파라미터 값을 입력하여 인장압축 비대칭성을
갖는 소재의 비선형전산해석 정밀도를 향상시키는 것이 가능하다.

(3) 작동환경에 따른 열수송관 보온재의 기계적, 화학적 열화

앞장에서 열수송관이 매설되는 지역과 건물 특성에 따라 다른 온도이력을 겪는다는 것에 대해 간략하게 소개했다. 열수송관의 노화에 영향을 미치는 인자는 크게 높은 평균 온도와 큰 온도 편차 두 가지를 들 수 있다. 한국지역난방공사는 이러한 두 가지 특성을 갖는 21년간 사용된 배관을 수원시 영통구지역의 관공서와 일반거주지에서 획득하여 평균 온도와 온도 편차가 열수송관의 노화에 어떠한 영향을 미치는지 분석했다.

일반적으로 관공서는 관계자가 업무를 하는 평일 낮 시간 동안만 온수를 필요로 하기 때문에, 낮과 밤 동안 온수 공급을 on/off 하므로 온도편차가 크게 나타나는 현상을 보이며, 이를 〈그림 17〉에서 확인할 수 있다.

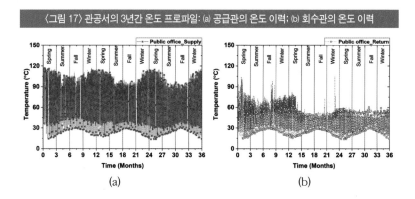

〈그림 17〉 관공서의 3년간 온도 프로파일: (a) 공급관의 온도 이력; (b) 회수관의 온도 이력

(a)   (b)

〈그림 17〉는 21년간 사용한 관공서의 배관을 채취하기 전에 가장 최근 1년간의 온도이력을 그래프로 나타낸 것이며, 〈그림 17〉(a)는 공급관, 〈그림 17〉(b)는 회수관의 온도이력을 각각 보여주고 있다.

공급관은 최저 15°C에서 최대 120°C로 높은 온도 편차를 갖고, 대략 58.2°C의 평균 온도를 보이며, 회수관은 최저 15°C에서 최대 100°C 의 온도 편차와 함께 대략 37.3°C의 평균온도를 보인다. 이와 달리 일반 거주지(아파트)는 24시간동안 거주자들에게 온수를 제공해야 하기 때문에 관공서와 달리 높은 온도를 계속해서 유지하며, 계절에 따른 온도 편차만 발생하는 것을 〈그림 18〉에서 확인할 수 있다. 계절에 따라 날씨가 추운 봄, 겨울에는 열수송관의 온도가 높은 상태를 유지하며, 날씨가 더운 여름, 가을에는 열수송관의 온도가 비교적 낮은 상태를 유지한다.

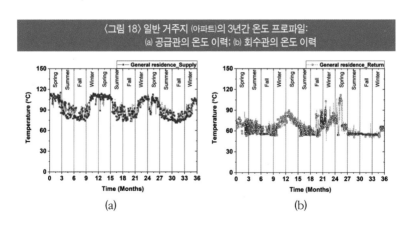

〈그림 18〉 일반 거주지 (아파트)의 3년간 온도 프로파일:
(a) 공급관의 온도 이력; (b) 회수관의 온도 이력

(a)　　　　　　　　　　(b)

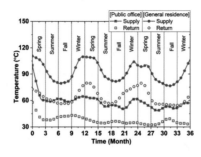

〈그림 19〉 관공서와 일반 거주지의 3년간 평균 온도 프로파일

〈그림 18〉는 21년간 사용한 일반 거주지 (아파트)의 배관을 채취하기 전에 가장 최근 1년간의 온도이력을 그래프로 나타낸 것이며, 〈그림 18〉(a)는 공급관, 〈그림 18〉(b)는 회수관의 온도이력을 각각 보여주고 있다. 공급관은 최저 75°C에서 최대 120°C의 온도편차를 계절에 따라서만 가지며, 이는 관공서와 비교했을 때 매우 적은 값이다. 또한, 92°C의 평균온도를 가지며, 이는 관공서에 비해 높은 수치임. 회수관은 최저 50°C에서 최대 100°C의 온도 편차를 계절에 따라서만 가지며, 이 또한 매우 일시적인 현상으로 보인다. 회수관도 공급관과 마찬가지로 64.1°C의 관공서보다 높은 평균온도를 보인다. 관공서와 일반 거주지의 평균 온도 프로파일은 〈그림 19〉에서 보여주며, 일반 거주지가 관공서에 비해 높은 평균온도를 갖는다는 것을 확인할 수 있다.

이와 같이, 지역의 운영 조건에 따라 관공서는 높은 온도편차와 함께 낮은 평균온도를 보이며, 일반거주지는 낮은 온도편차와 함께 높은 평균온도를 보인다. 때문에, 관공서에서 채취한 시편은 높은 온도편차로 인한 노화가 주로 발생하고, 일반 거주지에서 채취한 시편은 높은 평균온도로 인한 노화가 주로 발생했을 것으로 예상된다. 이러한 운영 온도의 특징에 따른 노화를 분석하기 위해 각각의 지역에서 채취한 열수송관으로 푸리에변환적외선분광법(FTIR), CT, 전단강도 등을 측정하여 비교 분석했다.

우선, 다공성 소재인 폴리우레탄의 격벽두께 감소율, 동공의 변화를 분석하기 위해 엑스선(X-ray) 컴퓨터단층촬영(CT) 이미지를 촬영한 뒤 이미지와, 정량적인 데이터로 분석을 진행했다. 〈그림 20〉은 촬영한 CT 이미지를 보여주며, 실제로 노화가 진행되면서 격벽의 두께가 상당히 감소한다는 것을 확인할 수 있다. 〈그림 20〉(c)와 (d) 모두 관공서의 열수송관이며, 큰 온도 편차로 인해 열수송관이 수축과 팽창을 반복하면서 격벽 두께의 감소에 지대한 영향을 미친 것으로 예상된다. 〈그림 20〉(e)와 (f) 또한 초기시편에 비해 격벽의 두께가 미세하게 감소한 것을 확인할 수 있다. 이미지만으로는 정량적인 비교가 어렵기 때문에, 〈그림 21〉에서 격벽의 두께 분포를 그래프로 나타내어 보여준다. 정량적인 수치로 확인했을 때, 초기시편의 셀 격벽 두께는 25~35um를 갖는 영역이 가장 많았지만, 온도 편차가 크게 발생하고, 21년간의 노화가 진행된 관공서의 셀 격벽 두께는 15~25um를 갖는 영역이 가장 많은 것을 확인할 수 있다. 반면에, 일반 거주지는 21년간 사용을 했음에도 불구하고, 온도 편차가 크지 않아 초기 시편과 비교하여 셀 격벽 감소율이 크지 않은 것을 확인할 수 있다. 이러한 결과에서 온도편차가 큰 경우 셀 격벽 두께의 감소율이 크다는 것을 유추할 수 있다. 〈그림 21〉에서는 셀 격벽의 두께의 경향성을 파악할 수 있었으며, 이를 정량적 수치로 비교하기 위해 〈표 1〉과 같이 각 지역 특성 별 셀 격벽두께를 표로 정리했다.

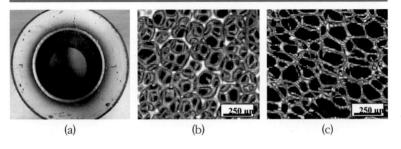

〈그림 20〉 폴리우레탄의 엑스선(X-ray) 컴퓨터단층촬영(CT) 이미지: (a) CT 촬영 위치; (b) 초기 시편; (c) 관공서의 공급관; (d) 관공서의 회수관; (e) 일반 거주지의 공급관; (f) 일반 거주지의 회수관

(a)　　　　　　(b)　　　　　　(c)

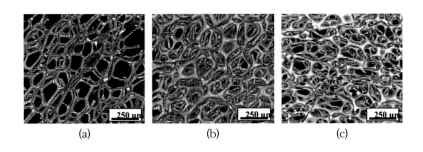

(a)   (b)   (c)

〈그림 21〉 폴리우레탄의 셀 격벽두께(cell wall thickness) 분포

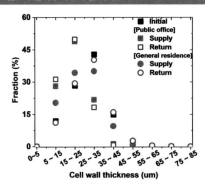

〈표 1〉 엑스선(X-ray) 컴퓨터단층촬영(CT) 결과로 측정한 폴리우레탄의 셀 격벽 두께 분포

	Fraction (%)			
	public office (관공서)		General residence (일반 거주지)	
셀 격벽두께(um)	Supply	Return	Supply	Return
5~15	11.215	19.878	28.068	31.240
15~25	29.258	29.529	48.871	49.791
25~35	35.721	30.821	21.791	18.263
35~45	16.871	14.854	1.247	0.694
45~55	4.425	3.991	0.019	0.010
55~65	1.880	0.747	0.004	0.002
65~75	0.594	0.171	0.001	0
75~85	0.037	0.009	0	0

폴리우레탄의 발포 과정에서 생성되는 기공(porosity)이 노화되는 과정에서 확산되는 현상이 발생하는지 확인하기 위해 엑스선(X-ray) 컴퓨터단층촬영(CT) 결과에서 정량적인 체적을 획득하여 기공을 분석한 결과를 〈표 2〉에서 보여주며, 노화가 진행되면서 기공의 변화 경향성을 확인하지 못한 것으로 보아, 노화가 기공에는 큰 영향을 미치지 못하는 것으로 예상된다.

〈표 2〉 엑스선(X-ray) 컴퓨터단층촬영(CT) 결과로 측정한 폴리우레탄의 기공(porosity)

측정값	초기 시편	Public office (관공서)		General residence (일반 거주지)	
		공급관	회수관	공급관	회수관
전체 체적 (㎖)	173.50	243.41	158.58	165.21	163.80
기공의 체적 (㎖)	151.20	224.11	148.36	152.99	148.82
기공 (%)	87	92	94	93	91

푸리에변환적외선분광법 (FTIR) 실험은 〈표 3〉과 같이 초기시편과 관공서, 일반거주지의 주요 작용기(absorption unit)를 비교하여 우레토니민(uretonimine) 결합의 분해를 정량화하는 것을 목적으로 수행했다.

폴리우레탄의 주요 작용기는 1411㎝$^{-1}$, 1512㎝$^{-1}$, 1712㎝$^{-1}$, 2277㎝$^{-1}$, 2975㎝$^{-1}$으로 구성되며, 1411㎝$^{-1}$, 1512㎝$^{-1}$, 1712㎝$^{-1}$ 작용기가 그중 가장 높은 absorbance unit값을 갖고 가장 큰 폭으로 변화하는 것을 확인할 수 있다. 1512㎝$^{-1}$ 작용기를 기준으로 초기시편에 비해 관공서의 공급관은 42%, 회수관은 40%, 일반거주지의 공급관은

58%, 회수관은 53%의 감소율을 보인다. 평균온도가 높은 공급관이 회수관보다 높은 감소율을 보이며, 일반거주지가 관공서보다 높은 감소율을 보인다. 이 결과로 유추해 볼 때, 높은 온도는 아레니우스 식에서도 화학적 노화를 가속화시킨다는 것이 확인되었기 때문에, 작용기의 감소를 가속화시킨다는 것을 확인할 수 있다. 관공서의 온도 편차가 일반거주지에 비해 크지만, 작용기의 감소율은 적은 것으로 보아 온도편차는 작용기의 감소에 큰 영향을 미치지 못하는 것으로 예상된다.[17-20]

<표 3> 폴리우레탄의 지역별 푸리에변환적외선분광법 (FTIR) 실험 결과

| 작용기 (cm⁻¹) | Initial | Absorbance units | | | |
| | | Public office (관공서) | | General residence (일반 거주지) | |
		Supply	Return	Supply	Return
1,411	0.124	0.075	0.078	0.057	0.062
1,512	0.239	0.137	0.142	0.100	0.111
1,712	0.215	0.087	0.096	0.064	0.079
2,277	0.012	0.005	0.005	0.006	0.005
2,975	0.065	0.024	0.023	0.021	0.019

마지막으로, 각 지역에서 채취한 시편으로 전단실험을 진행하였다. 전단실험 조건은 <그림 10>(c)와 동일한 조건이며, 실험 결과를 <그림 22>에서 보여준다. Region 1_S는 관공서의 공급관, Region 1_R은 관공서의 회수관, Region 2_S는 일반 거주지의 공급관, Region 2_S는 일반 거주지의 회수관이다.

전단실험 결과, 초기시편은 평균 0.5MPa의 전단강도를 갖지만,

21년간 사용한 관공서와 일반 거주지의 시편은 초기 시편 대비 현저히 전단강도가 떨어지는 것을 확인할 수 있다. 모든 지역에서 회수관은 공급관에 비해 낮은 평균온도와 낮은 온도 편차를 보이기 때문에, 회수관의 전단강도 감소율이 공급관에 비해 낮은 것으로 나타난다. 또한, 높은 온도 편차를 갖는 관공서의 전단강도 감소비율이 일반거주지에 비해 높은 것으로 보아, 높은 온도 편차로 인해 발생하는 셀 격벽의 두께 감소율이 화학 작용기 감소율보다 전단강도에 더 큰 영향을 미치는 것으로 예상된다.

〈그림 22〉 열수송관의 지역별 전단실험 결과

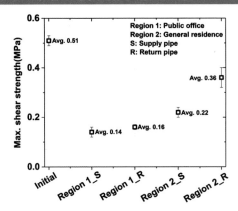

2. 열수송관의 수명예측

(1) 열수송관의 수명예측 필요성 및 중요성

열수송관은 열병합발전소, 쓰레기 소각 플랜트 등의 발전소에서 고온으로 가열된 난방수를 열을 필요로 하는 기관과 회사 및 일반 거주지역 등에 공급하기 위한 지역난방 시스템의 핵심 구조물이다. 우리나라는 1980년대 후반 지역난방시스템이 처음 도입되었으며, 〈그림 23〉과 같이 현재 사용 중인 대부분의 열수송관이 이 시점에 공급되었다. 따라서, 2021년에 들어선 현재 상황에서 대부분의 열수송관이 최초 선정된 설계수명인 30년에 도달하고 있는 실정이다.

연번	사업자	공급 세대수(비율)	공급 빌딩 수	최초 허가일	최초 공급일
		〈그림 23〉 국내 지역난방도입 시기 및 현황 [21]			
1	한국지역난방공사	1,478,596(52.6)	2,323	1985년 11월	1987년 11월
2	○○	326,610(11.6)	627	1993년 7월	1991년 11월
3	□□	256,580(9.1)	349	1984년 8월	1985년 11월
4	△△	99,976(3.6)	73	2004년 12월	2008년 3월
5	▷▷	75,617(2.7)	102	1997년 6월	1999년 9월
6	기타(27개 사업자)	574, 187(20.4)	682	-	-
	합계	2,811,566(100)	4,156	-	-

현재 우리나라에는 총 4,278km x 2열(공급관과 회수관)의 열수송관이 설치되어 있으며, 한국지역난방공사는 약 50% 이상의 열수송관을 관리하고 있다. 〈그림 24〉는 사용기간 별 열수송관 현황을 보여주고 있다. 20년 이상 사용한 열수송관의 비율은 32%, 15~20년 사용한 열수송관의 비율은 15%로, 향후 5년 이내에 20년 이상 사용된 노후 열수송관의 비율이 45% 이상으로 급증할 것으로 예상된다. 최근 20년 이상의 노후화된 열수송관의 증가와 맞물려 파손에 의한 열공급 중단, 인명피해 등의 사고 사례가 증가함에 따라 우리나라는 노후화된 열수송관을 유지보수 및 교체해야 하는 중요한 시점에 있다.

하지만, 열수송관의 교체에는 막대한 비용이 발생하기 때문에, 잔여수명이 다 한 열수송관을 선별하여 교체하는 것이 중요하다. 초기 선정한 열수송관의 설계수명은 30년이지만, 우리나라보다 지역난방시스템을 먼저 도입한 유럽에서는 30년 이상 사용하여도 문제가 발생하지 않고 있다는 결과가 IEA-DHC(2020)를 통해 보고되고 있다. 이러한 지역난방 선진국의 열수송관 관리 트렌드에 발맞추어 우리나라도 설계수명의 변경이 필요한 상황이다. 초기에 선정된 30년의 설계수명은 120도의 운영온도에서 지속적으로 사용되었을 때 예상 수명이지만, 실제로 지역과 건물 상황, 기후 조건 등의 변수에 따라 운영 온도가 상당히 달라지기 때문에 이를 고려한 설계수명의 변경이 필요하다. 평균 운영 온도가 상대적으로 낮고 온도편차가 적게 운영되는 지역의 열수송관은 30년 이상 사용이 가능하겠지만, 반대로 평균 운영 온도가 높으며 온도 편차가 높은 지역의 열수송관은 설계수명인 30년보다 적은 시간 동안만 사용이 가능하게 된다. 또한, 열수송관은 발전소로부터 난방수의 열을 공급하기 위한 공급관과 열을 공급하고 남은 난방수를 다시 발전소로 회수하는 회수관으로 나뉜다. 이 중, 회수관은 중온수의 열을 사용처에 공급하고 난 후의 상대적으로 저온의 난방수를 운반하므로, 평균 운영온도가 공급관에 비해 매우 낮아지게 된다. 이는 열수송관에 가해지는 손상이 적다는 것을 의미하므로, 설계수명 30년보다 장기간 사용가능하다는 것을 의미한다. 따라서 동일한 기간 운영된 열수송관이라도 매설 지역 및 사용처에 따라 노화정도가 다를 수 있다. 결국 운영조건에 따라 열수송관의 노화정도가 다르므로 설계수명을 기준으로 매설 후 30년이 지나면 교체하는 것이 아닌, 운영온도를 기반으로 서비스

수명 및 잔여수명을 평가해야 한다.

우리나라는 유럽과 비교했을 때 지역난방을 도입하여 사용한 기간이 짧은 편으로, 열수송관의 수명보다는 난방효율 측면에 더욱 관심을 가져 이와 관련한 연구는 활발히 진행되었으나 열수송관의 수명 평가에 관한 연구는 부족한 실정이다. 때문에, 지역난방 도입시기가 우리나라보다 앞선 유럽의 열수송관 수명 평가 기준(EN253)을 적용하여 사용하고 있다. 그러나 유럽의 수명평가 방법은 열수송관 신품을 대상으로 하여 해당 제품의 사용 가능 여부를 결정하기 위한 것으로, 이미 수십 년간 노화된 열수송관에 그대로 적용하는 것은 문제가 있을 수 있다. 또한, 우리나라와 매설환경(도로 종류, 사용처 및 인구수 등)에서 차이가 있는 유럽 기준을 사용하면 국내 열수송관의 수명 측정 시 오차가 증가할 수 있으므로 국내 매설환경에 적합한 노화 열수송관에 대한 수명평가 기준이 필요하다.

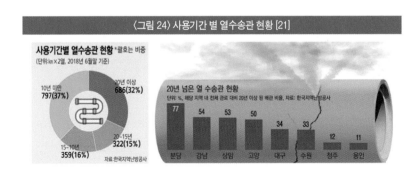

〈그림 24〉 사용기간 별 열수송관 현황 [21]

(2) 기존의 열수송관 수명예측 방법

열수송관의 수명예측은 유럽 표준 규격인 EN253:2009에 기술되어 있는 연속운영가능온도 계산(Calculated continuous operation temperature, CCOT) 방법을 기반으로 주로 사용되고 있다. CCOT는 아레니우스 화학반응속도 법칙에 기반하여 계산되는데, 아레니우스 화학반응속도 법칙 이론에 따르면 온도가 증가함에 따라 분자의 운동 속도가 빨라지고, 화학반응속도가 증가한다. 결국 CCOT는 중온수의 고온에 의한 폴리우레탄의 화학적 노화를 기반으로 연속운영가능온도를 계산하는 방법이라고 할 수 있다. 식 (1)은 아레니우스식을 나타내며, 속도 상수 k, 절대 온도 T, 아레니우스 상수 A, 활성화 에너지 E_a, 기체 상수 R로 구성된다.

$$k = Ae^{(-\frac{E_a}{RT})} \tag{1}$$

〈그림 25〉은 아레니우스 식을 그래프로 표현하고 있으며, x축은 절대 온도(T), y축은 노화 시간을 나타낸다.

〈그림 25〉 공급온도 조건에서 기대되는 수명 관계(아레니우스 식 기반)

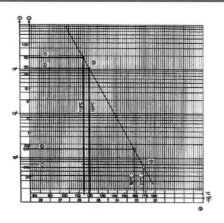

EN 253(2019)에서는 CCOT에 대한 내용을 다음과 같이 기술하고 있다. 최소 3개의 다른 온도로 1,000시간 이상 노화시킨 이중보온관에서 측정한 전단강도 값을 토대로, 아레니우스 방정식을 이용하여 CCOT를 계산할 수 있다. 최대 노화 온도는 최소 1,000시간의 열 수명과 상관관계를 가져야 하며, 최대 노화온도와 최소 노화온도의 차이는 최소 10K이다. 노화 온도는 강관의 온도이고 연속적으로 노화 기간동안 기록되어져야 하며, 온도의 편차는 평균 온도로부터 0.5K 이상 벗어나면 안된다. 열 수명의 측정은 노화온도 부과 후 전단강도의 변화를 측정한 것을 기초로 하며, 각각의 노화온도에서의 열수명은 노화시간을 증가시키면서 전단 시험을 수행하여 측정된다. 특정 온도에서의 열 수명은 전단강도가 0.13MPa 아래로 떨어질 때의 온도로 정의한다. 열수송관의 수명예측은 CCOT를 기반으로 진행되며, 자세한 수명예측 방법을 아래에 기술한다.

아레니우스의 화학반응속도법칙(식 2)을 변형 유도하여 보온재의 열적 노화도를 산출하여 다음의 보온재 수명 기본식(식 3, 4)을 얻을 수 있다. 이 때 연속등운전온도와 보온재의 기대수명을 축으로 하는 아레니우스 곡선을 이용한다.

$$R(T) = C \cdot \exp(-\frac{Q}{R \cdot T}) \qquad (2)$$

$$L = A \cdot \exp(-\frac{Q}{R \cdot T}) \qquad (3)$$

$$\ln(L) = \ln(A) + \frac{Q}{R \cdot T} \qquad (4)$$

CCOT를 이용한 잔여수명 평가를 진행하기 전에, 우선 아레니우스 식에서 연속등운전시의 소요수명을 어떻게 산출하는지 140°C, 170°C에서 계산해보면, 아래와 같다.

〈그림 26〉은 y축을 ln(L), x축을 1/T로 표현해야 선형적으로 표현이 된다. 때문에, 식 (4)는 다시 식 (5), (6)처럼 표현할 수 있다.

$$\text{In}(L_1) - \text{In}(L_2) = \text{In}(\frac{L_1}{L_2}) = \frac{Q}{R}(\frac{1}{T_2} - \frac{1}{T_1})$$

$$\text{In}(L_2) = \text{In}(L_1) = \frac{Q}{R}(\frac{1}{T_2} - \frac{1}{T_1}) \qquad (5)$$

식 (6)에서 L_1은 기준이 되는 시간으로, 120°C의 온도 기준 30년의 시간이므로, 262,800시간을 의미한다. L_2는 테스트 하는 온도에서의 노화 시간을 의미하며, T_1은 기준이 되는 온도로 (120+273)K, T_2는 테스트하는 온도를 의미한다. 또한, R과 Q는 기체 상수 값이므로, 고정되는 값이기 때문에, 노화 시간을 얻고 싶은 온도 값을 T_2에 대입하면 원하는 시간을 획득하는 것이 가능하다. 140°C 에서의 노화 시간을 환산해보면, 식 (7)과 같이 표현할 수 있으므로, 28,452시간, 즉 1,186일(3년 91일)로 환산되며, 170°C에서의 노화 시간을 환산해보면, 식 (8)과 같이 표현할 수 있으므로, 1,476시간, 즉 61.5일로 환산이 가능하다.

$$\text{In}(L_2) = \text{In}(242,800) + 18041.85711(\frac{1}{140+273} - \frac{1}{120+273}) = 10.256 \quad (6)$$
$$\therefore L_2 = 28,452h = 1,186days = 3years\ 91days$$

$$\text{In}(L_2) = \text{In}(242,800) + 18041.85711(\frac{1}{170+273} - \frac{1}{120+273}) = 7.298 \quad (7)$$
$$\therefore L_2 = 1,476h = 61.5days$$

이를 바탕으로 CCOT를 이용한 수명예측 방법에 대해 설명한다. 우선, 기 사용된 열수송관의 시편을 채취하여 일정 온도에서 가속노화를 수행한 뒤 전단강도를 평가한다. 기사용 연수와 가속노화를 통한 잔여수명 평가시험 결과를 이용하여 현 온도이력에 대한 기대수명을 산출할 수 있다. 다음은 잔여수명 평가결과를 이용한 보온재의 노화수명 산출 과정 및 각 과정에서의 관계식이다. 식 (8)은 120°C에서 연속 등운전시의 소요수명을 산출하는 식을 나타낸다.

$$L_{120} = L_i \cdot \exp \frac{Q}{R} \left(\frac{1}{T_{120}} - \frac{1}{T_i} \right) \tag{8}$$

그리고 식 (9)에서 160°C의 온도에서 가속노화를 통한 기대수명을 산출한 뒤, 이를 다시 120°C에서 연속등운전시의 기대수명으로 환산한다.

$$L_{120} = L_{160} \cdot \exp \frac{Q}{R} \left(\frac{1}{T_{120}} - \frac{1}{T_{160}} \right) \tag{9}$$

기대수명 30년을 만족하는 연속등운전온도를 식 (10)으로 산출한 뒤 산출된 연속등운전온도에 의한 기대수명을 식 (11)로 산출한다.

$$L_{120} = L_{uiso,30} \cdot \exp \frac{Q}{R} \left(\frac{1}{T_{120}} - \frac{1}{T_{uiso,30}} \right) \tag{10}$$

$$\therefore T_{uiso,30} = \frac{Q}{R} In \left(\frac{L_{120}}{L_{uiso,30}} \right)^{-1}$$

$$L_i = L_{uiso,30} \cdot \exp \frac{Q}{R} \left(\frac{1}{T_i} - \frac{1}{T_{uiso,30}} \right) \tag{11}$$

다음은 수명예측을 진행한 선행 연구다. A. Puentes-Parodi 등 [22]은 열수송관의 스틸 재질의 내관 근처에 있는 폴리우레탄폼(PU foam)의 표면 분석 및 파손을 평가했다. 보온재 및 강관을 기반으로 열수송관의 정확한 수명 추정은 강관의 부식, 습도 및 온도 변화, 품질 등 복합재의 서비스 수명과 관련된 여러 변수가 복합적으로 적용되므로 매우 복잡한 작업이라고 할 수 있다. 이를 위해, 해당 연구에서는 보온재와 강관의 접착면의 파손 메커니즘을 확인하기 위해 인위적 가속 노화, 기계적 테스트, 열 중량 분석(TGA) 및 표면 분석(SEM) 등 다양한 테스트를 진행했다. 열 중량 데이터에서 폴리우레탄폼(PU foam)의 분해 역학 매개 변수를 식별하기 위해 다양한 방법을 적용하였고, 이를 통해 제품의 수명을 추정함. 평가 방법들 중 Chang 분석은 유럽 표준 규격 EN 253에 의해 설정된 기계적 테스트 및 수명 예측으로 얻은 결과와 비교할 때 최상의 접근 방식을 제공하는 것을 확인했다.

연구에 사용된 열수송관은 독일 규격인 DN50/160으로 난방수를 수송하는 스틸 재질의 내관을 경질 폴리우레탄폼(PU foam)이 약 50mm 두께로 감싸고 있는 구조이며, 〈그림 26〉에서 제시했다.

〈그림 26〉 DN50/160 열수송관의 구조 및 단면도: (A) 열수송관의 구조; (B) 열수송관의 단면도 [22]

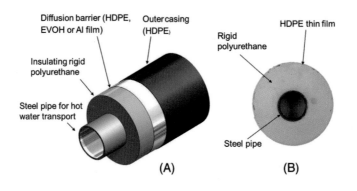

이 연구에서 진행한 실험은 다음과 같이 수행되었다. 먼저, 가속 노화 시험은 샘플의 내관 표면에 180℃, 외관 표면에 60℃로 서로 다른 온도를 적용하여 인접한 보온재의 노화를 가속화했다. 〈그림 27〉 실험에 적용된 온도는 실제 운영 조건(내관은 120℃, 외관은 30℃)에서 측정한 온도보다 더 높도록 설계되었으며, 이는 외부 공기 침입

에 의한 영향을 고려하여 설계되었다. 온도 인가 챔버는 스틸 재질
의 엔드 컵으로 밀봉되어 외부 공기 침입을 허용하지 않는다.

〈그림 27〉 가속노화시험 수행 장치 [22]

전단 강도는 표준 규격 EN 253의 규격에 근거하여 수행되었다.
23°C 및 50% 상대 습도에서 로드 셀이 10kN인 범용 시험기 FPZ
100을 사용하였다. 속도는 최대 5mm/min으로 설정되었다. 전단강
도는 식(12)를 통해 계산할 수 있으며, 축 방향 하중 F_{axial}, 시편 길이
L, 내관 지름 d로 구성된다.

$$T = F_{axial}/(\pi \cdot L \cdot d) \tag{12}$$

TGA 실험은 TGA Q5000를 이용하여, 공기와 질소 조건 하에서
2, 5, 10, 20 K/min의 4가지 가열 속도로 수행되었다. 샘플은 〈그림
28〉과 같이 내관 벽에서 2~5mm 떨어진 곳의 보온재를 절단했다.
열화 역학 매개 변수를 결정하기 위해 Ozawa-Flynn-Wall, Chang 및
Friedman 열 방법을 사용하였고, 이를 통해 수명을 추정했다.

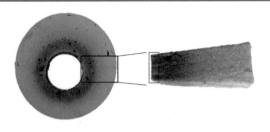

먼저 〈그림 29〉는 인위적으로 가속노화를 진행한 후 전단강도를 측정한 결과다. 250시간 노출 후 전단 강도는 초기 전단강도의 약 50%까지 떨어지고, 이후 약 2,000시간까지 일정하게 유지된다. 2000시간 후 발생되는 전단강도 감소는 강관에 접촉된 보온재의 산화 분해를 받아 발생되는 것으로 예측되며, 그 이유는 강관 표면에서 녹은 것과 같은 잔류물이 발견된 것이다. 3,150시간 가속노화 된 시편은 강관과 보온재 접착면이 완전히 손상되었으며, 이는 2,500~3,150시간 중 보온재와 강관의 분리가 발생했음을 의미한다.

TGA 시험 결과인 〈그림 31〉 TGA 다이어그램을 보면, 첫 번째 단계는 약 250°C부터 약 350°C 사이에 55%까지 지속적으로 질량 손실이 발생하며, 약 450°C 이후 두 번째 질량 손실이 시작된다. 측정된 데이터는 Ozawa-Flynn-Wall(OFW), Friedman 및 Chang 방법을 통해 보온재의 열분해 운동 매개 변수를 평가하였고, 활성화 에너지, 반응 순서 및 전 지수 인자를 획득하였으며, 〈표 4〉에 나타냈다. 이 중, Chang 방법이 OFW 방법으로 계산된 매개 변수와 비교할 때 최상의 근사치를 제공했다.

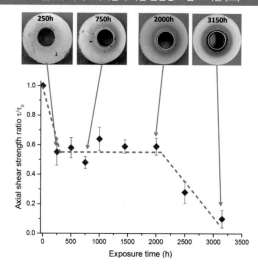

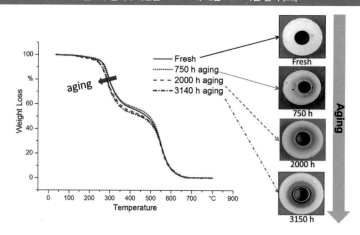

〈표 4〉 OFW, Chang, Friedman 방법으로 계산된 분해 역학 매개변수 [22]

Sample	OFW	Chang			Friedman		
	$E_a, KJ/mol$	$E_a, KJ/mol$	lnA	n	$E_a, KJ/mol$	lnA	n
Fresh	224	148	27	4.5	82	31	5.0
Pre-aged samples 750 h	157	144	27	5.0	81	31	5.5
2,000 h	133	142	27	5.6	60	22	4.4
2,500 h	113	108	19	3.1	61	22	3.9
3,150 h	138	142	27	3.9	60	22	3.3

〈표 5〉 폴리우레탄폼(PU faom)에 대한 TGA 시험 결과 [22]

Artificial Aging at Continuous Temperature of 180°C

노출시간 (Hours)	0	750	2,000	2,500	3,150 (near to failure)
노출시간 (%)	0	24	63	79	100
각각 노출된 뒤에 예상되는 잔여수명 (Hours)	876	613	350	88	17
잔여수명 (%)	100	70	40	10	2

잔여수명의 추정은 아레니우스 화학반응속도 법칙을 변환한 식 (13)으로 계산하였고, 열분해 운동 매개 변수는 Chang 방법에 의해 계산된 실험식으로 결정되었다. 〈그림 30〉는 가속노화시간이 다른 시편들에 대한 잔여수명을 추정한 결과다.

$$t_f = \frac{1-0.80^{1-n}}{A(1-n)} \exp\left(\frac{E_a}{RT}\right) when \, n \neq 1 \qquad (13)$$

본 장의 결론은 다음과 같다. Chang방법을 통한 잔여수명 예측은 기계적 테스트에서 얻은 것과 비슷한 잔여수명 예측 결과를 보여준다. 그러나 열수송관의 서비스 수명과 관련된 변수의 양, 강관의 부식, 습도 및 온도 변화, 원자재 품질과 같은 외부 요인으로 인해 잔여수명 예측이 부정확할 수 있다. 그럼에도 불구하고 TGA가 수명을 예측하는 주요 방법인 것을 확인했다.

(3) 열수송관 잔여수명 예측 기술의 한계

지금까지 진행된 연구사례들로 열수송관의 노화에 영향을 미치는 인자를 유추해보면, 온도, 산화, 피로하중 등으로 인한 화학작용기의 변화, 셀 격벽두께의 감소, 전단강도의 감소 등을 꼽을 수 있다. 기존에는 열수송관이 시간이 지남에 따라 선형적으로 수명이 감소한다고 예상하여, 〈그림 31〉과 같이 아레니우스 식을 기반으로 하여 잔여 수명을 예측하는 방법을 도입했다.

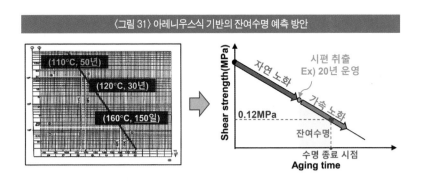

〈그림 31〉 아레니우스식 기반의 잔여수명 예측 방안

하지만, 최근 연구사례들을 취합하여 수정된 EN253에 따르면,

〈그림 32〉과 같이 수명이 선형적으로 감소하지 않고, 일정하게 유지되는 구간이 발생한다는 사실이 밝혀졌다.

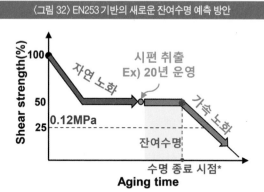

〈그림 32〉EN253 기반의 새로운 잔여수명 예측 방안

〈그림 32〉와 같이 노화가 선형적으로 되지 않을 경우 자연노화 후 추출한 시편의 전단강도만으로는 수명 종료시점을 예측하는 것이 불가능하기 때문에, 셀 격벽두께, 밀도, 전단강도, 화학 작용기 변화 등 모든 영향인자들의 평가가 필요하며, 가속노화로 데이터베이스를 구축해야하기 때문에 잔여수명 평가의 어려움이 있다.

결론

　　일반적인 지역난방 시스템에서 100~120°C로 가열된 중온수는 열수송관 내관을 따라 이동하며 폴리우레탄폼의 노화를 촉진시킨다. 폴리우레탄폼의 노화는 열수송관의 파손으로 이어지며, 이는 인명피해로 직결될 수 있다. 지하매설물에 대한 안전관리 중요성이 증대되고 있는 현 시점에서, 노화된 열수송관의 합리적인 교체시기를 예측하는 것은 매우 중요한 이슈사항이다. 하지만, 지하 2.5m 가량의 깊이에 매설되는 열수송관의 특성으로 인해, 이미 매설된 열수송관을 관리하는 것은 매우 어려운 일이다. 현재 우리나라에 매설되어있는 열수송관은 공급관과 회수관을 합쳐 약 8,500km에 이른다. 열수송관을 교체하는데 막대한 국가 예산이 소요되기 때문에, 합리적인 기준에 의거한 교체계획의 수립이 필요하지만, 열수송관은 평균 온도, 온도 편차, 산화, 토압, 피로, 가속노화, 시간 등 매우 많은 변수들이 노화에 영향을 미치기 때문에 잔여수명의 예측이 상당히 어려운 문제가 있다. 현재의 잔여수명 평가 방법은 아레니우스

식에 기반한 화학적 노화에 치중한 평가법이기 때문에 정확도가 떨어지는 문제가 있다. 인공지능 관련 기술들이 빠른 속도로 발전하고 있는 지금 시점에서, 머신러닝은 10가지 이상의 독립 및 종속 변수들의 영향을 받는 열수송관의 잔여수명을 예측하는 좋은 수단이 될 수 있을 것으로 기대된다. 지역난방시스템을 가장 먼저 도입한 유럽의 모든 국가들도 아직 머신러닝을 이용한 잔여수명 평가법을 도입하지 못한 상황이므로, 제안하는 평가법이 성공한다며 다음과 같은 효과를 기대할 수 있다.

우선 기술적 측면에서 유럽의 대부분의 국가들은 1980년대 후반에 처음 지역난방시스템을 도입한 우리나라보다 활발한 연구를 진행하고 있었기 때문에 앞선 기술들을 확보하고 있다. 하지만, 처음 지역난방시스템을 도입한지 40년이 넘어가는 현재 시점에서도 잔여수명 예측을 위한 연구는 아레니우스식에 기반한 화학적 노화만을 고려한 평가법이 유일하다. 열수송관의 열, 기계적 특성을 모두 고려한 머신러닝 기반의 잔여수명 예측기술을 제안한다면 우리나라는 세계 최초로 지역난방 유지보수 선도 기술을 확보하는 국가가 될 수 있다. 안전성 측면에서 접근했을 때, 열수송관은 10가지 이상의 독립 및 종속 변수들의 영향을 받아 노화가 진행되며, 이러한 변수들은 열수송관의 운영 조건에 따라 상이해진다. 이는 열수송관의 운영 조건에 따라 노화 가속화가 달라지기 때문에, 같은 열수송관을 사용하더라도 기대수명이 달라질 수 있다는 것을 의미한다. 때문에, 기존의 방법처럼, 모든 배관이 30년의 기대수명을 갖는다는 가정으로 30년까지 방치하는 것이 아닌, 지역별 특성에 맞는 개별적인 관리가 필요하다. 이와 더불어 경제적으로도 인력, 시간, 비용을 절감할 수 있다. 열수송관의 교체를 위해서는, 도로 통제, 온수 사용의 제한, 지반 공사를 위한 막대한 인력과 시간의 투입이 수반된다. 또한, 열수송관의 수주로 인한 비용이 발생하기 때문에, 잔여수명이 충분히 남은 열수송관을 최적의 시점에 교체하지 않는다면, 막대한 손해가 발생하게 된다. 하지만, 이를 그대로 방치하면 백석역 사고와 같은 인명피해가 발생할 수 있기 때문에, 교체를 위한 적정 시점을 예측하는 것이 중요하다.

지역난방시스템은 온실가스 저감에 가장 효과적인 난방 방법으로, 대부분의 선진국들이 채택하여 사용하고 있다. 우리나라는 1980년대 후반에 지역난방시스템이 처음 도입되어, 현재 15년 이상 사용된 배관이 전체 열수송관의 50%에 육박하고 있기 때문에 대부분의 배관이 교체시기에 다다르고 있는 상황이다. 이러한 과도기적인 상황에서 지역난방시스템의 확대보급과 인명피해를 사전에 방지하기 위한 열수송관 교체를 위해서는 합리적인 기준에 입각한 열수송관의 잔여수명 예측 방법 기반의 안전관리기준 설립이 필수적으로 요구된다. 머신러닝의 도입으로 이러한 안전관리 기준의 정확도를 대폭 향상시켜 인명피해를 사전에 방지할 수 있을 뿐만 아니라 국가예산이 낭비되는 것을 막을 수 있을 것으로 기대된다.

1. Wikipedia, https://en.wikipedia.org/wiki/District_heating

2. Wikipedia, https://en.wikipedia.org/wiki/Polyurethane

3. David W. Hatchett, Gayani Kodippili, John M. Kinyanjui, Flocerfida Benincasa, and Linda Sapochak., (2005), Polymer Degradation and Stability 87, 555-561, FTIR analysis of thermally processed PU foam.

4. Jeno Borda, Gabriella Pasztor, and Miklos Zsuga., Glycolysis of polyurethane foams and elastomers, Polymer Degradation and Stability 68, 419-422 (2000).

5. International Energy Agency IEA District Heating and Cooling, District Heating And Cooling Connection Handbook.

6. Antony John Neale., (1987), Ph. D Thesis at Cranfield institute of technology school of mechanical engineering, heat transfers from district heating pipes.

7. Polytherm Heating Systems Ltd., http://www.polytherm.ie/p/calpex-pre-insulated-pex-pipe/pcalpex

8. IMA DRESDEN, AGFW-Forschungsvorhaben Technische Gebrauchsdaueranalyse von Warmenetzen unter Berucksichtigung volatiler erneuerbarer Energien.

9. DIN EN 253, District heating pipes - Bonded single pipe systems for directly buried hot water networks -Factory made pipe assembly of steel service pipe, polyurethane thermal insulation and a casing of polyethylene, Tech. Rep. European Committee on Standardization, Brussels, 2019.

10. Yong Jiang, Min Wei, Jinkui Feng, Yuchen Ma, and Shenglin Xiong., (2016), Energy & Environmental Science 9, 1430-1438, Enhancing the cycling stability of Na-ion batteries by bonding SnS2 ultrafine nanocrystals on amino-functionalized graphene hybrid nanosheets.

11. I. Weidlich, G. Banushi, N. Yarahmadi, I. Jakubowicz, J. H. Sällström, A. Vega, J. Kim, Y. S. Kim, Ø. Nilson, T. Grage, G. Schuchardt, and F. Yang, (2020), IEA-DHC annex XII final report, Effects of loads on asset management of the 4th

generation district heating networks.

12. Ingo Weidllich, Gersena Banushi, Nazdaneh Tarahmadi, and Ignacy, Effects of Loads on Asset Management of the 4th Generation District Heating Networks, International Energy Agency Technology Collaboration Programme on District Heating and Cooling including Combined Heat and Power(2020).

13. Tsuyoshi Yamashita, Kazuhiro Suzuki, Hideki Adachi, Souichiro Nishino, and Yo Tomota., (2009), Materials Transactions 50, 373-380, Effect of microscopic Internal Structure on Sound Absorption Properties of Polyurethane Foam by X-ray Computed Tomography Observations.

14. Aurelia Blazejczyk.,(2018), Materials 11, 1717, Morphometric analysis of one-component polyurethane foams applicable in the building sector via X-ray computed microtomography.

15. Min Zhu, Sanchita Bandyopadhyay-Ghosh, Mustafa Khazabi, Hui Cai, Carlos Correa, and Mohini Sain.,(2011), Journal of Applied Polymer Science 9, 4702-4710, Reinforcement of soy polyol-based rigid polyurethane foams by cellulose microfibers and nanoclays.

16. Tsuyoshi Yamashita, Kazuhiro Suzuki, Hideki Adachi, Souichiro Nishino, and Yo Tomota., (2009), Materials Transactions 50, 373-380, Effect of microscopic Internal Structure on Sound Absorption Properties of Polyurethane Foam by X-ray Computed Tomography Observations.

17. K. Pielichowski, K. Kulesza, and E. M. Pearce, (2013), Journal of Applied Polymer Science 88, 2319-2330, Thermal degradation studies on rigid polyurethane foams blown with pentane.

18. D. W. Hatchett, and J. M. Kintanjui., (2007), Journal of Cellular Plastics 43, 183-196, FTIR analysis of chemical gradients in thermally processed molded polyurethane foam.

19. F. Luo, K. Wu, M. Lu, S. Nie, X. Li, and X. Guan., (2015), Journal of Thermal analysis and calorimetry 120, 1327-1335, Thermal degradation and flame retardancy of microencapsulated ammonium polyphosphate in rigid polyurethane foam.

20. S. Reinerte, M. Kirpluks, and U. Cabulis., (2019), Polymer degradation and stability 167, 50-57, Thermal degradation of highly crosslinked rigid PU-PIR foams based on high functionality tall oil polyol.

21. 한국지역난방공사, https://www.kdhc.co.kr/

22. A. Puentes-Parodi, M. Gehde, A. Leuteritz and I. Kuehnert., (2018), Polymers advanced technologies 29, 1048-1055, Failure analysis and durability of preinsulating district heat pipes.

III

집단에너지 열원 시설을 위한
유연운전(flexible operation) 기술

이 찬

수원대학교

서론

1. 온실가스 감축과 재생에너지 확대

전 세계적으로 지구온난화와 그로 인한 기후변화 현상이 급격히 진행 중에 있으며, 이러한 지구촌 전체의 기후변화 문제를 해결하기 위해서 '탈탄소 또는 탄소중립 에너지 사회'를 위한 전 세계적인 노력들이 활발히 진행되고 있다. 2015년 12월 파리에서 195개국의 대표들이 파리 협약(Paris agreement)을 체결하였고, 신기후체제로 일컬어지는 파리 기후협약에 따라 모든 국가가 기온상승을 1.5℃ 이하로 제한하도록 온실가스 감축의 노력을 기울이고 있으며, 이를 통해 2050년까지 지구 전체의 온실가스 배출량을 순수히 0(net zero)으로 하는 것을 목표로 삼고 있다.

이산화탄소로 대표되는 온실가스의 감축을 위해서는, 이산화탄소를 발생시키는 화석연료(fossil fuel)의 사용량을 줄이고 그 대신에 재생에너지(renewable energy)를 개발하여 활용하는 것이 급선무이므로, 여러 국가들이 국가정책 차원에서 장기적인 재생에너지 확대 목표를 설정하여 재생 에너지 사용량과 비중을 매우 빠른 속도로 늘려나가고 있다. 독일의 경우 2050년까지 온실가스 배출량을 1990년 대비 80~95% 수준으로 줄이는 것을 국가 에너지전환 정책의 목표로 설정하고 있다. 이를 위해 재생에너지의 분담 비율을 60%까지 높이고, 재생에너지 전원 비중을 최하 80%로 확대한다는 목표를 설정하여 그에 따른 다양한 노력을 시도하고 있다. 이러한 노력의 결과로, 2017년 총 전력소비에서 재생에너지가 차지하는 비중은 36%를 기록하였으며, 이는 2020년 목표치인 35%를 이미 초과하는 성과이다. 또 다른 EU 국가인 스페인은 재생에너지 발전 비중을 총발전량의 72% 수준으로 확대하는 것을 2030년도 목표로 설정하였고, 이를 위해 2030년까지 풍력발전 설비용량을 현재의 2배 수준인 50GW, 태양광은 현재의 7배 수준인 37GW로 설비 확충하는 계획을 제시하였다. 중국은 2016년도에 국가 온실가스 감축 로드맵에 따른 신재생에너지 발전 계획을 발표하였고, 그 계획에 따르면 2020년까지 풍력, 태양광 발전의 신규 설비용량을 각각 79GW, 68GW 이상으로 확대하여, 국가전체의 누적 설비용량을 풍력 210GW, 태양광 110GW 까지 증가시키는 목표를 제시하고 있다.

앞에서 여러 국가들의 온실가스 감축 계획 및 노력에서 살펴본 바와 같이, 궁극적으로 탈탄소 에너지 사회를 구현하기 위해서는 전통적 화석 에너지의 비중을 대폭적으로 줄이고 동시에 재생에너지의 비중을 현저히 증대시킬 수밖에 없다. 한국의 경우도 제9차 전력수급 기본계획에 따르면, 2034년에 신재생에너지의 정격 설비용량이 전체 발전량 대비 40.3% 까지 확대되는 것으로 계획되고 있으며 (〈그림 1〉 참조), 이에 따른 재생에너지 시스템의 개발 및 보급이 국가적 차원에서 활발히 이루어지고 있다.

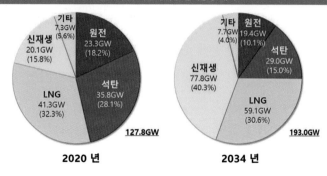

〈그림 1〉 제9차 전력수급 기본계획상 설비용량 계획(정격 용량기준)

2020 년   2034 년

2. 유연 운전기술의 필요성

앞서 살펴본 바와 같이, 재생에너지의 확대 및 보급은 온실가스 감축을 위한 유일한 대안으로서 앞으로도 전 세계 모든 국가들에서 더욱 강화되고 지속되어 나갈 것으로 예견되고 있다. 이러한 경향은 앞으로는 재생에너지 설비를 통해 생산되는 에너지(전기, 열)가 국가 에너지망(energy grid)에 연결되어, 재생에너지와 전통적인 화석연료 에너지가 국가나 사회에서 필요로 하는 총 에너지수요를 같이 담당하는 방식으로 에너지 공급체계와 포트폴리오가 변화될 것임을 의미한다.

그러나 이미 유럽처럼 재생에너지를 급격히 확대하고 보급시키는 도시와 국가에서는 재생에너지설비의 부하 변동성으로 인해, 재생에너지 설비와 같이 전력망(electricity grid)에 묶여있는 기존의 화석연료사용 플랜트들이, 〈그림 2〉에서 볼 수 있듯이, 매일 출력을 과도한 속도로 증·감발하면서 재생에너지 설비의 부하변동을 보충하고 총 에너지수요량을 충족시켜 주어야 하는 상황으로 내몰리고 있다. 즉 기존의 발전/열병합 설비들은 실제 총 전력 수요량에서 재생에너지가 차지하는 그 외 부분에 해당하는 일일 부하 패턴(duck curve; 〈그림 3〉)에 따라 수요와 공급의 불일치 부분을 담당하고 있으며, 〈그림 3〉에서와 같이 그 편차는 각 국가별 재생에너지의 확대 경향에 따라 더욱 더 증가될 것으로 기대된다.

이러한 현재 및 미래 사회의 재생에너지 도입으로 인한 부하 변동성은 원칙적으로 재생에너지의 에너지 저장(ESS: Energy Storage System)을 통해 해결하여야 하나, 이와 더불어 재생에너지 변동성에 대응할 수 있는 기존 발전기들의 유연 운전(flexible operation)이 이루어진다면 도시 및 국가의 전력계통 안정성 제고에 큰 기여를 할 수 있을 것이다.

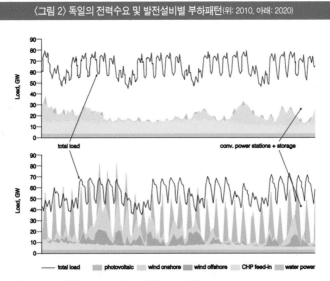

〈그림 2〉 독일의 전력수요 및 발전설비별 부하패턴(위: 2010, 아래: 2020)

출처 : Colin Henderson, *2014, Increasing the flexibility of coal-fired power plants*

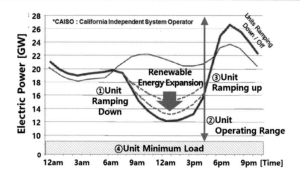

출처 : 박세익 외, 2020, "발전용 가스터빈 대상 유연운전 실증사례 연구

기존의 화석연료 기반 가스터빈 복합 및 열병합, 석탄화력 설비들은 대부분이 기저부하(base-load)용이므로 정격 출력에서 최대의 효율을 달성할 수 있도록 설계되어 운영되는 설비이며, 대형 설비이기 때문에 부하변동률도 크지 않게 설계되어 있다. 그러나 이러한 기존의 화력 발전소/열병합 설비들이 앞으로는 재생에너지 부하변동에 신속히 대응하기 위해서 좀 더 유연한 운전 특성을 가져야 하고, 이를 위해서는 기존 설비들의 개조(retrofit) 및 개량(improvement)과 그에 따른 새로운 운전 기술의 개발/적용이 이루어져야 함을 알 수 있다. 이러한 재생에너지 부하변동에 대응하는 기존 에너지설비의 새로운 운전 기술을 유연 운전기술(flexible operation techniques)이라 칭하며, 최근 들어 유럽 및 미국의 다수의 발전, 열병합 산업체에서 다양한 유연 운전기술에 대한 연구/개발과 그에 따른 실증 적용이 활발히 이루어지고 있다.

그러므로 본 장은 최근에 관심이 집중되고 있는 유연 운전기술들을 소개하고자 한다. 이를 위해서, 먼저 유연 운전기술의 주요인자와 기준을 정의하고, 유연 운전기술의 종류와 특징을 요약하여 설명하고자 한다. 그리고 소개한 유연 운전기술들이 석탄화력, 가스화력(가스터빈, 복합발전 및 열병합) 설비들에 어떻게 적용되고 있는지를 소개하고, 유연 운전기술의 적용에 따른 효과들도 검토하고자 한다. 이와 더불어, 본 장에서는, 최근에 국내, 외 산업 현장에서 이루어지고 있는 유연 운전기술 프로젝트들을 소개하고, 이러한 성공 사례들이 향후 이루어질 국내 화력 발전소 및 열병합 플랜트의 유연성(flexibility) 제고에 어떠한 시사점을 주는지도 설명하고자 한다.

② 유연운전의 정의, 기준 및 기술

1. 유연운전의 정의, 주요 인자 및 평가 기준

　　일반적으로 현존하는 발전소 및 열병합시스템은 고체연료를 이용하는 보일러-증기터빈 사이클, 기체연료를 이용하는 가스터빈, 복합사이클 시스템으로 크게 나눌 수 있으며, 전통적으로 이러한 시스템들은 비교적 변동 폭이 적은 부하유형에 맞추어 기저부하 운전이 이루어져 왔다.

　　그러나 재생에너지(태양광, 풍력) 발전시스템은 전통적 시스템에 비해 부하 변동 폭이 매우 크므로, 전통적 발전소/열병합 시스템들이 재생에너지설비와 같이 동일한 에너지망에 연결되는 경우에는 더 이상 기저부하 운전이 불가능하며 재생에너지 부하변동에 대응할 수 있는 유연한 운전이 요구되어진다. 〈그림 4〉는 독일에서 2016년 11월의 10일간 전통적 발전설비들이 풍력, 태양광 발전설비와 연계되어 있을 때, 얼마나 부하 변동에 유연하게 대응해야 하는 지를 잘 보여주고 있다. 여기서 전통적 발전시스템들은 석탄, 갈탄(hard coal, lignite coal)을 이용하는 발전설비와 천연가스를 이용하는 발전설비를 의미한다. 〈그림 4〉에서 볼 수 있듯이, 대상 기간 중 특정한 시간대에 재생에너지 설비가 전체 전기수요량의 60%까지 전기를 생산하기도 하고 어떤 시점에서는 전기수요량의 15%정도 밖에는 전기를 생산하지 못하므로, 전통적 발전시스템이 이러한 재생에너지의 부하변동에 대응하여 총 수요량 대비한 나머지 전기량을 생산하기 위한 유연운전이 이루어져야 함을 알 수 있다.

〈그림 4〉 2016년 11월의 전통적 발전설비들의 전기 생산량 추이

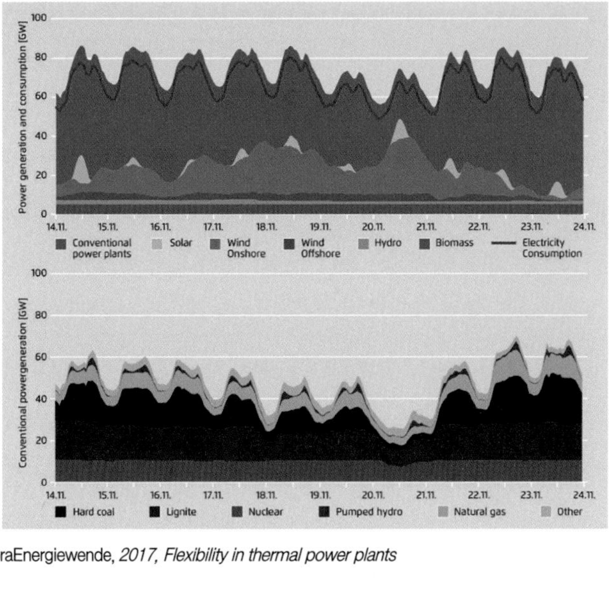

출처 : AgoraEnergiewende, *2017, Flexibility in thermal power plants*

본 장에서는, 재생에너지 설비와 연계된 전통적 화력 발전소/열병합 시스템의 유연운전을 특징짓기 위한 주요 인자들을 소개하고,

그 인자들의 유연운전 기준을 설명하고자 한다. 유연운전을 위한 주요 인자는 시동 시간(start-up time), 최소 부하(minimum load) 및 부하응답 속도(ramp rate) 3개로 정의되며, 〈그림 5〉와 같이 부하곡선 상에서 도식화하여 나타낼 수 있다.

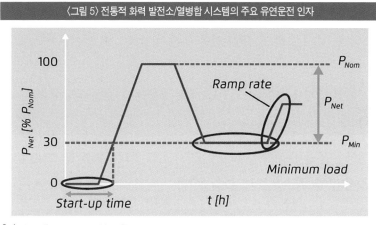

(1) 최소 부하(Minimum load)

최소 부하(P_{Min})는 플랜트가 안정적인 작동 조건에서 공급할 수 있는 최소의 순 전력(net power)를 의미하며, 이 값은 공칭 부하(nominal load; P_{Nom}) 대비 백분율(% P_{Nom})로 측정된다. 최소 부하와 공칭 부하 사이의 범위가 부분부하 작동범위로 정의되며, 최소 부하가 낮을수록 발전 용량의 가능 범위가 더 넓어지는 것이다. 일반적으로 최소 부하에서 플랜트는 낮은 효율에서 작동하며, 부하가 낮을수록 추가 연소 없이 안정적인 연소를 보장하는 것이 어려워진다.

(2) 시동 시간(Start-up time)

시동 시간은 플랜트 운전 시작부터 최소 부하에 도달할 때까지의 기간으로 정의된다. 열간 시동(hot start-up)은 플랜트 정지 후 8시간 내에 시동하는 경우, 냉간 시동(cold start-up)은 플랜트 정지 48시간 이후에 시동하는 경우로 구분된다. 일반적으로 냉간 시동은 시동 중에 발생하는 온도 차이가 크기 때문에 열간 시동보다 플랜트 구성 요소에 더 큰 부담을 준다. 또한 시동 시간이 단축되면 플랜트 구성 요소에 작용하는 열응력이 더 커지므로 그로 인해 플랜트 수명이 단축되며, 두꺼운 벽을 가지는 구성 요소의 경우에는 분당 온도상승(K/min)의 허용 열 구배(thermal gradient)가 시동 속도를 제한하는 요인이다.

(3) 부하응답 속도(Ramp rate)

부하응답 속도는 플랜트가 운전 중에 얼마나 빨리 부하를 변화시킬 수 있는지를 나타내며, 시간에 따른 전력의 변화($\Delta P/\Delta t$)로 정의된다. 일반적으로 부하응답 속도는 분당 MW, MW/min 또는 분당 공칭 부하 비율($\%P_{Nom}$/min)로 표시된다. 부하응답 속도가 높을수록 플랜트 운영자는 전력 수요의 변화에 대응하기 위해 좀 더 신속하게 전력을 조정할 수 있다. 그러나 부하응답 속도의 증가는 연소 온도를 급격히 상승시켜 플랜트 구성 요소의 과도한 열응력을 발생시킨다. 또한 두꺼운 벽을 가지는 구성 부품의 허용 열응력과 허용 가능한 비대칭 변형은 부하응답 속도를 제한하는 요소이다.

전통적 화력 발전소/열병합 플랜트들의 유연운전 기준은 앞서 설명한 3가지 인자들로 제시될 수 있다. 최근 들어 선진국 발전사들이 최신기술(state-of-the-art technology)을 감안하여 제시하는 유연운전 기준들이 〈그림 6〉~〈그림 9〉에 도시되어 있다. 그림에서 '상용 기술(commonly used)'은 전통적 발전설비에 통상적으로 사용되는 기술에 의해 설계된 플랜트의 기존 운전기준을 의미하며, '최신 기술(state-of-the-art technology)'은 최신의 기술을 이용하여 개조한 발전설비들의 유연운전 기준을 의미한다. 본 원고에서 고려한 4가지 비교 대상은 단순 가스터빈 사이클(OCGT: Open Cycle Gas Turbine), 복합사이클(CCGT: Combined Cycle Gas Turbine)의 2가지 가스연료 플랜트와 석탄(hard coal), 갈탄(lignite coal)을 사용하는 보일러-증기 사이클의 2가지 고체연료 플랜트이다.

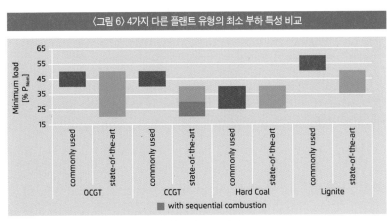

출처 : AgoraEnergiewende, *2017, Flexibility in thermal power plants*

〈그림 6〉은 4가지 서로 다른 플랜트 유형에 대한 최소 부하의 특성을 비교하여 준다. 가장 일반적인 '상용 기술'을 사용하는 경우에는, 석탄 화력 플랜트는 P_{Nom} 25~40%의 최소 부하에 도달 할 수 있

으며, 갈탄 화력 플랜트는 P_{Nom} 50~60%의 최소 부하를 가진다. 단순 가스터빈 및 복합사이클은 P_{Nom} 40~50% 범위의 최소 부하 특성을 보인다. 반면에, '최신 기술'의 적용은 플랜트 유연성에 상당한 개선을 이루고 있다. 단순 가스터빈 및 복합사이클의 최소 부하가 P_{Nom}의 20~50% 및 20~40%(순차연소 적용 시)까지 낮추어지고 있다. '최신 기술'로 설계된 갈탄 화력 플랜트도 최소 부하를 50~60%에서 35~50%로 크게 줄여준다.

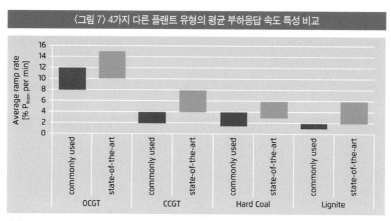

출처 : AgoraEnergiewende, *2017, Flexibility in thermal power plants*

〈그림 7〉은 4가지 서로 다른 플랜트 유형에 대해 '상용 기술'과 '최신 기술'이 적용된 플랜트들의 평균 부하응답 속도를 비교하고 있다. 〈그림 7〉에서 볼 수 있듯이, 단순 가스터빈 플랜트에 대해서 '상용 기술' 적용 시 P_{Nom} 8~12%/min 수준이나, '최신 기술' 적용 시에는 P_{Nom} 10~15%/min 로 향상된다. '최신 기술'의 복합사이클의 평균 부하응답 속도(P_{Nom} 4~8%/min)는 '상용 기술'의 속도(P_{Nom} 2~4%/min)에 비해 2배 정도 향상됨을 알 수 있다. 석탄 화력 플랜트는 복합사이클

플랜트와 유사한 부하응답 속도를 가지며, '상용 기술'의 경우(P_{Nom}의 1.5~4%/min)에 비해 '최신 기술'의 경우(P_{Nom} 3~6%/min)가 현저히 개선됨을 알 수 있다. 모든 발전 기술 중에서 '상용 기술'의 갈탄 화력 플랜트가 P_{Nom} 1~2%/min로 가장 낮은 부하응답 속도를 보이나, 이 경우에도 '최신 기술'의 적용을 통해 부하응답 속도가 2~6% P_{Nom}/min 까지 증가되고 있다.

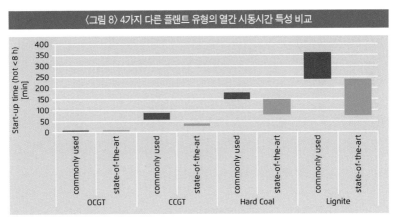

〈그림 8〉 4가지 다른 플랜트 유형의 열간 시동시간 특성 비교

출처 : AgoraEnergiewende, *2017, Flexibility in thermal power plants*

〈그림 8〉은 열간 시동시간에 대한 '상용 기술'과 '최신 기술' 간의 차이를 보여준다. 단순 가스터빈 사이클 플랜트가 다른 발전 기술들에 비해 5~11분의 가장 짧은 열간 시동시간을 보여주며, 그 다음으로 복합 사이클, 석탄 및 갈탄 화력 플랜트 순으로 시동시간이 증가한다. '최신 기술'을 적용한 경우의 단순 가스터빈 사이클의 열간 시동시간은 '상용 기술'과 큰 차이가 없으나, 복합사이클의 경우는 '최신 기술'의 열간 시동시간(30~40분)이 '상용 기술'의 시동시간(60~90분)에 비해 현저히 줄어든다. 석탄 화력 플랜트의 열간 시동시간은 '상

용 기술'의 경우(150~180분)에 비해 '최신 기술' 의 경우(80~150분)가 크게 줄어들었음을 알 수 있다. 갈탄 화력 플랜트도 열간 시동시간이 240~360분('상용 기술' 적용)에서 75~240분('최신 기술' 적용)으로 대폭적으로 줄어들고 있다.

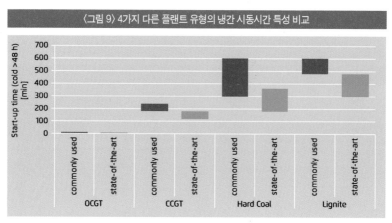

〈그림 9〉 4가지 다른 플랜트 유형의 냉간 시동시간 특성 비교

출처 : AgoraEnergiewende, *2017, Flexibility in thermal power plants*

〈그림 9〉는 냉간 시동시간에 대한 '상용 기술'과 '최신 기술' 간의 비교를 보여주고 있다. 단순 가스터빈 사이클 플랜트가 2가지 기술에 대해 5~10분 수준의 가장 짧은 냉간 시동시간을 보여준다. 복합 사이클에 대해서는 '상용 기술' 의 경우(180~240분)에 비해 '최신 기술' 의 경우(120~180분)가 시동시간을 크게 줄여주고 있다. 일반적으로 고체연료를 이용하는 화력 플랜트는 냉간 시동 시간이 가장 길기 때문에 유연성이 가장 낮다. '상용 기술'을 적용하였을 때, 석탄 화력 플랜트의 냉간 시동시간은 300~600분이고, 갈탄 화력 플랜트는 480~600분 사이에 있다. 반면에 '최신 기술'을 적용하여 플랜트의 유연성을

제고하게 되면, 석탄 화력 플랜트의 냉간 시동시간은 180~360분으로, 갈탄 화력 플랜트는 300~480분으로 현저히 줄어든다.

앞서 결과들로 부터, 단순 가스터빈 사이클(OCGT)은 다른 3가지 플랜트들(복합사이클, 석탄 및 갈탄 플랜트)에 비해 최소 부하, 시동 시간 및 부하응답 속도 측면에서 우수한 것으로 판단되며, 반면에 '상용 기술'에 의한 현존하는 복합사이클, 석탄 및 갈탄 플랜트들은 운전 특성이 유연하지 못한 것으로 보인다. 이러한 결과에 대한 이유는 단순 가스터빈 사이클은 작동 매체가 기체이므로 플랜트의 운전 상태 및 부하조건을 변화시키는데 상대적으로 빨리 반응하나, 복합 사이클이나 석탄화력 플랜트들은 고체 연료를 사용하고 물-증기 순환계통을 이용하는 관계로 단순 가스터빈 사이클보다 부하 변동에 따른 신속한 반응이 어렵거나 느리게 진행되는 것으로 보인다. 그러므로 복합사이클, 석탄 및 갈탄 플랜트를 열병합 설비로 사용하는 경우, 플랜트의 유연성 향상을 위해서 적절한 유연 운전기술의 선택 및 적용이 더욱 필요할 것으로 판단된다.

2. 유연운전을 위한 기술의 소개 및 효과

본 장은 현재까지 진행된 연구와 개발 결과들을 토대로 화력발전소/열병합 플랜트에 적용될 수 있는 유연기술들을 다음과 같이 분야별로 정리하여 설명하고자 한다.

(1) 연료공급(fuel supply) 분야

기술명	유연성 효과	기술의 개요
Hot gas generator	시동시간 단축 최소부하 감소	- 석탄의 충분한 건조를 보장하려면 뜨거운 공기가 필요. - 뜨거운 공기가 공기 예열기에서 나오는 경우, 전체 시스템(보일러 및 연도 가스 경로) 가동 전에 연료를 예열하는 장치 필요. - Hot gas generator는 즉각적으로 충분한 고온공기를 제공하여, 석탄 플랜트를 더 일찍이 시동가능 하게함.
Steam coil air pre-heater	시동시간 단축 최소부하 감소	- 석탄의 충분한 건조를 보장하려면 뜨거운 공기가 필요 - 뜨거운 공기가 공기 예열기에서 나오는 경우, 전체 시스템(보일러 및 연도 가스 경로) 가동 전에 연료를 예열하는 장치 필요. - Steam coil air pre-heater 는 보조 보일러가 있는 경우 시동 중에 필요한 1차 공기 온도를 제공 할 수 있고, 갈탄화력 발전소에 특히 효과적임.
Indirect firing	시동시간 단축 응답속도 증가	- Indirect firing은 석탄 분쇄기와 버너의 분리를 유도하여, direct firing 보다 훨씬 더 빠르게 열출력을 발생시키고 화로 내부에서 균일한 열분포를 유지시킴.
One-mill operation	최소부하 감소	- 하나의 mill로 작동하면, 최적의 연소과정과 공연비 개선을 통해 최대 15%의 최소 부하를 가능 하게함.

• Indirect firing: 간접 연소(indirect firing)는 보일러의 최소 부하를 낮추고 작동 부하 범위를 확대하기 위해 미분탄 연소 장치를 성공적으로 개조한 기술이며, 부하변동 속도와 부분 부하시 효율을 높일 수 있다. 〈그림 10〉에서 볼 수 있듯이, 간접 연소에는 mill과 버너 사이에 미분탄 호퍼와 밸브를 설치하는 것이 포함된다. Mill의 속도와 버너의 공급 속도를 분리하여 연소시스템의 관성을 감소시켜, 부하변동 속도를 P_{Nom}10%/min까지 높일 수 있고(기존의 부하변동 속도는 2~5%/min인 것과 비교) 최소 부하도 P_{Nom}10% 수준으로 낮출 수 있다. 간접 연소는 또한 연소 과정을 안정화하고 시동 연료로서 오일의 필요성을 피할 수 있으며, 송출할 전력에 대한 수요가 적을

때 더 많은 전력을 석탄 분쇄로 유용하게 전환 할 수 있다.

〈그림 10〉 미분탄의 간접 연소 방식

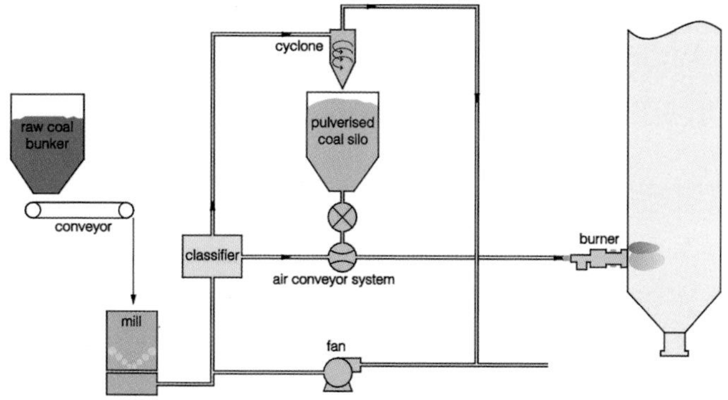

출처 : Colin Henderson, *2014, Increasing the flexibility of coal-fired power plants*

- One-mill operation: 석탄 플랜트가 매우 낮은 부하조건에서 조업하려면, 적은 양의 연료를 화로 내에 공급하여 연소가 안정적으로 이루어져야 한다. 석탄을 이용하는 기존의 연소 시스템은 백업 연소 없이 일반적으로 40%의 보일러 부하를 허용하고, 정상 부하 조건에서는 4개의 mill이 석탄을 화로 코너의 버너를 통해 접선방향으로 공급한다. 그러나 최근의 Alstom사의 연구결과에 따르면, mill 의 크기 및 버너 작동 범위를 변경하여 4개 버너 중 2개를 작동하면서 25% 의 낮은 플랜트 부하를 달성하였고(〈그림 11〉 참조), Heilbronn Unit 7 플랜트의 경우에는 1개의 mill만으로도 15%의 부하에서 플랜트를 운전한 실적도 보고되고 있다.(〈그림 11〉 참조) 또한 MHPS에서도 one-mill operation이 안정적으로 이루어졌다고 발표되었다.

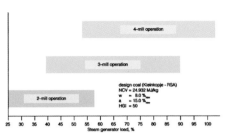 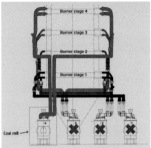

〈그림 11〉 Mill 작동모드에 따른 버너의 운전범위 및 one-mill operation 개략도

출처 : AgoraEnergiewende, *2017, Flexibility in thermal power plants*

(2) 물-증기사이클(water-steam cycle) 분야

기술명	유연성 효과	기술의 개요
Boiler - Drainable heating surfaces	시동시간 단축	- 배수가 불가능한 엘보우 튜브(예: 플래튼 형태 과열기)는 특히 하부의 응축수로 인해 냉간 시동에 제한을 줌. - 튜브의 응축수를 배출하기 위해 튜브표면에 가열장치를 설치하여, 튜브의 온도 충격을 방지.
Boiler - Tilting burners	최소부하 감소	- 최소부하 작동 시 증기 온도와 재열된 증기 온도가 감소함. - Tilting burner를 사용하면 화염의 위치가 복사 가열 표면에서 대류 가열 표면으로 이동되어, 그로 인해 열전달도 이동됨. - Tilting burner 는 증기온도를 허용 가능한 범위로 유지하며, 대류 가열 표면에서의 불균일한 열전달을 극복함.
Economizer- Bypass	최소부하 감소	- 요구되는 연도가스(flue gas) 온도를 유지하기 위해, economizer bypass 를 사용하여 급수를 증발기로 전달하여 economizer 배출구의 연도가스 온도를 높임. - 결과적으로 연도가스 세정장비에 악영향을 미치고 특히 공기 예열기의 출구에서 연도 가스 온도가 SO_3의 이슬점 아래로 떨어지는 것(저온 부식)을 피할 수 있음.

- Boiler-Tilting burners: 화로 내에 tilting burner 사용하면, 버너의 화염 및 열공급 위치에 대한 유연한 변화가 가능하며 이를 통해 열효율이 0.5-1% 정도 증가한다. 〈그림 12〉는 tilting burner의 각도를 변화시켜 재열 증기의 온도를 조절하는 방법을 보여주고 있다.

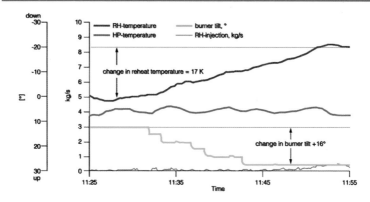

출처 : Colin Henderson, *2014, Increasing the flexibility of coal-fired power plants*

(3) 터빈(turbine) 분야

기술명	유연성 효과	기술의 개요
LP blade replacement	최소부하 감소	- 최소부하 시 발생하는 물 액적입자의 침식현상에 대응하기 위해, 저압 증기터빈 후단의 블레이드와 케이싱을 교체.
HP stage bypass	시동시간 단축	- HP bypass 밸브를 개방하여 HP 터빈 중간단에 HP 증기를 유입시켜, 단기간에 전력을 5% 증가 시킬 수 있음. - 필요한 경우 추가 10% 또는 15%의 전력 증가를 위해 HP bypass 시스템 설계 가능함.

• HP stage bypass: 〈그림 13〉은 부하 범위에 걸쳐 슬라이딩 압력 및 유로개방(admission) 기능이 있는 터빈의 시스템을 보여준다. Bypass 밸브가 열리면 HP 터빈 중간 단으로 HP 증기가 유입되어 전 유로개방(full admission)하에서 증기가 블레이드를 통과하며, 단시간 내에 전력을 5% 증가시키도록 설계되었다. 이러한 시스템은 추가적으로 10% 또는 필요한 경우 15%의 전력 증가가 가능하도록 설계 될 수 있다. 100% MCR에서 터빈의 정상 작동은 HP stage bypass 밸브가 닫힌 상태에서 이루어진다. HP stage bypass 는 빠르게 부하를 증가시키는 가장 효율적인 수단(초당 1%)으로 사용되고 있다. 〈그림 14〉는 HP bypass 와 증기냉각 유로를 가지는 개조된 터빈을 보여주고 있다. 터빈 개조 시 케이싱 벽 두께를 줄여서, 터빈의 중간 단에서 추출된 낮은 온도의 증기를 효율적으로 터빈 냉각에 사용되도록 설계를 하였다. 이러한 터빈의 설계를 통해서 현저히 부하반응 속도가 증가하고 시동 시간도 단축됨을 볼 수 있다.

〈그림 13〉 부분 부하에서 신속한 응답을 위한 HP stage bypass

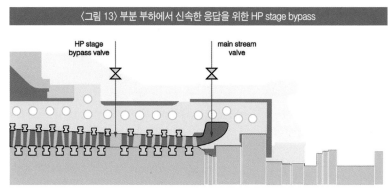

출처 : Colin Henderson, *2014, Increasing the flexibility of coal-fired power plants*

〈그림 14〉 HP stage bypass 와 cooling steam을 가지는 얇은 두께 벽의 터빈

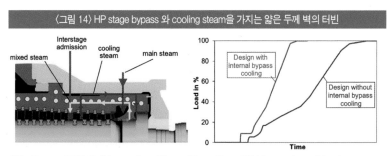

출처 : Siemens, *2017, Flexible operation of Thermal Power Plants-OEM Perspective and Experiences*

(4) 제어계측(I&C) 분야

기술명	유연성 효과	기술의 개요
Accurate &reliable control of startup fuel	시동시간 단축	- 시동 연료의 질량 흐름을 정확하게 제어. - 적절한 작동(유량 제어 밸브) 및 측정(유량 측정) 필요함.
Model-based thermal stress calculator	시동시간 단축 응답속도 증가	- 열전달과 열분포를 고려하는 동적 해석모델을 사용하여, 측정된 증기 온도와의 벽면 온도 차이를 계산. - 계산결과를 열응력 관련한 허용 가능한 마진을 시동 제어기의 피드백 신호로 사용하여 제어기에 활용.
Indirect & direct throttling of extraction steam	응답속도 증가	- 더 빠른 부하 변동을 위해, 추출 증기의 간접 및 직접 감압조정을 적용. - 응축수 감압조정(간접), 추출 증기를 LP 예열기 및 급수 탱크로 감압조정(직접), 추출 증기를 HP 예열기로 감압조정(직접).

〈그림 15〉 플랜트 구성 요소의 온도 분석을 위한 계측/제어 방식 및 동적 해석 모델

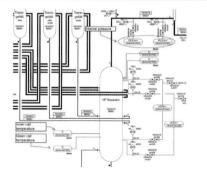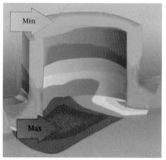

출처 : Siemens, *2017, Flexible operation of Thermal Power Plants-OEM Perspective and Experiences*

- Reliable temperature measurement & thermal stress calculator: 〈그림 15〉는 석탄화력 플랜트 용기 벽의 표면 및 내부 온도측정을 위한 센서 설치와 그에 따른 제어 방식을 보여주고 있으며, 더불어 보일러 내부의 온도분포를 유한요소해석법(FEM: Finite Element

Method)의 모델을 이용하여 계산한 결과를 보여주고 있다. 플랜트의 유연성을 높이기 위해서는, 빠른 부하 변화에 따른 플랜트 구성 요소들의 동적 열응력의 분포 및 영향을 실시간으로 측정/분석하여, 플랜트의 운전 절차 및 제어기 알고리즘에 반영할 필요가 있다.

〈그림 16〉 신속한 응답을 위한 condensate throttling

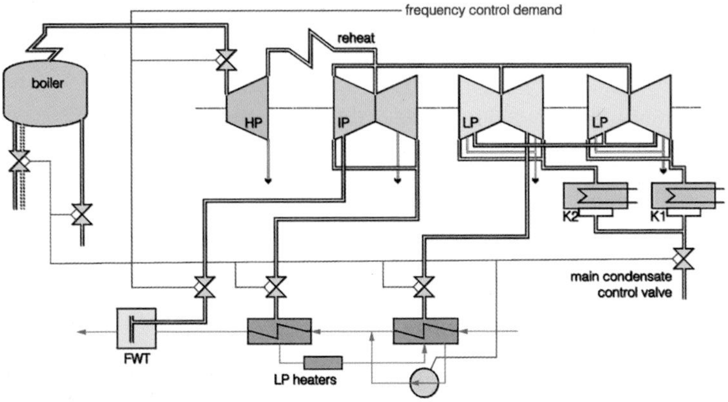

출처 : Colin Henderson, *2014, Increasing the flexibility of coal-fired power plants*

- Throttling of extraction steam: 〈그림 16〉에서 보여 지듯이, 기존의 시스템에 없는 main condensate control throttling 밸브가 설치되어 있다. 본 방식의 원리는, 터빈 제어 시스템에서 거버너 밸브를 열고, 동시에 main condensate control throttling 밸브를 조절하여 저압 급수 가열기로 유입되는 응축수 흐름을 감소시키고, 이에 더해 LP 급수 가열기와 탈기기/저장탱크로의 추출 증기 흐름도 감소된다. 이러한 동작으로 인해 터빈에 잔류하는 증기 흐름이 추가적인 전력을 생성한다. 〈그림 17〉은 각 밸브의 순차적 작동에 의한

출력의 시간변화를 보여주고 있으며, 연료증가(fuel increase)의 경우와 비교하여 보면, condensate control throttling을 통해 빠른 시간 내에 안정적인 출력이 발생함을 알 수 있다. 이러한 제어방식이 이태리의 USC 플랜트에 실제 적용되어, 약 30초 후에 4%의 출력을 제공하는 신속한 응답특성을 보여주었고, 추출 증기 라인에 대한 고속작동 밸브를 사용하여 응답 시간은 더욱 단축시킬 수 있는 것으로 보고되고 있다.

〈그림 17〉 Condensate throttling 에 의한 제어방식 및 출력 변화

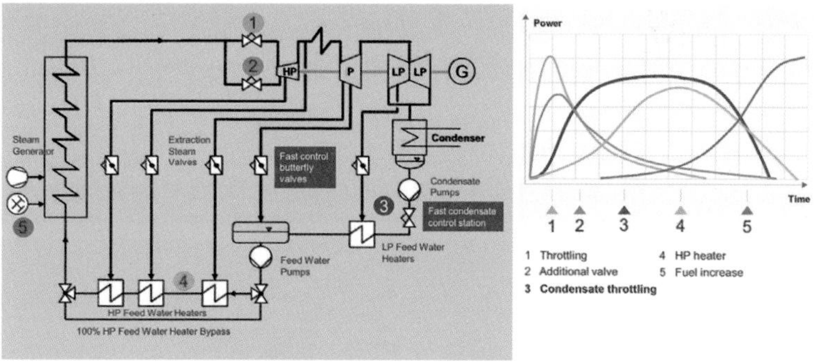

출처 : Siemens, *2017, Flexible operation of Thermal Power Plants-OEM Perspective and Experiences*

(5) 에너지저장(energy storage) 분야

기술명	유연성 효과	기술의 개요
Electricity storage	응답속도 증가	- 전기저장을 위해 고정된 리튬 배터리를 플랜트에 연계/설치. - 배터리 시스템은 몇 초에서 최대 30 분 이내에 그리드에서 에너지를 흡수하거나 그리드로 에너지를 공급할 수 있음. - 1차 전원 제어를 하는 데 특히 적합함.

Heat storage	최소부하 감소 응답속도 증가	- 플랜트 내부의 급수가열기 bypass 와 저장탱크를 활용하여 전력 증가/감소에 활용. - 플랜트 외부에 축열 탱크를 설치하여 대용량 열저장을 위한 온수 탱크로 운영. - 다양한 저장기술(가압 및 비가압) 및 다양한 작동개념(부하 이동, 추출 증기 공급)을 적용 가능함.

에너지(열과 전기) 저장 기술의 사용은 특히 열병합 플랜트의 유연성을 향상시킬 수 있는 추가적인 기회를 제공한다. 〈그림 18〉은 현재 기술 수준에서 플랜트에 연계, 적용할 수 있는 에너지 저장 옵션을 보여준다. 저장 옵션은 저장의 규모와 기간에 따라 구별된다. 본 장에서는 도시형 열병합 플랜트의 에너지 저장 옵션으로 적당한 열저장 기술과 전기 저장을 위한 고정 배터리에 대해 기술하고자 한다.

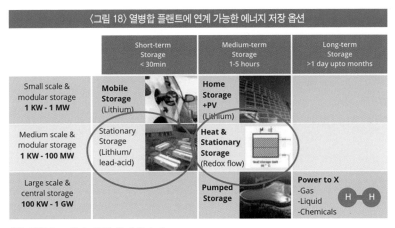

〈그림 18〉 열병합 플랜트에 연계 가능한 에너지 저장 옵션

출처 : VGB PowerTech, *2018, Flexibility toolbox*

- Electricity storage: 주요 전기 저장기술은 리튬 이온 금속 산화물이 함유된 양극(음극)과 탄소 재료로 만들어진 음극(양극) 사이에서 발생하는 전기 화학적 충,방전 반응을 기반으로 하는 리튬 이온(Li-

Ion) 배터리 시스템이다. 2015년에 500MW 급의 고정형 리튬 이온 배터리가 전기 그리드에 연결, 설치되어 최초로 작동하였고, 그 외에도 수 kW에서 수 MW에 이르는 분산형 배터리 설비들이 여러 지역에 설치되어 재생에너지 발전기와 연계되어 성공적으로 테스트를 완료하였다. 이러한 배터리 설비들은 지역 열병합 플랜트들과 연계되어 운영될 수 있으며, 〈그림 19〉는 독일에서 운영되고 있는 전기 저장용 배터리 파크들을 보여주고 있다.

〈그림 19〉 독일에 소재하는 분산형 전기저장 배터리 파크

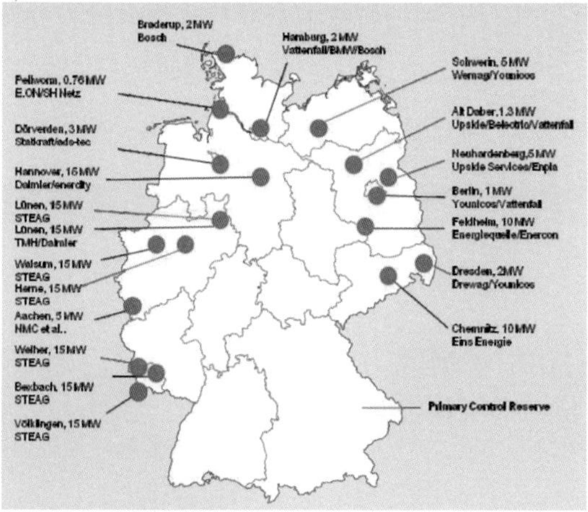

출처 : VGB PowerTech, *2018, Flexibility toolbox*

• Heat storage: 열저장 기술은 대용량 축열 탱크를 플랜트 외부에 설치하거나 저장탱크를 플랜트 내부에 설치하여 플랜트의 유연성을 제고할 수 있다. 첫 번째로 축열 탱크내의 열저장을 통해서, 플랜트의 열 생산과 소비를 부분적으로 분리시키면 열병합 플랜트는 전력 수요 변화에 유연하게 대응할 수 있다. 열병합 플랜트에 가장 일

반적인 축열 시스템은 물의 현열을 기반으로 하는 온수 탱크이다. 열저장의 일반적인 용량은 20MWh~1,500MWh이며 저장 탱크용량은 500~45,000㎥이다. 열에너지 저장소의 방출시간은 탱크 크기와 방출 용량에 따라 다르다. 예를 들어, 1,500MWh의 방출 용량과 30,000㎥의 물 용량을 가진 상압 축열 탱크는 약 6시간의 방출 시간을 갖는다. 즉, 발전소는 기본적으로 최대 6시간 동안 전기 생산을 중단 할 수 있으며, 반면에 열저장 장치의 방출을 통해 소비자에게 250MW의 일정한 열을 제공 할 수 있다. 이러한 열 저장을 통한 열과 전기 생산의 분리가 열병합 플랜트의 유연성을 향상시켜 준다. 〈그림 20〉은 덴마크의 열저장 탱크를 활용하는 지역난방 체계와 2개의 열저장 탱크를 가지는 열병합 플랜트를 보여준다.

〈그림 20〉 열저장용 축열 탱크를 활용하는 덴마크 지역난방 체계 및 열병합 플랜트

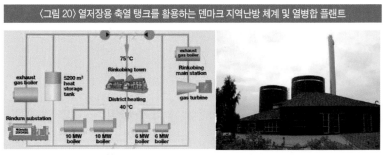

출처 : Adi Gobach, *2020, Flexibility options of CHP*

두 번째 열저장 기술은 플랜트 내부에 저장 탱크를 설치, 활용하여 플랜트의 유연성을 제고하는 방식이다. 〈그림 21〉은 플랜트 내부의 응축기 후방의 저장 탱크와 LP 급수 예열기(LP preheater) 출구에 bypass를 설치하여 플랜트 유연성을 향상시키는 방법을 도시하고 있다. LP 급수 예열기에는 bypass 가 설치되어 출구의 응축수를 이

용하여 직립 원통형 저장 탱크에 물을 채우며, 저장 탱크는 찬 응축수(cold condensate)와 더운 응축수(warm condensate)를 모두 포함한다. 이때 탱크 내에 더운 물이 증가하면 찬물을 대체하고 그 반대도 마찬가지이다. 전력 출력을 줄여야 할 때, 저장탱크는 탈기기/급수탱크의 출구로 부터 가져오는 더운 응축수로 채워진다. 이렇게 함으로써, LP 예열기와 급수 탱크를 통과하는 응축수 질량 흐름이 증가하고 더 나아가 IP 와 LP 터빈으로부터 추출되는 증기 흐름이 증가하여 결과적으로 전기 출력이 감소한다. 반대로 추가적인 전기 생산이 필요한 경우에는, LP 급수 예열기가 우회되고 응축기의 차가운 응축수가 저장 탱크의 뜨거운 응축수를 대체한다. 뜨거운 응축수는 탈기기/급수탱크의 상류로 유입된다. 이때 LP 급수 예열기는 우회되기 때문에 추출 증기를 끌어 들이지 않는다. 또한 저장 탱크의 뜨거운 응축수는 급수탱크의 물과 거의 동일한 온도이므로, IP 추출 증기를 필요로 하지 않는다. 결과적으로 IP, LP 터빈으로부터 증기추출이 없게 되므로 이로 인해 추가적인 전기 생산이 가능하다.

〈그림 21〉 플랜트 내부의 열저장 탱크를 이용한 플랜트 유연성 제고

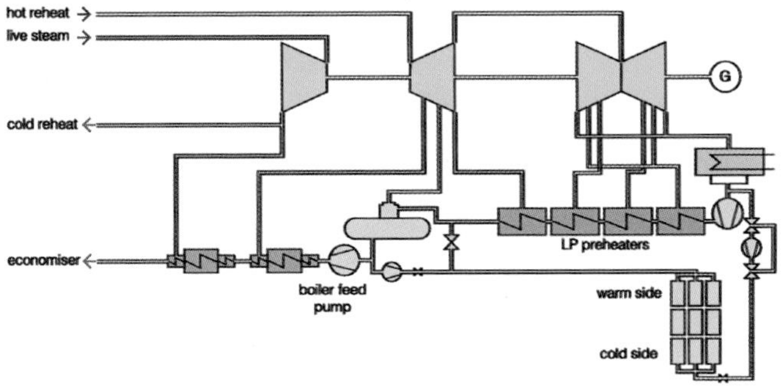

출처 : Colin Henderson, 2014, *Increasing the flexibility of coal-fired power plants*

3. 유연운전이 플랜트의 CO_2 배출에 미치는 영향

앞서 언급한 바와 같이, 발전 및 열병합 플랜트에 유연 운전기술을 도입하는 이유는 전 세계적인 CO_2 저감 노력에 발맞추어 기존의 석탄 및 가스 플랜트를 신재생에너지 발전설비들과 효과적으로 연계하고자 함이므로, 본 원고에서는 유연 운전기술이 석탄 및 가스 플랜트에 적용되었을 때 플랜트의 CO_2 배출에 어떠한 영향을 미치는지를 살펴보고자 한다.

발전 및 열병합 플랜트에서 발생하는 CO_2 배출량은 주로 플랜트의 연료 종류와 부하조건, 운전모드에 따라 좌우된다. 일반적으로 석탄 플랜트와 갈탄 플랜트의 비CO_2 배출지수(specific CO_2 emissions)는 325-350 $gCO_2/kWth$ 와 340-410 $gCO_2/kWth$ 의 범위에 있고, 반면에 천연가스 복합발전 플랜트의 비CO_2 배출지수는 202-300 $gCO_2/kWth$ 수준이다. 즉 천연가스 연료를 사용하는 복합발전 플랜트가 석탄 및 갈탄을 연료로 사용하는 화력 플랜트들에 비해 동일 출력 조건하에서 현저히 적은 CO_2 배출 특성을 보여준다.

플랜트의 CO_2 배출 특성은 부하조건에 의해서도 달라진다. 플랜트의 효율은 정격 부하(nominal load) 조건에서 가장 높고, 부분 부하 조건에서는 효율이 상대적으로 저하된다. (〈그림 22〉 참조) 플랜트의 효율은 연료가 포함하는 총 에너지량 으로 부터 얼마나 많은 전기 및 열 에너지를 생산하느냐를 나타내는 지표이므로, 부분 부하 조건에서 효율이 저하된다는 것은 부분 부하 조건에서 비CO_2 배출지수가 정격 조건에 비해 증가함을 의미한다. 그러므로 석탄 플랜트가 유연 운전을 하는 경우 자주 그리고 좀 더 많은 시간동안 부분 부하 조건에서 작동하므로, 이로 인해 플랜트의 비CO_2 배출지수도 기저 부하 (base-load) 운전에 비해 증가하는 양상을 보인다.

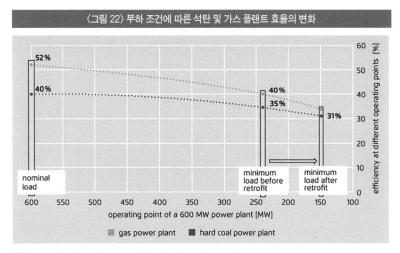

〈그림 22〉 부하 조건에 따른 석탄 및 가스 플랜트 효율의 변화

출처 : AgoraEnergiewende, 2017, Flexibility in thermal power plants

앞서 언급한 사용 연료와 부하 조건이 CO_2 배출에 미치는 영향을 고려하여, 플랜트의 주어진 시간동안의 운전모드에 따른 CO_2 배출 특성을 살펴보고자 한다. 재생 에너지 비율이 증가하는 전력 시스템에 석탄 플랜트가 연계된 경우에는, 석탄 플랜트의 연간 이용 시간이 순수한 기저 부하 조건의 7,000시간 이상에서 낮은 부하조건을 수반하는 4,000~7,000시간으로 줄어들게 된다. 이러한 운전 시간 감소로 인해, 석탄 플랜트는 운영되는 시간동안 더 적은 전력을 생산하기 때문에 전체 CO_2 배출량도 감소시킬 수 있으나, 반면에 낮은 부하조건의 저효율 운전으로 인해 CO_2 배출량이 증가될 가능성도 있다. 따라서 유연 운전이 적용된 플랜트가 유연 운전이 적용되지

않은 경우보다 CO_2 배출량이 많은지 또는 적은지, 그리고 유연 운전 의 석탄 플랜트가 가스 플랜트에 비해 CO_2 배출량이 많은지 또는 적은지 여부가 핵심 의문이 된다.

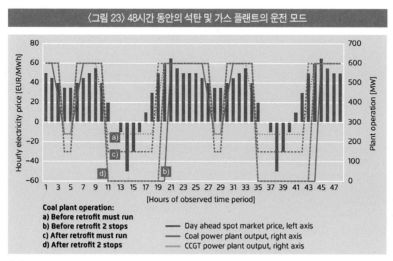

〈그림 23〉 48시간 동안의 석탄 및 가스 플랜트의 운전 모드

출처: AgoraEnergiewende, *2017, Flexibility in thermal power plants*

그러므로 본 장에서는, 이러한 의문점을 해결하기 위해, 주어 진 48시간 동안에 부하의 함수로서 효율이 변화하는 것을 고려하면 서, 서로 다른 유연성 인자를 가지는 석탄 및 가스 플랜트들의 출력 과 CO_2 배출량을 평가, 비교하였다. 이때 비교 대상으로 필수 실행 레벨(must-run level)이 있거나 중도에 2회 가동중지(2-stops)가 있는 2 가지의 운전 조건을 고려하였고, 석탄 발전소의 경우 2가지 유연성 인자의 경우들인 제한된 유연성(limited flexibility)을 가지는 개조 전 (before retrofit)과 증가된 유연성(increased flexibility)을 가지는 개조 후 (after retrofit)를 고려하였다. 〈그림 23〉은 2가지 운전 조건과 2가지의

유연성 인자가 결합된 석탄 및 가스 플랜트들의 48시간 동안의 운전 모드를 보여주고 있다.

Plant type	Operation condition	Flexibility parameter	Electricity production [MWh]	Overall CO_2 emissions [tonnes]	Specific CO_2 emissions [gCO_2/kW$_{th}$]
Hard coal power plant	must-run	before retrofit	20,160	17,369	862
	must-run	after retrofit	19,800	17,054	861
	2-stops	before retrofit	14,640	15,432	1,054
	2-stops	after retrofit	16,200	16,280	1,004
Gas power plant(CCGT)	must-run	N/A	21,600	8,980	416
	2-stops	N/A	16,500	7,007	423

〈표 1〉 석탄 및 가스 플랜트의 전기 출력 및 CO_2 배출 특성 비교

〈표 1〉은 서로 다른 운전 조건과 유연성 인자를 가지는 석탄 및 가스 플랜트들의 발전량, CO_2 배출량 및 비CO_2 배출지수를 비교 하고 있다. 필수 실행(must-run)의 운전 조건하 에서 석탄 플랜트에 유연 운전이 이루어진 경우(after retrofit)가 그렇지 않은 경우(before retrofit)에 비해 발전량이 다소 감소하며, 반면에 CO_2 배출량 및 비CO_2 배출지수는 다소 개선됨을 알 수 있다. 이러한 결과는 유연 운전이 좀 더 낮은 부하조건에서 이루어지므로 상대적으로 발전량은 감소하나, 반면에 유연 운전이 낮은 부하 조건에서 운전됨에도 불구하고 CO_2 배출 저감에는 효과적임을 보여주고 있다.

중도에 2회 정지(2-stops)의 운전 조건하 에서 석탄 플랜트는 필수 실행 조건에 비해 발전량과 CO_2 배출량은 감소하나, 비CO_2 배출지수는 현저히 증가함을 볼 수 있다. 이를 통해 석탄 플랜트가 재생에 너지 발전 설비와 연동되어 중도에 정지하는 경우는 CO_2 배출 측면

에서 악영향을 미침을 알 수 있다. 또한 2회 정지(2-stops)의 운전 조건 하 에서 유연 운전이 이루어진 경우는, 빠른 재가동(또는 짧은 시동시간)으로 인해, 유연 운전이 적용되지 않은 경우에 비해 발전량과 CO_2 배출량은 증가되나, 비CO_2 배출지수는 줄어듦을 볼 수 있다. 이러한 결과로부터, 유연 운전은 중도 정지가 있는 운전 모드에서도 플랜트의 단위 출력당 CO_2 배출량을 줄이는 데 기여하고 있음을 알 수 있다.

4. 유연 운전기술의 국내, 외 적용현황 및 실증사례

전 세계적으로 여러 국가들이 국가의 전기 그리드에 변동성이 강한 신재생에너지를 통합시키기 위해, 국가적으로 에너지 시스템 전반의 유연성을 증가시키는 조치를 추진하고 있다. 그러므로 본 장은 이미 진행되었거나 진행 중인 석탄 및 가스 플랜트들의 유연성 향상을 위한 국내, 외의 정책 및 프로젝트들을 요약하여 소개하고자 한다.

(1) 인도

인도 최대 발전회사인 NTPC는 인도-독일 에너지 포럼의 협력으로 Dadri(490MW) 및 Simhadri(500MW)의 발전소에서 설비 유연성을 구현하기 위한 조치를 취하고 있다. NTPC는 또한 USAID와 협력하여 Ramagundam(500MW) 및 Jhajjhar(500MW)의 발전소에서 유연성을 향상시키고 있다. NTPC는 VGB, EEC power 및 Siemens와 함께

Dadri 발전소 6호기에서 실증시험을 수행하여 최소 부하를 40% 까지 줄일 수 있음을 관찰하였다. (EEC Power India, 2018) 이러한 유연성 향상을 위한 조치들을 통해, 인도는 그리드에서 풍력 및 태양열 발전의 20% 이상을 수용 하는 것을 목표로 삼고 있다.

(2) 중국

변동성강한 신재생에너지의 확충을 위해, China National Energy Administration은 전력 시스템 유연성을 향상시키기 위한 가능한 전략을 평가하고, 신재생에너지 통합 및 화력 발전소의 유연성 측정/개선을 위한 목표를 수립하였다. 2016년에 중국의 13차 전력부문 5개년 계획에 220GW의 화력 발전소 개조가 목표로 제시되었다. (CNREC, 2017)

(3) 독일

Weisweiler 석탄 발전소에서는 제어시스템 업그레이드와 발전소 구성요소의 개조가 G 및 H unit에 대해 수행되었다. 2개 unit는 각각 600MW의 용량을 가지며 이전에는 기저부하를 충족하는 데 사용되었으나, 최근에 설비 유연성을 향상시키기 위해 공정제어 시스템 및 운영 최적화를 위한 ABB의 소프트웨어가 설치되었다. Weisweiler 발전소의 업그레이드는 2개 unit의 최소부하를 줄이고 부하응답 속도를 높여주었고, 이러한 개조의 총 비용은 1억 2,500만 유로였다. (Agora Energiewende, 2017)

2011년 721MW 용량의 Bexbach 석탄 발전소는 최소부하 감소를 위해 2mill 운전을 1mill 운전으로 전환하였다. 이를 통해, Bexbach 발전소의 최소부하는 170MW에서 90MW로 감소하였다. (Agora Energiewende, 2017)

Neurath 발전소는 갈탄을 이용하는 대표적인 화력발전소로서 1975년에 상업운전을 시작하였고, 2012년에 성능개선 작업을 통해 유연성을 향상시켰다. 응축기 출구밸브 및 HP 급수가열기의 제어 방식을 변경시켜 부하응답 속도를 기존 5MW/min에서 15MW/min 으로 향상시켰고, 미분기 및 연료공급 계통을 개선하여 최소부하를 440MW에서 270MW으로 낮추었다.

(4) 미국

Utah주에 위치한 Intermountain 발전소는 California 전력계통에 첨두부하 유연성을 제공하는 대표적인 화력발전소이다. 1986년 상업 운전을 개시하여 2014년까지 기저부하를 담당했지만, 재생에너지의 증가 및 유연운전 수요 증가로 연료공급계통, 보일러, 터빈계통 및 기타설비의 성능개선을 거쳐 2016년부터 California 전력계통에 유연성을 제공하고 있다. 설비개선을 통해서 최소 부하를 기존 450MW(47%)에서 350MW(37%)로 줄였다. 현재 이 발전소는 태양광이 충분한 시간대(오전 8시부터 오후 5시)에는 350MW 저부하 운전을 수행하고, 급격한 태양광 출력 감소 시간대(오후 5시부터 오후9시)에는 950MW까지 출력을 올려 운전하는 일일 부하추종(daily load following operation)형태의 유연 운전방식을 채택하여 California의 재생에너지 수용량을 높이고 급격한 출력변동에 대비한 유연성을 제공하고 있다.

(5) 한국

한국 동서발전(주)은 울산복합 7호기/8호기 복합화력 발전소(MHPS 가스터빈 501J)의 가스터빈과 증기터빈 부하 연계부분에 관한 유연 운전기술 적용을 위한 실증 사례연구를 한국 전력연구원, 미국 EPRI와 같이 수행하였다. 대상 발전소는 가스터빈과 증기터빈이 2:1로 조합된 구성으로 설계되었고, 가스터빈과 증기터빈의 동적 특성이 상이하여 설계치 보다 높은 부하변동률 조건(재생에너지원 연계 시)에서는 증기터빈의 유량 제어에 문제가 발생할 수 있음을 파악하였다. 이러한 문제점을 극복하기 위한 사례연구를 통해, 가스터빈과 증기터빈 연계 시 부하추종 성능의 차이로 발생하는 운전 불능상태를 제어인자를 조정하여 해결할 수 있었고, 이를 통해 제어시스템 개선으로 기존 복합발전의 유연성 제고가 가능함을 밝혀내었다. 또한 추가적인 유연운전성능 개선을 위한 방법들을 고찰하고 향후 연구방향도 제시하였다.

결론

　　전 세계적으로 진행되는 지구 온난화 현상에 대한 전 인류의 적극적인 대응과 협력을 위해서 체결된 2015년도 파리협약은 '탈탄소 또는 탄소중립 에너지 사회의 구현'이 더 이상 미루거나 지체되어서는 안 될 다급하고 절대적인 명제임을 알려주고 있다. 파리 협약에 근거하여, 전 세계의 모든 국가들은 다양한 온실가스 저감의 목표 및 대책을 포함하는 실행계획들을 제시하고 있으며 이에 따른 정책과 사업들을 추진하고 있다. 모든 국가들의 실행계획에 있어서 공통적인 부분은 재생에너지 사용의 획기적인 확대로 나타나고 있다. 이러한 경향은 향후 전력분야에 있어서도 재생에너지에 의해 생산된 전기가 1차적인 전기에너지로 기능하며 더 나아가 국가 전력망(grid)에 연계되어 사용됨을 의미한다. 그러나 태양광과 풍력 같은 재생에너지에 의한 발전 출력은 시간대별, 계절별로 매우 큰 변동폭을 가진다. 이러한 변동 폭이 큰 재생에너지의 발전 특성을 감안한다면, 시간에 따라 변화하는 총 전력수요에서 재생에너지 출력의 차이만큼을 신속하면서도 안정적으로 전력을 생산하여 채워줄 수 있는 국가적인 에너지시스템의 구축과 운영이 요구되어 진다. 이러한 맥락에서 재생에너지 출력 변동에 효과적으로 대응하기 위해서는, 기존에 기저부하용으로 사용되었던 전통적인 화력발전소/열병합 플랜트들을 좀 더 넓은 부하범위와 신속한 운전특성을 가지도록 개조하여, 적절한 제어방식에 의해 신뢰성 있는 운전이 이루어져야 한다. 이러한 전통적인 화력발전소/열병합 플랜트에 대한 새로운 운전기술을 유연 운전기술이라 칭하며, 최근 들어 유연 운전기술에 대한 연구개발과 실증 적용이 선진국들에서 활발히 진행되고 있다.

일반적으로 유연운전의 기준과 평가는 '최소 부하', '부하응답 속도' 및 '시동 시간'의 3가지 주요인자들에 의해 이루어지고 있으며, 플랜트 산업계의 현재 수준에서 활용할 수 있는 최신기술(state-of-the-art technology)을 적용했을 때의 운전 기준을 토대로 플랜트의 유연성 개선 목표를 설정할 수 있다. 물론 이러한 목표 설정 시, 특정 국가 및 사회의 전력수요, 재생에너지 출력변화 특성 및 기타 제도적, 경제적 제약조건들도 동시에 고려해야 한다. 설정된 유연운전의 목표를 달성하기 위해서는, 대상 플랜트의 구성 및 특징에 부합하는 적정한 유연 운전기술을 채택하여 적용하여야 한다. 가능한 유연 운전기술은 '연료공급', '연소', '물-증기사이클', '터빈', '제어계측', '보조장비', '에너지저장' 분야에서 이미 입증된 기술 중에서 선택하거나 새로이 개발하여, 단독으로 또는 복합적으로 결합하여 플랜트에 적용할 수 있다. 유연 운전 기술은 일반화된 방법이라기 보다는 특정 플랜트의 고유한 특징에 따라 달라질 수 있는 사이트별 기술(site-specific technology)의 성격이 강하므로, 유연기술을 선정하는 데에 있어서 유사한 플랜트의 프로젝트에 적용된 유연기술의 내용과 경험을 참조하는 것이 바람직하다.

우리나라의 온실가스 감축목표 및 신재생에너지 발전 확대의 목표를 감안한다면, 국내에서 운전되고 있는 다수의 석탄/가스 화력발전소 및 열병합 플랜트들의 유연성 제고가 시급한 국가적/산업적 과제임을 알 수 있다. 이러한 플랜트들의 유연성 향상을 효과적으로 수행하기 위해서는, 플랜트의 성능향상이나 개조를 위한 그리고 새로운 운영방식 도입에 따른 상당한 투자와 비용이 필요하고 제도적 지원책도 요구되어 지므로, 국내 발전, 집단에너지 산업계와 관련 학계, 연구계간의 긴밀한 협력체계 구축과 그에 따른 효율적인 연구/개발 프로그램의 추진 및 실증적용 노력이 체계적으로 이루어져야 할 것이다.

참고문헌

1. AgoraEnergiewende, *2017, Flexibility in thermal power plants*(with a focus on existing coal-fired power plants).
2. VGB PowerTech, *2018, Flexibility toolbox - measures for flexible operation of coal-fired power plants.*
3. IRENA, 2019, *Flexibility in conventional power plants: innovation landscape brief*
4. Colin Henderson, 2014, *Increasing the flexibility of coal-fired power plants*, IEA Clean Coal Centre.
5. Siemens, *2017, Flexible operation of Thermal Power Plants-OEM Perspective and Experiences.*
6. Simon Muller, *2017, Advanced power plant flexibility*, IEA.
7. Adi Gobach, 2020, *Flexibility options of CHP: bringing together renewable energies and efficiency*, KWK.
8. Michael Welch and Waterside South, 2016, "Flexibility options of CHP: bringing together renewable energies and efficiency", 8th International Gas Turbine Conference, Brussels, Belgium.
9. Johanna Beiron, Ruben M. Montanes, 2020, "Fredrik Normann and Filip Johnsson, "Flexible operation of a combined cycle cogeneration plant-A techno-economic assessment", Applied Energy, vol. 278.
10. Yanting Wu, Lin Fu, Shigang Zhang and Daoke Tanga, 2019, "Study on a novel co-operated heat and power system for improving energy efficiency and flexibility of cogeneration plants", Applied Thermal Engineering, vol. 163.
11. EPRI, *2018, Conventional & Combined Cycle Power Cycling Damage & Management,* Proceedings of EPRI Flexible Operation Conference, Tulsa, Oklahoma.
12. 이찬, 2018, 집단에너지 기술 및 미래발전 방향(3장. 집단에너지 생산시설 효율향상), 반디컴.

13. 김정현, 2020, "화력발전소 유연 운전기술", 전기의 세계, 제69권, 제6호, pp.4-10.

14. 박세익, 이지훈, 김근태, 2020, "발전용 가스터빈 대상 유연운전 실증사례 연구 (가스터빈과 스팀터빈 부하연계 부분)", 한국연소학회지, 제25권 제1호, pp.56-64.

15. 산업통상자원부, 2020, 제9차 전력수급기본계획(2020-2034).

IV

지역냉방효율 제고:
흡착냉방(저온 열구동 냉방) 중심으로

정재동

세종대학교

지역냉방 개요

　　냉방은 난방, 물, 전기와는 달리 기본적인 수요가 아닌 고급 또는 추가적인 수요로 인식되는 경우가 많다. 하지만, 건물 냉방 필요성은 여러 지역에서 측정된 냉방 일수 증가로 알 수 있듯이 기후 변화로 인해 더욱 가속화될 것이다. 집중화된 빌딩, 내부 열부하 증가 및 도시 열섬 효과 등도 건물 냉방의 수요를 증가시키고 있다.

　중국은 냉방 에너지 사용이 가장 크게 증가한 대표적인 국가이다. 1990년에 냉방에너지 사용량이 6.6TWh에서 2016년에 450TWh로 68배 증가하였다. 〈그림 1〉 그리고 이러한 추이는 계속되고 있다. 다른 신흥 경제국, 특히 인도도 1990년 이후 약 15배 증가하여 매우 빠르게 증가하고 있다. [IEA, 2018]

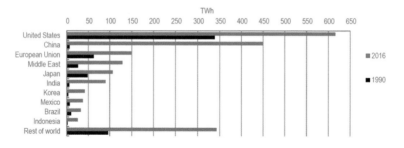

〈그림 1〉국가별 냉방 에너지 증가 추이

냉방에 사용된 전 세계 에너지양은 2016년 2020TWh에서 2050년 6200TWh로 급증할 것으로 예상된다. 이러한 증가의 거의 70%는 주거 부문에서 발생하며, 전체 에너지 수요에서 주거 부문의 점유율은 45%에서 거의 65%로 증가하게 된다.

지역냉방은 냉각수 형태로 열에너지를 분배하는 시스템으로 열원, 열 분배 및 최종 사용자의 세 가지 주요 하위 시스템으로 구성된다. 기본적으로 지역난방과 많은 부분 유사하다. 지역난방의 개념, 장점, 시스템 최적화 등에 대해서는 많은 논의가 이루어졌지만, 상대적으로 지역냉방 시스템에 대한 연구는 부족한 실정이다. 오늘날 단열로 인해 난방보다는 냉방 이슈가 갈수록 중요해지고 있다. 또한, 냉방수요증가 및 냉방에서 전기가 차지하는 비율이 커지고 있는 추세에서 지역냉방에 주목할 필요성이 있다.

지역냉방 이점으로는 (i) 대규모 중앙 냉각 장치가 현장의 소규모 냉각 장치보다 더 효율적이기에 개별냉방보다 적은 에너지를 소비; (ii) 부하 다양성 및 가변성을 충족하기 위한 효율적이고 유연한 용량 사용; (iii) 에너지, 유지 보수비용이 낮아 단위 냉방 용량당 비용 감소; (iv) 친환경성 (v) 고효율 장비, 백업 냉각기, 전문적이고 지속적인 운영 및 유지 보수 지원의 가용성, 기존의 개별냉방보다(10-15년) 긴 수명(25~30년) 등으로 안정적인 서비스(99.7% 이상의 신뢰성); (vi) 원격에 위치해 있으므로 최종 사용자 사이트의 공간 절약 등을 거론할 수 있다. 지역냉방의 장점은 특히 일 년 내내 더운 기후 조건에 노출된 도시화된 밀집 건물지역에서 더욱 부각된다.

초기 지역 냉방은 1962년 미국 하트퍼드(Hartford), 1967년 독일 함부르크(Hamburg), 1967년 프랑스 파리 외곽의 라데팡스(La Defense) 지역에 구축되었다. 초기에는 직접 냉매를 운반 매체로 사용하고 여러 개의 분산형 증발기와 하나의 중앙 응축기가 있는 시스템 이었다.

1. 해외 지역냉방 적용 사례

카타르는 West Bay와 Pearl-Qatar 지역을 포함하는 3개의 냉각 플랜트를 포함하는 총 197,000 톤의 냉동 용량(690MW)으로 세계 최대의 지역 냉방설비 갖추고 있으며, 추가로 4번째 플랜트를 건설 중이다. 프랑스 파리 지역에는 두 개의 지역 냉방 시스템이 있으며 바르셀로나, 헬싱키 및 리스본에도 지역 냉방 시스템이 있다. 지역난방과 지역냉방이 결합된 시스템은 덴마크, 핀란드, 오스트리아, 캐나다, 한국, 네덜란드, 스웨덴, 영국 및 미국을 포함한 다른 여러 국가에서 적용되어 있다.

현재 미국이 전 세계 지역냉방 용량(12.6MRT, 44.3GWth)의 43%를 보유하고 있으며 이어서GCC(32%), 아시아 태평양 및 아프리카(19%), 유럽(5%) 수준이다. 앞으로 중동 및 북아프리카(MENA) 지역냉방 시장이 미국 시장을 추월하여 최대 시장으로 부각되고 있다. 〈표 1〉에서 대표적인 대형 지역냉방 프로젝트를 소개한다. [Gang et al., 2016]

〈표 1〉 대형 지역냉방 프로젝트 예				
Country	Project	Capacity (t)	Users	Chillers
Japan	Yokohama MM21	57,510	Offices, commercial buildings, hotels, public facilities, dwelling units	Absorption chillers and electrical chillers
Canada	Montréal City Central District heating and cooling system	2857	Conventioncenters, hotels, office buildings, a railway station and a university campus	Four chillers
Qatar	The Pearl Qata	30,000	Residents, hotels, shopping centers, high-end retail, and lavish hospitality	26 chillers with 2600 t each and 26 chillers with 2400 t each
Singapore	Marina Bay	260,000	Office building, hotel, conventioncentre, shopping, casino, theaters	Chillers
UAE	Business Bay Executive Towers	32,500	High-rise office and residential towers, retail and mixed-use office complexes and a luxury hotel	16 chillers
US	Texas Medical Center	120,000	44 buildings of medical institutions	Chillers with VSD
US	District cooling St. Paul	25,000	100 buildings including office buildings, government buildings, museums, banks	Electrical chillers and absorption chillers

2. 국내 지역냉방 적용 사례

국내 지역냉방 보급현황은 한국에너지공단이 공개한 '집단에너지사업 편람'에 따르면 2017년 1,526개소 105만1,406RT로 보급량이 지속적으로 늘고 있다. 이러한 지역냉방 확대보급에 따라 전력피크 억제, CO_2 저감, 발전소 투자비 절감의 효과를 보고 있다. 105만1,406RT가 보급된 2017년 말 기준으로, 317MW의 전력피크 억제, 8만6,285tCO 저감 및 4,444억 원의 발전소 투자비 절감효과가 보고되었다. 이러한 긍정적인 효과로, 정부는 지역냉방 확대를 장려하기 위해 지역냉방 보조금사업을 실시하고 있다. 2012년 20억 원이었던 지역냉방 보조금 예산은 2015년 40억 원으로 정점을 찍었지만, 여러 가지 복합적인 이유로 이 이후 줄어들어 2019년 31억8,700만원으로 점점 축소되고 있다. 정부의 탈원전·친환경에너지 확대정책의 성공적 실현을 위해서는 보조금 확대가 필요하다.

② 지역냉방 이슈

시스템 운영 최적화, 신재생 에너지원 활용, 4세대 지역난방에 대응하는 저온냉방 기술, 파이프라인 최적화, 열저장 통합 등은 비용 효율적인 지역냉방의 확산을 위해 필수적이다. 비용, 환경 문제 그리고 효율성 측면에서 전체 시스템의 최상의 성능을 달성하기 위한 전기, 냉방 및 냉방의 최적 조합, 냉방 장치에 공급하기 위한 여러 열원의 통합은 각각의 열원의 특성, 운영비용 및 기술적 제약을 고려해야 한다.

1. 열구동 냉방

에어컨에 대한 에너지 사용이 크게 증가함에 따라 건물의 총 에너지 소비에서 냉방 비율이 6%에서 14%로 두 배 이상 증가한다. 냉방을 위한 에너지 사용의 증가는 모두 전기의 형태이다. 그 결과 냉방이 전체 건물 전기 사용에서 차지하는 비중이 2050년에는 18%에서 30%로 급증할 것으로 예측된다. 2016년에 IEA는 냉방에 소요되는 에너지가 모든 국가 평균 총 전력 수요의 약 10%를 차지하나 2050년에는 16%로 증가가 예상된다. 〈그림 2〉 특히, 중동과 동남아와 같이 덥고 습한 기후에서는 건물의 냉방 에너지 소비는 타 지역보다 최대 3배 더 높은 것으로 알려져 있고, 전기 그리드에 부담을 주는 계절 및 일일 변동이 크다. 동남아지역에서는 주거/상업 건물의 에너지 수요가 총 에너지 소비의 약 60%를 차지하고, 주거 및 상업건물의 전력 소비중 약 44% 및 50-57%가 냉방에 사용되고 있다.

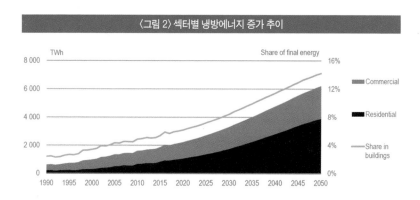

〈그림 2〉 섹터별 냉방에너지 증가 추이

따라서, 냉방방법에 대한 근본적인 접근을 새롭게 할 필요가 있다. 전기로 구동되는 증기-압축식 냉동기에 대응하는 열구동 냉동기는 적절한 대안이 될 수 있다. 특히, 열구동 냉동기는 냉매 등의 환경 문제에서 자유롭고, 하절기 전력수요 증가 및 난방수요 감소에 따른 적절한 대응으로서, 특히 지역난방 기반의 설비가 구축된 환경에서는 적절한 방안중의 하나일 것이다.

2. 신재생 에너지

　　　지역냉방과 지속가능한 에너지 자원의 더 나은 통합을 위해 지난 수십 년 동안 신재생 에너지의 활용에 많은 노력이 있었다. 가장 실용적인 신재생 에너지 자원에는 태양광, 태양열, 지열, 바이오매스 및 풍력 등이 있다. 하지만, 태양열, 지열 및 바이오매스 등의 신재생에너지를 지역냉방에 적용하는 것은 지역난방에서만큼 매력적이지는 않다. 난방과는 달리 냉방에서는 재생에너지를 먼저 열로 변환한 다음 열을 전기로 전달하거나 열에너지를 열구동 냉동기를 이용하여 냉방에 적용해야 때문이다. 따라서 열손실 및 변환 효율로 인해 냉방 효율은 난방 효율보다 낮게 된다. 태양광 & 태양열, 수열, 지열, 바이오매스에 대해 간단히 아래에 정리한다.

- **태양광 & 태양열:** 태양은 제로 또는 매우 낮은 배출량뿐만 아니라 경제적으로도 매력적인 열원이다. 태양열 냉각은 태양광 PV 모듈과 연계된 열펌프 또는 에어컨으로 구동하거나 태양열 집열기와 연계된 열구동 냉각 장치를 사용할 수 있다. 두 유형 모두 겨울 동안(태양열을 통해 직접 또는 열펌프를 사용하여) 난방 또는 온수공급을 할 수 있으며, 잉여 열, 지열, 지역냉난방(DHC) 및 열병합 발전소와 결합 할 수 있다.

  태양광 PV 애플리케이션은 비록 변동이 많기는 하지만 최근 몇 년 동안 PV 패널 비용이 크게 감소함에 따라 매력적인 시장이나, 최고 냉방 수요 부하가 종종 저녁에 발생하는 주거 부문에서 수요/공급 불일치는 적용에 큰 제약일 것이다.

  태양열 집열기와 연계된 열구동 냉각 장치는 현재까지 상대적으로 틈새 기술이지만 비용이 내려가면서 시장이 성장하고 있다. 2015 년 말에 전 세계적으로 약 1,350개가 설치되었으며, 그 중 약 80%는 주로 스페인, 독일 및 이탈리아에 있다. 하지만, 비용이 2007년 이후 절반 이상 감소했는데도 주로 장비의 표준화로 인해 태양광 PV 모듈만큼 빨리 떨어지지는 않고 있다.

• **수열**: 해안선에 위치한 많은 지역냉방 프로젝트는 해수를 열원으로 사용하여 열펌프를 구동하는 시스템이다. 수열 온도가 충분히 낮으면 냉각기를 제거하거나 우회함으로써 직접 지역냉방 열원으로 활용하여 비용을 줄이고, 또한 매우 친환경적이다. 발틱해 연안, 프랑스 파리, 캐나다, 미국 코넬 대학 등에서 적용하고 있다.

• **지열**: 지열 에너지는 신재생에너지를 이용하는 중요한 냉열원이며, 대수층이나 지하수에서 나오는 에너지를 의미한다. 전 세계적으로 지역냉방에 사용되어 왔으며, 에너지가 지속 가능하고 저렴하며 안전한 재생 가능 에너지 자원으로 입증되었기 때문에 설치가 지속적으로 증가하고 있다.

지역냉방 적용 시 약 90-95%의 에너지를 절약하는 것으로 알려져 있다. 노르웨이 가르데르모엔(Gardermoen) 공항에서 지역냉방의 보조열원으로 사용되고 있다. 냉각수는 지열로 3MW 용량 예냉된 후 6MW 용량의 열펌프/냉동 플랜트로 냉방한다.

• **바이오매스**: 주요 에너지원 중 석탄과 석유 다음으로 세 번째는 바이오매스이다. 바이오매스는 전 세계 신재생에너지 소비에 약 14%를 차지하며, 특히 개발도상국의 농촌지역에서는 최대 90%에 이른다. 바이오매스는 에너지를 생산하기 위해 가공하거나 태울 수 있는 다양한 유형의 유기 물질을 의미한다. 바이오매스의 예로

는 지속가능하고 환경 친화적인 연료의 가장 풍부한 공급원 중 하나인 산림 및 농업 잔류물 또는 목재 펠릿 등이 있다. 바이오매스로 작동하는 지역냉방은 흡수식 냉동기가 바이오매스에 의한 열로 구동된다. 1차 에너지 절약, 온실가스 감소 및 바이오매스 기반 에너지 생산이란 측면에서 의미 있는 열원이다.

3. 분배시스템

지역냉방 분배 시스템은 지역난방 시스템과 유사하지만 시스템의 온도 차이가 낮기 때문에 지역 냉방 시스템의 경우 분산 에너지 단위 부피당 자본 비용이 더 높다. 반면에 냉방 파이프는 단열이 덜 필요하므로 난방 파이프보다 약간 저렴하다. 지역냉방 분배 시스템에 대한 세 가지 주요 설계 개념으로는

- 겨울철 난방과 여름철 냉방에 사용되는 단일 2-파이프 네트워크
- 연중 내내 난방 및 냉방을 위한 2개의 별도 2-파이프 네트워크
- 겨울철 난방과 여름철 냉방을 위한 더 큰 네트워크와 겨울철 냉방 및 여름철 난방을 위한 더 작은 네트워크로 구성된 난방 및 냉방을 위한 2개의 분리된 2개의 파이프 네트워크

각 디자인 컨셉에는 기능 및 비용 측면에서 강점과 약점이 있다. 첫 번째 개념은 중국에서 비교적 일반적이고 두 번째 개념은 유럽과 북미에서 가장 널리 퍼져 있다. 단일 2-파이프 네트워크는 난방 및 냉방을 같이 운영 할 수는 없다. 세 번째 옵션은 계절에 따라 난방 및 냉방 부하가 유리한 장소에 적용 할 수 있다.

4. CCHP(열병합발전)

지역냉방은 종종 〈그림 3〉에 표시된 CCHP(Combined Cooling, Heating & Power, 열병합발전) 시스템과 결합되어 사용자에게 냉방, 난방, 및 전력을 동시에 공급한다. CCHP의 저온열을 사용하는 열구동 냉동기로 냉방을 구현하게 된다.

흡수식 냉동기만 사용하는 냉방과 전기 공급을 동시에 충족하지 못할 수 있다. 냉방 수요가 매우 높으면 흡수식 냉동기만으로는 부족하며 증기-압축식 냉동기가 필요하다. 가격과 열/전기 사용 패턴으로 트라이젠(Tri-gen) 플랜트의 최적화 연구도 활발히 진행되고 있다.

통합 시스템은 난방이 지배적인 지역에서 자주 사용되는 반면 지역냉방은 보조 시스템 역할을 한다. 냉방이 지배적인 영역에서 CCHP에 지역냉방을 적용한 사례는 거의 보고되지 않는다. 한 가지 이유는 주목적이 냉방 수요를 충족하는 것이라면 CCHP의 에너지효율이 높지 않기 때문일 수 있다.

〈그림 3〉 CCHP 연계된 지역냉방 시스템

5. 열저장

운영비용을 줄이고 피크시간에 시스템의 전력 수요를 제한하기 위해 지역냉방은 일반적으로 열저장 시스템과 연계되어 운영된다. 지역난방/지역냉방에서의 열저장 기술에 대한 소개 및 적용 현황은 이전 책자에서 자세히 서술되어 있고 여기서는 생략하기로 한다.[박영현 외, 2018]

③

열구동 냉방기술 비교

    지역냉방 적용시 냉열을 얻을 수 있는 방법으로는 1) 자연 상태의 저원 열원, 2) 잉여 열을 이용한 열구동 냉동기, 3) 전기로 구동되는 냉동기, 그리고 4) 열저장 등이 있다. 각각의 냉방 공급 방법의 적용 비율을 보여주는 신뢰할 수 있는 통계는 없다.

    이중, 특히 열구동 냉동 방법에 대해 주로 살펴보기로 한다. 알려진 열구동 냉동 방법으로는 1) 흡수식, 2) 제습식, 그리고 3) 흡착식 방법이 대표적이다. 표 2는 각각의 방법에 대해 구동매체, 냉각온도, 필요한 온도, 그리고 성능을 비교 요약하여 보여준다.

〈표 2〉 열구동 냉동기술의 특성 비교 [Eveloy and Ayou, 2019]				
Cooling Technology	Working Pair	Chilled Fluid Temperature($\degree$C)	Heat Source Temperature($\degree$C)	COP(-)
SE absorption chiller	H2O/LiBr	5-10	80-120	0.5-0.8
	NH3/H2O	<0	80-200	~0.5
DE absorption chiller	H2O/LiBr	5-10	120-170	1.1-1.51
	NH3/H2O		170-220	0.8-1.2

TE absorption chiller	$H_2O/LiBr$	5-10	200-250	1.4-1.8
GAX chiller	NH_3/H_2O	<0	160-200	0.7-0.9
HE absorption chiller	$H_2O/LiBr$	5-10	50-70	0.3-0.35
Absorption chiller	$H_2O/Silica$ gel	7-15	60-85	0.3-0.7
	Methanol/ activated carbon	<0	80-120	0.1-0.4
Liquid desiccant cooler	N/A	Dehumidified cold air 18-26	Hot water 60-90, hot air 80-100	0.5-1.2
Solid desiccant cooler	N/A	Dehumidified cold air 18-26	60-150	0.3-1.0
Ejector cooler	H_2O	5-15	60-140	<0.8

SE: single-effect; DE: double-effect; HE: half effect; TE: triple-effect; GAX: generator absorber heat eXchange.

흡수식 냉방은 1중 효용 흡수식 냉동기가 개발된 이후 고온 재생기와 저온 재생기가 적용되어 보다 높은 COP가 구현된 2중 효용 흡수식 냉동기, 그리고 최근 개발된 3중 효용 흡수식 냉동기로 기술발전이 이루어지고 있다. 1중 효용은 저온의 열원으로 작동될 수 있는 장점이 있으나, COP가 낮아 2중 효용보다 (~1.0) 낮아서 직화식에서는 거의 사용되지 않고 있다. 2중 효용은 과거 수십 년간 전력수급에 기여한 바가 크다. 흡수식 냉방 기술은 실용화 역사도 가장 오래되었으며, 기술 신뢰도가 가장 높다. 하지만, 저온 냉방이 불가능하다는 냉방온도의 한계, 소형 시스템에 적용할 수 없는 용량에 대한 제한, 냉각탑의 크기, 진공유지, 부식 등의 문제가 있다.

제습냉방은 개방형으로 밀폐식보다 구조가 간단하다. 최근 환기문제와 연동되어 각광을 받고 있는 냉방 방식이다. 하지만 시스템의 크기가 크고, 냉방이 느리게 진행되고, 습구온도 이하로 냉방온도를 얻을 수 없기에 냉방온도에 한계를 가지는 단점이 있다. 제습냉방

단독 시스템으로는 전력소비가 작다고 평가하기는 어렵지만 최근 증기-압축식 냉동기와의 하이브리드 시스템으로 크기 및 전력소모를 줄이는 시도가 이루어지고 있다.

흡착식 냉방은 흡수식보다 상대적으로 기술 성숙도가 낮고, 기기 크기, 비용 등에서 흡수식보다 경쟁력이 열세이다. 하지만, 흡수식 냉동기와 비교하여 진동/소음이 작고, 용액결정 위험이 없고, 추기도 불필요하다는 장점도 가진다. 특히, 흡수식 냉동기보다도 저온의 열원으로 운전이 가능하므로 열의 다단계 이용 중 마지막 단계에 사용 가능하다는 장점이 있다. 최근 4세대 지역난방이 화두가 되고 있는데 저온을 활용한 냉방 기술개발은 지역냉방사업 확장을 위해서는 반드시 확보해야 할 기술일 것이다.

아래 그림은 저온을 활용한 냉방시 흡수식과 비교한 흡착식 성능곡선이다. 중온수 흡수식 냉동기는 온수온도가 80℃ 이하로 내려갈 때에는 냉동능력이 약 48% 수준으로 떨어지는 단점이 있어 온수온도 90℃ 이상에서 사용하는 것이 유리하다. 반면에 흡착식 냉동기는 약 90% 이상의 냉동능력을 발휘하며, 온수온도가 60℃ 이상에서도 작동이 가능하여 보다 낮은 폐열회수에 유리한 시스템임을 알 수 있다. 또한, 일본의 Mitsubishi Plastic사의 시험데이터에 의하면 동일한 냉동능력을 발휘하는데 흡착식 냉동기는 증기 압축식 냉동기나 흡수식 냉동기 비해 전기소모량이 1/3~1/2로 극히 작다고 알려져 있다.

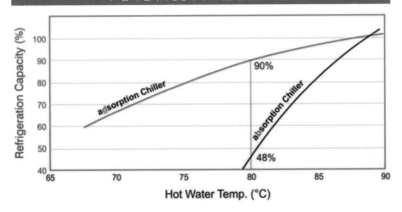

흡착 냉방

1. 현황

기존의 집단에너지 냉방 열원공급 사업의 95℃이상 열원은 흡수식 냉동기로 사용되고 있지만 집단에너지 공급시설 또는 산업공정에서 발생되는 비교적 낮은 60~80℃의 저온열원은 국내 하절기 냉방활용기술이 전무한 상황으로 사용처가 없어 전량 방출 및 냉각 폐기되고 있다. 열 공급 산업의 판매 침체는 신재생 열에너지 산업의 글로벌 경쟁력을 약화시키는 요인으로 저온 열원을 활용할 수 있는 냉동 시스템의 개발 및 실용화가 절실히 필요한 시점이다.

집단에너지 보급 활성화 정책의 일환으로 중소건물 및 주택용 냉방으로까지 지역냉방을 확대하려하고 있으나, 중대형 건물은 흡수식 냉방시스템이 대부분이다. 주택용은 제습식 냉방 시스템이 보급되기 시작했으나, 중소형 건물에 적합한 지역냉방 시스템이 필요한 상태이며, 환경오염 물질 절감과 하절기 전력 피크 완화 요구, 지역

냉방 및 비전력 냉방 보급 확대, 신재생 열에너지 공급 의무화 제도 등 정부의 에너지 정책에도 부응하는 냉방시스템이 필요한 시점이다. 저온 구동 흡착식 냉동 시스템이 이러한 수요에 적절한 대안 중의 하나이다.

흡착식 냉방시스템은 흡착제와 냉매의 발열, 흡열 현상을 이용하는 것으로서 폐열, 배열 등의 저온열원(60~80℃ 온수)을 직접 사용하여 냉열을 발생시키는 냉동 열기관으로 냉매로 물을 사용하여 냉방열을 생산하므로 전기압축 프레온 냉방기를 대체하는 저전력 환경 친화적인 시스템이다.

2. 작동원리

전열관을 내장하고 있는 흡착탑, 응축기, 증발기로 구성되며, 시스템 내에는 흡착제와 냉매만이 존재한다. 일반적으로, 냉열을 연속적으로 생산하기 위하여 주로 두 개의 흡착탑으로 구성되어 있다. 한 개의 흡착탑이 증발기와 연결되어 이동된 냉매를 흡착함으로써 증발기에서 냉열을 생산하는 흡착공정을 수행할 때, 동시에 다른 흡착탑으로는 온수가 공급되어 흡착제의 온도를 상승시키고 냉매가 탈착되어 응축기에서 응축됨으로써 흡착체가 재생되는 탈착공정을 수행한다.〈그림 5〉

〈그림 5〉(b)는 Clapeyron 선도를 사용하여 시스템 작동 원리를 보여준다. 증기 루프와 냉매 루프로 구성되며, 아래 4개의 하위 프로세스로 구동원리를 설명한다.

- **예열 공정**(과정 1-2): 흡착탑과 연결된 밸브를 닫아 응축기와 증발기에서 분리된다. 탈착은 흡열과정이므로 탈착 과정을 유지하기 위해 열을 공급한다. 흡착탑 내부의 온도와 압력은 각각 T_{des}와 응축압력 P_C로 상승한다.

- **탈착 과정** (과정 2-3): 흡착탑은 열원에서 Q_{23}을 받고 흡착탑 내부 온도는 T_{max}로 증가한다. 발전기와 응축기를 연결하는 밸브가 열리고 탈착된 냉매가 응축기로 흘러간다. 이 동안 흡착탑의 압력은 응축기 압력 P_C로 일정하다.

- **예냉 공정**(과정 3-4): 연결 밸브를 닫아 흡착탑이 분리된다. 흡착은 발열과정이며 열은 차가운 열원에 의해 제거된다. 흡착탑 내부의 온도는 T_{ads}까지 떨어진다.

- **흡착 공정**(과정 4-1): 흡착탑이 증발기에 연결되어 증발된 냉매 증기는 흡착탑으로 이동되어 흡착된다. 이 과정에서 증발기 내부의 냉매가 증발함으로써 냉방이 이루어지게 된다. 이 동안 흡착탑의 압력은 증발기 압력 P_e로 일정하다.

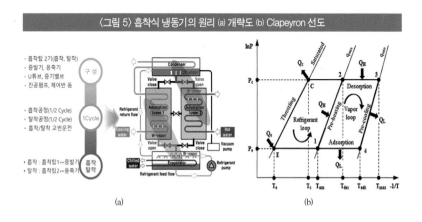

〈그림 5〉흡착식 냉동기의 원리 (a) 개략도 (b) Clapeyron 선도

3. 기술적 이슈

고효율 흡착탑의 개발은 흡착식 냉동기 개발에 있어서 가장 중요한 현안 문제이다. 낮은 시스템 성능과 큰 시스템 크기는 흡착식 냉동기의 보급에 가장 큰 저해요인이다. 냉동기의 효율은 성능계수(COP, Coefficient Of Performance)로 나타낼 수 있다. 사용된 에너지 대비 활용하는 에너지의 비율을 의미한다. 열구동 냉동기의 경우 전기압축식 냉동기 대비 낮은 COP를 가진다. 하지만 사용된 에너지의 가치를 고려해 볼 때 평가는 달라질 수 있다. 낮은 열원을 사용하는 흡착식 냉동기의 경우 폐열 또는 배열을 활용하므로 COP의 의미가 상대적으로 그리 크지는 않을 수도 있다.

상대적으로 큰 시스템 크기가 흡착식 냉동기의 보급에 보다 직접적인 문제일 것이다. SCP(Specific Cooling Power)는 흡착탑 시스템의 크기를 표시하는 지표로 사용된다. 단위 흡착제 량에 대해 얻을 수 있는 유용한 에너지 량을 의미한다. 흡착식 냉동기는 전기압축식 냉동기 대비 일반적으로 3배 정도의 면적이 필요하다. 이는 가정용 냉동기 보급에 있어서는 치명적인 약점이 될 수 있다. 〈그림 6〉에서 보이듯이, 흡착식 냉동기의 시장 포지셔닝은 가정용을 대상으로 하는 저용량에, 아직은 기술적 성숙도가 낮은 비싼 시스템으로 이해된다.

따라서, 보다 콤팩트하고 신뢰성을 높이기 위해서는 각 요소기기, 특히 흡착탑의 고효율화가 필요하다. 흡착탑의 효율 향상 방안으로는 1)흡착탑의 코팅을 통한 열전달 향상, 2)흡착제 개발, 3)흡착탑 최적화와 더불어 4)하이브리드 시스템개발 등이 있을 수 있다.

아래 〈표3〉은 흡착식 냉동기 연구경향을 정리한 것이다.[Chorowski et al., 2016] 조사 된 온도 범위 내에서 흡착식 냉동기는 최대 0.64의 COP에 도달 할 수 있으며, 이는 작동하는 실리카 겔-물 쌍에 대한 이론적 값의 약 70% 수준이다. 이를 바탕으로 〈그림 7〉에 냉각수 온도에 따른 흡착식 냉동기의 COP 및 cooling power 특성과 응축기 온도에 따른 압축기 냉동기의 COP를 비교하였다. [Chorowski et al., 2016]

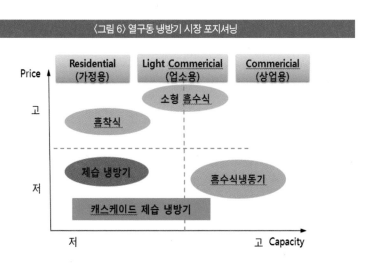

〈그림 6〉 열구동 냉방기 시장 포지셔닝

〈표 3〉 흡착식 냉동기 연구경향 [Chorowski et al., 2016]						
Citation	Description	Cooling water temperature [℃]	Heating water temperature [℃]	Chilled water temperature [℃]	Cooling power [℃]	COP [-]
Khan et al. (2006)	2-stage 4-bed adsorption chiller	30	50-70	10	-	0.39
Hamamoto et al. (2005)	2-stage 4-bed adsorption chiller	30.2	55 and 70	10		0.23 and 0.26

Reference	Description					
Akahira et al. (2005)	2-bed adsorption chiller with mass regeneration and indirect methanol heat pipe evaporator	30	70	14		0.1-0.33
Xia et al. (2008)	2-bed adsorption chiller with mass regeneration and indirect	30.4	82.5	11.9 and 16.5	9 and 11	0.388 and 0.432
Saha et al. (2001)	Adsorption chiller supplied with waste/ solar heat	30	55	9		Up to 0.36
Rahman et al. (2013)	3-bed adsorption chiller with mass regeneration and cycle time	30	50-90	14		Up to 0.61
Li et al. (2014)	4-bed adsorption chiller at various operating conditions	29.4	65 and 75	12.2	-	Up to 0.27 and 0.32
Di et al. (2007)	2-bed adsorption chiller with heat pipe indirect methanol evaporator and mass recovery	30	65, 75 and 85	20		0.44, 0.42 and 0.35
Wang et al. (2005)	2-bed adsorption chiller with mass recovery	30.5	65-85	15.7-20.6	-	Up to 0.4
Geus et al. (2015)	2-bed adsorption chiller integratde with recooler	27, 33 and 36	72	21	3.075 and 3.832	0.548, 0.488 and 0.407
Chorowski and Pyrka (2015)	3-bed 2-evaporator adsorption chiller	20-27	47-65	6-20	up to 120	up to 0.64
Grzebielec et al. (2015)	2-bed adsorption chiller	15 and 25 (ambient temperature)	65	12/7	5 and 1	0.45 and 0.14
Pan et al. (2016)	2-bed adsorption chiller	30	86	11	43	0.501

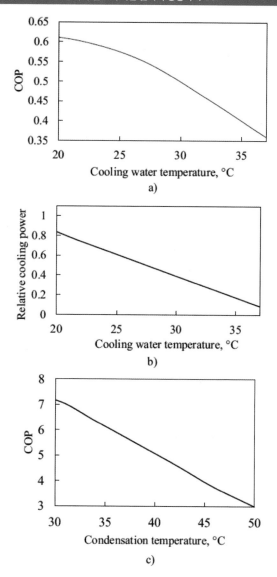

(1) 코팅

기존 흡착탑은 주로 직경이 약 0.2~0.5mm 사이의 과립상의 silica-gel 흡착제를 mesh망에 의해서 열교환기에 채워 고정하여 구성되었다. 이러한 방법은 흡착제와 금속 핀의 열교환 효율의 방해가 된다. 따라서 흡착제의 열전도율이 낮음으로 흡착성능이 매우 낮고, 흡착제와 열교환기 사이의 간격이 넓어 접촉저항이 크다.

수분 흡착제가 흡착탑 내 열교환기에 코팅되어 사용하면 열전도도를 높여 열교환 속도를 높일 수 있는 장점을 가진다. 흡착제 코팅은 일반적으로 흡착제와 핀-튜브와의 부착과 흡착제 입자간의 안정적인 연결을 위해 무기 혹은 유기 바인더를 사용하고 있다. 흡착제 무게비로 약 10% 이상의 많은 양이 사용되고 있다.

유기 바인더를 사용할 경우, 피막 조직의 치밀성은 좋으나, 시간이 지남에 따른 친수성에 대한 내구성이 떨어지게 되어, 흡착제의 수분 흡착능력이 저하된다.

유기 및 무기 바인더를 혼합하여 사용할 경우, 유기 또는 무기 바인더를 단독 사용하여 제조된 코팅 용액의 단점을 어느 정도 보완할 수 있다. 하지만, 계면에서 쉽게 열화가 진행될 수 있어 기판과 흡착층의 부착력이 저하되는 문제점이 발생된다. 또한, 이물질이나 가스가 흡착되어 친수성이 저하되어, 수분의 흡착능력이 저하된다[권오경 등, 2015] 부착력 및 내부식성이 향상되고 수분 흡착능력이 개선된 흡착제 코팅용액 및 그 제조방법이 중요하다. 무엇보다도 양산에 대응할 수 있는 흡착제 제조방법과 코팅 방법의 개발이 필요하다.

기술적인 측면에서는 흡착제마다 다른 바인더 선택, 바인더의 비율, 최적의 코팅두께 결정 등이 해결되어야 할 연구주제이다.

Dawoud(2013)는 실험과 비교하여 200μm~500μm의 다양한 코팅 두께와 0.7mm~2.6mm의 적당한 반경을 가진 느슨한 펠릿에 대한 흡착 속도를 비교하여 제올라이트 층의 두께가 증가함에 따라 흡착 속도가 급격히 감소했다고 보고하였다. 〈그림 8〉은 흡착제 베드용 환형 핀-튜브 열교환기의 세 가지 다른 구성을 보여준다. 〈그림 8〉(a)에서 10μm~1.7mm 범위의 흡착제 입자가 핀 공간 사이에 완전히 채워져 있다. 입자 크기의 영향은 많은 연구자들에 의해 조사되었다. 크기가 작을수록 흡착 속도는 빠르지만 유동 저항은 높아진다. 〈그림 8〉(b)에서 흡착/탈착 된 증기 유동 면적이 증가하여 유동 저항이 감소하고 더 높은 흡착 속도가 예상되나 흡착제 입자가 제 자리에 유지하는 것은 불가능하여 〈그림 8〉(c)에서처럼 에폭시 또는 유기 접착제와 같은 바인더 재료를 사용하여 표면에 결합되어야 한다.

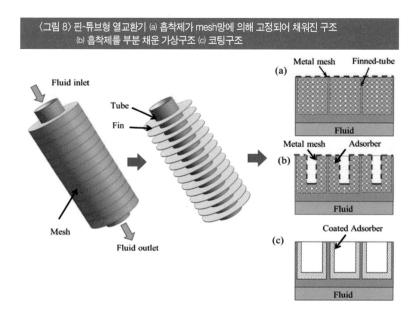

〈그림 8〉 핀-튜브형 열교환기 (a) 흡착제가 mesh망에 의해 고정되어 채워진 구조 (b) 흡착제를 부분 채운 가상구조 (c) 코팅구조

(2) 흡착제

흡착제로는 실리카겔, 제올라이트, 또는 제올라이트 유사물질인 다공성 실리코알루미노 포스페이트 등이 주로 사용되었다. 이 물질들은 나노 크기의 기공을 많이 포함하고 있어 비표면적이 커서 흡착량이 크고, 열적, 물리적 안정성이 뛰어나다. 더불어, 대규모 공정에 사용되기 때문에 대량 생산에 용이하며 생산 단가가 낮다.

실리카겔은 상온의 포화수증기압 하에서 60wt% 이상의 높은 흡착량을 보인다. 하지만 대부분의 수분 흡착이 높은 상대습도, 즉 0.5 이상에서 이루어지고, 실제 냉방 조건인 상대 압력이 0.1~0.3인 영역에서는 흡착량이 8wt%에 불과하다. 이에 반해, FAU, LTA의 구조를 갖는 제올라이트의 경우에는 상온 및 상대습도가 0.05 미만인 저압에서 22wt%~35wt%의 최대 수분 흡착 특성을 보인다. 하지만, 흡착력이 매우 높아 매우 높은 탈착 온도가 필요한 문제점이 있다.[조강희, 2017]

한편, 일본 Mitsubishi Chemical에서 개발한 FAM-Z01은 기존 제올라이트 계열에 비하여 수분 친화력이 상대적으로 낮다. 따라서, 상대적으로 높은 수증기압에서 주로 흡착이 진행되며, 냉동기 구동 범위에서 S자 형태의 수분 흡착 곡선을 보인다. 따라서 높은 수분 흡·탈착량 차를 보이는 것으로 알려져 있다. 하지만, 상대적으로 높은 흡착열로 인해 흡착제로 FAM-Z01가 적용된 흡착냉방시스템은 흡착제로 Sillica gel를 사용하였을 때와 비교하여 COP의 개선효과는 미미한 것으로 보고되었다. 주목할 점은 매우 높은 SCP가 기대되며, 이는 흡착식 냉동기의 보급이 지연되는 가장 큰 원인 중 하나인 시스템 부피를 줄이는 데 기여할 것이다.[Hong et al., 2016]

최근 각광받고 있는 MOF(Metal-Organic Framework)는 다공성 구조로서 큰 표면적(1500~4500㎡/g)으로 높은 수분흡착력이 기대된다. 하지만, 수분에 취약한 단점이 있다. 최근 이러한 단점을 극복하고 흡착냉방에 적용하는 많은 노력이 이루어지고 있다.

흡착제는 화학적 성질이 구성 성분에 따라 크게 다르기 때문에, 적용 분야에 따라 다른 흡착제가 선택적으로 적용되고 있다. 흡착제 개발은 결코 쉽지 않은 이유는 특정 성분에 대해 흡착량이 큰 흡착제는 그만큼 탈착이 어렵고 따라서 재생 하는데 많은 에너지를 소비해야 한다. 기존의 수분 흡착제들이 가지는 불가피한 문제점들을 극복하는 흡착제 개발이 반드시 필요하다.

흡착제의 경우 국내의 경우 전량 수입에 의존하고 있으며 흡착식 냉방시스템과 흡착제의 수분흡착능력에 대한 연구와 기술개발은 열악한 실정이다. 특히 흡착제 효율향상 및 대량 합성 공정기술은 흡착냉방 실용화에 반드시 넘어야 할 기술 장벽일 것이다.

(3) 최적화

흡착식 냉동기는 COP와 SCP가 낮은 문제로 아직까지 상업적인 적용에 한계를 가지고 있다. 이러한 문제점을 해결하는 방안중의 하나로 열회수(heat recovery) 또는 냉매회수(mass recovery)가 적용되곤 한다. 이와 관련된 내용은 너무 기술적인 측면이어서 본 장의 독자층을 고려하면 구체적인 설명을 생략하기로 한다. 많은 기존연구에서 냉매회수와 열회수를 적용하여 시스템 성능향상이 이루어졌음을 보고하고 있다. 자세한 문헌 소개는 생략하고 관련 전문 저널을 참고하기 바란다.

(4) 하이브리드 시스템

흡착식 냉동기의 효율성을 개선하기 위해 기존의 증기-압축식 냉동기 또는 열전 냉각 시스템으로 구성된 하이브리드 냉각 시스템과 연계하는 시스템이 제안되고 있다. 냉동기대 냉동기의 연계 뿐만 아니라 ORC(Organic Rankine Cycle)과의 연계로 보다 효율적인 CCHP(Combined cooling, heating and power) 시스템을 구성하기도 한다.

흡착식 냉동기와 증기-압축식 냉동기로 구성된 많은 하이브리드 시스템이 있을 수 있다. 여기서는 전형적인 한가지 예만을 아래에 보인다.[Chorowski et al., 2017] 〈그림 9〉에서 냉동기는 냉각수(cooling water) 및 냉수(chilled water) 회로에 병렬로 연결되어 있으며, 흡착식 냉동기는 냉각수 회로에 간접적으로 연결되어 있다.

병렬 시스템은 증기-압축식 냉동기에 냉각수 온도를 낮추고 설치의 신뢰성을 높인다. 반면에, 직렬연결은 필요한 냉각수의 양을 줄인다. 두 개의 냉동기에 필요한 냉각수의 양보다는 하나의 큰 냉동기를 통과하는 데 필요한 양이 작다. 이는 펌핑 비용이 높고 냉각탑에서 냉동기까지의 거리가 긴 경우 유용하다. 이러한 연결의 단점은 냉각수의 온도가 높아서 증기-압축식 냉동기의 효율이 감소한다는 점이다. 반면에 냉각수의 온도가 높을수록 병렬연결보다 작은 냉각탑을 사용할 수 있다.

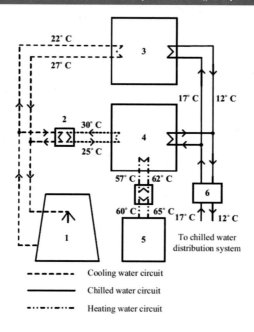

〈그림 9〉 병렬 하이브리드 시스템 예
(1 - open cooling tower, 2 - indirect heat exchanger, 3 - compressor chiller, 4- adsorption chiller,
5 - dictrict heating, and 6 - hydraulic coupling.) [Chorowski et al,, 2017]

- - - - - - Cooling water circuit

──────── Chilled water circuit

- - · - - · - Heating water circuit

4. 흡착 저장

축열은 방식에 따라 현열, 잠열, 화학열 축열로 구분된다. 〈그림 10〉이 보여주듯이 현열축열은 현 시점에서 기술적인 완숙도가 높고, 잠열축열도 상용화 제품이 있고 다양한 연구가 활발하다. 하지만 상대적으로 흡착축열 기술을 이용한 화학 축열은 최근에 관심이 증가하였으며, 아직까지 실험실 수준의 테스트 제품만이 주로 보고되고 있으며 보편적인 상용화 제품은 없다.

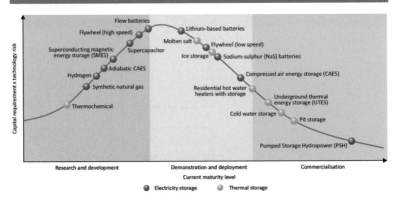

홉착식 열저장은 고체상의 홉착제 표면에서 발생하는 결합에너지의 생성 및 해리 과정의 반응열을 열저장에 이용하는 기술이다. 이는 앞서 서술한 홉착냉방 기술과 매우 흡사하며, 확장 기술로 이해된다. 홉착식 열저장은 홉착 및 탈착반응이 일어나는 동안에만 열에너지 출입이 있으므로, 열에너지 손실을 최소화할 수 있고 장기간의 열에너지 저장이 가능하다. 따라서, 계간축열이나 열택배 등에 활용할 수 있는 가능성이 높다. 또한, 저장 매개 기준 저장밀도는 〈그림 11〉에서와 같이 현열 및 잠열 축열보다 월등히 높다. 단지, 현 시점에서 기술의 성숙도가 아직 낮아 시스템 기준 저장밀도는 개선의 여지가 매우 많다.

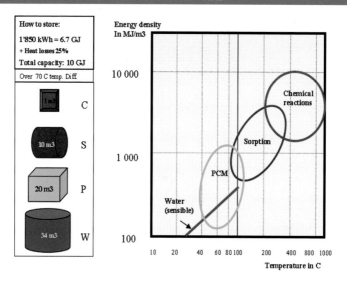

기존 지역난방/지역냉방 또는 계간축열에서는 현열을 이용하는 방식이 주로 사용되고 있다. 하지만 열손실 때문에 표면적/체적의 비율이 작아야 하는 제약으로 주로 대형, 1,000㎥ 이상의 축열조가 되어야 경제적 측면에서 의미 있다. 또한 현열축열방식은 고온의 축열에는 적용하기 어려운 단점이 있다.

가용한 열원의 온도에 따라, 사용하고자하는 저장된 온도에 따라 적합한 흡착제의 종류가 다르므로 지역난방 또는 지역냉방에 적용 시 흡착제 선정에 대한 연구가 필요하다. 특히, 캐스케이드(Cascade) 방법을 적용함으로써 저장밀도의 큰 향상이 기대되나, 중온부와 저온부의 설계조건, 중온부와 저온부의 흡착제 종류 등 현 기술수준에서는 적용에 대한 경험이 거의 없고, 성능에 대한 불확실성이 매우 크기에 미래기술로서 관심을 가지고 쳐다볼 필요가 있다.

5

흡착냉방 실증 사례

　　국내에 흡착냉방을 적용한 실증사례로서는 2017년~2019년에 진행된 에너지기술평가원 과제 결과가 유일하다. 35kW급 저온수 구동 저전력 흡착식 냉방시스템을 한국지역난방공사 (이하 한난) 수원사업소에 설치/적용된 실증사례로서, 실증단지 선정, 실증단지 냉방현황, 시스템 구성, 설비 공사, 실증운전 결과, 실증운전 중 문제점 및 조치현황 등을 아래에 정리한다.[김효상 등, 2020] 국내 실증사례가 없는 첫 번째 적용사례로써 지역냉방에 흡착식 냉방을 적용한 실증 경험은 향후 흡착식 냉방기술의 적용/확산에 크게 기여할 것으로 생각한다.

1. 실증단지 선정

먼저 적합한 실증 장소를 선정하기 위하여 기존 및 신규 흡수식 냉방 사용자를 대상으로 설계도서와 지역냉방 열공급 신청 서류 등을 검토하였다. 검토 과정 중 개발 중인 흡착식 냉동기가 용량 대비 설치면적이 크다 보니 실사용 건축물 특성상 설치 공간의 부족으로 일반 사용자를 대상으로 적절한 사용처를 구할 수가 없었다. 결국 한난 전 지사를 대상으로 냉방용량 설계도서 검토와 현장 방문을 통하여 흡착식 용량에 적절한 냉방부하, 흡착식 전용 공기조화기 또는 팬코일유닛(Fan Coil Unit) 설치, 흡착식냉동기 설치공간, 재실 인원 등 여러 조건을 고려하여 한난 수원사업소로 선정하였다.

2. 실증단지 냉방현황

실증은 약 3개월간 운영부 직원들이 근무하는 사무실과 동일 사업소 장안 열원 내 무정전 전원 장치실과 축전지실을 대상으로 실시하였다. 사무실 냉방부하는 시간당 34,000Kcal, 재실 인원은 8명으로 흡수식냉동기로 냉방을 하고 있었으며 실증 전 사무실 평균 실내온도는 27℃~28℃로 흡수식 냉방 성능이 부족한 상태였다. 장안 열원 내 무정전 전원 장치실과 축전지실은 전기 에어콘으로 냉방을 하고 있었으며 냉방을 위한 부대설비가 구비되지 않아서 Fan Coil을 현장에 추가로 설치하게 되었다.

〈표 4〉 수원사업소 냉방현황

구분			수량	용량
열원	흡수식 냉동기	관리동	1	- 용 량: 75 RT
		설비동	1	- 용 량: 80 RT
	공기 조화기	열원설비(사무실)	1	- 냉방용량 : 35,000 kcal/h - 난방용량 : 25,000 kcal/h
		열원설비 (1층 전기실)	1	- 냉방용량: 240,000 kcal/h
		관리동(사무실)	1	- 냉방용량: 150,000 kcal/h - 난방용량: 130,000 kcal/h
		관리동(강당)	1	- 냉방용량: 48,000 kcal/h - 난방용량: 64,000 kcal/h
		수처리동		- 냉방용량: 21,600 kcal/h - 난방용량: 35,000 kcal/h

3. 흡착식 냉방시스템 구성

흡착식 냉방시스템은 냉수 펌프 및 냉수 배관, 냉각수 펌프 및 냉각수 배관, 흡착제 재생용 온수 펌프 및 온수 배관, 냉각탑,

운전 데이터 계측기, 구동 전원(3상 460V MCC) 등으로 구성되었다. 기존 설비를 활용하기 위해 흡착식 냉각수 배관은 흡수식 냉각수 공급관에서 분기하여 라인펌프 설치 후 흡수식 회수관에 다시 연결되도록 구성하였으며 냉각탑은 흡수식 냉각탑을 공동으로 사용했다. 흡착물질 재생을 위한 온수 라인은 기존 급탕 공급 라인에서 분기하여 공급할 수 있도록 구성하였다. 이 과정에서 기존 상수도 설비 문제로 급탕 온도가 함께 높아짐에 따라 흡착식 온수 온도를 60℃ 정도로 낮게 되면서 흡착식 냉동기 성능저하 문제가 발생했다. 흡수식 냉방을 유사시 사용할 수 있도록 구성하여 냉방공급에는 문제가 없었지만 향후 재생온도 60℃ 이하에서도 성능이 발휘되는 흡착제 개발이 상용화를 위해서는 꼭 필요할 것 같다. 데이터 측정은 유량, 입·출구온도, 실내온도에 대한 계측기를 설치하여 실시간으로 검측하였으며 검측된 데이터는 흡착식 냉동기 조작판넬에 저장장치를 설치하여 저장하였다.

4. 흡착식 설치 공사 현황

수원사업소 내 실증을 위한 흡착식 냉방시스템 설치는 기계설비공사와 전기설비공사로 분리하여 발주하였다. 공사 기간은 약 3개월(2019년 3월 28일~2019년 6월 28일), 총공사비는 약 2억원이 소요되었다. 공사 중 흡착식 냉동기 제작에 차질이 생겨 냉동기 납기가 약 한 달 정도 늦어진 점을 감안하면 실제일정은 2개월 정도면 가능하며 기존 건물 내 설치로 설치 조건의 어려움을 감안하면 신규 건축물일 경우 공사 기간과 공사비가 상당히 절감될 것으로 예상된다.

〈그림 13〉 냉동기 설치완료 ⒜ 동수원 열원) ⒝ 장안열원

(a)   (b)

5. 실증운전 결과

흡착식 실증은 약 3개월간 총 448시간 운영되었으며(7월 179시간, 8월 142시간, 9월 127시간) 35kW급 최종 시제품 실증 결과 냉방 기간 전체 평균 COP는 0.496로 공장 성능시험 COP 0.5와 유사한 성능을 보였다. 실증 중 평균 사무실 실내온도가 평균 24~26℃로 유지되었지만 혹서기인 8월 초, 중반에는 냉방부하가 흡착식 냉동기 능력보다 커짐에 따라 냉수 출구 온도가 상승하여 일부 냉방공급에 어려움이 발생했다. 향후 냉동능력과 부합되는 적정부하 현장에 공급된다면 충분한 냉방 성능과 안정성을 발휘할 것으로 예상되며 일부 중소형 건물에서는 흡수식 냉방을 대체할 것으로 예상된다.

 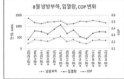 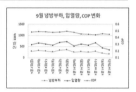

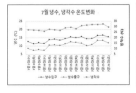  

〈표 5〉월평균 사무실 실내온도

구분	냉수 입구온도 (℃)	냉수 출구온도 (℃)	온수 입구온도 (℃)	온수 출구온도 (℃)	사무실 실내온도 (℃)
7월	16.6	14.3	73.6	58.4	25.5
8월	13.3	11	73.7	69	24.5
9월	14.7	15.4	71.5	66.5	26.3

＊냉·온수 온도 및 사무실 실내온도는 매월(7월~9월) 평균 측정온도 임.

6. 실증운전 중 문제점 및 조치

　　흡착식 냉동기 실증을 진행하면서 여러 가지 문제점이 발생하였으며 교체와 현장 조치를 통해 해결하였다. 교체 사례로는 증발기 내부에 설치된 스프레이 배관에 흡착제 이물질이 막혀 증발기 전체를 교체하게 된 경우도 있었다. 향후 흡착제 코팅 내구성에 대한 개선 연구를 통해 흡착제 탈락 문제에 대한 대책이 필요할 것 같다. 주요 개선사례로는 운전 중 불응축 가스 제거를 위한 추기 밸브 조작 방식을 수동에서 자동 추기할 수 있도록 개선하였으며, 또한 냉동기 운전을 자동 운전 가능하도록 운전 프로그램도 수정하였다. 부속 설비 문제는 운전 중 냉각수 펌프가 자주 Trip 되어 펌프 임펠라를 소구경으로 교체하고 공급되는 유량을 조절하여 펌프 Trip 문제를 해결하였다.

〈표 6〉 실증운전 문제점 및 조치현황

NO	문제점	원인	조치현황
1	하절기 냉동기 효율저하에 따른 사용자 민원 발생	냉매라인 내부 흡착제 이물질 고착으로 증발기 내부 스프레이 배관 막힘	증발기 교체
2	추기밸브 수동 조작 불편	설비개선 필요	진공펌프를 이용한 자동 추기개선
3	냉동기 기동/정지 불편	수동 운전에 따른 사용자 민원 발생	자동운전기능 추가
4	냉각수 펌프 TRIP으로 냉동기 기동 불가	냉각수 펌프 과전류 현상 발생	냉각수 펌프 임펠라 소구경으로 교체

7. 실증 적용 시사점

흡착식 냉방시스템을 한난 수원사업소에 실증한 결과 일부 기간 냉방부하 차이에 따른 냉방효과 저하 현상이 발생하였지만 대체적으로 흡수식 냉방의 냉방 능력과 비슷한 수준의 성능을 발휘했다. 무엇보다도 저온수를 활용한 냉방 공급 기능은 향후 4세대 지역난방 보급과 더불어 활용 가능성이 더 높아질 것이다. 또한 구조가 단순하고 흡수액 대신 흡착 고형 물질을 사용함에 따라 흡수식 냉방 방식에 비해 유지보수가 편리한 점은 향후 중소형 건물을 대상으로 확대 보급될 수 있어 지역냉방 활성화에 많은 도움이 될 것이다.

6

결언

우리나라 하절기 열수요는 동절기 최댓값의 10%에도 미치지 못해 열병합발전 시설의 연간 운전율이 매우 낮다. 연간 열수요 변동을 경감하기 위해서는 새로운 열수요 창출이 필요하다. 지역냉방 보급은 열병합 발전 사업의 에너지 효율을 제고할 뿐만 아니라, 전기실 냉방기 가동에 따른 하절기 전력수요 폭등과 이로 인한 전력수급 불안정 문제에 대한 해결책을 동시에 제공할 수 있다.

지역냉방 적용시 냉방설비 관점에서는 여러 가지 가능한 방법이 있다. 효율 또는 기술적 성숙도 측면에서 터보냉동기로 대별되는 증기압축식 방법이 있겠지만, 환경문제 및 하절기 전력수요 대응이라는 현실적인 측면에서 열구동 냉동의 부각은 시대적 흐름이기도 하다. 본 장에서 살펴본 몇 가지 열구동 냉동 방법 중에 각 기술이 적용될 수 있는 환경이 다르고, 각각의 장단점이 존재하므로 어느 한 방법만이 좋다고는 할 수 없다. 각 냉방방법이 가지는 상대적인 우위의 영역이 존재한다. 예를 들면 규모에 대응하는 냉방방법으로는,

대형은 흡수식, 중소형은 흡착식, 소형 주택용은 제습식이 상대적인 장점을 가지고 있다고 할 수 있다.

지역냉방에 적용함에도 냉방규모에 따라 적절한 시스템이 선택되어야 하고, 이를 위해서는 다양한 조건에 대응할 수 있는 기술개발이 이루어져야 한다. 달걀을 한 바구니에 담지 말라는 상식적인 분산투자 기법이 기술개발 지원을 기획하는 시점에서부터 필요할 것이다. 선택과 집중에 의한 기술지원이 바른 방향인지, 아니면 가능성 있는 여러 기술에 분산 지원하는 것이 바른 방향인지는 연구기획을 담당하는 전문가가 판단할 사안이지만, 기술이 성숙되기 전까지는 선택과 집중을 택했을 때의 위험을 줄일 필요가 있을 것이다. 기술적 성숙도가 높은 기술에만 집중함으로 인해 앞으로 대응해야 할 시장을 놓치는 우를 범하지 말아야 할 것이다.

권오경, 황태진, 박재영, 김호형, "2가지 바인더를 포함하는 흡착제 코팅용액 및 그 제 조방법", KR101499028B1, 2015.

김효상, 김인관, 홍주화, 권오경, 정재동, 박찬우, "저온수 구동 저전력 흡착식 냉동 시 스템 개발, 에너지기술개발사업 보고서", 2020.

박영현, 유호선, 김경민, 이찬, 정재동, 이대영, 김형택, 이동훈, 임용훈, "집단에너지 기 술 및 미래 발전방향", bandicom, 2018.

정재동, "열화학식 고밀도 에너지 저장기술, 연구재단", 이공학개인기초연구, 2017~2026.

조강희, 2017, "고성능 국산 흡착제 개발: 소재 원천 기술확보와 상용화를 위한 노력", NICE, Vol. 35, No. 4, pp. 421-428.

Akahira, A., Alam, K.C.A., Hamamoto, Y., Akisawa, A., Kashiwagi, T., 2005. Experimental investigation of mass recovery adsorption refrigeration cycle. Int. J. Refrigeration, Vol. 28, pp. 565-572.

Chorowski, M., Pyrka, P., 2015, "Modelling and experimental investigation of an adsorption chiller using low-temperature heat from cogeneration", Energy, Vol. 92, pp. 221-229.

Chorowski, M., Rogala, Z., Pyrka, P., 2016, "System options for cooling of buildings making use of district heating heat", In. t J. Refrigeration, Vol. 70, pp. 183-195.

Dawoud, B., 2013, Water vapor adsorption kinetics on small and full scale zeolite coated adsorbers; A comparison, Appl. Therm. Eng., Vol. 50, pp. 1645-1651.

Di, J., Wu, J.Y., Xia, Z.Z., Wang, R.Z., 2007, "Theoretical and experimental study on characteristics of a novel silica gelwater chiller under the conditions of variable heat source temperature", Int. J. Refrigeration, Vol. 30, pp. 515-526.

Eveloy, V., Ayou, D.S., 2019, "Sustainable District Cooling Systems: Status,

Challenges, and Future Opportunities, with Emphasis on Cooling-Dominated Regions", Energies, Vol. 12, pp.235.

Gang, W., Wang, S., Xiao, F., Gao, D., 2016, "District cooling systems: Technology integration, system optimization, challenges and opportunities for applications", Renewable and Sustainable Energy Reviews, Vol. 53, pp.253-264.

Geus, A., Beijer, H., Krosse, L., 2015, "The SolabCool, cooling of dwellings and small offices by using waste or solar heat", Energy Procedia, Vol. 70, pp.23-31.

Grzebielec, A., Rusowicz, A., Jaworski, M., Laskowski, R., 2015, "Possibility of using adsorption refrigeration unit in district heating network", Arch. Thermodyn, Vol. 36, pp.15-24.

Hamamoto, Y., Alam, K.C.A., Akisawa, A., Kashiwagi, T., 2005. Performance evaluation of a two-stage adsorption refrigeration cycle with different mass ratio. Int. J. Refrigeration 28, 344-352.

Hong, S.W., Ahn, S.H., Chung, J.D., Bae, K.J., Cha, D.A., Kwon, O.K., 2016, "Characteristics of FAM-Z01compared to silica gels in the performance of an adsorption bed", Applied Thermal Engineering, Vol. 104, pp.24-33.

IEA, "The future of cooling: Opportunities for energy-efficient air conditioning", 2018.

Khan, M.Z.I., Alam, K.C.A., Saha, B.B., Hamamoto, Y., Akisawa, A., Kashiwagi, T., 2006, "Parametric study of a two-stage adsorption chiller using re-heat - the effect of overall thermal conductance and adsorbent mass on system performance", Int. J. Therm. Sci., Vol. 45, pp.511-519.

Li, T.X., Wang, R.Z., Li, H., 2014, "Progress in the development of solid-gas sorption refrigeration thermodynamic cycle driven by low-grade thermal energy", Prog. Energy Combust. Sci., Vol. 40, pp.1-58.

Pan, Q.W., Wang, R.Z., Wang, L.W., Liu, D., 2016, "Design and experimental study of a silica gel-water adsorption chiller with modular adsorbers", Int. J. Refrigeration, Vol. 67, pp.336-344.

Rahman, A.F.M.M., Miyazaki, T., Ueda, Y., Saha, B.B., Akisawa, A., 2013, "Performance comparison of three-bed adsorption cooling system with optimal cycle time setting", Heat Transfer Eng., Vol. 34, pp.938-947.

Saha, B.B., Akisawa, A., Kashiwagi, T., 2001, "Solar/waste heat driven two-stage adsorption chiller: the prototype", Renew. Energy, Vol. 23, pp.93-101.

Wang, D.C., Wua, J.Y., Xiaa, Z.Z., Zhaia, H., Wang, R.Z., Dou, W.D., 2005, "Study of a novel silica gel - water adsorption chiller. Part II. Experimental study", Int. J. Refrigeration, Vol. 28, pp.1084-1091.

Xia, Z., Wang, D., Zhang, J., 2008, "Experimental study on improved two-bed silica gel-water adsorption chiller", Energ Convers. Manage., Vol. 49, pp.1469-1479.

V

지역난방 열사용시설을 위한 디지털화(Digitalization) 기술

이재용

한국에너지기술연구원

① 기술개요

1. 디지털화 및 디지털 전환의 기본개념

정부는 포스트 코로나 시대의 혁신성장을 위하여 2020년 7월에 '디지털 뉴딜'과 '그린 뉴딜'이라는 국가발전전략을 발표하였다. 이 중 '디지털 뉴딜'에서는 국내·외의 경제와 사회 전반에서 디지털 전환이 가속화되는 등 경제사회 구조의 전환으로 디지털 역량의 중요성이 점차 높아지는 것을 고려하여 전 산업의 디지털 혁신을 위해 D.N.A.(Data-Network-AI) 생태계를 강화하고, 사회간접자본(SOC)의 디지털화를 추진하겠다는 목표를 제시하였다.[1] 최근 이처럼 디지털화와 디지털 전환을 이용한 경제사회구조의 전환에 관한 관심이 증가함에 따라, 국내뿐만 아니라 해외에서도 디지털화 및 디지털 전환 기법을 에너지 분야에 적용하려는 다양한 시도가 이루어지고 있다. 본 장에서는 '디지털화'와 '디지털 전환'이 의미하는 바를 알아보고, 국내 및 해외의 건물 부문 에너지 수요관리 및 디지털화 정책에 대한 이해와 함께 지역난방 열사용시설의 디지털화 필요성에 대해 살펴보고자 한다.

디지털 기술 적용의 단계는 〈표 1〉에서 보여주는 바와 같이 i) 디지털 변환(Digitization), ii) 디지털화(Digitalization), iii) 디지털 전환(Digital transformation)의 단계를 거쳐 발전하는 것으로 설명된다. 이 중 디지털화란 "디지털 기술을 이용하여 새로운 수익과 가치 창출의 기회를 제공할 수 있도록 사업모델을 변화시켜 디지털 비즈니스로 이동하는 과정"으로 정의된다.[2]

<표 1> 디지털 기술 적용의 단계 및 세부 내용 [3]

	디지털 변환 (Digitization)	디지털화 (Digitalization)	디지털 전환 (Digital transformation)
주요개념	데이터 변환	정보의 효율적 처리	지식 활용
목표	아날로그 정보의 디지털 변환	기존 비즈니스 프로세스 운영 및 처리 자동화	기업 문화의 변화 (작업 방식 및 사고)
주요 활동	각종 아날로그 자료의 디지털 콘텐츠화	모든 단계의 작업에서 디지털 정보 사용	디지털 기술 기반 회사로 전환
도구	컴퓨터, 스캐너 등	기존 작업에 IT 기반 자동화 기기 사용	상호 연동되는 새로운 디지털 기술 적용
문제	전환이 필요한 자료량	각 프로세스에 대한 IT 시스템 도입 비용 소요	기존 인력의 변화에 대한 반발
사례	종이 자료 생성 후 전산화	IT 기반 자료 생성·전달	IT 기반 자료 생성·전달 및 활용 연계 구현

디지털화 단계는 세부적으로 i) 초기: 전체 프로세스 중 개별적인 업무에서 디지털 정보 처리 적용, ii) 중기: 개별적으로 자동화된 업무의 상호 연계, iii) 최종: 여러 시스템 간의 업무 프로세스와 정보연계를 통해 전체 업무 과정의 통합을 구현, 세 단계로 구분된다. 디지털화 초기 단계에서는 개별 프로세스에 대한 IT 기술이 도입되면서

많은 투자 비용, 중복되는 기기 도입 및 자동화된 프로세스 간의 연계성 부족으로 인한 정보 호환성 문제 등으로 낭비 요소가 발생하게 된다. 하지만 디지털화 이후에는 생산비용 저감 및 결과물의 품질향상과 관련된 직접적인 효과 이외에도 새로운 비즈니스 모델을 만들어낼 기회가 점차 증가하게 된다. 디지털화 단계는 기존 비즈니스에서 존재하던 프로세스를 그대로 유지한 상태에서 최신 IT 기술의 도움을 받은 업무 프로세스 효율 향상이 목표이므로 새로운 비즈니스 모델이 생기지는 않는다. 즉, 사물인터넷 기술, 인공지능 분석기법, 클라우드 시스템을 비즈니스에 도입하는 것은 도구 적용의 개념으로 바라봐야 하며, 비즈니스 모델 자체를 바꾸는 것이 아니므로 디지털화 단계에 머물러 있다고 볼 수 있다.[3]

디지털화가 완료된다 하더라도 그 다음 단계인 디지털 전환은 저절로 이루어지지 않는다. 디지털 전환은 디지털화를 통해 얻은 상호 연동 체계로부터 수집된 데이터나 서비스를 활용하여 만들어진 새로운 비즈니스 모델이 기존의 작업 방식 및 사고체계를 변화시키는 것을 의미한다. 예를 들어 기존제품에 디지털 기능을 더한 최신 모델을 소비자에게 제공하는 것은 디지털화의 단계이고, 소비자에게 제공된 디지털 기기로부터 수집·분석한 데이터를 이용하여 소비자 또는 제삼자에게 판매할 수 있는 개인 맞춤형 서비스를 만들어냄으로써 새로운 비즈니스 모델을 구현하는 것은 디지털 전환이라고 생각할 수 있다.

결론적으로 디지털 변환과 디지털화가 기존 사업자의 관점에서 현재 비즈니스 모델의 효율 향상에 따른 추가 이익 확보가 중점이라면 디지털 전환은 기업이 디지털 기술로 획득한 데이터를 기반으로 소비자가 원하는 맞춤 서비스를 제공함으로써 기존에 없던 고객가치를 새롭게 창출하고 수익으로 연결하는 것으로 이해할 수 있다.

2. 건물 부문 에너지 수요관리 및 디지털화 관련 국내 정책 동향

본 절에서는 최근에 설정된 정부의 에너지 정책 동향 중 건물 부문에 대한 에너지 수요관리 및 디지털화를 위한 향후 정책 운영 방향을 제시하는 부분에 대해 비교 분석하였다.

(1) 제3차 에너지기본계획(2019. 6)

정부의 에너지 분야 최상위 계획인 제3차 에너지기본계획에서는 중점과제 중 하나로서 '에너지 정책 패러다임을 소비구조 혁신 중심으로 전환'하기 위해 2040년까지 소비효율의 38% 개선과 수요의 18.6% 감축을 목표로 설정하고 i) 건물 부문 수요관리 강화와 ii) 수요관리 시장 활성화를 주요 과제로 설정하였다.

건물 부문의 수요관리 강화를 위해 신축 민간건물(1만㎡ 이상)의 BEMS(Building Energy Management System) 설치 확대, 건축물의 에너지 절약 설계기준 상향 및 노후 건물의 에너지공급자 효율향상 의무화 제도(EERS, Energy Efficiency Resource Standard)와 연계한 그린 리모델링 지원을 확대하기로 하였다. 또한 수요관리 시장 활성화를 위해 전국에 원격검침 AMI (Advanced Metering Infrastructure)를 설치하고, 스마트미터링 표준을 제정하여 원격검침·통신·정보처리 시스템을 갖춘 스마트미터 보급을 제도화하는 방안을 제시하였다.[4]

(2) 제4차 에너지기술개발 계획(2019. 12)

에너지기술의 중장기(2019~2028년) 정책 목표 및 방향을 설정하고 R&D 추진전략, 중점투자기술 분야 및 제도 운용 방안을 명확히 하는 계획을 수립하였다. 이를 위한 4대 과제 16개 에너지전환 중점기술 분야 중 건물효율 향상, 빅데이터 부문을 활용한 기축건물의 제로에너지화, 에너지 빅데이터 공급/소비, 기기정보 플랫폼 구축 및 빅데이터 기반 에너지 운영/관리 서비스를 추진하는 과제가 선정되었다. 이 중 빅데이터 부문은 전력, 가스, 열, 신재생에너지 등의 통합에너지 빅데이터 시스템 구축 및 이를 활용한 분산자원 서비스 시장 활성화를 목표로 하였다.[5]

(3) 제6차 에너지이용 합리화 기본 계획(2020. 8)

제3차 에너지 기본 계획의 하위 계획인 5년 단위 중장기 실행 전략으로서 3요소(효율 개선, 수요관리, 제도 개선)별 목표·비전·추진과제를 제시하였다. 본 계획에서는 중점 추진과제로서 i) 효율 개선 부문에서는 신축건물의 제로에너지인증 의무화 로드맵을 작성하고, 기축건물의 에너지 소비 효율 수준에 대한 평가 기준 마련하여 효율 개선 투자에 활용하도록 하였다. ii) 수요관리 부문에서는 데이터를 활용한 수요관리 디지털화 촉진을 위해 전력, 가스, 열 부문의 스마트계량기 보급 확대로 실시간 데이터 확보 및 에너지 빅데이터 개방·공유 플랫폼을 구축하여 에너지 소비 정보를 활용하는 다양한 비즈니스 실증과제를 제안하였다. iii) 제도 개선 부문에서는 에너지 사용 관리를 강화하기 위해 열사용량 기준을 2,500 TOE/년(Ton of oil Equivalent, 석유 환산 톤)으로 낮추고 에너지관리시스템 설치 기준 추가 및 시설별 면적당 에너지 사용량의 현실화를 이루도록 하였다.[6]

(4) 제5차 집단에너지 공급 기본계획(2020. 2)

집단에너지 공급에 관한 중장기(2019~2023) 비전을 구체화하는 계획으로서 공급목표, 절약목표, 대기오염물질 감소 목표 설정과 함께 사용자 편익 강화 등 집단에너지 공급에 필요한 부분의 구현방안을 제시하고 있다.

이 중 소비자의 편의성 제고 및 사용자의 불편 해소를 위해 i) 공동주택의 다양한 검침 환경에 적용할 수 있는 보급형 원격검침 스마트미터 기술 개발, ii) 거래용 계량기 검침 고도화, iii) 세대 사용자의 과금 분배용 계량기 공용관리 및 iv) 공동주택의 노후 계량기 교체 및 서비스 관리 제도의 시행을 목표로 하였다.[7]

(5) 데이터 3법 개정을 통한 데이터 활용 범위 확대(2020. 8)

4차 산업혁명 시대에 맞춰 개인과 기업이 정보를 활용할 수 있는 폭을 넓히기 위한 목적으로 데이터 3법(개인정보보호법, 정보통신망법, 신용정보법)을 개정하여 이들의 소관 부처를 하나로 모아 중복규제를 없애도록 하였다. 〈표 2〉에서 데이터 3법의 개정 전·후 내용을 간략히 정리하였다. 개정된 데이터 3법에서는 가명정보(추가정보가 없으면 특정 개인을 알아볼 수 없게 조치한 정보) 개념을 도입하여 정보 주체의 동의 없이도 상업적 목적의 통계, 산업적 연구 및 공익적 기록에 개인 데이터를 사용할 수 있게 하였다.

데이터 3법의 주요 특징은 i) 가명정보 개념을 도입하여 추가정보가 없으면 특정 개인을 알아볼 수 없도록 변형, ii) 개인정보 유출 감독기구를 개인정보보호위원회로 일원화, iii) 개인정보 데이터 활용 시 준수할 필수 안전조치 사항을 명확화, iv) 개인정보의 범위를 구체화하고 익명화된 정보는 개인정보보호법 대상이 아님을 명확화하는 것이다.

〈표 2〉 데이터 3법 개정 전·후 주요 변화 내용	
데이터 3법 개정 이전	데이터 3법 개정 이후
가명 조치한 개인정보는 사전에 구체적 동의를 얻은 목적 범위 내에서만 활용하고, 목적 달성 후 5일 이내 제거	가명정보의 경우 정보 주체의 동의가 없어도 이용 및 제공이 허용되며, 다양한 분야에서 제품 및 서비스 개발에 활용 가능

(6) 스마트에너지 사이버보안 가이드(2019. 12)

한국인터넷진흥원에서는 에너지의 생산, 전달, 소비 과정에서 다양한 ICT(Information and Communication Technology) 기술이 융합되는데에 핵심적인 역할을 수행하는 AMI, EMS(Energy Management System) 등에서 생성되는 정보 유형들을 구분하고, 발생 가능한 주요 보안 위협을 검토하여 안전한 스마트에너지 서비스가 이루어지는데 필수적인 보안요구사항의 가이드라인을 제시하였다. [8]

3. 국내 및 해외 가정 부문 용도별 에너지 사용

　디지털화를 이용한 열에너지 사용 효율 향상의 중요성을 이해하기 위해서는 먼저 가정 부문에서 사용하는 에너지별 사용 비중에 대한 인식이 필요하다. 한국의 가정 부문의 에너지 사용량 비중은 2017년 기준으로 국가 에너지 소비의 10%에 해당하며(〈그림 1〉 참조) 이를 가구별로 환산하면 세대 당 1.1 TOE/년(12.8MWh/년)의 에너지를 사용하고 있다. 이 중 전기로 사용되는 에너지는 30%이며, 나머지 70%는 열의 형태로 사용된다.[9]

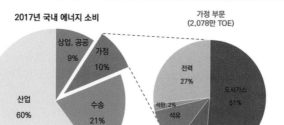

〈그림 1〉 한국의 부문별 에너지 소비량 및 사용 비중 [9]

　〈그림 2〉는 한국과 EU의 가정에서 사용하는 에너지의 에너지원별 비중을 비교하여 그래프로 나타낸 것이다. 한국은 가스가 가정용 에너지원의 절반 이상을 차지하며, EU는 가스 사용 비중이 상대적으로 낮은 대신 신재생에너지 사용량의 비중이 높은 것을 볼 수 있다. EU의 경우 가정 부문의 용도별 에너지 사용량을 보다 구체적으로 구분하고 있는데(〈그림 3〉 참조), 평균적으로 가정 부문에서의 전력

사용 비중은 14%이고 열에너지가 86%(난방 64%, 급탕 15%, 냉방·취사 7%)를 차지하고 있다.[10, 11]

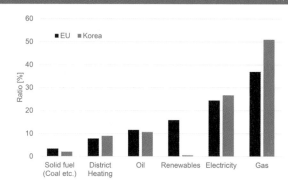

〈그림 2〉 한국과 EU 가정 부문의 에너지원별 사용 비중 비교 (2016년 기준) [9, 10]

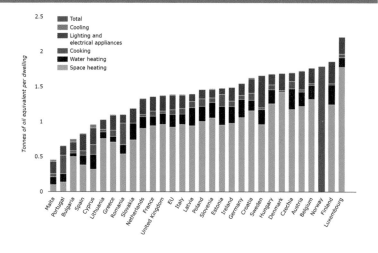

〈그림 3〉 EU의 가정 부문 용도별 에너지 사용 비중 [11]

EU의 여러 국가들의 용도별 에너지로부터(〈그림 3〉 참조) 가정 부문에서 사용하는 에너지 중 가장 큰 비중을 차지하는 것은 열에너지인 것을 알 수 있다. 따라서 세대에서 사용하는 에너지의 대부분을 차지하는 난방과 급탕 에너지 절감을 위한 효율 향상 기법 적용이 가능하다면 국가의 에너지 소비 및 온실가스 감축에 크게 기여할 수 있다.

　　정부에서도 이러한 점을 인식하고 건물의 단열기준 강화, 건축물 에너지효율등급인증제, 2025년 제로에너지하우스 의무화 등의 각종 정책을 시행하여 건물에너지 효율 향상을 지속적으로 추진하고 있다. 이러한 정책의 결과는 국토교통부의 조사(〈그림 4〉 참조)에서도 알 수 있듯이 1980년 이후 전력 사용량이 완만한 안정세인 데 반하여 난방에너지 사용량은 지속적인 감소 추세를 보이고 있으며, 특히 신축 공동주택의 경우는 30년 전 공동주택 대비 난방에너지 사용량이 43% 감소하였다.[12] 하지만 현재 수도권 및 신도시의 건축물연령 20년 이상 된 공동주택의 비율이 36% 이상으로 높은 비중을 차지하므로 건물에너지 절약을 위해서는 노후 공동주택을 대상으로 하는 에너지 효율 향상용 디지털화 적정 기술을 보급하는 것이 효과적인 수단이 될 수 있다.

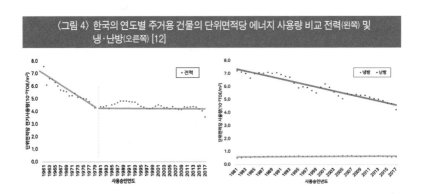

〈그림 4〉 한국의 연도별 주거용 건물의 단위면적당 에너지 사용량 비교 전력(왼쪽) 및 냉·난방(오른쪽) [12]

EU는 2007년에 Energy Efficiency Directive(에너지효율 향상 정책 지침)을 제정하여 2020년까지 BAU(Business As Usual, 특별한 조치가 없는 경우 미래 전망치) 대비 20%의 에너지 절감을 목표로 설정하였고, 이를 2018년에 재개정하여 2030년까지 BAU 대비 32.5%를 에너지 절감하는 것으로 목표를 상향하였다. 이러한 정책적 노력을 통해 〈그림 5〉에서 보여지는 바와 같이 2007년 이후 전체 난방에너지 사용 비율이 유의하게 감소하였다.[11]

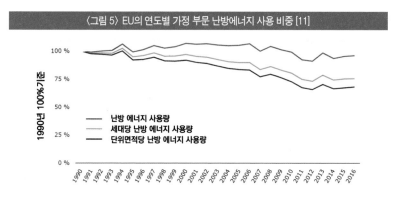

〈그림 5〉 EU의 연도별 가정 부문 난방에너지 사용 비중 [11]

또한 EU는 가정 부문 에너지 사용의 디지털화를 위해 전력(35%, 2018년 → 43%, 2020년 목표) 및 가스(14%, 2018년→ 27%, 2020년 목표) 부문에서 지속적으로 스마트미터의 보급률을 높여왔다.[13] 하지만 상대적으로 지역난방의 경우 별다른 권고사항이 없다가 2020년 10월 이후 신규 세대용 난방미터와 급탕미터를 원격검침을 하도록 의무화하였고, 2027년 1월부터는 모든 세대용 난방미터와 급탕미터의 원격검침이 가능하도록 의무화하였다.[14] 이를 통해 EU도 집단에너지 열사용시설 분야의 디지털화에 대한 관심이 시작된 것으로 이해할 수 있다.

4. 지역난방 열사용시설 현황

한국에너지공단의 조사에 따르면 2019년 기준 316만 세대에 지역난방이 공급되고 있으며[15], 이를 위해 39개 지역난방 사업자와 연결된 기계실 수는 약 16,000개 정도이다. 공동주택 기계실 중 열공급을 위한 구성요소, 배관 및 각 세대 내 설비는 "열의 사용을 위한 시설로써 사용자가 소유하거나 관리하는 시설"인 열사용시설로 정의된다.[16] 〈그림 6〉은 열사용시설의 사용자 관리범위 및 구성요소를 간략히 도시하고 있다.

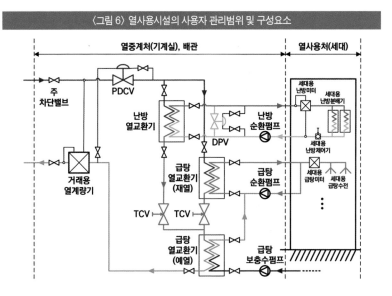

〈그림 6〉 열사용시설의 사용자 관리범위 및 구성요소

공동주택에서 사용되는 전력·가스 및 수도가 공급되어지는 매체를 직접 소모하는 일방향 단순 공급구조를 가지는 것과 달리 난방과 급탕은 별도의 매체(물)에 열에너지를 실어 전달한 뒤 매체를 다시 회수하는 양방향의 공급-회수 구조를 가진다. 뿐만 아니라 난방 공급 시스템은 밀폐 순환구조지만 급탕 공급 시스템은 일부가 세대에서 소모되고 돌아온 양을 보충해주는 반밀폐 순환구조인 관계로 공동주택의 열사용시설은 각 공급 용도별 설비와 사용량 모니터링 장비가 요구되는 복잡한 구성을 수반하게 된다.

사용자의 관리범위에 속하는 열사용시설에는 〈표 3〉에서 보는 바와 같이 여러 설비들이 존재한다. 열사용시설을 구성하는 설비는 i) 열원에서 공급된 열을 난방과 급탕으로 변환하여 공급하는 열중계처인 기계실의 각종 설비(열교환시설, 펌프, 밸브 및 제반 기기 등), ii) 각 공동주택 내 배관 및 각종 세대로 연결되는 열배관 및 iii) 각 세대 내에서 각 구역 대상의 열사용 제어 및 계량 설비(난방분배기, 온도조절기, 난방미터, 급탕미터 등)를 포함한다. 따라서 공동주택의 관리자가 열사용시설을 유지하기 위해서는 타 부문 대비 많은 수의 설비관리가 필요하다. 한국에서는 열사용시설의 소유 및 관리주체가 공동주택 소유자로 명확한 것과 달리 EU의 경우 열사용시설의 소유 및 관리주체는 공동주택 또는 집단에너지 사업자 등으로 다양하다.

열사용시설 중 세대에 속하는 설비는 난방과 급탕이 분리되어 있다. 난방의 경우는 각 방의 온도와 사용량을 조절하는 각종 설비와 함께 사용량 과금을 위한 분배용 난방미터가 설치되어 있다. 난방 사용량을 측정하는 난방미터는 2012년 이후로 열량을 측정하는 적산열량계를 사용하도록 의무화되었으나, 아직 다수의 노후 공동주택에서는 적산유량을 측정해서 사용량을 부과하는 난방유량계를 사용하고 있다. 반면에 급탕의 경우는 분배용 급탕미터 이외에는 별도의 세대 내 설비 없이 운영되고 있다. 현재 세대별 급탕 사용량은 유

열중계처 (기계실)	열교환기	1차측 중온수를 이용한 2차측용 난방 및 급탕수 가열	
	PDCV[01]	1차측 중온수의 공급·회수 압력차를 적정하게 조절하여 열교환기와 온도조절밸브의 정상 압력 작동 범위 유지	
	TCV[02]	PDCV 후단에 위치하여 온도 조절을 위한 정밀 유량 제어	
	순환펌프	2차측 난방 및 급탕 순환	
	온도센서	1·2차측 열교환기 전·후 공급 및 환수 온도 상태 파악	
	압력센서	1·2차측 열교환기 전·후 공급 및 환수 압력 상태 파악	
	DPV[03]	2차측 난방 공급 일부를 환수로 순환시켜 헌팅 방지, 펌프 과부하 방지, 과압력 상승 방지 및 세대 난방 설비 보호	
	팽창탱크	배관을 밀폐하여 공기 혼입을 차단하고 난방수 팽창을 흡수하여 압력을 일정하게 유지	
	감압밸브	급탕 보충수 유입 압력 조절을 통한 원활한 유량 공급	
	DDC[04]	각종 공급 설비(펌프, 밸브) 제어 및 센서 정보 수집 장치	
	CCMS[05]	DDC 모니터링 및 제어명령를 위한 중앙 제어 시스템	
	검침 시스템	분배용 계량기 사용량 측정 시스템(원격검침 가능 시)	
배관	공급배관	1·2차측 열사용시설 난방·급탕 공급	
	환수배관	1·2차측 열사용시설 난방·급탕 회수	
열사용처 (세대)	정유량 밸브	세대에 적정 유량이 들어가도록 조절하는 밸브	
	난방분배기	세대 내 구역별 난방 공급량 조절 설비	
	전동구동기	주 공급 밸브 또는 각 방 밸브의 공급량 조절	
	온도조절장치	세대 구역별 온도 설정으로 구동기 개폐 조절	
	스트레이너	난방수 내 이물질 제거	
	난방미터	세대별 난방 사용 유량 또는 열량 측정	
	급탕미터	세대별 급탕 사용 유량 측정	

---

01 PDCV: Pressure Difference Control Valve.

02 TCV: Temperature Control Valve.

03 DPV: Differential Pressure Valve.

04 DDC: Direct Digital Control.

05 CCMS: Central Control Management System.

량을 측정하여 요금 부과가 이루어지고 있으며, 급탕미터가 유량이 아닌 열량을 측정하여 요금을 부과할 수 있는 제반 시스템 및 방법론에 대해서는 현재 한국지역난방공사와 한국에너지기술연구원의 공동 연구가 진행 중이다.

현재 지역난방을 공급받는 건물의 35% 이상은 건축 후 20년 이상 지났으며, 관리자에 의해 열공급이 수동으로 제어되는 경우가 전체 열사용시설의 30% 정도이다. 또한 관리자가 월 1회 세대를 방문하여 세대의 난방 및 급탕 사용량을 측정하는 분배용 난방·급탕미터를 직접 확인하는 방식의 수기 검침이 이루어지는 건물이 전체의 40%에 달한다.[17] 한국지역난방공사는 자사로부터 열을 공급받는 공동주택의 열사용시설 기계실을 대상으로 매년 동절기 시작 전인 10월~11월에 '사용자 기계실 안전점검'을 실시하는 사용자 서비스를 제공하고 있으며, 2019년에는 20년 이상 운영된 열사용시설을 대상으로 특별안전점검도 별도 실시하였다.[18] 이러한 활동을 통해 설비 이상 여부와 효율 개선 방법을 지속적으로 안내하지만, 기계실 유지관리의 책임은 공동주택에 있으므로 이상 문제 해결이나 설비 효율 개선 반영은 주로 관리자의 전문성과 의지에 영향을 받게 된다.

열사용시설 내 각종 설비의 유지보수 외에도 세대별 사용량을 수기로 검침하는 단지에서는 매월 수백~수천 개 이상의 미터를 관리자가 직접 확인하고 사용량을 기록해야 한다. 이러한 단지에서는 지침값 확인 및 정리에도 많은 시간이 소요되므로 관리자의 정비 업무에 지장을 초래하고, 월 1회의 사용량 확인으로는 미터 고장 등의 세대별 문제점 파악이 적시에 이루어지지 않아 비효율적인 운전 및 각종 열요금 분쟁 등의 논란이 발생하게 된다. 원격 검침이 이루어지고 있는 공동주택의 대부분도 아직까지는 과금용 최종 적산값만을 수집하는 수준의 시스템을 운영하고 있으므로 데이터의 활용도가 낮으며 신속한 문제점 파악 및 유용한 개선사항 도출이 이루어지기 어렵다.

열사용시설의 제어 설비 디지털화를 통한 시스템 적용을 단순히 기계실 내 제어, 설비의 효율 향상 및 관리 개선에 국한하지 않고, 디지털 전환의 관점에서 활용하려는 시도가 이루어지고 있다. 또한 최근 무선 통신 기술이 빠르게 발전하면서 기존 열사용시설에서도 디지털화를 구현하고 이를 활용하는 사례들이 집단에너지가 활성화된 EU를 중심으로 확대되고 있다. 다음 장에서는 디지털화 기술을 열사용시설과 세대에 활용한 사례들을 통해 구현 범위 및 기대 효과를 정리하였다.

2

기술동향

　본 장에서는 에너지 분야에서 사용자를 대상으로 하는 디지털화 연구 동향과 적용 사례들을 살펴보고자 한다. 이를 위해 i) 기계실 내 에너지 공급 정보를 이용한 열원 등 공급설비의 최적화와 ii) 세대 내 설비로부터 수집되는 정보를 이용한 기계실 및 열원 설비의 연계 운영의 경우를 나누어 디지털화 적용 사례를 정리하고 분석하였다.

　기계실 및 설비 데이터 기반 디지털화 기술은 EU의 연구과제와 여러 업체의 솔루션을 지역난방에 적용한 다양한 사례들을 통해 살펴볼 수 있다. 하지만 세대 에너지 사용 데이터를 결합한 디지털화 기술은 보급률이 높은 전력 관련 분야(분산발전, 사물인터넷 기기 결합, 신재생 결합 스마트 그리드, 전기화(Electrification) 서비스 등)와 연계되는 기술의 소개 및 평가가 대부분이고, 지역난방 분야를 포함하는 타 에너지 분야는 이제 막 디지털화가 시작된 단계이므로 타 에너지 분야의 적용 사례들도 참고하여 지역난방용 신규 및 노후 열사용시설에서 고려할 수 있는 디지털화 기술들을 함께 정리하였다.

1. 열사용시설 및 설비 데이터 기반 디지털화 기술

덴마크의 열계량기 제작 전문업체인 Kamstrup사는 말단에 설치된 열량계로부터 수집한 데이터를 활용하여 열공급망 및 수요처 관리에 사용하는 다양한 디지털화 및 디지털 변환 기술들에 대한 실제 운영사례를 소개하였다. Kamstrup사의 'Heat intelligence'는 클라우드 기반의 플랫폼으로써 원격검침 기반의 디지털 열량계와 배관의 GIS 정보를 통합 표시하는 시스템이다.(〈그림 7〉 참조) 해당 시스템은 디지털 트윈 형태로 각 수요처에서의 온도와 배관 내의 유속들을 종합적으로 보여주므로 네트워크상에서의 특정 위치에 대한 진단 등을 포함한 다양한 기능들을 사용할 수 있다.

〈그림 7〉 Heat intelligence: 클라우드 기반 기계실 및 공급망 이상 진단 플랫폼 [19]

Heat intelligence 플랫폼을 활용하면 〈그림 8〉의 사례에서 보듯이 지역난방 네트워크 내 환수온도가 과도하게 높은 지점을 쉽게 확

인할 수 있으며, 특정 영역의 공급온도가 다른 지역에 비해 상대적으로 낮은 상태가 인접 구역에서 잇따라 발생하는 경우 이 영역의 누수를 의심해볼 수 있는 등 문제 발생 영역을 비교적 쉽고 빠르게 찾아낼 수 있다. 또한 온도와 유속을 파악하여 배관 내 흐름의 정체 발생 지역이나 불필요한 바이패스 관로 문제를 확인할 수 있기 때문에 이러한 문제 발생 영역를 제거하여 네트워크 효율 향상이 가능해진다.

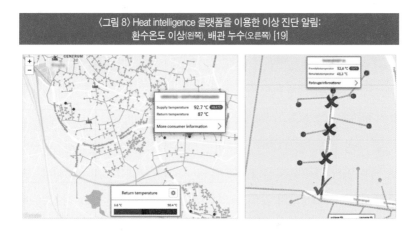

〈그림 8〉 Heat intelligence 플랫폼을 이용한 이상 진단 알림: 환수온도 이상(왼쪽), 배관 누수(오른쪽) [19]

해당 플랫폼을 활용하면 배관 네트워크 내의 실시간 위치별 모니터링 이외에도 시계열 열사용량을 히트맵으로 구성할 수 있어 세대의 열사용 패턴을 통한 비교가 가능해지며, 〈그림 9〉에서와 같이 건물별 열사용 유형과 제어 특성을 비교할 수 있게 된다. 이러한 정보는 기존 대비 열수요 등이 급격히 달라지는 이유 등을 시각적으로 파악할 수 있으므로 변화된 이유를 분석하여 개선사항을 도출하고 조치할 수 있도록 도와줄 수 있다.

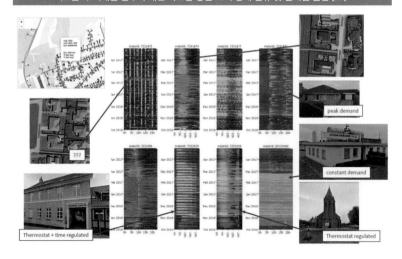

〈그림 9〉 시계열 열부하 패턴 비교를 통한 고객 형태 분류 및 문제점 진단 [20]

덴마크 오르후스(Aarhus)시에서는 Heat intelligence 시스템 운영으로 배관 네트워크 내에 존재하던 200개의 바이패스 구역을 16개로 줄이면서 환수온도를 1.5℃ 낮출 수 있었으며(〈그림 10〉 참조), 열공급이 잘 이루어지지 않던 구역의 배관 문제를 진단하고 적절한 배관 설비의 교체를 통해 특정 지역에서 고객당 7.8MWh/년의 열손실을 저감하는 효과를 본 것으로 보고되었다.[20]

덴마크의 집단에너지 설비업체인 Danfoss사는 열사용시설의 수요예측과 최적화를 도와줄 수 있는 지능형 소프트웨어인 Leanheat 플랫폼을 개발하였다. 〈그림 11〉과 같이 기존의 건물에서의 열공급 온도 설정은 단순 외기보상 제어를 통해 이루어지는 경우가 대부분이기 때문에, 제어 후 반응성이 느린 열공급 시스템은 외부환경의 급격한 변화를 예측하고 대응하는 것이 불가능한 문제를 가지고 있다.

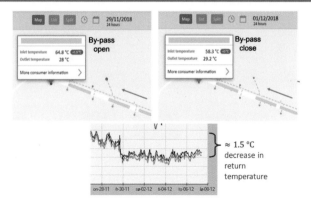

〈그림 10〉 덴마크 오르후스(Aarhus)시의 Heat intelligence 기반 환수온도 저감 사례 [20]

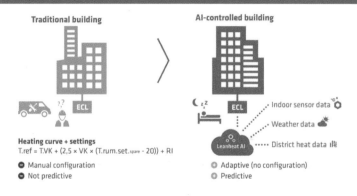

〈그림 11〉 Leanheat: 지능형 분석 및 제어 기반의 사용자시설 제어 플랫폼 [21]

이에 반해 Leanheat 플랫폼은 설치 후 2주간 지역난방 데이터, 건물 내부 온도 및 기상 정보를 학습하여 최적의 운전 모델을 찾아내고, 이후 48시간의 운전 일정을 고려하여 매시간 운전 시나리오를 갱신하면서 운영 조건을 재설정한다. (〈그림 12〉 참조) 이러한 방식의 예측 운전을 통해 Leanheat 플랫폼은 날씨 및 건물 내 사용량 변화에 유연하게 대응하여 최적의 실내 환경을 유지하도록 만들어줄 수 있으므로 일반적으로 Leanheat 플랫폼 적용 시 5~15% 수준의 에너지 소비 절감이 가능하다.

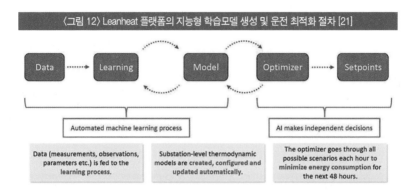

〈그림 12〉 Leanheat 플랫폼의 지능형 학습모델 생성 및 운전 최적화 절차 [21]

독일 하노버(Hanover)시의 한 빌딩에서는 Leanheat 플랫폼 적용 후 최대부하 시점에서 에너지 소비량이 기존 대비 20% 감소하였고, 전체적으로 4.8%의 에너지가 절감된 것으로 보고되었다. (〈그림 13〉 참조)

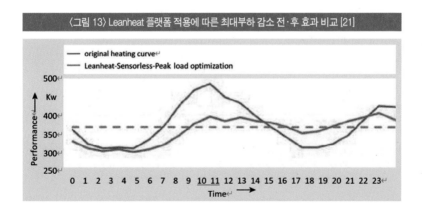

〈그림 13〉 Leanheat 플랫폼 적용에 따른 최대부하 감소 전·후 효과 비교 [21]

Leanheat 플랫폼 적용은 최대부하 시점의 사용량 감소 효과 이외에도 〈그림 14〉의 타 사례에서 볼 수 있듯이 환수온도를 10°C 이상 낮추었으며, 이에 따라 열에너지 소비량도 9% 감소한 것으로 보고되었다.

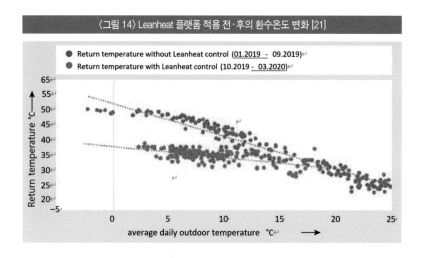

〈그림 14〉 Leanheat 플랫폼 적용 전·후의 환수온도 변화 [21]

스웨덴 집단에너지 업체인 Vattenfall사는 2020년까지 독일 함부르크(Hamburg) 지역의 열사용시설 2,300여 개 전체에 M-bus 기반의 통신이 가능한 열계량기를 설치하는 것을 목표로 하였다. 해당 업체는 〈그림 15〉와 같이 양방향 통신이 가능한 열계량기 설치를 통해 열수송 및 사용을 실시간으로 관리할 수 있는 시스템을 구축하여, 열사용시설의 유량 및 환수온도 관리 서비스를 시행함으로써 실시간 사용량 계측을 위한 웹 기반 서비스(Clients Portal Wärme Hamburg)와 연동하는 것이 목표이다.

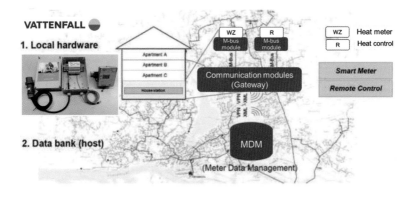

이외에도 〈그림 16〉과 같이 기계실 관리자가 증강현실(Augmented Reality)을 이용한 원격 지원을 통해 Vattenfall의 전문가로부터 온라인 설비 유지와 관련된 부분을 실시간으로 안내 받으면서 문제를 해결하는 열사용시설 대상의 디지털화에 기반한 서비스를 준비하고 있다.

독일의 지역냉난방 설비업체인 Samson사는 지역난방 열사용시설을 대상으로 SAM District Energy라는 통합 플랫폼을 제공하고 있다. 통합 플랫폼 구성요소인 SAM Gateway는 열사용설비 영역에 설치되는 대부분의 미터, 센서 및 제어장치와 연결을 할 수 있고(최대 3

대), 수집된 데이터는 TCP-IP 또는 900MHz의 LoRa(Long Range) 보안 매시 네트워크 기반의 무선 통신을 이용해서 SAM District Energy라는 클라우드 플랫폼으로 정보를 전달한다. 사용자는 PC 또는 모바일 기기에 설치된 Asset management software를 통해 열사용시설 내 설비 상태, 온도 프로파일 및 에너지 사용량의 모니터링이 가능한 일체화된 디지털화 서비스를 받을 수 있으며, 오작동 즉시 감지와 예측 유지보수를 위한 안내가 제공된다. (〈그림 17〉 참조)[23]

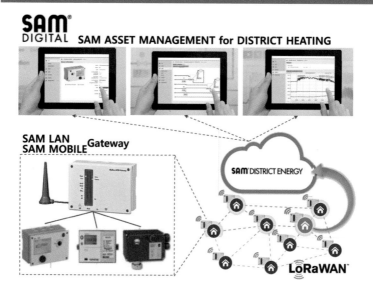

〈그림 17〉 Samson사의 열사용시설 대상 디지털화 솔루션 [23]

한국지역난방공사에서도 설비 데이터 관리의 디지털화 및 디지털 전환 추세에 따라 다양한 정보를 통합하는 시도를 준비하고 있다. 기존의 다양한 열공급설비와 GIS 공간정보를 연계하여 전국 4,400 km에 달하는 열수송 배관, 10,000개 이상의 밸브 및 7,000개의 지역난방 열사용자시설 정보를 쉽게 파악할 수 있는 디지털화된 관리체계(열수송망 통합 공간정보시스템, 한난맵)를 완성하여 현재 운영 중이다. 본 플랫폼은 GIS 기반으로 원하는 위치에 대한 지역난방 설비를 확인할 수 있도록 만들어져 있으며, 지역난방 설비에 문제가 발생하면 차단 밸브의 위치와 열공급 중단에 영향받는 사용자 현황을 자동으로 분석하는 기능을 보유하고 있다. 또한 지하에 매설된 열수송관의 상태를 구간 단위로 찾아 현황을 파악하고, 취약한 위치를 자동으로 분석하는 기능도 보유하고 있으며 설비의 현황 정보도 연계되어 있다. (〈그림 18〉 참조)

〈그림 18〉 한국지역난방공사의 열수송망 통합 공간정보시스템 [24]

해당 시스템을 활용하면 열배관 파손에 따른 사고 발생 시에 조기 대응하여 신속한 진단 및 보수 작업을 할 수 있어 유지보수 일정 수립 및 안정적인 열공급 품질 확보에 도움을 줄 수 있으며, 향후 한난맵을 기반으로 열수송시설에 대한 모바일 안전 점검 시스템과 열

원 운전정보 통합 및 조회 기능이 추가되면 보다 높은 수준의 디지털화 플랫폼의 구현이 가능하다.[24]

2. 세대 에너지 사용 데이터 기반 디지털화 기술

IEA(International Energy Agency)에서는 건물 에너지 부문에서 〈그림 19〉와 같이 디지털화에 기반한 다양한 기법을 적용하여, 디바이스 간 연결성 강화를 통한 실시간 데이터 수집 및 분석으로 2017~2040년까지 건물 부문에서의 총 에너지 사용을 10%(총 65 PWh)까지 줄일 수 있을 것으로 예측하고 있다. [25]

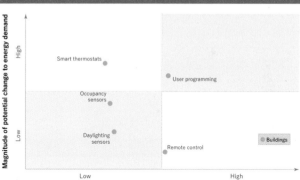

〈그림 19〉 건물 부문 디지털화 기술 적용의 잠재적 영향력 비교 [25]

예를 들어 세대용 스마트 온도조절기(Smart thermostats)를 사용하는 경우 일기 예보와 함께 거주자의 생활 패턴, 에너지 가격 등을 학습한 결과로 난방·냉방·조명의 전력 수요를 실시간으로 조절해주는 방법을 통해 수요 절감을 가능하게 만들어줄 수 있다. Navigant research의 2017년 연구 결과 에너지의 잠재적 절감 범위는 건물 및 제어기술에 따라 15~50% 범위이다. 각종 스마트홈용 사물인터넷 연계 제어장치를 개발하고 있는 미국의 NEST사는 자사 온도조절기 사용 시 난방과 냉방에서 각각 10~12%와 15%의 절약효과를 기대할 수 있을 것으로 소개하고 있다.[25]

한국과 달리 에너지 사업자 간의 자율 경쟁이 이루어지는 영국 등에서는 〈그림 20〉과 같은 제어 기능을 가지는 비 에너지 사업자의 제품도 있지만, British Gas, Bulb, OVO energy 등의 에너지 사업자들은 고객 유치의 수단으로서 자체적으로 IHD(In-Home display)를 세대 사용자에게 제공하여 서비스 경쟁우위 확보를 시도하고 있다.[25] 이처럼 에너지 사업자가 에너지 모니터링 및 스마트 온도조절기 시장에 직접 참여하는 것은 수요관리 시장에서 에너지 효율 향상을 위한 데이터 시장과 새로운 사업 기회가 열릴 가능성을 보여주는 것으로서 에너지 사업자도 이러한 기기로부터 수집되는 데이터를 자사 설비의 효율 향상화 및 수익 극대화에 반영할 준비를 하고 있음을 알 수 있다.

〈그림 20〉 가정 부문 에너지 사용량 파악 및 조절용 IHD 및 스마트 온도조절기

Bulb (영국)
OVO Energy (영국)　　British gas (영국)
전기, 가스 에너지 사업자

Google (미국)　　Honeywell (미국)
비 에너지 사업자

세대로부터 수집된 에너지 데이터를 분석하여 절감 기법을 연계하는 서비스는 타 에너지 분야에서 다양하게 시도되고 있다. 미국의 뉴욕, 매사추세츠, 로드 아일랜드 지역의 2천만 세대에 전력 및 가스를 공급하는 사업자인 nationalgrid사는 스마트 온도 조절기가 제공하는 세대 수요 관리의 잠재력을 활용하는 서비스를 제공하고 있다. 세대가 Wi-Fi 연결이 가능한 ENERGY STAR 인증 스마트 온도조절기 설치와 수요반응 프로그램(Thermostat Program) 가입하면 사업자는 난방 또는 냉방 피크 수요 시점에서 온도 설정을 조정한 고객에게 보상을 부여하는 방법으로 에너지 절감을 구현하고 있다.[26] 미국의 에너지 수요반응 기반 기후변화 대응 기술을 개발하는 비영리 단체인 WattTime사는 〈그림 21〉과 같이 세대에서 보유한 스마트플러그 등을 제어하는 중계기와 자사의 솔루션을 연결하여 에너지 관리 회사의 프로그램(AER, Automated Emission Reduction)이 세대의 스마트 플러그, 스위치 등을 직접 제어하는 방식으로 수요반응에 참여할 수 있게 되는 서비스로 세대 대상의 인센티브를 제공하고 있다.[27]

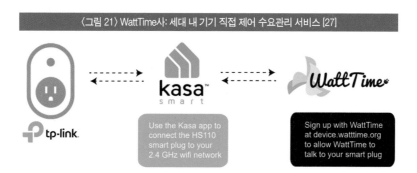

〈그림 21〉 WattTime사: 세대 내 기기 직접 제어 수요관리 서비스 [27]

EU의 Horizon 2020 프로젝트 중 하나로 수행된 enCOMPASS 프로젝트에서는 'ICT 기반의 행동 변화에 따른 에너지 절감 효과'를 구현하고 성과를 분석하였다. 〈그림 22〉와 같이 세대별 열 및 전력 소비정보와 세대 내 추가로 설치된 센서에서 수집된 데이터를 결합하여 분석된 결과를 맞춤형 수요예측 및 추천 결과를 스마트폰 앱(enCOMPASS energy awareness APP)에서 구체적인 절약 요령으로 안내하는 방식(예: 내일 집에 돌아오면 전등은 사용하는 방에서만 켜시고, 방에서 나올 때는 꺼주세요.)으로 에너지 절약 행동 변화 유도가 가능한지 평가하였다. 해당 과제는 200여 세대 및 공공건물 내 2,000명의 참가자를 대상으로 운영되었으며, 연구 결과 세대에서는 최대 14.8%, 학교에서는 20% 이상의 에너지 절약 효과를 얻은 것으로 나타났다.[28] 이를 통해 디지털화를 이용하여 수집된 데이터를 적절히 분석한 맞춤형 서비스가 소비자에게 제공될 경우 높은 에너지 절약 효과를 거둘 수 있다는 점을 확인하였다.

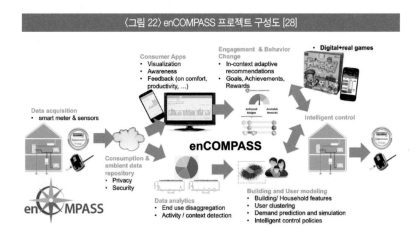

〈그림 22〉 enCOMPASS 프로젝트 구성도 [28]

수도 부문에서는 행동과학 소프트웨어에 기반하여 에너지·유틸리티 절감 유도 기법을 개발하고 있는 영국의 advizzo사는 디지털화 기반 절감 SaaS(Software as a Service) 솔루션 플랫폼을 운영하고 있다. 지역의 수도공급업체와 연계하는 비즈니스 모델로서 데이터 과학(Data science)과 행동 과학(Behavioral science)을 결합한 분석기법을 활용하여 개별 사용자에게 맞춤형 안내를 하는 방식으로 수요반응을 유도하는 기법을 사용한다. (〈그림 23〉 참조)

〈그림 23〉 advizzo: 데이터 과학 및 행동 과학 기반 디지털화 수도 절감 서비스 [29]

절감 솔루션 플랫폼에서는 개별 세대 수도 과금 데이터, 과거·실시간 시계열 데이터에 기반한 분류·예측과 함께 소셜 미디어, 기상 예측 정보 데이터와 같은 추가적인 데이터에 기반한 행동 분석 요소를 결합하여 i) 소비자가 낭비를 줄일 수 있는 안내 자료, ii) 맞춤형 절약 및 적정 시점 안내 메시지, iii) 소비자가 목표를 달성할 수 있도록 도와주는 포인트와 보상 체계 및 iv) 유사 세대 비교를 통한 목표 설정 지원 등 다양한 방식으로 행동 변화 동기를 부여하고 있다. 또한 수도 공급사에는 플랫폼을 통해 시계열 수도 사용 분석 데이터 및 행동 패턴에 따른 고객 세분화 데이터를 제공하여 공급사와 소비자를 연계하는 종합적인 시도를 통한 시너지 도출로 수도 사용 절감을 유도하도록 만든다. 이러한 advizzo SaaS 서비스를 통해 영국의 Anglian Water에서는 1년간 4,500세대를 대상으로 8%(18,500리터/일)의 수도 절약 효과를 얻은 것으로 분석되었다.[29]

독일 정부는 2016년에 새롭게 제정한 'The Act on the Digitisation of the Energy Transition' 법령에 따라 지능형 계량 시스템을 설치하도록 의무화(연간 6,000kWh 이상 사용 세대) 하였다. 이에 따른 시스템 보급을 확대하기 위해 BMWi(독일연방경제기술부)에서는 2016년부터 2022년까지 디지털화 기반의 에너지 효율 향상 서비스 적용에 대한 정부의 공적자금을 지원하는 사업을 시행하고 있다. 앞서 소개한 타 사례들은 세대의 에너지 사용 데이터를 기반으로 하는 효율 향상 연구 또는 사업성 확보를 위한 디지털화 기술들인 데 반해 해당 사례는 개별 가구 대상의 에너지 절약 서비스 제안 시 정부로부터 제품과 서비스에 대한 자금 지원을 받을 수 있다는 점에서 차이를 가진다. 지원 자금의 75%는 5년간 세대용 에너지 사용 정보에서 얻어진 실제 에너지 절감량에 기반하여 제공되며 지원 수준은 에너지원 및 서비스의 수준에 따라 i) 세대 전력 절약 시: 0.28유로/kWh, ii) 난방·냉방에 사용되는 에너지 절약 시: 0.05유로/kWh, iii) 1차 에너지 절약 시: 0.04유로/kWh, iv) 스마트미터를 통해 전송된 정보를 통해 부하 감소가 인정되는 경우 및 분산형 신재생 에너지원 사용 시: 0.02유로/kWh 추가와 같이 단계적인 지원 수준에 구분을 두고 있다.[31] 사례로는 〈그림 24〉와 같이 i) 기존 전력 사용량을 baseline으로 설정한 뒤 이후 각종 에너지 절감 조치가 반영되어 발생하는 절약분에 대한 지원을 받는 방식, ii) 기존 1차 에너지(가스) 기반 열생산 대신 태양열 시스템 사용, iii) 스마트미터를 이용한 에너지 사용량 데이터 전송 등이 있으며 여러 절감 수단을 결합하는 경우 보다 많은 인센티브가 부여되므로 시스템 설치 운영에 따라 비용 회수 기간 단축이 가능해진다.

〈그림 24〉 독일연방 경제기술부(BMWi) 디지털화 기반 에너지 절약 정부 지원 프로그램 [30, 31]

한국지역난방공사와 한국에너지기술연구원은 디지털화 기술을 사용하여 세대 열에너지 데이터의 수집과 활용을 가능하게 하는 공동주택 세대용 난방·급탕 스마트미터 시스템을 개발하고 있으며, 해당 기술을 활용한 실증연구를 통해 에너지공급자 효율향상 의무화 제도(EERS, Energy Efficiency Resource Standards)의 보급사업의 적용 가능성을 검토하고 있다. 지역난방 세대용 스마트미터 시스템은

〈그림 25〉과 같은 형태의 유선 또는 무선 통신으로 연결되어 세대별 난방·급탕 사용량을 수집·분석하고 관리자와 사용자에게 실시간으로 정보를 제공할 수 있는 일련의 체계를 가지고 있다.

〈그림 25〉 지역난방 세대용 유·무선 스마트미터 시스템 및 모바일 홈에너지 앱

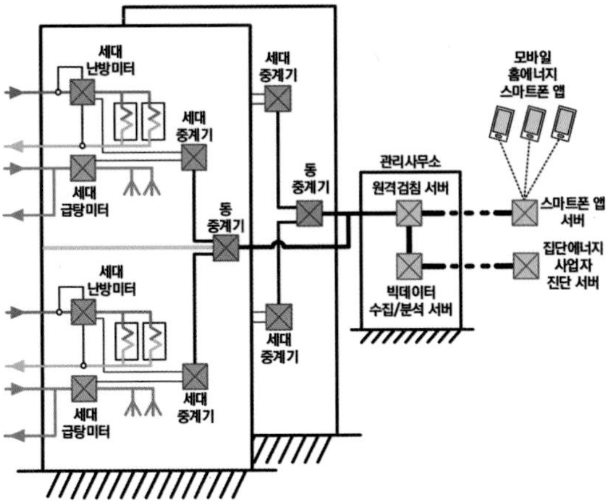

스마트미터 시스템의 운영을 통해 집단에너지 사업자는 열사용 시설의 설비 운영현황을 실시간으로 파악하여 수요예측을 통한 열원 설비의 운영 효율화에 반영할 수 있다. 공동주택 열사용시설 관리자는 말단 난방과 급탕의 품질 모니터링과 이상 진단 분석 결과를 실시간으로 확인할 수 있어 정비 우선순위 설정이 가능해지고, 요금 분배 문제('0원 세대[06]', '열요금 폭탄 세대[07]') 방지에 따른 민원 해소로 업

---

06 **0원 세대**: 난방이나 급탕을 사용했지만 계량기 오류로 과금이 되지 않은 세대. 해당 열요금이 타 세대로 전가되는 문제가 발생하게 되며, 스마트미터 사용 시 이상 계측값 파악으로 조기 진단 가능.

07 **열요금 폭탄 세대**: 수기검침 단지에서 난방유량계 사용 시 현재 사용량 파악이 어렵고, 세대

무 부담이 경감될 수 있다. 세대 사용자는 스마트폰 앱(안드로이드: '모바일 홈 에너지', iOS: '스마트미터')을 이용하여 실시간으로 난방·급탕 사용량 확인이 가능하므로 현재 사용 요금, 예상 사용량 및 사용 중 절약 요소를 빠르게 파악하여 각 세대별 생활 방식에 맞는 합리적인 열사용이 가능해진다.

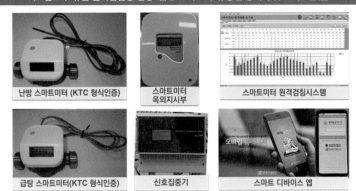

〈그림 26〉 유선 원격검침용 난방·급탕 스마트미터, 통신 중계기 및 스마트폰 앱

난방 스마트미터 (KTC 형식인증)
스마트미터 옥외지시부
스마트미터 원격검침시스템
급탕 스마트미터(KTC 형식인증)
신호집중기
스마트 디바이스 앱

유선 통신 기반의 스마트미터 시스템(〈그림 26〉 참조)은 2017년 10월 경기도 성남시 A 아파트 단지 전 세대를 대상으로 설치되어 현재까지 운영 중이며 스마트미터에서 수집된 열사용시설 데이터를 활용해 공급자, 관리자, 사용자에게 다양한 열에너지 절약 및 절감 서비스를 제공하고 그 효과에 대한 검증을 진행 중이다. 해당 단지에 제공 중인 스마트미터 및 앱 사용 관련한 데이터 분석 결과에 따르면

별 난방품질 편차가 고려되지 않는 유량 기준 요금 부과로 실제 사용한 열품질 대비 과도한 난방요금을 부과받는 세대를 의미함. 열량계 기반의 스마트미터 활용 및 스마트폰 앱을 통한 실시간 요금 확인으로 해결 가능.

세대에서 사용량을 실시간으로 확인하고 적절한 조치를 하는 경우 최대 13%의 에너지 절감 효과를 가질 수 있는 것으로 확인되었다.

2020년에는 〈그림 27〉과 같이 모든 종류의 공동주택에 합리적인 비용으로 적용 가능한 무선 보안 통신 기반의 스마트미터 시스템을 추가 개발하여 경기도 수원시 B 공동주택에 실증 설치를 완료하였다. 해당 시스템은 LoRa(900 Mhz의 비면허 대역 사물인터넷용 무선 통신 방식) 자가망 매시 네트워크 기반의 무선 통신 시스템을 이용하므로 별도의 통신료 없이 운영할 수 있고 노후 수기검침 공동주택에도 쉽게 적용할 수 있다. 또한 무선 통신에서 발생할 수 있는 해킹, 데이터 탈취 및 조작 위험을 방지하기 위해 국가정보원 인증 민간 암호체계(KCMVP, Korea Cryptographic Module. Validation Program)를 이용한 전 구간 데이터 암호화 시스템을 구축하여 안전한 통신이 이루어질 수 있는 기반을 마련하였다.[32]

최근 공동주택이 인건비 상승을 이유로 관리 인력을 점차 감축하고 있는 상황에서 관리자의 검침 및 민원 대응을 위한 업무부담을 줄이기 위해 원격검침 시스템 도입을 고려하지만, 대부분의 노후 수기검침 열사용시설에서는 통신선 공사 비용에 대한 부담으로 검침 시스템 전환 결정을 내리기 어려운 상황에서 무선 통신 기반의 스마트미터 및 원격검침 시스템 기술이 적절한 해결방안을 제공할 수 있다. 이러한 시스템 보급을 통해 관리자의 업무경감 이외에도 공동주택에서 난방·급탕 스마트미터를 활용한 무선 센서 네트워크를 활용하여 세대의 에너지 사용 상태를 확인하고 이를 통해 열사용시설 설비 운영 효율화가 이루어지면 효율 향상에 따른 운영비용 절감과 함께 노후 공동주택의 낮은 건물 에너지 효율로 인한 세대 열품질 불균형 문제를 해결하는 서비스 제공도 가능해진다.

〈그림 27〉 무선 보안 원격검침용 난방·급탕 스마트미터, 무선 단말기 및 스마트폰 앱

난방 스마트미터　　　온수 스마트미터　　　세대 무선 단말기　　　스마트폰 앱

3

맺음말

앞서 다양한 사례로부터 볼 수 있듯이 정부와 산업계에서는 데이터 확보의 중요성을 인식하고 에너지 분야의 디지털화(Digitalization) 및 디지털 전환(Digital transformation)을 위한 활발한 움직임을 보여주고 있다. 최근 데이터 수집용 하드웨어(센서, 저장장치, 통신기기 등)의 성능향상 및 가격 하락과 스마트폰 사용의 보편화로 사람과 장치 간의 연결성이 향상되면서 데이터 수집량이 급격히 증가하고 있다. 이와 더불어 기계학습 등 다변수 분석 기법이 빠르게 발전하고 데이터를 이해하는 수준(Data literacy)이 높아지면서 다양한 분야에서 디지털화 및 디지털 전환에 큰 변화의 시기를 맞이하고 있다.

집단에너지 분야에서도 에너지산업의 디지털화 추세에 맞춰 열사용시설 대상의 디지털화를 통해 집단에너지의 공급사, 건물 관리자 및 사용자에게 각종 편익을 제공할 수 있는 기법들이 소개되고 있다. 하지만 현재도 열사용시설의 30~40%는 수동으로 열공급을 조절하거나, 세대의 난방 및 급탕 사용량을 방문 검침하는 등 첫 번째 단계인 디지털 변환(Digitization) 단계가 필요한 곳의 비중도 여전히 높다. 또한 일부 디지털화가 이루어진 열사용시설에서도 분석 용도로 활용 가능하도록 수집 데이터의 품질향상이 필요하거나, 수집 데이터에 가치를 부여하지 못하고 버려지는 경우가 많아 아직은 지역난방 분야의 디지털화를 위한 데이터 수집과 활용에 대한 인식 전환과 노력이 더 필요한 상황이다.

가정 부문 에너지 사용량의 70~80%를 차지하는 열에너지에 대한 적정관리를 통해 국가 에너지효율 향상, 탄소중립에 큰 기여가 가능하다는 것은 EU의 각종 디지털화 사례(설비 운영 효율 향상, 환수온도 저감, 고장 조기진단)로부터 충분히 확인되고 있다. 우리나라의 집단에너지 분야에서도 건물 부문 수요관리 및 디지털화 정책이 보다 적극적으로 시행될 수 있도록 사업자의 적극적인 수용과 정부의 정책적 지원이 필요하며, 단순 효율 개선의 효과를 넘어서 새로운 비즈니스 모델 개발을 통해 부가가치 창출 및 새로운 시장 개척의 기회로 디지털 전환을 추진할 시점이다.

참고문헌

1. 대한민국 정책 브리핑, "한국판 뉴딜", 2020.7, https://www.korea.kr/special/policyCurationView.do?newsId=148874860

2. Gartner, Gartner Glossary 2021, https://www.gartner.com/en/information-technology/glossary/digitalization

3. Savić, Dobrica. (2019). From Digitization, through Digitalization, to Digital Transformation, Online searcher, 43/2019. 36-39.

4. 산업통상자원부, "제3차 에너지기본계획", 2019.6.

5. 관계부처 합동, "제4차 에너지기술개발계획 (2019~2028)", 2019.12.

6. 관계부처 합동, "제6차 에너지이용 합리화 기본계획 (2020~2024)", 2020.8.

7. 산업통상자원부, "제5차 집단에너지 공급 기본계획", 2020.2.

8. 한국인터넷진흥원, "스마트에너지 사이버보안 가이드", 2019.12.

9. 산업통상자원부, "2017년 에너지총조사보고서", 2018.7.

10. Eurostat, Statistics Explained 2020, https://ec.europa.eu/eurostat/statistics-explained/index.php?title=Energy

11. European Environment Agency, Progress on energy efficiency in Europe 2021, https://www.eea.europa.eu/data-and-maps/indicators/progress-on-energy-efficiency-in-europe-3/assessment

12. 국토교통부, 보도자료: 단열기준 강화 등 녹색건축정책으로 에너지효율 높였다, 2019.5.

13. European Commission, Benchmarking smart metering deployment in the EU-28, 2019.

14. Official Journal of the European Union, Directive (EU) 2018/2002 of the European Parliament and of the Council of 11 December 2018 amending Directive 2012/27/EU on energy efficiency, 2018.12.

15. 한국에너지공단, "집단에너지사업 편람", 2020.11.

16. 한국지역난방공사, "열사용시설기준", 2018.10.

17. 한국지역난방공사, "2019년 지역난방 사용자 시설 관리현황 조사", 2019. 9.

18. kharn, "지역난방公, 장기열사용시설 특별점검 실시", 2019. 1, http://www.kharn. kr/news/article.html?no=8812

19. Steen Schelle Jensen, Digitalisation makes district heating smart, 2019.

20. Morten Karstoft Rasmussen Customer classification based on heat load pattern recognition, 2018, Smart Energy Systems and 4th Generation District Heating.

21. Leanheat by Danfoss, https://leanheat.com/

22. Julia Westerweck, Insights on digitalization from a supplier, 2019, IEA DHC Annex Workshop.

23. SAM DISTRICT HEATING, https://www.samsongroup.com/en/products-applications/digital-solutions/sam-district-energy/

24. 한국지역난방공사, 보도자료: "한국지역난방공사, 열수송시설 디지털 관리체계 한 난맵 운영", 2020. 10.

25. IEA, Digitalization & Energy, 2017.

26. nationalgrid, Thermostat Program, 2021, https://www.nationalgridus.com/MA-Home/Connected-Solutions/Thermostat-Program

27. WattTime, AER, 2019, https://www.watttime.org/app/uploads/2019/03/Smartplug-instructions-WattTime-Direct-190307.pdf

28. enCOMPASS project, https://www.encompass-project.eu/project-materials/

29. Advizzo, https://www.advizzo.com/

30. Bundersministerium für Wirtschaft und Energie, Einsparzähler entwickeln und Energieverbrauch smart steuern, https://www.deutschland-machts-effizient.de/KAENEF/Redaktion/DE/Foerderprogramme/C-einsparzaehler.html

31. BAFA, Federal funding for the Einsparzähler pilot program, https://www.bafa.de/DE/Energie/Energieeffizienz/Einsparzaehler/einsparzaehler_node.html

32. 한국에너지기술연구원, 보도자료: "노후 공동주택 난방요금 13% 낮춘다…'무선 스마트미터' 상용화 성공", 2020. 11.

VI

4세대 지역난방에
신재생열에너지의 활용

홍희기

경희대학교

서론

1. 4세대 지역난방의 도입 배경

(1) 온실가스 감축

　지역난방은 개별난방이나 중앙난방과 달리 그 지역에 대규모 열원시설을 설치하여 배관망을 통해 수용가에 열을 공급하는 방식으로, 복합화력이나 열병합발전, 발전소 및 쓰레기소각로 배열을 활용하는 경우 매우 효율적인 에너지 관리방식이다. 지역난방을 통하여 에너지 이용효율이 향상되고 에너지 절감이 가능할 뿐만 아니라 일정 온도를 유지하여 주거환경의 쾌적성 향상으로 이어진다. 1880년대에 유럽에서 처음으로 소개된 이후로 지역난방은 현재 3세대까지 진행되어 왔는데, 일반적으로 열매체와 공급온도에 따라 세대를 구분하게 된다. 1세대 지역난방의 경우에는 스팀 기반(200℃)의 시스템이었으며, 2세대 지역난방은 100℃ 이상의 고온수, 3세대에서는 80~100℃ 사이의 중온수를 사용한다.

국내 지역난방 사업은 2015년 운영 실적을 토대로 분석해보면, 개별 방식 대비 약 18.6%의 연간 난방비 절감 효과를 보이며, 2019년에는 약 59%의 대기오염물질 감소 효과와 약 51%의 온실가스 감소 효과를 보였다. 지역난방을 통해 최근 10여 년 동안 발전 및 보일러 분야에서 관련 기술의 진보와 더불어 에너지절감 효과가 매우 크다는 점은 관련 에너지 시장에서 주목할 만하다.

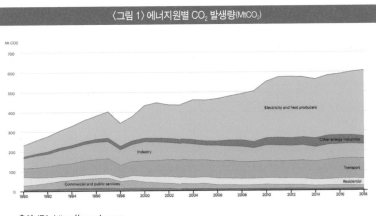

〈그림 1〉 에너지원별 CO_2 발생량(MtCO$_2$)

출처: IEA, https://www.iea.org

한편 CO_2 배출량은 전기와 열 생산에서 대부분을 차지하며 〈그림 1〉, 그 중 석탄을 이용한 전기, 열 생산에서 2019년 기준 235.3MtCO$_2$의 발생량을 보인다. 〈그림 2〉 현재 우리나라는 온실가스 배출량을 2030년까지 배출전망치 대비 37% 감축하겠다는 목표를 UN에 제출하였다. 잘 알려진 바와 같이 선진국 중심의 교토의정서 체제에서 사실상 전세계 모든 국가가 참여하는 신기후체제로 전환되었다. 즉 파리협정에 의해 출범하는 신기후체제는 선진국, 개발도상국 등 전세계 거의 모든 국가가 참여하게 되며 자발적이기는 하지만 사실상 의무적으로 목표한 온실가스 양을 감축해야 하는 상황으로, 정권이 바뀌어도 정부는 이를 중요한 정책과제에 포함시키고 있다.

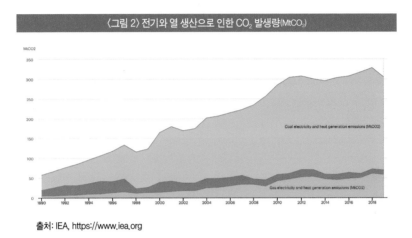

〈그림 2〉 전기와 열 생산으로 인한 CO_2 발생량(MtCO₂)

출처: IEA, https://www.iea.org

(2) 신재생에너지 공급 의무할당제

정부는 제1차 기후변화대응 기본계획을 위해 첫 번째 과제로 신재생에너지 보급 확대에 두고 있다. 이는 온실가스 배출량 가운데 에너지 및 산업공정 분야의 경우 국가 전체의 94.7%를 차지하고 있어 그 파급효과가 지대하기 때문이다. 즉 신재생에너지 보급 확대는 온실가스 감축의 효과가 매우 크기 때문에 정부에서도 역점을 두고 있다. 전 세계적으로 지역난방에서 신재생에너지의 비율은 지역난방 전체 에너지의 20% 이상 공급이 가능하나 2014년 기준 5% 정도로 매우 낮으며, 80% 이상을 화석연료 및 천연가스로 공급하고 있다.(한국지역난방기술, 2018) 화석연료를 기반으로 하지 않을 때는 폐기물 및 바이오매스 연료에 의존하는 편이다. 유럽의 경우 꾸준히 지역난방에서의 신재생에너지 사용 비율을 높여온 결과 2015년에 23.3%를 달성하여 2020년 신재생에너지 목표치인 20%를 초과 달성하였다. 덴마크와 스위스의 경우 지역난방에서의 재생에너지 비율이 40%가 넘는다.

<표 1> 공공부문 건축물의 신재생에너지 공급의무 비율(%)

해당연도	2020~2021	2022~2023	2024~2025	2026~2027	2028~2029	2030 이후
공급 의무 비율(%)	30	32	34	36	38	40

확정된 '제5차 신재생에너지 기술개발 및 이용·보급 기본계획'에는 신재생에너지 발전 비중을 2034년까지 25.8%로 확대하는 내용을 담고 있으며 신재생에너지 345만6,000TOE를 건물 분야에 보급하겠다는 것을 목표로 설정하였다. 제로에너지건축물(ZEB) 의무화제도를 통하여 신축건축물에 대해 에너지사용량의 20%를 신재생에너지로 공급하도록 했으며, 신재생열에너지의 보급을 활성화하기 위해 독일의 RHO(Renewable Heat Obligation), 영국의 RHI(Renewable Heat Incentive) 등의 보급의무화제도를 예시로 들었다. 또한 산업통상자원부는 최근 신재생열에너지 분야 활성화를 위한 연구를 진행하고 있기에 건축물의 신재생에너지 공급수단으로 신재생열에너지의 역할이 더욱 중요해질 것으로 보인다. 공급의무 발전사들은 2022년부터 법정상한인 10%로 신재생에너지 의무공급량 비율이 변경되고, 공공부문 제로에너지 건축물인증 의무화 등을 통하여 2020년 이후 30%에서 시작하여 단계적으로 2030년까지 40%로 상향 조정한다.〈표 1〉

발전사업자의 총 발전량과 판매사업자의 총 판매량 가운데 일정 비율을 신재생에너지원으로 공급 또는 판매하도록 하는 신재생에너지 의무할당제(RPS)의 배경에는 기후변화협약이 있다. 기후변화협약은 지구온난화를 각국뿐만 아니라 세계 공동의 과제로 대처하기 위해 체결되었으며, 이의 후속조치로서 각국에 신재생에너지의 사용목표량이 할당되었는데, 크게 FIT제도와 RPS제도를 시행하게 되었다. RPS는 지난 2012년 1월 1일부터 국내에서 시행되고 있으며, 국외에서는 미국, 영국, 일본, 호주, 덴마크 등 여러 선진국에서 운영되고 있다. 발전설비 용량이 500MW 이상인 발전사업자가 RPS의 공급의무자가 되는데, 여기에 포함되는 대상은 매년 새롭게 선정된다. 대상 사업자들은 매년 2%의 발전량을 의무적으로 신재생에너지원을 활용하여 공급해야 하는데 직접 신재생에너지를 생산하거나 다른 신재생에너지 발전사업자의 인증서를 구매해 채우는 방법이 있다.

(3) 제로에너지빌딩

건축물 에너지 정책에서도 신규건물에 대해서는 제로에너지를 의무화하는 것이 세계적인 추세이며 국내에서도 2030 에너지신산업 확산전략에서 2025년부터 신축건물의 제로에너지 건축을 의무화하는 것을 발표하였다. 유럽에서도 마찬가지로 건물에너지 성능규정에 따라 2020년부터는 신규건물의 제로에너지를 의무화하는 정책을 발의하였다. 이로써 신규 건물이나 리노베이션 건물에 대한 에너지효율 기준 강화로 난방에너지 소비가 줄어들고 있다. 에너지 소비가 줄면 기존 지역난방 공급 네트워크의 열손실은 증가한다. 반면에 건물에너지 효율 강화로 저온의 지역난방 공급이 가능하게 되었는데, 저온으로 열을 공급하면 네트워크의 열손실은 감소한다. 이로부터 전반적으로 공급측의 효율성이 향상되고, 특히 밀집지역에 있는 저에너지 건물에 열을 공급함으로써 지역난방의 효율성이 향상된다. 한편, 비중이 높아지고 있는 재생에너지원의 간헐적 생산 특성을 보완할 수 있는 지역난방시스템과의 통합모델 개발이 요구되며 건물의 열수요량 감소 현상에 대응하면서 에너지 이용효율을 향상하기 위한 지역난방 모델도 필요하다. 따라서 4세대 지역난방으로 지칭되는 새로운 지역난방 시스템에서는 이런 사항들을 충족할 수 있도록 해야 하며, 이와 관련하여 저온지역난방의 공급과 저온 재생에너지 열원의 활용과 더불어 대형 에너지 저장설비의 활용, 스마트 열 그리드 등의 특징을 가지게 될 것이다.

2. 4세대 지역난방의 개념

국내 지역난방 사업은 여러 가지 요인으로 인해 어려움을 겪고 있다. 더욱이 지역난방 운영의 세계적인 추세는 건물의 단열효율을 향상시켜 열 사용량을 줄이고, 공급온도를 낮추어 열 손실을 줄이며, 신재생에너지 및 미활용에너지를 활용하는 등의 방향으로 전환되고 있다. 이러한 현재 지역난방의 경향을 4세대 지역난방이라고 부르는데, 궁극적으로 우리나라도 이를 도입해야 한다는 의견이 제기되고 있다. 4세대 지역난방은 난방 온도와 에너지원 및 지역난방 인프라 구축의 동기 등 여러 면에서 기존 지역난방과는 다른 점을 갖고 있다. 〈표 2〉에 기존 지역난방과 4세대 지역난방의 차이를 정리하였다. 간략히 정리하면 고온수(약 100℃ 이상)를 이용하는 기존 방식과 달리 55℃ 정도의 온수를 이용하는 것이 4세대 집단에너지 시스템의 특징이라 할 수 있다.

상대적으로 적은 온도차로 동일한 수준의 열공급이 가능하도록 하는 열교환 기술이 매우 중요하다. 4세대 지역 난방 모델은 기술적 측면에서 보면 단순히 저온 영역의 미활용열에너지 활용성을 개선했다는 점 이상의 의미를 갖고 있다. 즉 전통적인 고온수 기반의 열 공급시스템으로부터 저온 열 공급시스템으로의 전환은, 온실가스 감축이 가능한 친환경 에너지 공급시스템으로의 전환을 요구하는 시대적 요구에 부응하는 지역난방 사업으로 체질을 근본적으로 바꾼다는 것이다. 특히 기존 화석 에너지 사용의 중앙집중형 열공급 시스템으로부터 신재생에너지 중심의 분산형 열공급 시스템으로의 플랫폼 전환이라는 의미를 갖는다. 또한 지역난방 네트워크의 공급 온도를 낮춤으로써 기존의 고온열 활용 영역에서부터, 저온열과 그 중간 영역까지 포함하는 캐스케이드 방식 〈그림 3〉의 단계적 에너지 활용이 가능해진다. 이러한 점에서 새로운 성장동력이 필요한 현행의 지역난방 사업 환경에 매우 적합한 미래 지속가능한 사업 모델이라 할 수 있다.

〈표 2〉 기존 지역난방과 4세대 지역난방 방식의 차이점		
구분	기존 지역난방(3세대)	4세대 지역난방
열 공급 방식	약 100℃의 가압수	30~70℃의 저온수
배관	보온관 혹은 이중보안관	이중보온관 or flexible plastic 배관

사용자 열사용 방식	- 지역 난방수를 직접 또는 간접적 으로 사용하는 저온 radiator(70℃). 바닥 난방. - 지역 난방수로 50℃까지의 열 교 환기 가열. - 가정용 온수 탱크가 60℃까지 가 열함. - 필요할 때 55℃에서 순환.	- 바닥난방. 저온radiator(50℃). - 간접 시스템 지역난방수로 50~40℃ 까지 가열하는 매우 효율적인 열교 환기. - 공급 온도가 30℃인 지역에서는 지역난방수를 통해 예열. 히트펌 프를 통해 추가로 열을 공급하여 온수 온도를 40℃로 증가.
에너지원	화석연료 기반의 중앙 집중식 열원	중앙 집중식 및 분산형 열원과 함 께 낮은 등급의 열(신·재생에너지원)
지역난방 시스템	단일 지역난방 그리드(Grid)	연료 및 전기 그리드와 상호 작용 하는 통합 스마트 그리드
구축 목적	공급의 보안, 안정적 공급	지속 가능한 에너지 시스템으로의 전환
열 공급 경로	단방향	양방향

자료:서울에너지공사 에너지연구소, 2018

〈그림 3〉 저온 열공급 네트워크 기반 캐스케이드 열 네트워크 개념도

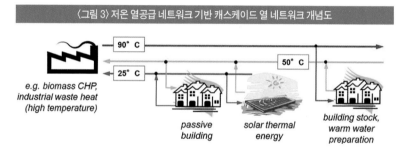

자료: Ralf-Roman Schmidt, Smart thermal network for smart cities, 2013

　4세대 지역난방의 큰 목표는 세 가지로 나타낼 수 있다. 첫째로 4세대 지역난방에는 기존의 중앙 집중 방식의 열원만이 아닌 신재생에너지원만으로 열을 공급하는 등의 시도들이 나타난다. 이는 지속가능하고 환경친화적인 에너지전환으로 나아가기 위한 시도이다. 더불어, 일반적으로 원하는 시간에 바로 생산할 수 없는 경우가 대부분이고, 낮은 온도인 경우가 많은 신재생에너지원을 고려하여 에

너지저장시스템을 함께 운영하는 시도가 활발하게 진행되고 있으며, 소각열, 히트펌프 등 미활용에너지를 개발하는 연구도 진행되고 있다. 둘째로 열병합발전, 보일러 등 중앙열원에서 열의 온도를 기존보다 낮게 혹은 신재생에너지원의 온도 수준으로 감소시켜 사용자에게 공급하는 것이 4세대 지역난방의 최근 경향이다. 이는 고온의 열공급으로 인한 배관에서의 열손실을 감소시키기 위한 것이며, 또한 건물 단열기술의 발달로 열수요량이 감소한 것에 대한 대응이다. 마지막으로 스마트 열 그리드를 도입하는 것이 4세대 지역난방의 최종 단계이다. 스마트 열 그리드는 특정 지역난방보다는 다양한 의미를 함축하고 있다고 할 수 있다. 이러한 사항들이 실현되기 위해서는 지금의 지역난방과 4세대 지역난방에 대한 기술적, 정책적인 검토가 필요하다.

본론

1. 국내외 4세대 지역난방 적용 사례

서울시가 마곡지구를 시범적인 친환경 스마트에너지시티로 계획하여 신재생에너지와 4차산업혁명 기술을 토대로 저온수(40~70℃)를 활용하여 '차세대 지역난방' 실증을 2020년 5월부터 시작하였다. 마곡지구 내 신축 예정인 '농업공화국'에 2021년 11월 시공을 완료하고 실증에 들어가며 지구 전체에는 2023년부터 운영이 시작된다. 특히 서울시에서는 4세대 지역난방에 '스마트 열 그리드'를 구축하는데 전력망에 인공지능, 사물인터넷 등의 4차 산업 기술을 적용해 난방열의 공급과 사용 정보를 실시간으로 수집한다. 열 생산자와 사용자가 정보를 주고받는 방식이기에 생산자 입장에서는 난방 생산을 효율적으로 제어할 수 있고 소비자 입장에서는 남는 열을 판매할 수 있어 생산자와 사용자 사이에 이른바 '스마트 열거래'가 가능해진다.

한국지역난방공사는 2017년 12월부터 국가 R&D 과제, "미활용

열과 지역난방을 연계한 IoT 융복합 도심형 열네트워크 모델 개발" 수행을 통하여 한국형 4세대 지역냉난방 실증을 추진하고 있다. 용인시 기흥구에 위치한 미래개발원 부지 내 "분산형 집단에너지 플랫폼"은 수소 연료전지 활용을 통하여 전기와 열을 생산하고 4세대 지역냉난방 기술 실증을 위하여 양방향 열공급과 캐스케이드 열공급이 가능한 열수송관망을 구축하였다.〈그림 4〉이를 통하여 저온 지역난방의 단점인 저온도차 고유량의 문제를 해결하였을 뿐만 아니라 플렉시블 열수송관과 누수감지 광케이블 기술을 적용하여 저온 열수송 및 진단 기술을 향상시켰다. 또한 분산에너지의 생산/수송/분배/사용의 전 단계의 에너지 상태 모니터링과 최적제어 기술을 통하여 에너지를 효율적으로 사용하고 있다.

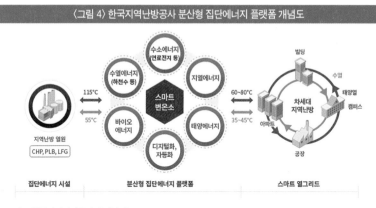

〈그림 4〉 한국지역난방공사 분산형 집단에너지 플랫폼 개념도

자료:한국지역난방공사 홈페이지

〈그림 5〉에 덴마크 뤼스트루프(Lystrup)에서의 테라스식 저에너지 하우스를 나타내었다. 이 프로젝트의 목표는 사용자에게 제공되는 지역난방 온도를 약 50℃로 낮추고 사용자 시설에서 재가열을 적용

할 필요가 없는 방식으로 건물을 연결하는 것이다. 건물의 난방 방식은 라디에이터와 바닥 난방장치의 조합으로 구성되어 있다. 87㎡ 주택의 경우 4개의 라디에이터로, 110㎡ 주택은 5개의 라디에이터로 구성되어 있으며 라디에이터는 설계 공급/회수 온도인 55℃/25℃를 기준으로 한다. 모든 욕실에는 바닥 난방장치가 갖춰져 있으며, 네트워크 공급온도가 낮지만 난방이나 급탕열의 부족으로 인한 주민들의 불만은 나오지 않고 있다. 에너지효율 목표인 총 열생산량의 17% 이내에 해당하는 연간 네트워크 열손실을 충족시킨다.

〈그림 5〉 뤼스트루프(Lystrup)에서의 테라스식 저에너지 하우스

자료: 한국지역난방공사, 2018

1964년 설립된 덴마크 알베르트슬룬(Albertslund) 지역난방공급회사는 사업 초기 110℃로 지역난방을 공급하기 시작하여 현재는 90℃로 공급하고 있다. 공급지역 중 일부지역(약 2000세대)의 재개발이 2013년부터 시작되어 그중 544세대가 2015년 재개발이 완료되면서 4세대 지역난방시스템을 도입하여 운영중에 있다. 55~60℃의 온수로 공급하고 있으며, 기존의 회수관에 공급관을 연결하여 공급온

도를 맞추고 있다. 2019년까지 약 2000세대에 기존의 3세대 지역난방에 활용된 회수관과 공급관을 이용하여 4세대 지역난방시스템으로 개체할 예정이다. 4세대 지역난방 지역에서는 회수온도가 30℃로 낮아지고 전체 시스템의 효율이 개선되어 배관에서의 열손실이 기존 대비 60%가 감소되는 효과가 발생하고 있다. 또한 각 세대에 설치된 급탕열교환기는 레지오넬라균 문제를 해결하기 위해 독일법(DVGW W 55)을 준수하여 급탕열교환기내 지역난방수 양을 3리터로 제한하고 있다.

자료: 한국지역난방공사, 2018

독일의 루트비히스부르크(Ludwigsburg)에서는 기존 3세대 지역난방 공급지역 중에서 재건축에 의하여 단위열부하가 감소한 80세대의 패시브 하우스를 대상으로 4세대 저온 지역난방 수요개발을 진행 중에 있다.〈그림 6〉즉 저온 서브네트워크의 경우 메인네트워크의(기존 지역난방) 회수수(40℃)를 마이크로 히트펌프를 이용하여 43℃까지 승온시켜 각 세대에 공급하는 4세대 지역난방시스템을 시범운영 중에 있다. 이때 회수되는 온도는 25℃이다. Ludwigsburg의 도시지역에 대한 개발은, 혁신적인 네트워크 기술 및 저온의 서브네트워크를 사용하고 태양열 에너지를 새로운 그리드 섹션에 통합하는 것을 목표로 하고 있다.

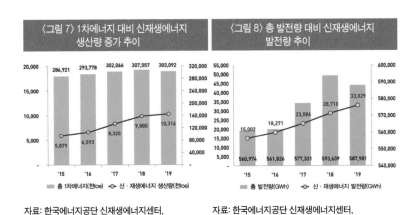

〈그림 7〉 1차에너지 대비 신재생에너지 생산량 증가 추이

자료: 한국에너지공단 신재생에너지센터, 2019년 신재생에너지 보급통계, 2020

〈그림 8〉 총 발전량 대비 신재생에너지 발전량 추이

자료: 한국에너지공단 신재생에너지센터, 2019년 신재생에너지 보급통계, 2020

2006년 영국 정부는 2016년 이후 건설되는 신규주택은 반드시 탄소제로를 달성해야 한다고 발표하였다. 찰비(Chalvey)시에 세워진 Greenwatt Way 주택은 탄소제로가 다양한 재생에너지 열원으로 달성 가능한지를 입증하기 위한 시범 프로젝트이다. 각 주택에 대해 개별 신재생에너지 난방시스템을 갖추는 개념이 아닌, 지역난방 계획을 통해 탄소제로를 달성할 수 있는지 확인하기 위한 것이다. 지역난방 공급온도는 55℃이며 주로 바이오매스 보일러, 지열/공기열 히트펌프를 이용하여 저온 지역난방을 공급하며 태양열 패널은 추가적인 열공급을 한다. 에너지센터에 있는 8㎥ 성층축열조에 각 신재생에너지에서 공급하는 열이 성층화되어 저장되므로 난방 효율성을 훨씬 높일 수 있다. 주택 지붕에 설치된 태양광 패널은 최대 63

kWp의 전기를 생성하여 각 가정에 충분한 전기를 공급하며 잉여전력은 국가 그리드에 판매하고 있다.

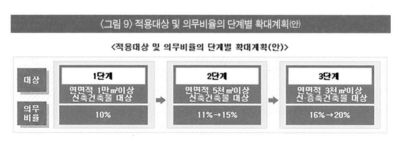

자료: 한국에너지공단 신재생에너지센터

캐나다 앨버타주 오코톡스(Okotoks, Alberta, Canada)에 있는 드레이크 랜딩(Drake Landing) 태양 커뮤니티는 저온지역난방 네트워크를 통해 52개의 고효율 단독 주택의 공간 난방을 공급하기 위해 성층화된 단기 열저장(STTS, Stratified Short Term Thermal Storage) 시스템과 계간 축열시스템(BTES, Borehole Thermal Energy Storage)으로 구성된 태양열 시스템을 활용하고 있다. 주택 난방시스템은 공간 난방 수요의 90% 이상을 태양에너지로 공급하도록 설계되었고, 매우 추운 기후(5,000 Heating Degree Day 이상)에서 동작하는 최초의 대규모 태양열 지역난방 시스템(700kWth 이상의 공칭 용량)이다. 서로 떨어져 있는 차고의 지붕에 설치된 평판형 태양열집열기에 의해 흡수되는 태양열은 일단 지하 토양에 저장되고 그 이후 공간 난방이 필요할 때 각 가정으로 지역난방 시스템을 통해 지하 토양에서 열을 빼내 분배시킨다. 이 시스템에서는 2 파이프 지역난방 시스템을 통해 52개의 고효율 단독 주택으로 공급된다. 플라스틱으로 된 보온형 지중 파이프가 지역사회의 에너지센터에서 각 가정으로 가열된 물을 분배하는 데

사용된다. 플라스틱 파이프를 통해 순환되는 온수의 온도는 보통 40
~50℃의 범위에 있다. 이러한 낮은 작동 온도는 파이프로부터 열손
실을 줄여야 하는 것과 연간 태양에너지 이용량을 늘려야 하는 것과
잘 부합된다.

2. 신재생열에너지원별 기술 및 산업 동향

국가적 차원의 신재생에너지 시장보급 활성화 지원 및 전
방위적인 기술개발지원에도 불구하고 국내 1차 에너지 중 신재생에
너지 생산이 차지하는 비중은 2019년 기준 약 3.4%, 국내 총 발전량
대비 신재생에너지 발전 비중은 5.6%에 그치고 있어 독일 39.9%, 영
국 37.1%, 미국 17.4% 등 OECD 주요 국가와 비교하여 크게 뒤지고
있다. 2035년 보급 목표는 11% 수준에 불과하여 선진국과 비교하였
을 때 온실가스 감축 수단으로 신재생에너지 분야보다는 에너지전
환 등의 타 분야에 의존할 것으로 예상된다. 〈그림 7, 8〉

2019년 기준 최종에너지로 소비된 전력과 열의 비율은 43:57이
나 신재생에너지 분야에서는 이 비율이 73:27로 전력·열 간 불균형
이 심화되고 있다. 5차 기본계획에서는 이를 해결하는 것이 관건이
며, 산업부는 정책연구를 통하여 전력뿐만 아니라 열의 보급 확대방
안을 마련할 방침이다.[01] 신재생열에너지 공급의무화제도(RHO)는

---

01 최근 '신재생열에너지 보급활성화 및 지원제도 마련을 위한 연구' 용역을 에너지경제연구원에
서 수행중.

열 분야에 대한 제도적 지원이 부족하다는 인식에서 신재생에너지 보급의 확산을 위해 준비하고 있는 제도이다. 일정 비율 이상의 신재생 열에너지를 의무적으로 일정 규모 이상의 신축건축물 또는 집단에너지 등에 공급하도록 하는 것이 골자이다. 향후 4세대 지역난방 모델 도입에 따른 보급 활성화를 위한 지원 정책으로 적극 고려해 볼 필요가 있다. 신재생에너지 의무할당제도(RPS)와 다르게 RHO의 경우 건축물을 대상으로 한 신재생에너지 열원을 일정 비율 이상 의무적으로 적용하고자 하는 제도이므로 4세대 지역난방 모델과 같은 새로운 개념의 열공급 기술의 확보를 통해 집단에너지에 적극 활용할 필요가 있다.〈그림 9〉신재생에너지는 공급이 간헐적이기는 하나, 다양한 열원의 활용이 가능하기에 유동성 있게 지역냉난방시스템을 접목함으로써 시너지 효과를 낼 수 있을 것으로 기대된다. CHP과 신재생에너지 모두 분산형 특성을 가지고 있어 신재생에너지를 활용한 CHP를 통해 동반성장 가능성이 있다. 〈그림 10〉와 〈그림 11〉에 각각 2019 신재생에너지원별 총 에너지 생산량 비중과 연도별 추이를 나타내었다.

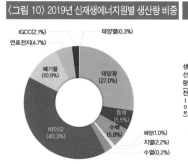

〈그림 10〉 2019년 신재생에너지원별 생산량 비중

자료: 한국에너지공단 신재생에너지센터,
2019년 신재생에너지 보급통계, 2020

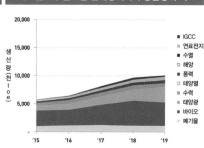

〈그림 11〉 연도별 신재생에너지 생산량 추이

자료: 한국에너지공단 신재생에너지센터,
2019년 신재생에너지 보급통계, 2020

(1) 태양열

태양으로부터 나오는 에너지는 방대할 뿐만 아니라 청정하여 공해가 발생하지 않는 장점을 가지고 있다. 또한 태양에너지는 극지방을 제외하고는 대부분의 지역 및 국가에 비교적 균등하게 분배되기 때문에 경제성만 만족하면 가장 유망한 신재생열에너지 중의 하나이다. 최근까지만 해도 국내에서는 태양열을 기존 에너지의 대체용으로 이용한다는 것에 대해서는 적은 일사량과 낮은 에너지 밀도 등으로 인하여 부정적인 시각이 컸던 것이 사실이다. 그러나 이것은 태양광에도 동일하게 해당되는 사항이지만 이를 문제시 하는 전문가는 없으며 임야나 저수지까지 태양광의 보급에 치중하고 있는 상황이기 때문에, 더 이상 낮은 에너지밀도가 태양열의 보급에 장해가 되는 요인은 아니다.

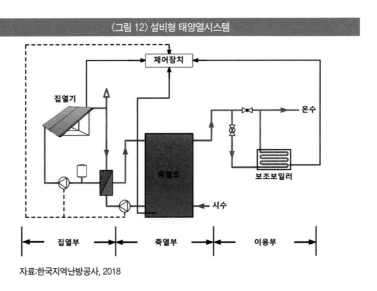

〈그림 12〉 설비형 태양열시스템

자료:한국지역난방공사, 2018

구분	자연형		설비형	
	저온용		중온용	고온용
활용온도	60℃이하	100℃이하	300℃이하	300℃이상
집열부	자연형 시스템 공기식 집열기	평판형 집열기 진공관형 집열기	진공관형 집열기 PCT형 집열기 CPC형 집열기	PCT형 집열기 Dish형 집열기 Power Tower 태양로
측열부	Tromb Wall (자갈, 현열)	저온축열 (현열, 잠열)	중온축열 (잠열, 화학)	고온축열 (화학)
이용분야	건물공간난방	건물 냉· 난방 및 급탕, 농수산 분야	건물 및 농수산분 야 냉·난방, 담수 화, 산업공정열	산업 공정열, 열발전, 우주용, 광촉매폐수처리, 광화학, 신물질제조

    태양열에너지는 태양으로부터의 복사에너지를 흡수하여 열로 변환해서 온수급탕 등 직접 이용하거나 고밀도로 집광해서 증기를 생산해서 증기터빈을 통해 전기를 생산하는 방법이 있는데 국내의 대부분은 전자이다. 트럼월(Trombe wall), 온실 등은 전통적으로 사용되어온 자연형 태양열시스템이다. 설비형 태양열시스템은 〈그림 12〉과 같이 집열기에서 태양에너지를 흡수하여 열로 변환한 후 이를 바로 이용하거나 축열조에 저장하였다가 필요시 사용하는 시스템이다. 집열기는 평판형, 진공관형의 고정방식과 태양을 추적하여 집광하는 구유형, 접시형, 타워형 등 다양한 것들이 있으며, 고정방식은 주로 냉난방 및 온수급탕용, 산업공정열, 추적방식은 중고온의 산업공정열, 발전용 등으로 사용된다.〈표 3〉 태양열로부터 획득할 수 있는 온도는 70~80℃ 이하의 저온에서부터 수백℃ 이상의 태양열 발전, 수천℃의 태양로 등 다양하다. 현재 가장 활발하게 상용화되고 있는 것은 평판형 집열기를 이용한 60~70℃ 이하 시스템이며, 이

보다 더 높은 온도 범위를 가지는 진공관형 집열기를 이용한 태양열 시스템의 보급도 활성화되어 있다. 물론 수백℃로 집열하는 집광형 시스템도 연구되거나 시범 적용되고 있기는 하지만 이것은 주로 열 발전을 대상으로 한 것이다.

현재 온수 급탕용이나 냉난방용으로 보급되고 있는 방식이 주로 설비형 태양열시스템인데 일반적으로 〈그림 12〉와 같이 태양열을 획득하는 집열기, 집열된 열을 저장하는 축열조, 태양열이 부족할 경우에 사용되는 보조열원장치, 부하측의 이용부와 이를 전체적으로 제어하는 제어장치로 구성된다. 집열기 중 평판형은 흡수체와 단열재로 구성된 집열기로 집열 온도가 높지 않은 대신 시스템의 형태가 매우 간단하고 설치가 편리하기 때문에 낮은 집열 온도로도 충분한 적용 분야, 예를 들면 주택의 온수 공급 등과 같은 곳에 주로 사용된다. 진공관형은 태양광을 추종하지 않는 대신에 조사각의 영향을 최소화하기 위한 곡률반경을 활용한 반사경을 이용하고 진공관을 통한 단열을 하여 평판형보다는 높은 집열 온도를 얻을 수 있기 때문에 난방뿐만 아니라 냉방에도 적용되며 산업공정의 열원으로도 사용이 가능하다.

평판형 집열기는 〈그림 13〉과 같은 구조가 일반적인데 중심에 온수를 순환하는 관을 매니폴드관에 병렬로 연결하고 하부는 관과 직접 닿는 곳은 흡열용 단열판을 사용하며 그 아래층에는 외부와의 단열을 위한 고단열성 재료를 사용한다. 그리고 상부에는 추가적으로 집열의 효율을 높이기 위한 필름으로 코팅을 하고 마지막으로 집열기 보호를 위해 강화유리를 덮는다. 또한 집열을 위해 관의 상부에 사용되는 집열 필름은 열 흡수율을 최대화하고 방사율은 극단적으로 줄이는 역할을 구현하기 위해 주로 블랙크롬 또는 티타늄 코팅 필름을 사용하는데 흡수율은 95% 정도이다. 평판형 집열기는 제품 형태가 매우 간단하고 유지보수가 용이하며, 상대적으로 비용이 저렴한 장점으로 인해 여전히 가장 많이 보급되고 있다.

자료: alternative-energy-tutorials.com

태양열 온수 시스템은 순환펌프의 유무에 따라 자연순환형과 설비형(강제순환형)으로 대별할 수 있다.〈그림 14〉 자연순환형은 축열조의 하부에 있는 차가운 물이 집열기에서 생성된 따뜻한 물을 밀도 차이로 인해 집열기 상부로 밀어 올리면서 집열기에서 생성된 따뜻한 물이 자연스럽게 축열조의 상부로 흘러들어가도록 하여 자연적인 순환이 되도록 구성되어 있다. 이때 축열조의 상부에서 온수를 직접 공급받아서 사용하고 축열조 하부에는 차가운 물이 공급되어 집열기로 순환이 될 수 있다. 이러한 방식은 추가적인 동력이 사용되지 않으므로 시스템이 매우 간단하고 운영 비용이 거의 발생하지 않는 장점이 있지만 축열조와 수배관이 옥외에 노출되어 혹한기 지역에서는 동파에 주의해야 한다. 또한 자연순환을 위해 축열조의 위치에 제약이 있고 축열조 용량에 한계가 있어 그에 따라 온수의 요구량에 능동적인 대응을 하기 어려운 단점이 있다.

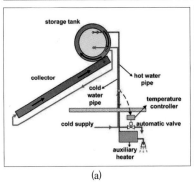
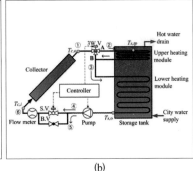

(a)   (b)

　　이러한 단점에 대응하기 위한 방식이 열교환기를 사용하는 설비형 시스템이다. 설비형은 사용지역 및 온수 소비량에 맞는 적절한 축열조를 설치하고 열교환기를 통해 집열기의 열매체로부터 열에너지만 전달받도록 구성한다. 이와 같이 하면 집열기의 위치에 상관없이 축열조를 설치할 수 있게 되므로 사용량에 맞도록 적절한 용량의 축열조를 사용할 수 있고 온수 사용 시간대와 무관하게 태양열을 축열해 둘 수 있으며 동파 방지를 위해 집열기 내부 순환용 유체는 물이 아니라 다른 열매체를 사용할 수 있게 된다.

　　진공관형 집열기는 내부에 열을 흡수하기 위한 관 및 흡열판 등으로 구성된 열전달 유닛을 진공관에 넣고 하부에 태양열을 집열하

기 위한 반사경을 설치하는 것이 가장 일반적인 구성이다. 〈그림 15〉

〈그림 15〉 진공관형 태양열 집열기 구성

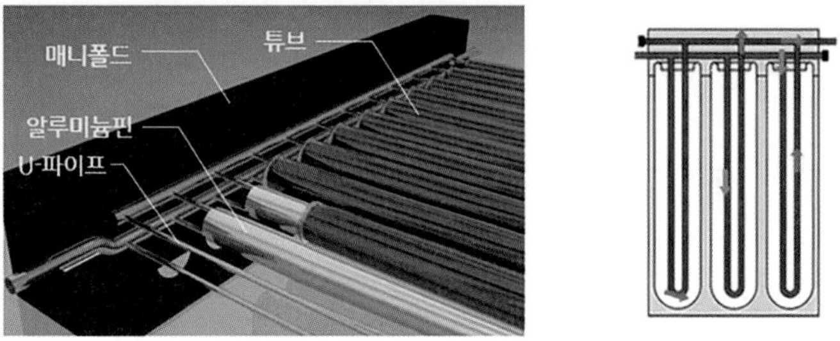

자료: sunplus21.co.kr

　이러한 진공관형 집열기 유닛은 내부에 열유체의 순환 방식에 따라 히트파이프 방식과 직수 방식이 있다. 직수형 집열기는 U자형 관을 삽입하여 냉수를 넣으면 반사경에서 집중된 열에너지를 통해 가열되어 뜨거워진 온수가 바로 유턴하여 나오는 방식이다. 이 방식은 직접 가열된 온수를 사용하게 되므로 열효율이 높을 수도 있으나 각각의 진공관에서 나오는 관들의 매니폴드 구성에 있어 시스템이 복잡할 수 있고 유닛의 교체를 포함한 유지보수 작업에 어려움이 있다. 히트파이프 방식은 밀폐된 파이프 내부에 열효율이 극대화되는 작동매체를 사용하여 열교환이 이루어지는 구조이다. 히트파이프 방식은 구조가 단순하여 내구성이 좋으며 〈그림 16〉과 같이 여러 개의 유닛을 사용할 때 설계, 제작과 유닛 교환 등이 편리하며, 특히 히트파이프 상단의 열교환 유닛을 매니폴드관에 넣고 설치하게 된다. 다만 이 방식은 유리와 히트파이프가 접합하기 때문에 진공도 유지가 관건이며, 사용하면서 진공도가 떨어지면 급격히 성능이 열화될 수 있으므로 유지관리가 중요하다.

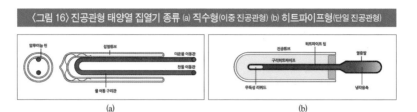

〈그림 16〉 진공관형 태양열 집열기 종류 ⓐ 직수형(이중 진공관형) ⓑ 히트파이프형(단일 진공관형)

(a)　　　　　　　　　(b)

자료:sunplus21.co.kr

〈그림 17〉 신재생에너지 생산량(태양열)

자료: 국가지표체계, http://www.index.go.kr

〈그림 17〉과 같이 국내시장은 2009년을 전후로 생산량이 급격히 감소하고 있다. 2012년 이후 증가하는 듯 보이나 2017년 이후 다시 감소하는 경향을 보이는데 정부 보급정책과 깊은 상관관계가 있다. 정부의 신재생에너지 정책이 기존의 전기 중심에서 열 및 수송용으로 확대되고 제2차 에너지기본계획에 의하면 2035년까지 연평균 태양열시스템 보급목표는 약 120만㎡ 이상의 매우 큰 계획을 수립한 상태이다. 특히 태양열 냉방 부문 및 산업공정열 부문에의 태양열에너지 적용이 국내외적으로 많이 요구되고 있는 상황이다. 이러한 국내외적인 상황에 부응하여 현재 시장에서의 요구사항을 충분히 반

영한 제품의 개발 및 보급이 시급한 실정이며, 이에 따른 급탕 및 냉난방 복합기기의 개발이 이루어지고 있다.

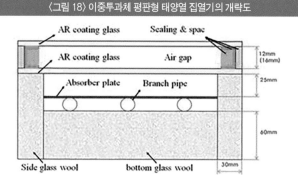

〈그림 18〉 이중투과체 평판형 태양열 집열기의 개략도

최근에 개발된 이중투과체 평판형 태양열 집열기 〈그림 18〉는 평판형 태양열 집열기의 장점인 높은 투과흡수율과 진공관형 태양열 집열기의 장점인 낮은 열손실계수를 갖는다. 단일 평판형 태양열 집열기의 평균적인 투과흡수율은 79.1%, 열손실계수는 5.11, 평균출력은 586.1W/㎡인데 비해, 진공관형은 70.6%, 2.41, 609.3W/㎡로 전반적으로 보다 우수한 성능을 보인다. 이중투과체 평판형 태양열 집열기의 투과흡수율은 약 78.9%, 열손실계수는 2.55, 평균출력은 661.9W/㎡으로 진공관형보다 더 우수한 성능을 보인다.〈그림 19〉 두 장의 투과체를 사용하고도 높은 투과흡수율을 갖는 것은 투과체에 AR(Anti Reflection)코팅을 하여 반사율을 낮추었기 때문이며, 두 장의 유리 사이에 공기층이 열손실을 막아줘 낮은 열손실계수를 가질 수 있다. 이 기술을 태양열 냉난방이나 산업공정열 분야에서 적용함으로써 기존 태양열집열기에 비해 높은 효율과 긴 수명을 가지게 되

며 시스템의 투자경제성을 높일 수 있게 된다. 특히 태양열 냉방 부문에서의 경쟁 집열기인 진공관형 집열기와 견주어 효율이나 수명 면에서 충분한 우위를 점할 수 있기 때문에 사업화 전망이 상당히 밝다고 할 수 있다.

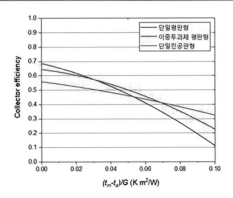

〈그림 19〉 단일 평판형, 이중투과체 평판형, 단일 진공관형(히트파이프형) 집열기의 집열기 성능곡선(전면적 기준)

2007년도 지역난방용 태양열시스템이 분당구의 지역난방시스템에 시범 적용된 예가 있으나 빈번한 고장 및 유지관리의 어려움으로 지역난방으로의 확대 보급은 이루어지지 않은 상황이다. 대규모 시스템은 통상 축열조를 보유하나 이 시스템의 경우 축열조 없이 약 50~60℃의 환수를 약 100℃로 가열하여 공급하는 방식인데 변유량 제어방식을 활용함으로써 일사량의 강도의 영향을 받지 않고 항상 원하는 온도의 온수를 공급하게 된다. 평판형으로 1차 가열하고 다시 진공관형으로 설정온도까지 승온하는 방식으로 서로 다른 집열기를 사용하였다는 점이 흥미로우나, 축열조가 없기 때문에 정교한 제어와 더불어 유지관리에 불리한 방식으로 판단된다. 이와 같은 대규모 시스템이 지속적으로 사용되지 않고 있는 가장 큰 요인은 유지관리 시스템의 부재인데, 이에 대해서는 뒤에서 다시 언급하기로 한다.

　개별 주택에 적용되는 태양열 난방 및 급탕시스템의 가장 큰 단점은 계절별 큰 부하 격차로, 즉 일사량이 적은 동절기에는 부하가 크지만, 일사량이 많은 하절기에는 부하가 작아 태양열 이용효과가 저하된다. 이와 같이 하절기에 열의 수요와 공급 불균형을 초래하면 결국 시스템의 과열 및 파괴로 이어지며 이러한 현상을 방지하기 위한 대안으로 열구동 사이클로 운전하는 다양한 냉방시스템이 도입되었다. 특히 데시컨트 냉방은 제습로터를 통해 잠열부하를 제거하고 증발식 냉각기로 현열부하를 제거하는 냉방시스템으로 제습로터의 재생을 위해 저온열원을 필요로 하는 열구동 사이클인데, 태양열에 적용하기에 최적이다. 또한 하절기 과열문제 및 잉여열 처리를 획기적으로 개선할 수 있는 계간축열을 이용한 소용량의 태양열 블록히팅 및 계간축열이 없는 대용량 태양열 지역난방 시스템의 개발로, 보급 확대를 위한 적용사업 등의 움직임이 북유럽의 덴마크를 중심으로 활발하게 이루어지고 있다. 하절기와 같이 과집열된 태양열이 있는 기간에는 대규모 용량의 계간축열조에 태양열을 저장하였다가 부족한 시기에 사용하는 계간축열은 주로 지중에 콘크리트나 고무로 만든 수축열조나 토양, 암반, 대수층 등에 저장하게 된다.

　태양열시스템의 고장진단 및 유지관리 기술은 매우 중요하며 최근 산업통상자원부에서 지원 받아 IoT 태양열컨트롤러 및 모니터링 시스템이 상용화 단계에 도달하였다. 태양열 시스템 자체는 비교적 단순하지만 타 시스템과 결합이 되거나, 무부하 상태로 방치되어 적절한 유지관리가 이루어지지 않으면 치명적인 고장으로 이어진다. LH아파트나 지역난방 시범적용 등이 부정적인 결과로 이어진 가장 큰 요인은 바로 고장진단 및 유지관리에 있으며, 향후 4세대 지역난방의 신재생열에너지원으로 활용되기 위해서는 태양열 시스템의 스마트 O&M이 반드시 수반되어야 한다.

(2) 지열

지구는 고체상태의 내핵(inner core), 고온의 마그마(magma)로 이루어진 외핵(outer core), 마그마와 암석으로 이루어진 맨틀(mantle) 및 지각의 구조로 이루어져 있으며, 지열의 80%는 내부의 핵에서 여러 가지 광물질(우라늄, 칼륨, 토륨 등)의 방사선 동위원소 붕괴에 의하여 계속하여 발생하며, 지열의 20%는 지구의 생성 때 저장된 열이다. 즉 이 지열은 지구의 내부에서 나오는 에너지이며, 청정하고 계속하여 생성되는 무한한 재생에너지이다. 한편 태양열도 지구표면에 전달되기 때문에 지표의 온도 상승에 기여한다. 지구의 가장 표층인 지각의 온도는 약 15℃를 유지하나, 내부로 내려갈수록 온도가 증가하여 약 2km 깊이에서는 약 65~75℃이고, 3km 깊이에서는 약 90~105℃에 이른다. 평균하여 2.5~3℃/100m의 온도가 증가하지만 지역에 따라서 많은 차이가 있다. 특히 화산 활동이 활발한 지역은 마그마가 지표 가까이에 있어서 온도는 매우 높은 편이다. 그러나 평균적으로 지각의 온도는 15~540℃ 사이의 온도를 유지하며 깊이가 깊을수록 온도가 높다. 지표면 온도는 기온변화의 영향을 받아 그 값이 달라지지만, 지하 20m 이하의 경우 매일 변화하는 기온이나 계절의 변화에 영향을 거의 받지 않고 일정하다. 그렇기에 여름철은 대기 온도보다 약 10℃ 정도 낮은 지하수 또는 지열을 활용하여 냉방으로, 겨울에는 마찬가지로 대기 온도보다 10~20℃ 높은 지열로 난방이 가능해지며, 이러한 온도 특성으로 인하여 냉난방에 사용되는 지중열 히트펌프의 효율을 높일 수 있다. 지중열은 크게 깊이에 따라 땅속 얕은 곳의 토양 온도차를 이용하는 천부지중열(shallow geothermal)과 땅속 깊은 곳의 뜨거운 열을 이용하는 심부지중열(deep geothermal)로 구분된다. 최근 많이 보급되고 있는 지열 냉난방 기술은 지하 100~200m의 얕은 곳의 토양 온도차를 이용하는 천부지열방식이다.

〈그림 20〉 지열 히트펌프 시스템

자료: 일진 E-Plus, iljin-mac.com

국내 지열 시장은 정부의 강력한 공공의무화제도 시행과 더불어 다양한 보조금제도 시행으로 인하여 신규 설비가 매년 약 100MW 이상 보급되고 있다. 국내 지열 냉난방시스템의 시장 규모는 약 3,200~3,500억원인 것으로 추정되고 있으며 이 중 절반 정도의 천공 비용을 제외하면 순수 지열 히트펌프 시장은 1,500억원 안팎으로 추정된다.

히트펌프의 난방사이클은 압축기로부터 토출된 고온의 증기냉매가 실내측 응축기로 유입되어 실내공기와 열교환을 거쳐 실내온도를 상승시킨다. 그리고 냉매는 증기에서 액체로 상변화하여 팽창밸브를 거치며, 온도와 압력이 떨어진 상태로 증발기로 유입된다. 지중 순환유체에서 열을 흡수한 냉매는 증기로 상변화하고, 압축기로 유입되어 다시 고온의 증기 냉매로 변화한다. 이때 열교환기로 유입되는 순환유체는 약 5℃ 정도이며 냉매에 열을 공급한 후 온도가 떨어져 물의 빙점인 0℃ 가까이 되지만, 일반적으로 지중열 히트시스템 시공 시 순환유체의 동결을 방지하고자 부동액을 혼합하여 0℃에서 약 -6℃까지 빙점을 낮춰 동결을 방지하여 시스템을 안정화한다. 이렇게 온도가 떨어진 지중열 순환유체는 지중열교환기를 순환하면서 15℃의 지중온도와 열교환하여 온도가 상승하고 시스템은 정상 운전한다.〈그림 20〉

냉방의 경우에는 반대로 작동되는데, 이러한 냉방과 난방의 반복 사이클을 통해서 비교적 지중온도는 일정온도를 유지하게 된다. 하지만 지역난방의 특성상 연중 난방 모드로 작동되면 토양으로부터 계속 열을 뽑아쓰기 때문에 지중온도는 떨어지게 되는 열적 포화현상으로 성능저하 및 생산온수의 온도 저하로 4세대 저온난방의 낮은 온도조차 만족할 수 없을 가능성도 있기 때문에 적용을 위해서는 장기간의 실증실험 등의 충분한 검토가 필요하다.

(3) 연료전지

연료전지란 전기화학반응에 의하여 연료의 화학에너지를 전기에너지로 직접 변환하는 발전장치로서, 연료변환장치, 연료전지 스택, 주변기기 및 제어기술을 포함하는 통합기술이다. 물의 전기분해를 통하여 수소와 산소가 발생하는데, 연료전지는 반대로 작용하여 수소와 산소로부터 전기를 생산하는 전기화학적 장치이다. 또한 이러한 반응 중에 발생하는 열은 온수생산에 이용되어 급탕 및 난방으로 사용이 가능하다. 연료전지에서 진행되는 전기화학적 반응은 연료극과 공기극에서 서로 다르다. 〈그림 21〉에서와 같이 연료극에 공급된 수소는 촉매에 의하여 수소의 양이온(H+)과 전자(e-)로 나누어진다. 전자는 외부 도선을 따라서 공기극으로 이동하며, 양이온은 전해질막을 통과하여 공기극으로 이동한다. 산소가 공급되는 공기극에서 촉매에 의하여 수소 양이온, 전자 및 산소가 결합하여 물과 열이 발생하며 반응이 끝난다.

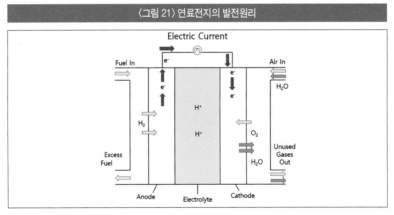

〈그림 21〉 연료전지의 발전원리

자료: Wikipedia.org

연료전지 수소와 산소가 결합하면서 전기, 물 및 열만 생성하고 배출가스가 발생하지 않는 청정한 에너지변환 장치로, 장래의 자동차 동력장치로 각광 받고 있다. 그뿐만 아니라 주택에 공급되는 천연가스(LNG)를 개질기(reformer)를 통하여 추출한 수소를 이용하여 연료전지에서 발생한 전기와 열을 주택에 공급하는 방법도 있다. 연료전지에 대한 많은 연구가 수행되어 상용화가 가까운 것이 현실이다. 연료전지는 수소를 바로 공급한다면 이산화탄소 발생이 없고, 천연가스를 개질하여 사용하더라도 고효율 방식이기에, 기존의 화력발전을 대체할 수 있는 유일한 발전방식이 된다. 연료전지의 이산화탄소 배출량은 천연가스를 연료로 사용하는 화력발전과 비교하여도 20%에서 30% 정도 줄일 수 있다. 그뿐만 아니라 연료전지는 약 26% 정도의 에너지 사용량 절감 효과를 가지고 있는 신에너지 기술이며, 미국, 일본, EU의 녹색산업 중의 하나로써 경쟁적으로 개발 중에 있다. 현재 20% 수준인 재생에너지 비중은 2050년까지 온실가스 감축을 위한 EU 로드맵을 통하여 80%까지 확대될 계획이며, 연료전지가 상당 부분 기여할 수 있을 것으로 기대되고 있다.

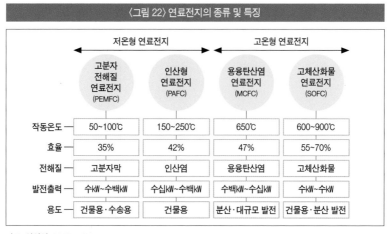

〈그림 22〉 연료전지의 종류 및 특징

	저온형 연료전지		고온형 연료전지	
	고분자 전해질 연료전지 (PEMFC)	인산형 연료전지 (PAFC)	용융탄산염 연료전지 (MCFC)	고체산화물 연료전지 (SOFC)
작동온도	50~100℃	150~250℃	650℃	600~900℃
효율	35%	42%	47%	55~70%
전해질	고분자막	인산염	용융탄산염	고체산화물
발전출력	수kW~수백kW	수십kW~수백kW	수백kW~수십kW	수kW~수kW
용도	건물용·수송용	건물용	분산·대규모 발전	건물용·분산 발전

자료: 임희천, 2019, p.2

연료전지는 다양한 종류의 연료전지 기술이 존재한다. 대표적인 것으로 전해질의 종류에 따라 인산형연료전지(PAFC)와 고분자전해질연료전지(PEMFC), 용융탄산염연료전지(MCFC), 고체산화물연료전지(SOFC), 직접메탄올연료전지(DMFC) 그리고 알칼리연료전지(AFC) 등으로 구분된다. 이 중 저온형 연료전지인 PEMFC, DMFC, PAFC는 백금 등 귀금속 촉매를 사용하여야 한다는 것과 연료의 불순물에 크게 영향을 받는다는 단점이 있지만, 출력이 높다는 장점뿐만 아니라 촉매 작용도 빠름과 동시에 부하 추종성이 우수하다. 이에 반해 고온형 연료전지인 MCFC와 SOFC는 일반 금속 촉매인 니켈을 사용할 뿐만 아니라 연료를 다양화할 수 있는 장점을 가진다.〈그림 22〉 이 중 PAFC 전해질은 인산염을 사용하며 전극은 카본지(Carbon paper) 그리고 촉매는 백금을 사용한다. 인산염 전해질은 전도성은 낮지만 안정도가 높으며, 연료전지에 적합한 수명을 가지는 유일한 물질로 알려져 있다. 또한 낮은 증기압으로 인하여 약 40℃에서 응고되기 쉽기 때문에 운전 온도는 약 150~200℃ 정도이다. 순수 발전 시에는 40%의 효율을 보이며, 열병합발전 시 효율을 최대 85%까지 높이는 것이 가능하다. 지속적으로 공급되는 액체 전해질로 인한 부식성과 사용되는 백금 촉매가 고가라는 단점이 있지만, 저렴한 가격과 많은 매장량으로 인산은 오래전부터 사용되어 왔고, 그로 인해 많은 기술 발전이 이루어져 장시간 동안 사용을 하여도 안정된 성능을 보장한다. 국내에서는 포스크에너지와 더불어 두산퓨얼셀이 PAFC 원천기술을 확보해 해당 분야의 국내시장을 선도하고 있다. 후자는 일산의 동서발전, 분당의 남동발전, 서인천의 서부발전 그리고 신인천의 남부발전 등 수도권 지역 발전소에 설치되는 연료전지 사업을 수주하였고, 전북 익산시에는 약 400억원을 투자하여 연료전지 생산공장을 건설하였는데 연간 440kW급 144대, 총 63MW 규모의 연료전지 생산이 가능하다.

국내 연료전지 산업 현황을 살펴보면 발전용 연료전지는 기술을 가지고 있는 해외 업체와 기술제휴 또는 M&A를 통해 비교적 단기간 내 국산화 및 연료전지 산업 밸류체인을 완성하고 있는 상태이다. 정부는 에너지기술을 선도할 수 있는 산업육성을 위해 국내의 수소 연료전지 보급확대 정책을 마련하고 있으나 단순 외산제품의 수입 설치에 따른 국내 기술방향 및 경제기여도가 불확실한 대규모 연료전지 발전사업 개발 추진 사례가 증가하고 있다. 국내 연료전지 산업은 기술의 난이도가 크고, 신뢰성, 경제성 확보에 많은 시간이 필요하며, 장기간의 연구 및 기술개발이 필요하다. 전 세계적으로도 기술개발 상용 도입 초기 단계이기에 우리나라가 선도할 수 있는 가능성이 높으며, 타 산업과의 융복합이 가능하다.

(4) 수열

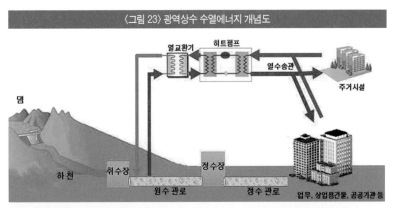

〈그림 23〉 광역상수 수열에너지 개념도

자료: 강한기,이태구, 광역상수 수열시스템 적용 냉난방수배관 검토 사례, 대한설비공학회, 2019

2030년까지 신재생에너지 보급 비율을 20%까지 증가시키기 위하여 태양광, 풍력, 지열 등 신재생에너지의 보급 확대를 위해 많은 시도를 하고 있지만 밀집된 도시에 태양광·풍력발전기 또는 지열시스템을 설치하는 것은 현실적으로 어려움이 많다. 그렇기에 대안으로 도시에 적용할 수 있는 수열원 신재생에너지가 3020 이행계획 달성을 위하여 적극적으로 검토해볼 필요성이 대두된다.

수열에너지는 지난 2015년 3월 '신재생에너지 개발, 이용, 보급 촉진법 시행령'이 일부 개정되며 해수만 신재생에너지에 포함되었고, 2019년 10월 개정에서는 해수 표층 및 하천수까지 신재생에너지 열원으로 편입되었다. 수열에너지는 물이 가지고 있는 열에너지를 활용하는 것으로 인근 하천수·해수 등에서 쉽게 얻을 수 있는 에너지원이기 때문에 양이 무한하다는 점에서 대규모의 열 수요를 만족시킬 수 있다. 특히 물은 에너지를 축적하는 능력인 비열이 큰 특징을 가지기 때문에 대기와 토양에 비하여 쉽게 뜨거워지지 않고 쉽게 식지 않는다는 장점을 가지고 있다. 이를 이용하여 건물의 냉난방 또는 산업체나 농가에 필요한 열원으로 사용될 수 있는데, 해수의 경우 하절기에는 대기보다 약 7℃가 낮고 동절기엔 약 10℃가 높기에 열원으로 사용하기 적합하다. 광역상수도, 지하수, 하천수에서 공급 가능한 열량은 12.24GW로 추산되며 이를 경유로 환산하면 시간당 18억원 상당의 에너지와 동일하다. 이를 연간으로 확대하면 냉난방 시 하루 10시간씩 1년간 6조5,000억원 이상의 친환경에너지를 확보할 수 있다는 것을 의미한다. 참고로 2000년대 초반 미국에서는 호수를 재생에너지열원으로 활용해 대학가의 냉난방에 적용한 사례가 있으며 지열발전 등과 융복합하여 스마트에너지그리드를 구성하고, 연간 10억원의 냉난방 비용을 절감한 실적을 보였다.

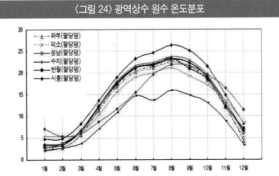
〈그림 24〉 광역상수 원수 온도분포

자료: 강한기,이태구, 광역상수 수열시스템 적용 냉난방수배관 검토 사례, 대한설비공학회, 2019

광역상수 수열에너지는 〈그림 23〉에서 보듯이 수열 에너지를 직접 또는 히트펌프로 회수하여 건물의 냉난방 및 급탕으로 공급하는 시스템이다. 냉방 시 건물 내 열을 수자원으로 방출하고 난방 시에는 반대로 열을 취득하여 실내에 공급하는 방식이다. 여기서 취수장으로부터 정수장 도달전까지를 광역상수 원수라고 하는데 실제 수열에너지는 이 광역상수 원수의 온도를 이용하는 것이다. 광역상수 원수의 연간 온도분포를 〈그림 24〉에 나타내었다. 여름철의 경우 평균 20~25℃의 온도분포를 나타내고 있으며 겨울철의 경우, 평균 3~5℃의 온도분포를 보인다. 여름철은 외기온도보다 낮고 겨울철은 높기 때문에 냉난방에 유리한 조건을 유지하고 있을 뿐만 아니라 열용량이 공기보다 상대적으로 매우 크기 때문에 에너지 효율성이 확보될 것으로 판단된다. 광역상수 원수는 원수배관을 통해 상시 이송되므로 지열과 달리 자체적으로 열복원력이 우수하다. 따라서 광역상수 원수를 이용해 냉난방에 활용 후, 원수배관으로 회수하여도 온도 상승 폭은 미미하며 정수장 방류장에서의 온도 변화 또한 극히 적다. 광역상수 원수를 활용한 냉난방 시스템을 적용할 경우, 냉각탑 사용이 따로 요구되지 않아 진동, 소음, 열섬현상 및 백연현상을 사전에 방지할 수 있을 뿐만 아니라 냉각수 비산에 의한 유해물질의 확산의 차단이 가능하다. 또한 신축건물 및 기존건물에 추가적인 광역상수 원수 관망 인입 공사만 진행하면 되므로 적용성이 용이한 측면도 있다.

광역상수를 수열에너지로 활용하는 것은 물 자체를 소모시키는 것이 아닌 물의 흐름만을 돌려서 활용하기에 수량 감소가 발생하지 않는다는 점, 일반 공장에서 흔히 볼 수 있는 수질 문제가 발생하지 않는다는 점이 긍정적이며, 여러 연구 검토 결과를 통하여 활용 전후의 온도 차이 발생에 대한 영향은 미미하다. 국내 최초로 광역상수 시스템이 송파구 소재 롯데월드타워에 적용되었으며, 여기에는 냉난방시스템으로 빙축열, 지열시스템, 터보냉동기 및 광역상수를 활용한 수축열 시스템이 적용되었다. 총 19,800USRT 중 약 25% 정도인 5,000USRT가 광역상수 수축열 시스템으로 구성되었다. 수축열 시스템을 함께 사용함으로써 주간 및 야간의 원수 활용도를 극대화시켰다. 광역상수도를 이용한 수열 냉난방시스템을 도입함으로써 73% 에너지절감이 이루어지고 CO_2 배출량도 38% 감소하였다.

지열과 달리 수열원은 연중 난방용으로 사용하여도 물의 평균온도가 저하하지 않기 때문에 수열원을 활용할 수 있는 지역이라면 4세대 지역난방의 신재생열에너지의 활용도 유망할 것으로 판단된다.

3. 스마트 열 그리드의 필요성

　3세대 지역난방은 열병합발전과 같이 100℃ 내외의 고온, 고압수를 지역 거점의 대형 열생산 설비를 통해 만들고 이를 장거리 열수송관을 통하여 각 건물과 가정에 일방적으로 공급하는 방식을 따른다. 즉 현재의 지역난방은 사용자의 수요와는 무관하게 작동되는 중앙집중식 생산시스템으로, 열수송 과정에서 10~30% 정도의 열손실 등 여러 문제점을 야기하고 있다. 이에 따라, 지역난방 공급권역 내 신재생에너지원 및 분산전원과 연계한 열 그리드와 더불어 저온 열공급 방식인 4세대 지역난방의 필요성이 증대되고 있다.

〈그림 25〉 스마트 열 그리드 개념 및 주요 요소

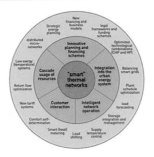

자료: Ralf-Roman Schmidt, The Role of Thermal Networks in the Smart City, 2013

　정보통신기술의 발전과 분산에너지자원의 확대에 따라 전력부문에서는 이미 스마트 그리드의 개념이 현실화되고 있는 것과 같이 최근 에너지 네트워크의 역할이 크게 변화하고 있는 상황이다. 새로운 전력 시장인 수요반응시장, 분산자원중개시장 등이 생겨나면서 프로슈머 중심의 양방향 거래가 활발하게 모색되고 있다. 그뿐만 아니라 IOE(Internet of Energy)를 기반으로 다양한 분산에너지자원(태양광, 전기차 배터리, 가전 등)이 그리드 시스템으로 통합·운영될 것으로 예상된다. 이러한 스마트 그리드 개념은 전력 산업뿐만 아니라 열 부문으로도 확장되어 국내외적으로 '스마트 열 그리드(Smart Thermal Grid)' 혹은 '4세대 지역난방(4th Generation District Heating)'에 대한 논의가 활발하게 진행되고 있다. 스마트 열 그리드는 앞서 언급한 전력 부문의 스마트 그리드를 확장한 개념으로, 디지털 기술을 이용하여 실시간으로 모니터링을 진행할 뿐만 아니라 분산에너지원을 바탕으로 소비자에게로의 열 공급을 최적화하는 네트워크이다. 또한 다양한 열원을 활용 가능할뿐만 아니라 효율적인 열 공급 및 공급자와 사용자 사이의 양방향 열 거래와 열 소비량 예측을 통한 잉여열의 감소 등을 특징으로 한다. 이는 저온 지역난방, 재생에너지 및 미활용 열원 통합, 계절 간 열저장 설비 통합, 배관 열손실 최소화, 캐스케이드식 열 공급, 에너지 프로슈머, 정보통신기술 결합, 빅 데이터에 의한 수요 관리, 타 스마트 시스템과의 통합 등 많은 기술적 특성들을 갖추고 있다. 특히 네트워크 구축 시, 도시 에너지 시스템과의 통합, 지능형 망 운전, 캐스케이드 에너지 사용, 혁신적 계획과 파이낸싱 등을 고려해야 한다.〈그림 25〉

첫 번째로 도시 에너지 시스템과의 통합은 두 가지 측면에서 생각할 수 있다. 공간적인 면에서의 통합과 시스템적인 통합이다. 공간의 경우 열 그리드와 도시 에너지 시스템과의 통합 시 도시의 건물 형태 및 밀도, 에너지 소비 형태, 사회경제적 요소(교육, 소득, 남녀 비율) 등을 고려해야 한다. 시스템적인 측면의 경우 전기, 하수, 폐기물 등 다른 도시 기반 네트워크 시스템과 통합하여 해당 지역의 열,

냉방, 전기 수요를 충당하는 솔루션을 제공함으로써 운영의 최적화가 필요하다.

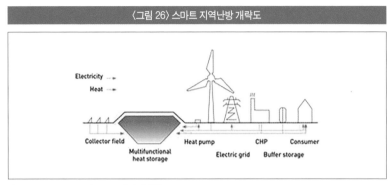

〈그림 26〉 스마트 지역난방 개략도

자료: Solites, Wiltshire Ed. (2016)에서 재인용

두 번째로 지능형 망 운전은 시스템 운전뿐만 아니라 고객과의 소통을 통하여 이루어져야 한다. 즉 열 수요 전망 고도화, 열저장 시설의 최적 운영, 공급 온도 관리 그리고 부하의 이동 등과 같은 기술을 통하여 효율적인 자원의 이용이 이루어져야 할 뿐만 아니라 스마트 미터링, 실시간 요금제와 같은 새로운 요즘 체계를 통하여 열 자원의 가격 신호에 반응할 수 있는 효율적인 열 시장 운영이 요구된다. 특히 운전비를 기준으로 하는 설비 운영 순위 결정 방식을 통해 열공급 시스템을 최적화하는 것이 필요하다. 즉 운전비가 가장 낮은 열원(CHP 발전 배열, 소각열, 재생에너지 등)을 기저부하로 사용하고 운전비가 높은 열전용 보일러와 히트펌프는 부하변동에 따라 사용하는 것이다. 이러한 비용기반 운전순위 결정에는 단순히 기기별 열 생산단가뿐만 아니라 수요 및 시장 조건에 따라 CHP, 히트펌프, 축열조의 종합적인 이용을 고려하여 열 그리드를 최적화할 필요가 있다. 〈그림 26〉 스마

트 열 그리드의 가장 큰 특징은 기존 방식 대비 CHP 및 폐열활용, 지열 연결 등 신재생열원의 활용이 훨씬 광범위한 규모로 촉진되고 작은 규모의 지역난방 마이크로그리드 구축도 용이해져서 에너지 효율이 높다는 점이다. 이것은 결국 에너지 절감으로 연결된다.

전통적인 지역난방 방식은 열 사용가의 에너지 필요(온도)와 무관하게 중앙집중식 열원시스템에서 생산된 90℃~140℃의 가압수 혹은 증기 형태의 열을 수십 km에 달하는 장거리 열수송관을 이용하여 사용가에게 공급하는 방식이다. 이러한 고온수 공급 방식의 가장 큰 문제점은 최종 수요처까지 열 공급 과정에서 상당히 큰 열손실(10-30%)이 수반된다는 점이다. 따라서 세 번째로 고려해야 하는 사항은 캐스케이드 에너지 사용이다. 지역난방 회수열, 광역-분산형 저온 미활용에너지를 다시 사용자에게 공급하는 저온 열원 공급 시스템을 개발하여 열손실을 최소화할 필요가 있다. 실제로 건물의 실내난방 온도는 25℃ 내외이고 급탕 온수 역시 50℃ 정도면 충분하기 때문에 수용가 근처에서 저온 열원을 이용할 수 있다면 사용자가 요구하는 난방 서비스를 제공하는 데 문제가 없을 것이다. 또한, 기존에 주로 이용되던 금속제 배관 대신 비용이 저렴한 플라스틱 파이프를 이용할 수 있다는 장점도 있다.

마지막으로 혁신적 계획과 파이낸싱이다. 기존의 지역난방 시장은 주로 자연적으로 독점인 지역난방 사업자의 비용을 회수하게 하는 서비스 원가(cost of service) 규제 하에서 운영되어 왔다. 즉 지역난방 사업자는 공급지역에 안정적인 냉난방 서비스를 공급하는 대신 그 비용과 적절한 이윤을 보장받는 방식으로 가격이 결정되었던 것이다. 하지만 스마트 열 그리드는 이와는 다른 보다 경쟁적인 시장 환경에서 운영될 것이다. 다양한 열원과의 연계, 독립적인 열 생산자 간 거래를 통하여 자원을 활용하고 효율성을 향상시킬 수 있으며, 혁신적인 시장 메커니즘과 새로운 비즈니스 모델의 개발이 예상된다.

결론

3기 신도시 건설이 발표되고 새로운 형태의 지역난방이 도입될 수 있는 환경이 갖춰지고 있다. 앞서 언급한 바와 같이 저온난방인 4세대 지역난방은 기존 지역에 적용하기에는 제약이 있지만 신도시에 새로운 개념으로 적용하기에 시기적으로 그리고 탄소중립에 방법론적으로 매우 적절하다.

해외에서는 주로 바이오에너지와 폐기물에너지를 주로 활용하고 있으나, 우리 실정에 적합해보이지 않고 태양열, 지열, 연료전지 그리고 수열 등이 가능성 있어 보인다. 이 중 태양열은 공급에 간헐적인 단점이 있으나, 연료전지와 수열, 지열은 시간에 제약없이 열원의 활용이 가능해 적절히 혼합하여 시너지 효과를 낼 수 있을 것으로 판단된다. 신재생열에너지는 기본적으로 저온열 획득에 유리하며, 저온열원 공급으로 제로에너지빌딩과 같은 경우의 낮은 에너지 수요에 맞춰 50~60℃ 가량의 열을 공급하고 30℃ 내외로 회수하는 4세대 지역난방에 매우 잘 부합된다. 또한 기존의 CHP와 신재생에너지 모두 분산형 특성을 갖는 시스템인 만큼, 신재생열에너지를 활용한 CHP를 통해 동반성장이 가능할 것으로 전망된다.

주차장 등 적절한 부지를 활용할 수 있으면 우선적으로 태양열의 적용을 권장하며, 하천수나 광역상수원을 활용할 수 있으면 수열원은 안정적인 신재생열에너지로 자리 잡을 수 있을 듯하다. 연료전지는 CHP와의 장점이 많이 겹치기 때문에 충분한 검토가 필요하며, 지열은 난방 전용으로 사용하게 되면 열적 포화현상에 의한 성능저하의 우려로 적용에 신중을 요한다. 시스템이 복잡해질수록 유지관리의 중요성은 아무리 강조해도 지나치지 않으며 스마트O&M의 도입은 성공적인 시스템의 운영을 위해 필수적이다.

1. 서울에너지공사, "4세대 지역난방으로의 전환을 위한 기술적 검토", 2018. 10.

2. 서울에너지공사, "스마트 열 그리드 개념", 2018. 11.

3. 한국건축친환경설비학회, "스마트 열 그리드의 현황 및 전망", 2018.

4. 한국지역난방기술, 『4세대 지역난방시스템 국내 적용을 위한 사업 분석 및 개념설계를 통한 비즈니스 모델개발 연구용역』, 2018. 2.

5. 한국에너지기술연구원, 『저온열 활용을 위한 한국의 미래 지역냉난방 네트워크 시스템 기술 연구』, 2015. 5.

6. 에너지경제연구원, 『신재생 집단에너지 보급 방안 연구』, 2017. 12.

7. 가천대학교 산학협력단, 『신재생에너지 융합 지역냉난방 도입 타당성 연구』, 2016. 10

8. 에너지경제연구원, 『4세대 지역난방의 기술 및 정책 동향』, 2017. 7.

9. 손영준, 2019, "신재생에너지의 현재와 미래", 대한기계학회 기계저널, 제59권, 제1호, pp. 51-53, 2019. 1.

10. 에너지경제연구원, 『4세대 지역난방의 기술 및 정책 동향』, 2020. 2.

11. 임신영, 2017, "4세대 지역난방 해외사례 및 국내 적용방안 연구", 대한설비공학회 학술발표대회논문집, pp. 599-602, 2017. 6.

12. 강한기, 이태구, 2019, "광역상수 수열시스템 적용 냉난방수배관 검토 사례", 대한설비공학회, 제48권, 제1호, pp. 60-70, 2019. 1.

13. 한국지역난방공사, 『4세대 지역난방시스템 국내 적용을 위한 사업 분석 및 개념설계를 통한 비즈니스 모델개발 연구용역』, 2018. 2.

14. 한국지역난방공사, https://www.kdhc.co.kr

15. 한국에너지공단, http://www.energy.or.kr

16. 국가지표체계, http://www.index.go.kr

17. 한국에너지공단 신재생에너지센터, "2019년 신재생에너지 보급통계", 2020. 11.

18. 국가환경정보센터, 『지열에너지를 이용한 히트펌프 시스템의 기술개발 동향』, 2016. 11.

19. 신재생에너지코리아, https://www.renewableenergy.or.kr

20. 국가에너지기구, https://www.iea.org

21. Ralf-Roman Schmidt, 2012 "Smart thermal networks for smart cities - Introduction of concepts and measures" The European Physical Journal Conferences DOI:10.1051/epjconf/20123304002

22. Sunplus, "태양열 온수기 작동원리" Sunplus 홈페이지.

23. http://www.sunplus21.co.kr/bbs/board.php?bo_table=page2_3&wr_id=1

24. ㈜일진E-Plus, "지열원히트펌프" 일진E-Plus 홈페이지.

25. http://www.iljin-mac.com/geothermal-heat-pumps-won.html

26. 위키피디아, wikipedia.org

27. 임희천, 2019, 『수소경제 시대의 발전용 연료전지 역할 및 현황』, 월간 기술과 혁신.

VII

분산에너지로서의
스마트 집단에너지 기술

배성호

한국에너지기술평가원

서론

　　그린뉴딜과 탄소중립 실현 등 에너지 패러다임의 전환에 발맞춰 분산에너지의 역할이 강화될 전망이다. 대표적인 분산에너지인 집단에너지는 대규모 공동주택에 전기와 열을 공급하는 지역난방과 산업단지 및 공단 등에 전기와 스팀을 공급하는 산업단지 열병합발전 등이 있다. 집단에너지는 같은 양의 연료로 열과 전기를 동시에 생산하기 때문에 에너지효율을 높이고 온실가스를 감축할 수 있으며, 열병합발전은 해외에서는 에너지 공급시스템의 유연성을 제공하는 기술로서 널리 활용되고 있다.

　　그러나 최근 온실가스 배출 증대에 따른 기후변화의 영향에 대응하기 위해 국가 차원의 환경규제가 점차 강화되고, 보다 구체화되면서 천연가스, 석탄 등 화석연료를 주요 연료로 사용하는 기존 국내 열병합발전의 열공급시스템에 대한 지속적 확산은 한계에 직면할 것으로 예상되고 있다. 따라서 집단에너지의 지속가능한 친환경에너지 시스템으로의 전환이 불가피하며, 이는 최근 급속히 성장하고 있는 재생에너지와의 유기적인 연계와 융합을 위한 노력, 기존 집단에너지의 보다 더 유연하고 지능적인 시스템으로의 기술적 업그레이드 등 이를 촉진하는 혁신적인 기술개발과 사업모델이 필요한 시점이다.

최근 전 산업계에서 불고 있는 4차 산업혁명 기반기술들이 에너지산업에 접목하면서 에너지산업의 스마트화가 진행되고 있으며, 이로 인해 에너지산업의 경쟁력이 부존자원 중심에서 기술력 중심으로 이동하고 있다.

집단에너지의 4차 산업혁명 기술을 접목한 스마트화가 일부 분야를 중심으로 진행되고 있으나 아직은 초기 단계이고 점차 확대될 것으로 기대되고 있다. 구체적으로 집단에너지의 4차 산업혁명 기술은 다양한 부문에 적용될 수 있을 것이다. 첫째, 에너지 설비운영에 대한 최적화에 활용되는 것이다. ICT기술의 발전으로 다양한 설비에 대한 예측정비, 안전관리, 운영 효율화에 보다 정확한 진단을 기대할 수 있으며, 유지보수의 스마트시스템으로 고장을 사전에 미리 예측하여 관리함으로써 비용 손실을 줄여 최적의 자산관리가 가능하게 될 것이다. 둘째, 재생에너지 등 다양한 분산자원 간의 경계를 허물고 상호 간의 연계와 융합 시스템을 구축하는데 있어 발생되는 기술적인 문제를 해결하는데 활용되는 것이다. 여러 곳에서 분산된 에너지를 유기적으로 연계하고 하나로 통합하여 운영·관리할 수 있는 스마트한 통합 제어시스템을 구축하는데 ICT기술의 도움 없이는 불가능할 것이다. 셋째, 미래사회의 에너지시스템 변화에 발맞춰 다양한 사업모델에 활용되는 것이다. 예를 들어 최근 에너지를 소비하면서 동시에 생산·판매하는 에너지 프로슈머(prosumer)의 역할이 커지게 됨에 따라 전력위주의 거래에서 열 분야로 확대되어 다양한 재생 및 미활용 열에너지를 기반으로 한 열전용 프로슈머의 활성화가 예견되며 이와 관련해서 다양한 신사업이 활성화 될 것이다. 또한 소비자에게 원하는 시기에 필요한 만큼의 전기, 난방, 온수를 공급해주는 맞춤형 생산(mass customization)의 시대가 도래될 것으로 기존의 획일적으로 에너지를 공급하는 방식에서 벗어나 소비자에게 맞춤형 제품과 서비스를 제공하게 되는 새로운 사업모델이 등장하게 될 것이다.

이와 같이 집단에너지의 4차 산업혁명 기술 적용은 기존 시스템을 보다 더 유연하고 안정적이며 지능적으로 업그레이드하여 경쟁력을 높이고 미래 분산에너지 시스템의 핵심 요소로 자리매김하는 데 기여할 것으로 기대된다.

본 장에서는 문헌자료를 기반으로, 분산에너지를 대표하는 집단에너지의 효율화와 지능화를 이룰 수 있는 기술개발 영역을 소개하고, 플랫폼 기술의 발전과 데이터 중심의 서비스 개선 등 새롭게 등장하는 스마트한 사업모델들에 대한 이해를 돕고자 한다.

② 국내외 기술동향

1. 일반 현황

해외 각국은 에너지 분야에서 혁신기술을 응용하여 스마트한 기기와 시스템 개발을 위해 다양한 노력을 기울이고 있다. 주로 미국, 일본을 중심으로 에너지 기기의 고효율화와 지능화를 위한 기술개발에 앞장서고 있으며, 특히 IoT기반의 스마트미터기와 유량계와 같은 차세대 계량기기 개발에 전념하고 있다. 발전부문은 GE, Siemens 등 글로벌 기업들이 클라우드 기반의 디지털발전소(Digital Power Plant) 소프트웨어를 개발해서 발전설비의 최적운영을 위한 솔루션을 제공하고 있다. 발전설비에 대한 데이터를 기반으로 가상의 디지털발전소로 모델링함으로써 다양한 시뮬레이션과 분석기법을 활용해 최적의 조건을 실제 설비에 적용하고 있다. 기존 에너지시스템에 ICT기술을 적용한 다양한 융복합연구도 활발히 추진되고 있다. 독일은 미래 e-Energy 시장을 위한 'e-Energy: ICT-Based

Energy System of The Future' 프로젝트를 통해서 차세대 분산형 에너지시스템 개발, 재생에너지 계통연계 확대를 위한 지능형 네트워크 구축, 빅데이터 기술을 통한 에너지 수요예측 등 차세대 기술개발에 집중하고 있다.

집단에너지 분야의 ICT기술을 연계한 융복합연구가 활발히 진행되고 있다. 덴마크, 핀란드 등 북유럽국을 중심으로 지역난방 개별세대의 서비스 향상을 목적으로 ICT기반의 스마트시스템 개선을 위한 여러 연구가 진행되고 있다. 난방 소비자가 자신의 난방 소비량과 요금수준을 정확히 인식해 스스로 난방소비를 통제할 수 있도록 유도하는 지능형 난방소비 계량기(meter) 혹은 열요금 분배기(heat cost allocator)를 개발 보급해서 에너지 절감에 적극 기여하고 있다.

최근에는 기존 고온의 열공급 방식인 3세대 지역난방으로부터 재생에너지, 미활용열원, 축열조, 히트펌프 등을 이용한 중저열원 중심의 4세대 지역난방으로의 전환에 대한 연구가 늘어나고 있다. 오스트리아에서 재생에너지원과의 시스템 접목성을 고려해 중저온 열공급(50℃ 내외) 네트워크를 중심으로 고온(90℃ 내외) 열공급 및 저온(25℃ 내외) 배관간 상호간의 열에너지 교환이 가능한 캐스케이드(cascade) 방식의 열네트워크 구축을 위한 기술개발이 진행 중이며, 독일에서도 상이한 온도대로 운전되는 복수의 열공급 네트워크 구축과 소비자 분산열원으로부터 발생하는 다양한 온도대의 열에너지의 손실없이 저장과 이용이 가능한 시스템 개발에 앞장서고 있다. 국내는 초기 연구단계로 4세대 지역난방으로의 전환을 위해서는 열공급 방식, 열원, 열저장 기기유형, 열손실, 지역난방 시스템 설계 및 운영전략 등을 종합적으로 고려해야 하며, 아직은 여러 가지 기술

적, 제도적인 문제점을 내포하고 있다.(권길성, 2019, 5쪽)

분산형 네트워크 시스템은 에너지 프로슈머(prosumer)의 핵심 요
소로 관련 연구가 꾸준히 추진되고 있으며, 주로 재생 및 미활용에
너지의 광역망 연계와 함께 열생산자 간의 상호 양방향 열거래시스
템 구현을 위한 실증사업에 집중되고 있다. 유럽의 Resilient Project
는 열과 전기의 통합 거래시스템 구축을 목적으로 전기와 열 네트워
크를 결합한 ICT기반의 지역에너지관리 플랫폼(ICT-Based Framework
for District Energy Management)을 설치하여 다양한 실증연구를 진행하
고 있다.〈그림 1〉

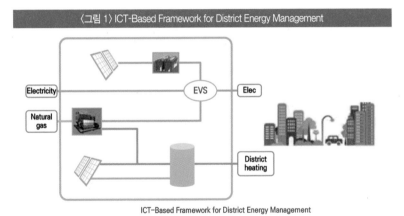

〈그림 1〉 ICT-Based Framework for District Energy Management

ICT-Based Framework for District Energy Management

산업통상자원부, 한국에너지기술평가원, 2014, p.47

유럽에서는 SDHPlus(Solar District Heating Plus, 태양열지역난방),
SDHp2m(SDH Policy to Market)과 같은 프로젝트를 통해서 분산형 태
양열지역냉난방에 대한 실증연구와 비즈니스모델 개발 등에 대한
사업이 진행되고 있다. 최근에는 대규모 축열조를 설치하지 않고 태

양열 집열단지를 직접 지역열그리드에 연계하는 방식 또는 태양열과 기타 재생열원을 복합하여 열네트워크를 구성하는 방식이 실증 및 보급되고 있는 추세이다. 다양한 재생열원과 지역 열그리드를 통합 연계시켜 전체 시스템의 에너지효율과 온실가스 저감을 위한 실증과 비즈니스 모델 개발을 통한 시장 확대를 꾀하고 있는 것이다.

2. 저온 열공급 열에너지네트워크 기술 현황

(1) 개요

최근 유럽에서는 차세대 열공급 기술로서, 저온 열공급 열에너지 네트워크 기술이 활발히 연구되고 있다. Lund, H et al. (2014)에 의하면 열공급 기술을 공급 온도에 따라 세대(Generation)로 분류한다면 〈표 1〉과 같다. 중앙 열공급 개념이 도입된 1880년부터 1930년대까지 스팀을 이용하여 공급하는 기술을 1세대, 1980년대까지 100℃이상 고온수를 이용하던 열공급 기술(HTDH, High Temperature District Heating)을 2세대, 그 이후 80~100℃ 온수를 이용한 열공급 기술(MTDH, Middle Temperature District Heating)을 3세대로 분류할 수 있다. 4세대 열공급 기술은 70℃ 이하의 온수를 이용하기 때문에 저온 열공급(LTDH, Low Temperature District Heating)기술이라 칭하고, 이에 대한 연구 및 실증이 활발히 추진되고 있다.

〈표 1〉 지역난방 세대별 특징				
	1세대	2세대	3세대	4세대
시기(연도)	1882~1930	1930~1980	1980~2020	2020~2050
공급온도	스팀 (200℃)	고온수 (100℃ 이상)	고온수 (100℃ 내외)	저온수 (30~70℃)
열원구성	석탄 보일러, 중유 CHP	석탄, 중유 CHP	중대형 CHP, 소각로, 바이오매스 등	소각로 CHP, 지열, 연료전지, 태양열, 바이오매스 등
도입목적	편리성, 위험감소	연료절감, 비용절감	공급 안정성 확보	지속가능한 에너지 시스템 으로의 전환

출처: Lund, H., et al., 2014, pp.8. 재구성

(2) 장점

기존의 중고온 열공급 시스템은 실수요에 비해 고온으로 열에너지를 수요처까지 수송하므로 열손실 발생의 여지가 크며, 특히 태양열, 지열 등 수요처 인근에 산재하는 중저온 에너지원의 이용 기회를 제한하는 한계가 있다. 이를 극복하고자 열수송 매체의 공급온도를 기존 80~115℃로부터 50~70℃로 낮추려는 저온 열공급 기술이 제안되었으며, 다음과 같은 장점을 가질 것으로 기대되고 있다.

첫째, 에너지 효율향상에 기여할 것이다. 열수송 매체의 온도가 높을수록 배관 주변온도와 온도차가 커짐에 따라 발생하는 열손실량이 많으며, 특히 외기온도가 상승하거나 저에너지 빌딩 도입 등으로 열수요가 감소하여 단위 배관당 수송하는 열량이 적을수록, 배관에 정체되어 있는 시간이 증가하여 열손실율도 같이 증가하게 된다. (강수영, 2018, pp.9-10) 저온 열공급 시스템에서는 열수송 매체의 온도를 낮춤으로써 열손실이 감소하고 에너지 효율이 증대될 수 있게 된다.

둘째, 중저온 재생 및 미활용에너지원을 열에너지 네트워크에 연계하여 활용할 수 있게 된다. 예를 들어, 안정적이고 지속적인 열원을 확보할 수 있는 지중열원을 활용한다면 기저 열부하(base load heat demand)를 감당할 수 있게 된다. 태양열 집열기의 경우, 집열을 통해 열매체 온도를 고온까지 승온시켜야 하는 기술적 어려움이 줄어들게 되어 열에너지 네트워크에 연계가 수월해질 것으로 기대된다. 무엇보다 다양한 중저온의 재생 및 미활용에너지 열원설비를 열에너지 네트워크에 연결할 수 있다는 점은 열에너지의 생산과 소비를 효율적으로 관리할 수 있으며, 궁극적으로 대규모 재생 및 미활용에너지 열원설비를 도입하여, 경제성을 확보할 수 있는 초석을 마련한다는 점에서 의미가 크다.

마지막으로 배관의 열응력(thermal stress)을 감소시킬 수 있게 된다. 열생산 설비에서 가열된 열수송 매체는 약 10기압 내외의 압력으로 주배관(main pipeline)을 통해 이송된다. 열수요가 있을 경우, 80~115℃의 열수송 매체가 지속적으로 흐르지만 하절기(4월~10월)에는 대체적으로 상온(20℃)과 유사한 온도분포를 가지므로, 배관의 온도는 변화하게 된다. 이러한 배관온도의 변화는 배관의 열팽창 및 수축으로 60℃이상의 계절 간 배관온도 차이가 발생하며, 또한 열부하로 이어져 배관 균열(leakage)을 야기하게 된다. 저온 열공급 시스템에서는 열수송 매체의 온도가 낮아 배관의 열응력이 감소하므로, 기존의 중고온 열공급시스템에 비해 배관 균열이 발생할 가능성이 낮고 열에너지 네트워크 내 배관망의 수명을 연장시켜 운영비용 절감을 기대할 수 있다.

(3) 요구 기술

저온 열공급 열에너지 네트워크 기술을 구현하기 위해서는 수송손실을 저감하기 위한 배관 관련기술, 부하에 즉각적으로 대응할 수 있는 서브스테이션(substation)기술과 같은 요소기술 개발이 필요하다. 또한 30~50℃에서 발생할 수 있는 레지오넬라(Legionella)와 같은 병원균을 처리하기 위한 기술, 다양한 재생 및 미활용에너지원을 활용하기 위한 연계기술 등도 개발되어야 한다. 열에너지 네트워크의 효율향상을 위해 열 분배 및 유량 제어기술, 에너지 통합관리기술 및 운영 전략 수립도 요구된다.

(4) 개발 및 실증 사례

저온 열공급 열에너지 네트워크 관련 몇몇 개발 및 실증사례가 보고되고 있으며, 이들을 세 분류로 나눌 수 있다.

첫째, 기존 중고온 열공급 시스템을 4세대 저온 열공급 시스템으로 개선한 사례이다. 이들은 저온열공급 시스템 개념의 도입에 따라, 기존 중고온 시스템에 비해 난방 공급수 온도가 낮은 저온 시스템 실현가능 여부와 열손실 저감율에 대한 실증연구 필요에 의해 추진되었다. 1995년 터키에서는 기존건물에 지열을 활용한 저온열공급 시스템을 구축하여 10년 이상 운전하였고 2011년에 덴마크 쇤더비(Sønderby)에서는 기존 중고온열공급 시스템을 저온열공급 시스템으로 교체하여, 열손실을 43%에서 15%로 낮췄다고 보고되었다.

둘째, 단열이 강화된 건물에 대한 저온 열공급 시스템 실증사례이다. 최근 건물 에너지 효율을 높이고자, 단열을 강화한 저에너지하우스(low-energy house), 제로에너지하우스(zero-energy house), 패시브하우스(passive house), 액티브하우스(active house) 등의 건물이 건축되고 있다. 단열이 강화되어 열손실이 적어진 만큼, 열 수요는 줄어들고, 전술한 바와 같이 열부하가 낮을수록 중고온 시스템의 열손실율은 증가하므로, 열수요가 많지 않은 건물들을 위한 지역난방 시스템으로는 기존 중고온 시스템은 적합하지 않다는 결론으로 귀결된다. 따라서 열부하가 낮은 건물들에 적합한 열공급 시스템으로서 열손실을 줄일 수 있을 것으로 기대되는 저온열공급 시스템을 도입하는 경우에 대한 실증연구가 요구되었다. 스웨덴 할름스타드(Halmstad) 근교에 위치한 다가구 패시브(passive)형 건물들에 난방 및 급탕용으로 저온 열공급 시스템을 2010년에 도입하여 난방 및 급탕용 운전하였으며, 덴마크 리스트럽(Lystrup)에서 2009년 신축된 저에너지 단독주택 40채를 대상으로 저온열공급 시스템을 실증 운전하였다.

셋째, 재생에너지를 접목한 저온열공급 실증사례들이다. 4세대 저온열공급 시스템은 중저온의 재생 및 미활용 에너지원을 활용할 수 있을 것으로 기대되어, 이에 대한 실증도 이어졌다. 영국 슬라우(Slough)에는 다양한 열원을 가지는 4세대 저온열공급 시스템을 실험할 목적으로 2010년에 구축하였고, 캐나다 앨버타(Alberta)에서는 태양열 집열시스템과 지중 계간축열을 2007년에 완공하였다. 이보다 앞서 2006년 독일 뮌헨(Munich)에도 태양열 집열시스템과 계간축열 시스템을 연계 운전하였다.

③

스마트 집단에너지 기술

1. 집단에너지와 IoT의 융합

(1) 에너지생산 부문과의 연결

① 스마트 발전소(Smart Power Plant)

발전소의 효율을 극대화하고 고장 정지율을 최소화하는 지능형 발전소로 다수의 센서로부터 수집한 빅데이터와 AI기술을 활용해서 발전소의 성능을 실시간으로 예측하고, 고장예측 모델을 통해 설비고장을 사전에 인지하는 것이 가능하게 된다. 주요 설비에 대한 모니터링이 강화되면서 각종 오류에 대한 적시 제거가 가능하기에 이는 발전소의 운영비 및 투자비 절감의 혜택을 가져다주게 된다. 더구나 최적화 기반의 개별 발전소들을 통합 소프트웨어의 플랫폼을 이용한 개방적인 운영을 통해서 동종 발전소의 효율개선뿐만 아니라 재생에너지원과의 계통 불안정을 개선하고, 환경과 경제성을 고려한 이종 발전소 간에 상호 운영을 모색하는 것이 가능하게 된다.

② 가상 네가와트/네가히트 발전소(Virtual Negawatt/Negaheat Power Plant)

재생에너지, 미활용에너지, 네트워크, 통신 및 제어기술이 하나로 통합되어 기존의 상용계통과 동기화되거나 독립운전이 가능한 에너지 허브시스템으로 클라우드 기반 가상발전소의 개념이다. 전기의 네가와트에 대응하는 열에너지의 네가히트 개발을 통해서 전기와 열에너지를 종합 관리함으로써 전체 에너지를 최적화하고 효율성의 극대화를 가져올 것으로 기대된다. 열원까지 통합한 VNPP 개발과 이를 활용한 에너지 허브시스템 구축은 국가차원의 에너지 수요와 공급의 안정성을 확보하고, 공급인프라 확충의 부담을 경감하는데 크게 기여할 것이다.

(2) 에너지전달 부문과의 연결

① 스마트 전기/열 통합그리드

다양한 분산에너지원이 그리드시스템에 통합되어 운영되는 에너지의 인터넷(Internet of Energy, IoE) 기반이 확산되고 있는 추세이다. 스마트 그리드의 개념은 비단 전력산업뿐만 아니라 열에너지 부문으로도 확장돼 스마트 열그리드(Smart Heat/Thermal Grid)의 개발로 확대 적용될 수 있을 것이다. 스마트 전기/열 통합그리드는 네트워크의 최적운영, 재생에너지 등 분산자원의 확대와 효율적 이용, 그리드를 통한 소비자와의 양방향 거래를 실현하기 위한 핵심적인 요소에 해당된다.

② 지능형 열수송/저장 시스템

재생 및 미활용 열에너지를 효율적으로 이송하고 장기적으로 저장이 가능하며 언제든 원하는 시간에 발전과 냉난방을 제공할 수 있는 IoT기반의 통합 관리시스템에 해당된다. 열에너지의 경제적 수송과 저장을 위해서는 공급과 수요의 시간적, 공간적 불균형을 해소하는 것이 중요하며, 이는 전체 에너지 이용효율을 향상시키고 안정성과 신뢰성을 제고하는데 영향을 미치게 된다. 또한 저온영역 대에 존재하는 재생 및 미활용 열에너지를 기존 집단에너지 네트워크로 연계와 함께 캐스케이드(cascade) 방식의 단계별 온도 공급시스템을 구축하는 것도 가능할 것이다.

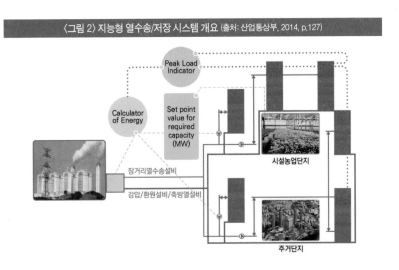

〈그림 2〉 지능형 열수송/저장 시스템 개요 (출처: 산업통상부, 2014, p.127)

(3) 수요관리 부문과의 연결

① 스마트 에너지관리시스템(EMS)

에너지의 체계적인 관리와 효율적 사용을 위한 통합 솔루션으로 기존에 전기·열·가스 등의 에너지원별 개별관리에서 통합관리로 확대 적용된다. 이러한 각각의 에너지원별 EMS분야에서는 IoT가 융합되어 ①에너지 사용기기의 사물(thing)에 내재되는 센서, 통신모듈, 제어 및 계측기기, 운영체제 등을 포함하는 제품(device), ②이러한 제품을 유무선 네트워크로 연결하는 통신(connectivity), ③통신을 통해 데이터를 수집, 축적, 분석, 활용할 수 있도록 다양한 기반적인 기술을 제공하는 플랫폼(platform) 부문, 마지막으로 ④소비자들의 에너지 사용의 편의성 증대 및 절감 현실화를 위한 서비스 등 4가지 영역으로 현실화되고 있다. 최근에는 IoT기술의 확산으로 EMS기능과 제어대상 설비와 기기도 확대되고 생산관리, 환경관리 등 다양한 관리 분야와 통합되는 경향을 보이고 있다.

② 스마트 빅데이터(BigData)

기존 방식으로는 관리가 어려운 데이터를 분석해 유용한 정보를 추출하고, 여기서 생성된 지식으로 효율관리, 수요예측, 컨설팅 등 다양한 서비스에 활용된다. 관련 정보는 수요반응(Demand Response)과 연계되어 소비자가 효율적으로 제어하는데 활용될 뿐 아니라 에너지 기업들의 신규 상품 및 서비스 개발까지 가능하게 한다. 예를 들면, 양방향 통신에 따른 실시간 요금제의 도입으로 사용자는 저렴한 시간대에 전기와 열을 능동적으로 선택해 사용할 수 있고, 공급자는 수요반응에 따라 피크 설비를 감축하는 등 전반적인 집단에너지 산업을 효율적으로 운영할 수 있게 되며, 기업들은 수요자의 사용 패턴을 분석해 가장 효율적인 전기와 열에너지 사용법을 제공하게 된다.

③ 에너지 프로슈머(Prosumer)

분산에너지원의 확산에 따라 단순한 소비자에서 적극적으로 에너지 거래를 원하는 프로슈머의 역할이 커지고 있다. 대부분 분산에너지의 전력거래 위주로 개발이 진행되고 있어 향후 열에너지를 포함한 통합 프로슈머로 확대가 기대된다. 열에너지 기반의 열 프로슈머 구현을 위해서는 거래를 지원할 수 있는 거래기반의 에너지관리 기술과 플랫폼 기술이 필수적이다. 프로슈머의 활동이 확대되면 기업들은 각 개인의 모바일로 서비스 개선이 가능하며 더 나아가 에너지 플랫폼을 개설하고 사용료 및 서비스 수수료를 받는 등 세분화된 고객 중심의 비즈니스 모델을 개발하여 신규 수익창출이 가능하게 될 것이다.

2. 새로운 비즈니스 모델을 위한 집단에너지 기술

(1) 스마트한 에너지 공유사회

공유경제 개념을 활용한 새로운 형태의 다양한 모델이 에너지 부문으로 확대되고 있다. 소비자도 친환경에너지를 직접 생산하고 판매할 수 있는 비즈니스 형태의 에너지 프로슈머가 등장하고 이에 따라 생산자와 소비자를 효율적으로 연결하여 거래가 가능하도록 하는 플랫폼 비즈니스가 확대될 전망이다. (김현제, 2018, pp.1) 미래의 에너지기업은 에너지거래를 위한 플랫폼 역할을 하면서 더 나아가 축적된 데이터를 기반으로 각 소비자의 개별적인 맞춤형 생산이 가능하게 될 것이다.

에너지 공유사회의 적합한 사업모델 구현을 위해서는 다양한 부문의 기술이 뒷받침되어야 하며, 특히 블록체인과 같은 보안기술의 도움으로 안전한 거래를 실현하는 것이 가능하게 될 것이다.

〈표 2〉 스마트한 에너지 공유사회를 위한 기술개발 과제(예시)	
전략과제	개요
복합 에너지거래 시스템 구축	열, 전기 등 다양한 에너지가 에너지거래시장과 개별 수요처에 효과적으로 판매 및 거래될 수 있도록 지원하는 시스템
에너지 클라우드 실증 기술	에너지 소비특성 DB를 기반으로 가상에너지플랜트 운영, 분산에너지원 관리, 양방향 에너지 유통 등 기술 개발
광역 열에너지 거래기반 구축	열에너지를 광역열배관망 및 축열조를 통해 열에너지가 필요한 지역에 경제적으로 양방향 거래 및 판매 인프라 구축
폐기물에너지 재활용 기술	다양한 유기성·가연성 폐기물의 부생가스를 회수해 도시 내 수요처에 최적 공급 및 제어 기술
대형 공공시설의 분산독립형 프로슈머	공항, 경기장 등 대형 공공시설에 에너지 그리드, 에너지 생산 및 저장 시설을 설치해 분산독립형 프로슈머 플랫폼 실증

① 복합 에너지 거래시스템 구축 기술

전기뿐만 아니라 열에너지도 거래시장과 개별 수요처에 안전하게 효과적으로 판매되고 거래될 수 있도록 통합 지원시스템을 구축하는 기반기술에 해당된다. 기존 공급자 중심의 에너지 발전자원에서 벗어나 에너지 수요자원을 보다 적극적으로 활용하기 위해서는 기본적으로 전력거래 시장과 더불어 열에너지원 활용이 가능한 비즈니스 모델 기반의 거래시스템과 인프라 구축이 필요하다. 전기는 이미 거래시장이 활성화되어 인프라가 비교적 잘 구축되어 있는 반면에 열에너지의 경우는 아직 기술적, 제도적인 기반이 미흡한 실정이다.

전기와 열에너지의 통합 거래기반을 마련하기 위해서는 개별 요소기술 이외에도 시스템 차원의 통합적인 제어와 유기적인 시스템에 대한 기술개발이 이루어져야 한다. 주로 열거래를 위한 분산형 재생에너지열원 제어기술, 서브스테이션 제어기술, 복합 에너지생산과 소비정보 분석에 기반한 지능형 에너지운용 및 관리기술들이 포함된다. 특히 저온의 재생열에너지 거래를 위해서는 스마트 열그리드(Smart Heat Grid)기반의 열거래 플랫폼이 필수적이며, 이는 열거래시스템 구축에 있어 가장 핵심적인 요소에 해당된다. 복합 거래시스템 구축을 위한 핵심 요소기술은 다음과 같다. (관계부처 합동, 2016, e-프로슈머, 주요 내용을 재구성함)

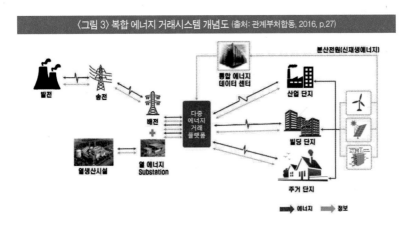

〈그림 3〉 복합 에너지 거래시스템 개념도 (출처: 관계부처합동, 2016, p.27)

(a) 에너지 프로슈머를 위한 능동형 의사결정 지원시스템 기술

기존 에너지사용량 모니터링 기기는 사용자에게 에너지 소비정보만을 제공해 주는 수준으로 실질적인 사용자 행동패턴 변화에 미치는 영향은 거의 미흡하다. 소비자들이 직관적으로 에너지 소비현황과 예상 판매수익을 인지하여 궁극적으로 에너지 사용패턴의 변화를 유도할 수 있도록 인지공학 측면의 의사결정을 지원하는 시스템의 개발이 필요하다. 이는 다양한 종류의 에너지 소비정보 수집을 위한 스마트미터링(metering), 비접촉식 부하식별(Nonintrusive Load Monitoring)기반의 에너지 소비정보 수집, 부하분할측정(Load Disaggregation) 알고리즘 기반의 에너지 소모기기 식별, 데이터 마이닝(data mining) 및 회귀분석을 통한 다양한 에너지별 소비량 분석, 사용자 행동특성 및 환경기반 에너지 소비량 예측 등의 기술이 포함된다. 집단에너지 내 공동주택을 대상으로 대규모 실증적용을 통해 완성도를 높일 수 있을 것이다.

(b) AI기반 수용가 맞춤형 상황인지 및 에너지소비 제어시스템 기술

수용가의 에너지 소비흐름을 자동으로 인식하여 미리 설정한 에너지사용 목표에 맞게 지능적으로 관리, 제어하는 상황인지 플랫폼 기술로 주로 외부 환경정보 및 전기와 열에너지 사용량 모니터링을 위한 미터링(metering)기술, IoT기반의 센싱 데이터(sensing data) 실시간 수집기술, 기계학습(machining learning) 및 심층학습(deep learning) 기반의 에너지 소비패턴 실시간 예측기술 등이 관련된다. 기 구축된 외부 의사결정시스템, 원거리 설비의 제어시스템 SCADA(Supervisory Control And Data Acquisition), 에너지 자기학습 기반의 수용가 맞춤제어 플랫폼 구축 등과 같은 기술도 포함된다.

(c) 에너지 거래 최적화 운용관리시스템 기술

기존 전력위주의 거래시장을 확대해 열에너지 거래를 통한 수익 창출을 위해서는 최적화된 거래시스템이 마련되어야 하며, 이는 경제성 기반의 복합 에너지생산 비용분석 툴 및 양방향 거래 정산시스템의 기술개발로 가능하게 된다. 사용량, 운영정보, 제어상태 모니터링을 위한 미터링기술, 다양한 기기 간 통신연동을 위한 IoT기반 통신기술, 사업투자 경제성 확보를 위한 단위모듈 저가화 기술, 에너지원별 수용가 설치형태, 운영방식, 사업자 이해관계를 고려한 에너지효율 개선용 성능측정 및 검증(measurement & verification) 등의 광범위한 분야의 기술 확보가 필요하다.

(d) 스마트 열그리드(smart heat grid)기반 양방향 열거래 플랫폼 및 인프라 구축기술

다양한 열원의 이용효율을 극대화하고 기존 지역난방 시스템과의 통합을 통해서 열공급의 안정성을 가능하게 하는 기반구축 기술에 해당된다. 주로 재생에너지를 효율적으로 관리 운영하기 위한 재생에너지설비 제어기술, 저온의 재생열에너지를 계량하기 위한 제조기술, 물 이외에 별도 매체를 활용한 고효율 저온 축열기술, 기존 네트워크와 새로운 네트워크를 연계하는 서브스테이션 계통기술들이 밀접하게 관련되어 있다. 집단에너지 지역 내 주택과 상업용 건물을 대상으로 전기와 열에너지를 함께 거래할 수 있는 플랫폼 개발을 통해서 열에너지 전문 프로슈머의 등장과 같은 새로운 비즈니스 모델의 활용기반을 마련할 수 있을 것이다.

② 광역 열에너지 거래기반 구축 기술

전국적 광역 열배관망을 구축한 후, 열에너지를 광역 열배관망과 축열조를 통해 필요한 지역에 상호 열거래를 할 수 있는 집단에너지의 새로운 비즈니스 모델의 활용기반 기술에 해당된다. 주로 광역 열배관망 운영관리 최적화, 열거래를 위한 IoT기반 서브스테이션 계통구성 및 운영, 고성능 컴팩트 저온 열교환 및 세정시스템, 복합 에너지저장 및 이용시스템, 다양한 복합열원 최적화 및 양방향 제어 등의 기술이 관련되어 있다. 광역 열에너지기반 구축을 위한 핵심 요소기술은 다음과 같다. (관계부처합동, 2016, e-프로슈머, 주요 내용을 재구성)

(a) 광역 열배관망 운영관리 최적화 기술

기존 네트워크 열원 인근에 열에너지 저장과 이용이 가능한 분산형 축열조 및 저장조를 허브로 삼아 다양한 열 생산과 잉여 열의 상호 거래가 가능하도록 광역망 규모의 열 네트워크를 최적으로 운영관리하는데 필요한 기술에 해당된다.

(b) IoT기반 광역 열거래를 위한 서브스테이션 계통구성 및 운영기술

열 네트워크에 연계된 다양한 열원과 열수요의 정보를 실시간으로 입수, 분석하여 최적의 운전과 제어가 가능한 지능형 자동 제어 시스템 기술로 기존의 단방향 에너지 흐름과 달리 다양한 이해관계자 상호간의 양방향 에너지거래에 따른 매우 복잡한 에너지흐름에 대하여 실시간 최적운전 솔루션의 개발이 요구된다. 이를 통해 스마트 열거래의 가장 핵심가치라 할 수 있는 운영상의 유연성 확보와 사업화가 가능할 것이다.

(c) 고성능 저온 열교환 및 세정 기술

재생에너지의 저온 열공급시스템 적용시, 고온 열공급 조건에서와 동일한 열 품질(quality)을 제공하기 위해 상대적으로 적은 온도차 조건(최대 약 65℃/최소 약 30℃)에서도 동일한 열교환 성능을 갖는 고성능 저온의 열교환 기술과 함께 슬러지 등 이물질 제거의 세정기술을 통해서 열교환율 저하를 향상시킬 수 있다.

(d) 복합 에너지 저장·이용 시스템 기술

고밀도의 축열조 본연의 기능에 더하여 열 자체만이 아닌 열 물성의 특성을 활용한 전력변환·활용 혹은 잉여 전력의 열 변환·활용의 병행이 가능한 열과 전기의 저장기능을 동시에 갖는 복합 시스템 기술이다. 양방향 열거래 모델을 성공적으로 보급하기 위해서는 최적화 운영시스템을 통해 수요와 에너지생산 간의 시점을 최대한 일치시켜야하나, 이는 현실적으로 매우 어렵기 때문에 전기와 열에너지 동시 저장시스템 개발을 통해 운영상의 유연성 확보가 가능하게 된다.

(2) 스마트시티 분산에너지시스템

전 세계적으로 급속한 도시화로 인한 문제 해결방안의 하나로 스마트시티로의 변화가 요구되는 가운데 그 중에서 에너지는 가장 중요한 부문을 차지하고 있다. 도시에서 소비되는 열, 전기, 가스 등 모든 형태의 에너지를 최적으로 관리하는 지능형 시스템으로 빠르게 전환되고 있으며, IoT, 빅데이터, 블록체인 등 신기술과 연계한 사업들이 활발히 진행되고 있다.

전략과제	개요
연료전지 가상발전소	건물형/분산전원용 연료전지에 IoT 기술을 접목해 통합 운영하여 에너지효율을 최적화하는 차세대 그리드
제로에너지 커뮤니티	건물 및 지역 커뮤니티의 제로에너지화를 위한 커뮤니티 에너지정보 네트워크 및 관리시스템
스마트미터/ 유량계 및 서비스 플랫폼	AMI, 스마트유량계를 통해 다양한 에너지 정보를 수집하고 에너지 관리 IoT서비스를 제공하는 플랫폼
스마트 ESS	수용가와 수요관리사업자가 ESS, EMS를 활용한 빅데이터 분석을 통해 수익창출 비즈니스 모델을 운영할 수 있는 기술
다중 마이크로그리드 기반 스마트시티	전기, 열, 가스, 수자원 등 다양한 자원의 최적 관리와 고신뢰도 다품질 에너지공급이 가능한 다중 마이크로그리드

① 스마트 분산에너지 통합관리시스템

재생에너지원의 확대로 인한 전력 그리드의 불안정성을 해소하고 예측 가능한 최적운용을 위해 전기, 열, 가스의 통합·연동을 통해서 경제성 있는 공급망을 구축하고, 효율적 수요관리 및 에너지 거래의 확대를 기대할 수 있다. 기존 연구가 전기·가스·열 에너지원별 효율개선이나 수요공급의 균형에 초점이 맞추어져 있고 다중 에너지를 통합 관리하는 연구개발은 선진국을 중심으로 시작 단계에 있다. 통합 운용 및 관리시스템은 전기, 열에너지 수요에 맞추어 공급을 조절하고 공급원을 선택할 뿐만 아니라 에너지저장 시스템의 용량과 제어에 대해 최적화된 관리기술이 필요하게 된다. 시스템 개발을 위한 세부 핵심기술은 다음과 같다. (관계부처합동, 2016, 성장동력작업반, 주요 내용을 재구성)

(a) 에너지 통합 시스템 모델링 기술

전기·열·가스 공급망, 구역 내 재생에너지 생산, 에너지저장 시스템, 그리고 이종에너지 간 변환장치의 구성 요소를 모델링하고 최적의 수요공급을 이루는 관리시스템의 모델링 기술에 해당된다. 다중 에너지네트워크 모델링 기술개발(시뮬레이션 시스템)과 변환장치(보일러, CHP, 히트펌프 등), 저장장치 및 재생에너지의 모델링 기술이 포함된다. 건물, 공장, 지역 내 에너지소비를 모델링하고 다중 에너지의 생산 및 공급, 변환, 저장을 ICT기반의 시뮬레이션을 통해서 최적 설계기술(기기 구성/용량, 그리드연계 여부 등)의 확보가 필요하다.

(b) 산업단지 에너지 통합 밸런스 기술

전기·열 에너지 소비량이 높고 집중적으로 이루어지는 특징을 갖는 산업단지를 대상으로 재생에너지, 저장장치의 활용도를 극대화하고 이종 에너지간 변환을 통해 안정성을 높일 수 있는 모델링, 에너지 기기 연동, 시스템 운용기술 등이 관련된다. 공장, 산업단지의 전기·열·가스의 공급과 수요를 안정시키고 에너지 자립도를 높일 수 있는 재생에너지 발전기술, 에너지저장장치 도입을 확대하는 최적 에너지 운용기술, 에너지 통합 스마트 계량기술, 공장 및 산업단지 에너지 통합 네트워크 모델링 및 시뮬레이션 기술 등의 개발이 요구된다.

(c) 커뮤니티 에너지 통합 밸런스 기술

주거단지, 빌딩을 대상으로 전기·열·가스 공급망과 구역 전기·열 생산, 저장을 통합 운용하고 수요관리를 통해 잉여 에너지를 인접 지역으로 거래할 수 있는 지능형 관리시스템 기술에 해당된다. 에너지자립 홈, 타운, 빌딩 구축을 위한 재생에너지, 에너지 저장장치 기반의 에너지 네트워크 모델링 및 시뮬레이션 기술(시뮬레이션 시스템), 에너지 변환 최적화를 통한 이종 에너지 간 거래 및 최적 운용 기술(에너지 관리시스템, 거래 플랫폼) 등이 포함된다.

(d) 단위구역 에너지효율 관리기술

이종 에너지 통합관리를 통해 단위 구역에 대한 공급망의 유연성을 확보할 뿐만 아니라 구역을 대상으로 전체 효율개선의 수요관리가 가능하게 된다. 에너지 부하별 모니터링 및 실시간 진단기술, ICT 기반 효율 최적화를 위한 운용기술, 미터링 및 상황인지를 위한 센서 통합 및 연결기술 등이 포함된다.

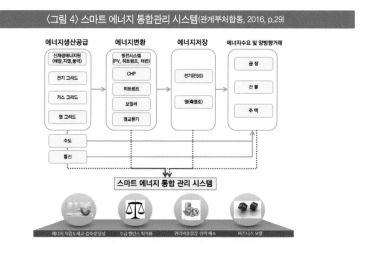

〈그림 4〉 스마트 에너지 통합관리 시스템(관계부처합동, 2016, p.29)

② 도시/산업 폐열이용 에너지 네트워크 기반기술

기존의 중고온 열수송 매체(110℃ 공급)를 저온(동절기 60℃ 내외 공급, 하절기 15℃ 내외 공급)으로 대체함으로서, 에너지 네트워크의 이용률과 총 효율을 향상시키는 기술에 해당된다. 기존의 난방위주로 사용되었던 중고온 열수송매체 기반의 열 네트워크는 실수요처의 필요(50~60℃)에 비해 매체의 온도가 너무 높아 수요처 인근의 중저온 미활용 및 재생에너지를 이용할 수 없게 되며, 열손실 등 여러 가지 문제를 수반하게 된다. 저온 열네트워크 구축을 위한 핵심 기술은 다음과 같다. (산업통상자원부, 2014, 주요 내용을 재구성함)

(a) 복합적 다층구조를 갖는 열원의 활용을 위한 다중열원 히트펌프 기술

네트워크 내 열생산 및 소비의 최적화를 위해, 열 생산자 및 수요자 인근의 다양한 열원을 복합적으로 이용 가능한 히트펌프 기술로 열병합발전 기반의 지역 열공급시에 열구동 히트펌프를 이용하면 더욱 많은 열을 공급하는 것이 가능하기 때문에 지역난방수 구동 및 환수열원 히트펌프 기술개발이 필요하다.

(b) 도시 및 산업 폐열 유용화를 위한 에너지 변환기술

도시 및 산업 폐열을 중고온열(열구동 heat transformer 열에너지 변환기술), 냉열, 또는 전력(광대역 열-전력 변환기술; H2P, heat to power)으로 변환하는 기술로 폐열을 재활용하고, 잉여열을 그리드의 온열원 라인에 공급하는 것이 가능하게 된다.

(c) 저온망 기반 네트워크 구현을 위한 기술-경제 인프라 확립

네트워크 내 열에너지의 효율적 전송을 위한 기술로, 저온망 대응 정밀 유량분배기술, 저온망 내 열거래 기법, 그리고 산업폐열 하베스팅 및 기간망(backbone) 네트워킹 기술로 구성된다. 신규 저온망 기반 시스템에서는 다양한 양과 질의 에너지들이 망으로의 양방향 접근이 가능하므로, 기존의 열거래(pricing) 방식과는 전혀 다른 열거래 모델이 필요하게 된다.

③ Virtual Negawatt/Negaheat Power Plant(VNPP) 시스템

분산에너지원과 프로슈머 플랫폼에 적용되는 ICT기술은 각 에너지원의 규모가 작고 설치대수가 많아 이를 개별적으로 감시하거나 관리하기가 어려워 가상 발전소(VPP)의 개념을 도입하여 분산에너지원의 효율적 제어와 운영하는 방향으로 진행 중이다. 국내 전력분야의 네가와트 적용을 위한 시스템 개발은 다수의 스마트그리드 실증사업을 통해 활발하게 진행되고 있는 반면, 열에너지의 네가히트 개발은 거의 전무한 실정이다. 열원까지 포함한 VNPP 개발과 이를 활용한 종합 허브시스템 구축으로 혁신적인 시장 메커니즘과 새로운 비즈니스 모델이 생겨날 것으로 예상된다.

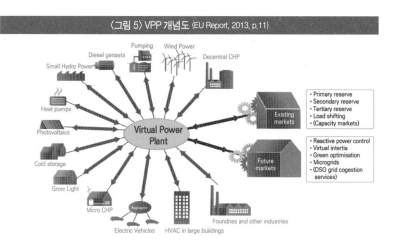

〈그림 5〉 VPP 개념도 (EU Report, 2013, p.11)

전기와 열에너지 통합 VNPP시스템 개발을 위한 세부 핵심기술은 다음과 같다.(산업통상자원부, 2014, 주요 내용을 재구성함)

(a) 미활용에너지 VNPP 자원화시스템 기술

전력/열원의 피크부하 경감을 위해서 다양한 에너지원이 필요하므로 비상용 발전기를 보유한 산업체, 건물들을 중심으로 VNPP 참여를 통해 에너지 공급설비의 증설없이 안정적인 에너지공급과 수요관리의 확보가 가능하게 된다. 히트펌프와 열저장장치를 활용하는 VNPP, 실시간 부하대응, 통합 운용관리 시스템의 기술이 포함되며, 시스템 개발을 통해 냉난방 부하의 에너지저감 달성이 가능할 것으로 기대된다.

(b) VNPP 변환시스템 개발 및 실증기술

VNPP 에너지활용을 위한 변환시스템과 병렬운전 시스템에 대한 기술로 특히 열원에 대한 변환기술과 시스템 기술은 거의 초기단계로 적극적인 개발이 요구된다. 실시간 요금제, 요금에 따라 반응하는 수요반응 플랫폼, VNPP 구성요소에 따른 경제성기반의 최적 부하배분 솔루션 등의 기술이 포함된다.

(c) VNPP MS(VNPP Management System) S/W개발 및 실증기술

그리드 구성과 운전방식에 따른 분산자원과 수요자원의 가용량 예측, 최적운전을 목적으로 한 최적화 알고리즘의 개발기술에 해당된다. 분산자원의 연계운전과 독립운전, 이 두 가지 모드에서 안정적으로 운전이 가능한 알고리즘을 개발하여 혹시 계통에 문제가 발생하더라도 모드를 전환하여 그리드를 독립적으로 운전하는 것이 가능하게 된다. 열병합발전, 보일러, 연료전지 같은 집단에너지 공급설비를 중심으로 VNPP 실증적용과 EMS와의 최적의 연계운전을 위한 알고리즘의 개발을 통해서 시스템의 완성도를 높일 수 있게 될 것이다.

(d) VNPP 통합 관제, 거래 및 운영시스템 개발

스마트그리드, 마이크로그리드, 열네트워크에 네가와트와 네가히트 적용이 적합한 통합시스템의 개발을 통해 분산에너지원 증가로 발생할 수 있는 계통운영상의 기술적 문제, 구성 기기 간의 열, 전기의 에너지 흐름과 관리의 기술적 문제해결이 가능하게 된다. 이미 국내에서 수행중인 전력거래소의 수요관리 시스템을 활용하면 시스템 개발의 도움이 될 것이다.

(3) 에너지 빅데이터 플랫폼

빅데이터 시장 규모가 커지면서 빅데이터를 분석하거나 활용하기 위한 필수 인프라로 빅데이터 플랫폼의 중요성이 증가하고 있다. 에너지의 생산, 관리, 제어 전 분야의 효율화와 최적화를 위해서 플랫폼 기술의 적용사례가 늘어나고 있는 것이다. 다양한 빅데이터의 효율적, 체계적 처리를 위해서 빅데이터 수집/처리, 에너지 빅데이터 분석, 빅데이터 기반의 디지털 트윈 개발 및 활용 등 분야별 기술개발이 요구된다. 특히 대용량 정보의 처리기술이 중요하며, 각종 센서와 홈, 건물, 스마트그리드 등에서 쏟아지는 다양하고 방대한 용량의 데이터를 실시간으로 처리하고 배치하기 위해서 데이터의 저장성과 확장성, 데이터 처리의 신뢰성이 확보되어야 한다. 향후 데이터가 급증하고 있는 만큼 데이터 관리의 안정성을 확보하기 위해 블록체인과 같은 보안기술이 전제되어야 하며 에너지시스템과 금융과의 융합으로 분산에너지원 간의 거래가 안전하게 확대될 수 있을 것이다.

현재 집단에너지의 빅데이터 활용은 주로 스마트 미터링과 스마트 유량계의 계측 데이터를 활용한 서비스에 집중되고 있으며, 수요예측, 설비 유지보수 및 고장예방, 그리드망 운영 부문으로 점차 활용범위가 확대될 것으로 전망되고 있다.

<표 4> 에너지 빅데이터 플랫폼를 위한 전략과제(예시)

전략과제	개요
대화형 에너지 IoT기술	지능형 에너지 서비스를 위한 기반 IoT기술로서 다양한 IoT 기기의 정보들이 통합 연동되어 상위서비스로 연계
IoT기반 오브젝트 에너지관리시스템	IoT기반의 에너지시스템은 구성제품이 다양하여 새로운 관점에서 에너지 데이터와 환경데이터를 분석 및 최적화하는 기술
지능형 에너지 빅데이터 플랫폼	다양한 에너지 IoT정보 플로우를 통합, 저장해 지능적 서비스를 제공하는 에너지 빅데이터 플랫폼 기술
IoT 에너지 Waste 복합관리 기술	다양한 장소에서 발생하는 모든 에너지 흐름을 IoT 디바이스에서 수집해 서비스 환경 내 에너지 Waste를 포착하는 기술

① 디지털 기반 플랫폼 기술

플랫폼, 인공지능 기술을 활용하여 발전소의 발전설비 위험도를 감소하고 정비최적화를 통한 가동률을 최대화할 수 있는 기술에 해당된다. 재생에너지 급증에 따른 유연운전 등 디지털 발전시스템 활용이 필요한 열병합발전, 복합화력 발전소에 적용이 가능하다. 세부

중점기술은 다음과 같다. (산업통상자원부, 2020, 주요 내용을 재구성함)

(a) 지능형 디지털 발전소(Intelligent Digital Power Plant)

발전소 지능화, 디지털화를 통한 발전설비 운전 및 정비 최적화 기술로서 AI기반 통합 예측 및 진단, 전문가 지식서비스, 자산/정비 관리 시스템, 원격 기술지원/교육용 기반기술 등을 개발한다.

(b) IoT 센서 및 영상분석 기반 안전관리

발전소의 안전관리를 위한 안전 감시를 수행하고 작업자의 상태를 수시로 확인하여 안전 사각지대를 없애고 발전소 안전성을 종합적으로 강화시키는 기술이다.

(c) 디지털기반 플랜트 엔지니어링화 기술

증강/가상현실, 디지털신호 통신화, 상태진단 등의 디지털 기술을 활용하여 발전소 건설 및 시운전 기간을 단축함으로써 발전소의 건설비용을 대폭 저감시키게 된다.

② 디지털 트윈 기술

설비, 시스템 등 물리적 대상을 복제한 디지털 객체로 물리적 대상의 수명기간 동안의 성능이나 수명 등 특성을 보유하여 실세계의 환경변화에 대응하는 기술로서 디지털 공간에서 정보통합, 가공 용이성으로 다양한 서비스가 가능하여 산업계의 기술적/경제적 파급력이 매우 높을 것이다. 관련 주요 기술은 다음과 같다.

(a) 발전소 가상운전 시뮬레이터

실제 대상발전소에 구축된 시뮬레이터의 공정모델과 제어모델을 기반으로 구축하고, 시뮬레이터와 실제 발전소의 열성능 관련 운전변수들 간에 일치도를 보장하기 위해 공정모델 중 주요 기기에 대해 정밀 열 수력모델을 개발하는 S/W기술에 해당된다.

(b) 상태평가 가상물리 모델(Cyber Physics Model)

발전소 성능 및 손상과 관련된 열역학 유체역학, 열전달, 구조해석, 파괴역학의 5개 물리분야에 대한 상호통합 및 연계가 가능한 디지털 평가모델 기반의 개발기술에 해당된다.

(c) 다중 도매인 가상물리(Multi-Domain Cyber Physics) 기반 설계시스템 기술

설계와 관련된 다양한 물리 분야를 디지털 환경에서 가상으로 통합 구현하여 기존의 개별 물리분야별 설계를 일괄 수행하고, 정확도 높은 시뮬레이션을 통해 시작품에 대한 시험을 대신함으로써 설계기간과 비용을 단축하는 기술에 해당된다.

(4) 소비 인식전환 기반의 에너지관리

빅데이터 플랫폼을 이용해서 개인의 소비 인식전환 기반의 에너지관리가 가능해지고 있다. 개인의 에너지 사용량과 온실가스 발생량에 대한 용이한 접근으로 에너지 소비의 상대적인 비교를 통해 자발적인 에너지효율 관리를 유도하며, 개인의 에너지 소비유형에 따라 맞춤형 포트폴리오 기반의 시장이 조성되게 된다. 대표적으로 미국은 정보 공개정책의 일환으로 소비자의 에너지 요금과 사용량의 공개를 제도화(Green Burton Initiative)하여 전력사용을 절감하고, 공개 정보 기반의 신규 시장을 창출하고 있다. 영국 Piclo는 분 단위로 전력 구입단가에 대한 실시간 정보를 제공하고 있으며, 전기구매자가 선호하는 발전원(태양광, 풍력, 수력 등)도 자율적으로 선택할 수 있게끔 에너지 포트폴리오를 구성하고 있으며, 향후 소비자가 경제성, 효율성, 환경성 등을 고려하여 에너지공급을 선택할 수 있는 유연한 소비시스템으로 발전하게 될 것이다. 현재는 에너지 사용량에 대한 실시간 접근이 어렵고 소비저감 비용도 너무 크기 때문에 이를 개선할 저비용의 ICT기반 사용량 감지, 분석 및 제어 관련 기술개발이 요구되어 진다.

〈표 5〉소비 인식전환 기반 에너지 관리를 위한 전략과제(예시)

전략과제	개요
K-Energy Burton 구축 기술	개인의 전기, 열, 가스 등 에너지 사용량 데이터를 실시간 공개하여 냉/난방, 전열 등 구성기기 관리를 자율적으로 수행
개인맞춤형 에너지진단 관리서비스	에너지 소비량을 기반으로 요금, 사용량, 환경, 라이프 스타일 등의 다양한 개인목표를 달성하기 위한 진단 및 관리 인공지능 서비스
IoT 기반 에너지사용량 수집 시스템	에너지 소비기기의 실시간 사용량 수집을 위한 센싱, 통신, 제어기술
E-프로슈머 매칭 서비스	다양한 재생에너지 발전사업자 및 열에너지 공급사업자와 소비자 간 최적 매칭을 통한 근거리 중심의 분산에너지시스템 기반기술

결론

에너지 관점에서 미래사회를 조명해 보면 공유경제(Sharing Economy)사회, 초연결(Hyper Connected)사회, 제로에너지(Energy to Zero)지향 사회로 나아갈 것으로 예측된다. 여기에 4차 산업혁명 기반기술들이 에너지 산업에 접목하면서 에너지 산업의 디지털화가 진행되고 있으며, 이로 인해 에너지 산업의 경쟁력이 부존자원 중심에서 기술력 중심으로 이동하고 있다. 현재 집단에너지의 경우도 4차 산업혁명 기반기술을 접목한 지능화·효율화가 일부 분야를 중심으로 진행되고 있으나 아직은 초기 단계에 머무르고 있다.

집단에너지의 생산·전달·수요관리 전 분야에서 IoT기술을 융합하여 스마트발전소, 가상 네가와트/네가히트 시스템, 전기/열 통합그리드, 지능형 열수송/저장시스템, 지능형 에너지관리시스템, 스마트 빅데이터 시스템 등이 실현 가능할 것으로 기대된다. 또한 미래사회의 에너지시스템에 대응하는 새로운 비즈니스 모델에 적용 가능한 집단에너지 기술로 에너지공유사회에 대응하는 복합(전기/열) 에너지 거래시스템 및 광역 열에너지 거래기반 구축 기반기술, 스마트시티 분산에너지시스템 구축을 위한 분산에너지 통합 관리시스템 기술, 소비 인식전환 기반의 스마트 에너지관리기술, 디지털 기반 플랫폼 기술 등을 고려할 수 있을 것이다.

미래사회의 에너지시스템, 그에 따른 에너지기술 패러다임 변화 요구에 대응하는 집단에너지 산업의 융복합화, 비즈니스 모델화, 혁신적 기술 등의 새로운 기술개발이 적극적으로 요구된다. 이는 집단에너지의 저탄소 에너지시스템으로의 전환, 다양한 분산 에너지원과의 융합 등 당면 문제 해결에 기여할 것이며, 이를 통해 미래 분산 에너지 시스템의 핵심 요소로 자리 잡게 될 것이다.

1. 김현제, 2019, "에너지부문의 공유경제 활성화 방안 사례연구", 에너지경제연구원 수시연구보고서 18-10.

2. 강수영, 2018, "4세대 지역난방으로의 전환을 위한 기술적 검토", 서울에너지공사 에너지연구소, pp. 1-14, 2018. 10.

3. 권길성, 2019, "4세대 지역난방 특징 및 과제", KOSEN Report.

4. 관계부처합동, 한국에너지기술평가원, "청정에너지기술 로드맵, e-프로슈머", 2016. 8.

5. 관계부처합동, 한국에너지기술평가원, "청정에너지기술 로드맵, 성장동력작업반", 2016. 8.

6. Lund, H., Werner, S., Wiltshire, R., Svendsen, S., Thorsen, J. E., Hvelplund, F., & Mathiesen, B. V., 2014, 4th Generation District Heating (4GDH). Integrating smart thermal grids into future sustainable energy systems. Energy, 68, pp. 1-11, 2014.

7. 산업통상자원부, 한국에너지기술평가원, "2014 에너지기술 이노베이션 로드맵, 에너지수요관리", 2014. 12.

8. 산업통상자원부, 한국에너지기술평가원, "제4차 에너지기술개발 계획 이노베이션 로드맵, 청정화력", 2020. 2.

9. EU Report, 2013, "Twenties project", June 2013.

VIII

제로에너지주택 보급 확대를 위한
제4세대 지역난방 활용 제안

이명주

명지대학교

서론

1. 녹색건축물과 제로에너지주택

오늘날 지구온난화는 여러 측정 자료나 관측 사실에 의해 의심할 여지가 없는 현상으로 받아들여지고 있다. 지구온난화의 원인에 대해서는 이산화탄소와 같은 온실가스 방출량의 증가 때문이라는 결론에 따라 세계적으로 온실가스 배출량을 줄이려는 노력을 하고 있다.

이미 유럽연합에서는 2010년 건축물에너지 성능지침(EPBD: Energy Performance of Buildings Directive, 2010/31/EU)에 따라 건축물에서 배출하는 온실가스를 줄이는 방법으로 제로에너지건축물의 의무화를 시행하고 있다. 2019년 1월 이후에는 신축 공공건축물을 대상으로, 2020년 1월 이후에는 모든 신축건축물을 대상으로 제로에너지 의무화를 규정하고 회원국이 자체적으로 시행규칙을 제정하도록 하고 있다.

한국은 2009년 녹색성장위원회의 결정에 따라 2025년 이후에 제

로에너지건축물 의무화를 추진하고자 하였으나, 여러 가지 조정을
통해 일정 규모의 공공건축물과 민간건축물에 대해 2020년부터 그
리고 2030년부터 전면적으로 시행하기로 하였다.[01]

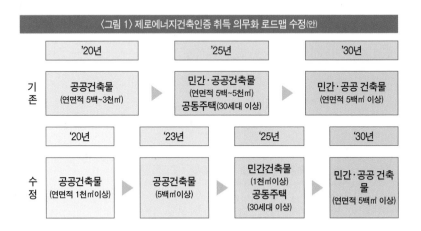

〈그림 1〉제로에너지건축인증 취득 의무화 로드맵 수정(안)

제로에너지건축물의 건축물에너지는 난방, 냉방, 급탕, 조명, 환기
에너지 등 5대에너지의 연간 1차에너지소요량을 기준으로 한다. 한
국은 유럽연합의 제로에너지 정의와 동일하게 5대에너지의 1차에너
지소요량으로 규정하고 있다.[02] 물론 가전제품이나 취사 등의 전력사
용량은 제외하고 있으나, 유럽의 일부 국가는 포함시키기도 한다.[03]

유럽연합의 제로에너지건축물 의무화 목표는 한국의 2050년 탄
소중립 선언과 마찬가지로 2050년 건축물에서 온실가스 방출량을

---

01 국토교통부, "제로에너지건축 의무화 세부로드맵", 보도자료, 2021. 2.

02 냉방설비가 갖추어진 건축물(주택)이 아니라면 제로에너지에서 냉방에너지를 제외함.

03 BPIE, "Principles for Nearly Zero-Energy Buildings", Buildings Performance Institute Europe, 2011.

넷제로화 하기 위한 중간과정으로 보고 있다. 신재생에너지를 공급하여 모든 건축물에너지를 넷제로화 하기 위해서는 현재 해결해야 할 과제가 많다.

먼저 넷제로에너지 건축물의 정의를 살펴보면 넷제로에너지 건축물과 에너지독립 건축물로 구분할 수 있다. 넷제로에너지 건축물은 외부 에너지 공급망과 연결 된 상태를 전제로 연간 건축물의 에너지소비량과 생산량의 규모가 동일한 건축물을 의미하며, 에너지독립건축물은 외부 공급망과 연결되지 않은 상태에서 자체적으로 에너지소비량과 생산량을 일치시킬 수 있는 건축물을 의미한다. 그런데 실질적으로 에너지독립건축물은 별도의 에너지저장장치가 요구되는 등 달성하기가 어려운 만큼 제로에너지건축물은 넷제로에너지 건축물로 이해된다.[04]

미국의 국립건축물과학연구소(National Institute of Building Science)가 에너지부DOE의 의뢰로 작성한 '제로에너지건축물에 대한 일반적 정의'에 대한 보고서는 제로에너지건축물 정의를 위한 기본원칙(Guiding Principles)을 설정하고 있다. 먼저 관련 산업부문에서 사용될 수 있도록 표준화된 기반을 제공하고, 엄격하고 투명하게 측정되고 입증되어야 하며, 건축물 운영단계에서 에너지가 실질적으로 감소할 수 있도록 디자인하고, 효율적인 에너지 성능이 지속적으로 유지될 수 있는 장기목표설정이 필요함을 제시하면서 다음 〈표 3〉과 같이 제로에너지건축물 개념을 정의하고 있다. 이는 토셀리니

---

04 이명주, 건축물중심 제로에너지도시, 2017 마실와이드 p.9.

(Torcellini, 2006)가 제시한 넷제로 1차에너지(Net Zero Source Energy) 개념을 반영한 정의이다. [05]

〈표 3〉제로에너지건축물 정의 (미국 국립건축물과학연구소)

1차에너지Source Energy 소요량을 기반으로 건축물 경계 내로 연간 공급된 모든 종류의 에너지Delivered Energy가 건축물 경계 내On-Site에서 생산되어 경계 외로 반출된 신재생에너지Exported Energy 보다 적거나 같은 에너지 효율적인 건축물

국내 국토교통부도 「저탄소녹색성장기본법」에 근거하여 2012년 제정된 「녹색건축물 조성지원법」의 일부를 개정하여 제2조 4호에서 제로에너지빌딩에 대한 개념을 "건축물에 필요한 에너지 부하를 최소화하고 신에너지 및 재생에너지를 활용하여 에너지소요량을 최소화"하는 녹색건축물로 정의하고 있다. 향후 국내에서도 넷제로에너지 건축물을 정확히 정의되어야 하는 시점에서는 제로에너지건축물의 정의가 수정되어야 하고 그에 따른 업무도 더 다듬어져야 한다.

2. 노원 제로에너지주택

(1) 실증단지 개요

노원 제로에너지주택은 국토교통부의 R&D과제의 일환으로 2017년 11월에 준공된 넷제로 1차에너지주택으로 도시의 주거건

---

05 Ibid, p. 10.

축물에서 실제로 제로에너지 달성이 가능한가를 알아보기에 적합한 시범단지이다. 노원구 하계동 일대에 대지면적 11,340㎡에 7층 아파트를 포함한 다양한 건축물 형태로 121세대가 입주해 있다.

노원 제로에너지주택은 공공 임대주택(행복주택)으로 신혼부부를 주 입주대상으로 하고 있고 노원구청 산하의 노원환경재단이 운영하고 있다. 입주 기간은 6년으로 입주 후 자녀를 출산한 경우 4년간 더 연장할 수 있다.

〈그림 2〉 노원 제로에너지주택

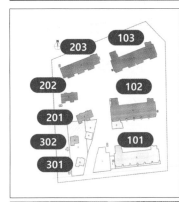

주동	건축물 형태	전용면적	세대수
101동	아파트	39m^2	36
102동	아파트	49m^2	42
103동	아파트	59m^2	28
201동	합벽주택	59m^2	2
202동	합벽주택	59m^2	2
203동	연립주택	49m^2	9
301동	단독주택	59m^2	1
302동	단독주택	59m^2	1
		합	121

(C) 2017 NOWON ENERGY ZERO HOUSE, SEOUL KOREA

(2) 신재생에너지 생산과 열에너지 공급

노원 제로에너지주택은 5대에너지의 1차에너지소요량을 재생가능에너지로 공급하여 넷제로 1차에너지 건축물을 달성하도록 설계되었다. 특히 별도의 열에너지 공급 사업자가 없이 자체적으로 지열시스템을 통해 열에너지를 공급하고 있다. 또한 태양광 모듈을 통해 전력도 생산하고 있다. 특히 지열에너지로 온수를 생산하여 난방과 급탕에 필요한 열에너지를 공급하고 냉수를 생산하여 여름철 냉방에너지로도 사용하고 있다. 냉방의 경우는 중앙형 열회수형 환기장치의 급기덕트(SA)에 지열에너지로 생산된 냉수가 코일을 통해 흐르면 일정 온도까지 냉각된 공기가 급기 배관을 통해 각 세대에 공급이 되는데 이를 통해 별도의 에어컨 없이 세대 내 실내온도를 낮추고 있다.

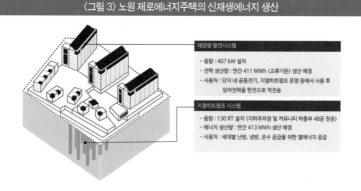

〈그림 3〉 노원 제로에너지주택의 신재생에너지 생산

2018년부터 진행하고 있는 모니터링 연구에서는 노원 제로에너지주택 4년간의 난방과 급탕에너지 사용량 그리고 지열에너지를 이용한 온수생산 데이터를 기반으로 다음 3가지의 목표를 달성하고자 한다. 첫째, 설계단계에서 예상했던 에너지 소요량과 실제 사용량의 차이를 분석하고자 한다. 둘째, 제로에너지주택의 연차별 열에너지 소비량의 변화를 파악하고 셋째, 향후 대규모 제로에너지 주택단지에 제4세대 지역난방시스템 적용을 위한 전략 및 관련 정책을 제안하고자 한다.

본론

1. 노원 제로에너지주택의 예측치와 실측치 비교

(1) 열에너지 수요 예측량

제로에너지주택에서 열에너지 수요는 건축물과 직접 관련된 입주민의 소비량과 1차 측에서 공급해야 하는 양을 동시에 고려해야한다. 입주민의 소비 부분은 열에너지 요구량으로 시뮬레이션 프로그램에서 계산하거나 통계치에서 추정이 가능하나, 공급 측면에서 보는 수요는 배관과 설비에 따른 손실량과 공급 장치들의 효율을 보고 결정해야 한다.

제로에너지주택은 건축물의 에너지성능을 높여서 설계를 하면 기존 주택에 비해 열수요가 낮아진다. 노원 제로에너지주택은 국제 수준의 패시브하우스로 설계 및 시공이 되었기 때문에 기존의 주택(2009년 고시 기준)에 비해 난방에너지 요구량은 거의 90%가 줄어들 것으로 예측하였다.

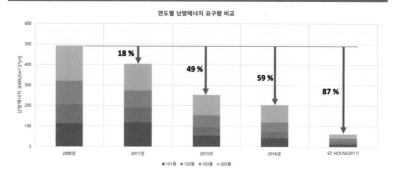

연도별 난방에너지 요구량 비교

설계를 진행하는 동안 독일 패시브하우스 설계 프로그램인 PHPP(Passive House Planning Package)로 난방과 냉방에너지를 계산한 결과 노원 제로에너지주택은 약 1:1 비율로 에너지 소비량을 예측할 수 있었다. 물론 패시브하우스라 할지라도 급탕에너지는 연중 사용할 것으로 예측하였으므로 일반 주택과 별로 차이가 나지 않는 것으로 계산하였다. 국내에서는 일일 면적당 급탕에너지요구량의 기준값을 ECO2 프로그램에 입력된 84Wh/(m^2d)를 적용하고 있다. 이에 시뮬레이션 단계에서 노원 제로에너지주택은 난방, 냉방, 급탕에너지의 소비 비율이 1:1:2로가 될 것으로 예측하였다. 이러한 비율을 통해 알 수 있는 점은 한국의 급탕에너지 기준이 유럽 국가의 기준보다 거의 2~3배 정도 더 많다는 것이다. 만약 급탕에너지 사용량이 현재의 절반 정도로 줄어든다면 열에너지의 사용량은 1:1:1이 될 것이다. 이는 건축물의 5대에너지 중 난방·냉방에너지를 줄이는 것 이외에도 급탕에너지를 줄이는 것도 에너지효율화 방안이 될 수 있다는 것이다.

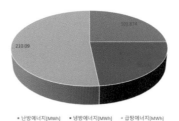
(2) 열에너지 실제 소비량

2017년 준공 이후부터 약 3년간 노원 제로에너지주택의 열에너지 사용량을 모니터링한 결과, 앞서 언급한 예측량에 매우 근접한 사용량을 보였다는 점에서 앞으로 제로에너지주택이 보급됨에 따라 미래의 열에너지 사용량에 대한 전망이 어느 정도로 줄어들 것인가에 대한 예측이 가능하게 되었다. 노원 제로에너지주택에서 열에너지의 낭비를 줄이는데 큰 역할을 한 시스템은 통합배관이다. 세대 내 설치된 통합배관을 이용하여 온수를 공급하고, 열교환기를 통해 급탕과 난방으로 분리하고 있다. 통합배관을 이용할 때 가장 큰 이점은 열에너지 낭비를 줄이는 것 이외에도 배관의 수를 기존의 5관(난방 공급·환수관, 급탕 공급·환수관, 급수관)에서 3관(온수 공급·환수관, 급수관)으로 줄일 수 있기 때문에 시공비는 물론 설비동력까지 줄일 수 있다는 점이다.

노원 제로에너지주택의 각 세대 난방에너지 사용량은 PHPP 로 계산했던 시뮬레이션 결과와 큰 차이를 보이지 않았다. 3년간 겨울철 난방에너지 사용량은 〈그림 7〉과 같으며, 예상량 대비 약 16% 초과하였는데 이는 입주 첫해 수 십 년 만에 나타난 한파 영향[06]과 저온바닥난방에 익숙하지 않는 입주자들의 생활행태로 예측할 수 있다. 생활행태를 원인이라고 분석한 이유로는 시간이 갈수록 입주자들이 패시브하우스에 적응하면서 난방에너지를 예상량보다 더 적게 사용하고 있기 때문이다.

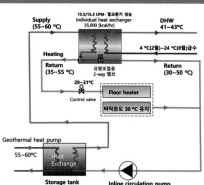

〈그림 6〉제로에너지주택의 통합배관과 세대내 열교환기 구성[07]

〈그림 7〉제로에너지주택의 난방에너지 예상량과 사용량 비교

---

06 실제 입주민들의 사용량에는 10월, 4월, 5월에도 일부 난방에너지 사용량이 있으나 PHPP와 비교하기 위해 3개월의 일부 사용량은 제외하였다.

07 그림출처: PureWha 제품 광고 자료.

누적 급탕에너지 사용량은 국내 제로에너지건축물의 공식 인증 프로그램인 ECO2 를 통해 비교한 결과 2018년 1월부터 2020년 10월까지 누적 급탕에너지 예상량보다 6% 이상 높게 나타났다. 이 오차의 원인은 노원 제로에너지주택이 행복주택이라는 특성상 80% 이상 신혼부부가 살고 있어 입주자들이 입주한 2018년 1월 이후부터 신생아 출산이 점점 많아졌다는 점과 COVID19 로 인해 재택기간이 길어지면서 누적 급탕 에너지사용량이 늘어났을 것으로 유추하고 있다.[08] 〈그림 8〉은 제로에너지주택의 급탕에너지 예상 누적량과 사용량을 비교한 결과이다.

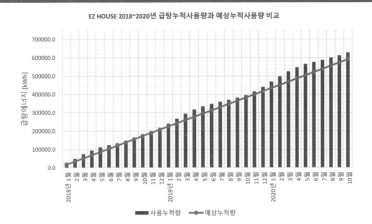

〈그림 8〉 제로에너지주택의 급탕에너지 누적 예상량과 누적 사용량 비교

---

08 2020년 5월에는 지열보완공사로 인해 한 달간 급탕사용량이 없었으나 순간온수기를 사용하였기에 대략 한 달 급탕사용량을 18MWh 정도로 추정했다.

2. 노원 제로에너지주택의 열에너지 분석

(1) 난방에너지와 난방부하 분석

대부분의 시뮬레이션 프로그램에서 입주민의 실내온도를 20℃로 하고, 외기온도는 표준온도(TMY 기온)를 적용하고 있으나, 노원 제로에너지주택을 살펴보면 기준온도인 20℃ 보다 더 높은 23~24℃정도의 실내온도에서 입주자들이 살고 있음을 알 수 있다. 〈그림 9〉에 나타난 것처럼 기준 실내온도와 실제 실내온도 간의 차이가 발생한 원인으로는 입주민의 높은 실내온도 설정과 표준온도(TMY 기온)와 상이한 외기 온도 차이라고 할 수 있다.

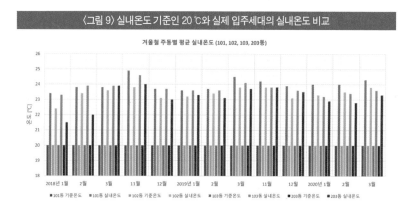

〈그림 9〉 실내온도 기준인 20 ℃와 실제 입주세대의 실내온도 비교

그 중 표준온도(TMY 기온)와 상이한 외기 온도는 매년 변동이 있으므로 시뮬레이션에서는 TMY 기온을 적용한다. TMY 기온은 월별로 가장 표준이 되는 기온을 12개 선정하여 한 해의 온도로 가정하는 것으로 30년간 평균값을 선택하는 평년 기온과 약간 차이가 있다.

〈그림 10〉 연도별 TMY기온과 실제 하계동 월평균 외기온도의 차이

입주민의 실제 23~24℃의 높은 실내온도를 반영하고, 외기온도와 TMY 기온과의 차이를 고려하여 난방에너지 요구량을 보정한 결과값에 비해 실제 난방에너지 사용량은 보정량의 약 72% 정도의 수준으로 나타났다. 이렇게 적은 난방에너지를 사용하게 된 원인은 통합배관이 단열면 외부가 아닌 내부에서 통과되도록 설계 되었기에 배관손실이나 분배손실이 오히려 실내온도를 높이는 역할을 했을 것으로 유추하고 있다.

〈그림 11〉 실제 실내온도와 외기온도로 보정한 예상량과 난방에너지 사용량 비교

열에너지를 공급하는 설비 용량을 결정하기 위해서는 실제 제로에너지주택의 난방부하를 참조해야 한다. 난방부하는 최대부하를

계산한 후 위험률과 동시발생률을 고려해야 하나, 제로에너지주택이 패시브하우스 수준의 열적 성능의 건축물이라면 난방부하가 일반 주택에 비해 매우 낮게 나타난다.

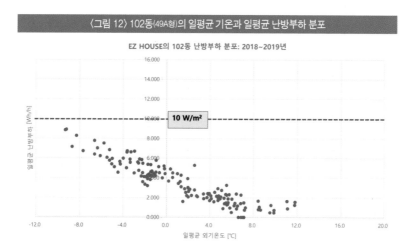

〈그림 12〉와 같이 노원 제로에너지주택 102동(전용면적: 49㎡)의 2019년 겨울철[09]의 일평균 외기온도와 일평균 난방부하 분포를 보면 단위면적당 난방부하가 10W/㎡ 이하가 되어 국제수준의 패시브하우스의 조건을 만족하고 있음을 알 수 있다. 그러나 설비 용량을 결정할 때는 평균 부하가 아니라 최대부하 및 부하변동을 살펴보아야 한다. 〈그림 13〉은 2019년의 범주 C[10]에 속하는 외기 온도에서 패시브

---

09 2018~2019년 외기온도는 근래의 겨울철 기온 중 표준 외기온도인 TMY 기온과 오차가 가장 작았다.

10 일평균 외기온도를 범주 A: 난방이 필요하지 않는 영상 10 ℃ 이상, 범주 B: 난방을 시작하는 외기온도 10℃에서 빙점인 0℃, 범주 C: 빙점에서 최저기온인 -8.4℃, 범주 D: -8.4℃ 이하로 구분한다.

하우스에서 난방부하의 독특한 특성이 나타나고 있음을 알 수 있다.

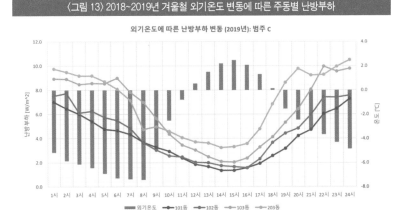

〈그림 13〉 2018~2019년 겨울철 외기온도 변동에 따른 주동별 난방부하

외기온도에 따른 난방부하 변동 (2019년): 범주 C

일반적으로 겨울철 외기온도는 아침 7~8시에 최저이고 낮 14~15
시에 최고를 보이고, 낮 15시부터 아침 8시까지 약 16시간 정도 온
도가 내려가며 이후 8시간 정도는 온도가 올라간다. 따라서 하루에
1/3은 온도가 올라가는 구간이고, 2/3는 온도가 내려가는 구간이므
로 난방에너지 사용량도 온도가 내려가는 구간에 점차 증가할 것으
로 예상하는 것이 일반적이다.

그러나 노원 제로에너지주택은 외단열공법을 적용한 국제수준
의 패시브하우스이므로 축열효과와 함께 타임랙이 발생하고 있음을
알 수 있다. 지난 3년간 관찰한 결과 외기온도가 하강하는 15시부터
23시 가까이 약 8시간은 난방에너지 공급이 증가하고, 0시부터 오
후 15시까지 약 16시간은 난방에너지 공급이 감소했다는 것이다. 대
략 8시간 가까이 타임랙이 발생하면서 하루의 1/3 정도만 난방에너
지 공급이 증가하고 2/3는 난방에너지 공급이 줄어든 효과가 나타났

다. 국제수준의 패시브하우스에서의 난방에너지 사용량 변동이 외기온도의 변화와 일정한 시간차를 두고 발생한다는 특성은 앞으로 열에너지를 공급하는 생산과 공급에 관련 설비 용량 계산, 운영 알고리즘, 자동제어 등을 적용하는데 꼭 함께 검토해야 할 항목이라고 할 수 있다.

(2) 급탕에너지와 급탕부하 분석

국내의 급탕에너지 사용량은 유럽과 비교할 때 대략 2~3배 정도가 더 많다고 언급한 바 있다. 독일의 '건축물에너지 절감 시행령'(EnEV 2014)에서 연간 단위면적당 1차에너지로 12.5kWh/㎡을 제시하고 있으므로 소요량이나 세대의 요구량으로 환산해보면 손실량과 변환계수를 고려할 때 한국의 1/3 정도이다. 국내 급탕에너지 요구량은 연간 제곱미터당 30.6kWh/㎡ 이고, 하루 사용량 84Wh/(㎡d)로 실제 사용량의 연간 합산량으로 비교해보면 노원 제로에너지주택에서 사용한 예상량과 크게 벗어나지 않음을 알 수 있다. 노원 제로에너지주택은 난방과 냉방 에너지요구량을 줄이는데 매우 탁월한 해결책이라고 할 수 있으나, 급탕에너지 사용량까지 줄일 수 있는 주택은 아니다. 그러나 급탕에너지 사용량을 줄일 수 있는 방안이 없는 것은 아니다. 입주민들의 구성과 성향에 따라 입주자들 스스로 온수사용량을 줄이는 방법이 그 하나이고, 다른 하나는 설비설계단계에서 급수배관을 단열면 안쪽에 설치하도록 하여 겨울철 외기온도에 영향을 받지 않고 급수온도를 일정하게 유지시키는 것이다.

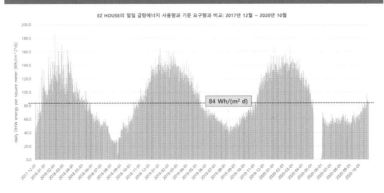

〈그림 14〉 일일 급탕에너지 요구량인 84 Wh/(㎡ d)와 비교한 급탕에너지 사용량

노원 제로에너지주택의 급탕에너지 사용량을 자세히 살펴보면 〈그림 14〉와 같다. 계절별 급탕에너지사용량 변동이 심하여 일일 사용량은 평균값에 비해 약 ±50% 정도의 편차가 발생하고 있다. 급탕에너지 사용량은 월별로 합산 했을 때 계절별 편차가 뚜렷이 보인다. 〈그림 15〉는 3년간 월별로 살펴본 급탕에너지 사용량의 변동이다. 급탕에너지가 계절별로 차이가 나는 원인은 급탕량 자체의 사용량 변동과 일정 급탕 온도를 유지하는데 들어가는 열에너지가 급수(수돗물) 온도에 따라 달라지기 때문이다.

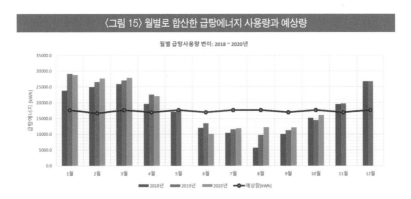

〈그림 15〉 월별로 합산한 급탕에너지 사용량과 예상량

급수(수돗물)온도를 보면 1월말에서 2월초가 가장 낮아 약 3℃ 정도이고, 8월 말에서 9월 초에는 약 24℃ 정도가 되므로 세대로 공급되는 급탕 온도인 43℃와는 겨울철에는 약 40℃의 차이가 발생하고 여름철에는 약 20℃의 차이가 난다. 외기의 온도에 영향을 받는 급탕 요소는 계절별 지중 온도 차이로 인한 급수 온도 때문에 나타나는 급탕에너지이다. 계절별로 급수를 가열하는데 필요한 열에너지의 양이 달라진다는 것이다. 이것이 월별 급탕에너지사용량의 특성이라고 할 수 있다.

외기에 영향을 받는 급탕에너지 사용량과 달리 급탕 사용에 따른 급탕부하는 시간대별, 요일별 분포도와 입주민의 생활 패턴(출퇴근 또는 재택 등)에 영향을 받는다. 따라서 이러한 사용패턴을 정확히 데이터로 측정하여야만 관련 설비를 효율적으로 운영할 수 있고, 급탕에 필요한 열에너지 공급 설비용량을 결정할 수 있다.

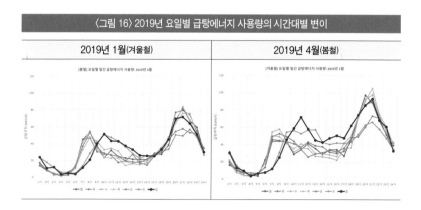

〈그림 16〉 2019년 요일별 급탕에너지 사용량의 시간대별 변이

평일에는 아침 출근시간(7시 30분~8시)에 사용량이 많고 저녁 퇴근 후(19시 30분~21시)에 사용량이 많고 저녁 시간 사용량이 기존의 다른

연구들과 달리 2배 정도로 많다. 오래 된 연구나 외국의 사례는 아침 출근시간의 급탕 사용량이 많고 저녁시간이 적으나, 최근 일부 연구에서는 노원 제로에너지주택과 같이 생활 패턴의 변화로 아침 시간 보다 저녁 시간의 사용량이 많은 것으로 나타나고 있다. 특히 휴일인 토요일은 낮 시간에 골고루 사용량이 분포하고 있고, 일요일은 저녁시간 사용량이 더 많으나 아침 시간에는 평일보다는 대략 3시간 정도 늦게 나타나고 있다.

2020년은 COVID 19의 영향으로 집에 머무는 시간이 많아져서 급탕 사용량이나 시간대가 약간 다르게 나타났다. 2020년 1월은 영향을 별로 받지 않았으므로 2019년 1월과 차이가 나지 않았으나 2020년 4월은 아침 출근시간대의 사용량이 줄어들고 오전 사용량이 많아져서 집에 머무는 시간이 많아졌음을 간접적으로 확인할 수 있다.

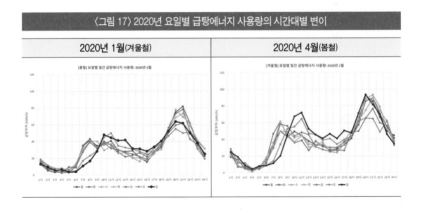

〈그림 17〉 2020년 요일별 급탕에너지 사용량의 시간대별 변이

설비 계획단계에서 급탕에너지 공급 설비의 용량을 결정할 때 평균치로 계산한다면, 일일 급탕 사용량이 폭증한 상황에서 겨울철 온수 공급이 부족할 수 있다. 따라서 재생에너지를 통해 열 공급을 진

행하고자 할 경우의 공급 설비 규모는 일일 사용량뿐만 아니라, 최대 급탕부하도 감당할 수 있도록 계산하여 설치해야 한다.

3. 태양광발전과 열에너지 생산

(1) 태양광 발전

태양광 발전은 신재생에너지 생산 중에서 지금까지 다양한 방면으로 안정성이 검증된 재생가능에너지이다. 이 이외에도 1차에너지 환산계수가 전력생산과 동일하게 2.75로 높아 전력사용량 증가분을 상쇄시켜 넷제로 1차에너지를 달성시키는데 큰 역할을 하고 있다.

노원 제로에너지주택은 1,284장의 태양광 모듈이 설치되어 있고 발전용량은 408kW이다. 건축물의 단열과 기밀성능을 높인 국제수준의 패시브하우스이고, 난방에너지가 기존 주택에 비해 거의 90% 정도가 줄어들기 때문에 건축물에 부착한 태양광 모듈로도 제로에너지 달성이 가능하다. 노원 제로에너지주택의 건축물 5대에너지를 대상으로 열에너지와 전기에너지의 비율을 살펴보면 약 4:1 정도이므로 태양광 발전량의 대부분이 열에너지 생산에 투입되어야 한다.

〈표 1〉 제로에너지주택단지의 5대 에너지 요구량 대차대조와 태양광 발전량		
종류	요구량 [MWh]	비고
난방에너지	101.9	열

냉방에너지	94.7	열
급탕에너지	210.1	열
조명에너지	49.7	전기
환기에너지[11]	43.6	전기
합	500.0	
태양광 발전	425.4	전기

건축물 5대에너지 요구량이 태양광 발전량을 넘어서기 때문에 1
차에너지로 환산할 때 열생산의 효율을 높여 소요량을 낮춰야 한다.
소요량을 낮추는 방법은 전기 히트펌프를 적용하여 열생산 시 효율
을 높이거나, 지역난방을 도입하여 1차에너지 환산계수를 낮추는
방법을 고려할 수 있다. 5대에너지의 요구량 중 전기에너지를 태양
광 발전량에서 빼주면 남은 발전량 332.1MWh로 열에너지 요구량
인 406.7MWh를 생산해야 한다. 406.7/332.1=1.22가 되어 전기를
이용하여 열에너지를 생산할 때 시스템 효율이 1.22가 넘어야 제로
에너지를 달성할 수가 있으므로 히트펌프를 사용해야 한다. 만약 각
세대까지 열에너지 수송손실을 약 20%로 가정하면 히트펌프를 이
용한 시스템의 생산 효율이 최소한 1.47이 넘어야 한다.[12]

---

11 환기에너지 요구량은 현행 법규상 없고, 환기장치는 전기로 가동되기 때문에 소요량으로만
계산을 한다. 본 장에서는 세대에서 필요로 하는 환기량을 공급하는 환기장치의 전력량을
요구량으로 간주하였다.

12 히트펌프의 성능계수가 1.47이 넘어야 하는 것이 아니라 시스템을 운영할 때 필요한 모든 전
력을 감안한 비율이므로 히트펌프 단독으로는 성능계수가 더 높아야 한다.

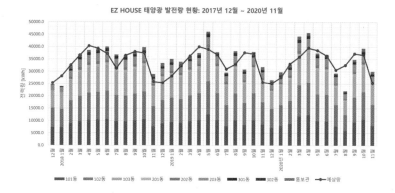

EZ HOUSE 태양광 발전량 현황: 2017년 12월 ~ 2020년 11월

■ 101동 ■ 102동 ■ 103동 ■ 201동 ■ 202동 ■ 203동 ■ 301동 ■ 302동 ■ 홍보관 ━●━ 예상량

    노원 제로에너지주택의 태양광 발전량은 연간 약 425.4MWh로 2017년 12월에서 2020년 11월까지 3년 가까이 생산한 누적 발전량과 누적 예상량을 비교하면 실제 발전량이 예상 발전량보다 약 4% 정도 초과하여 시공 전 예측한 양과 거의 같게 나타났다.

    만약 노원 제로에너지주택에 지열 대신 지역난방을 도입했다고 가정해도 지역난방의 1차에너지 환산계수가 낮기 때문에 태양광 생산 설비를 그렇게 많이 설치하지 않아도 원하는 건축물에너지성능에 도달할 수 있다. 〈표 2〉는 노원 제로에너지주택에 지역난방을 도입한다고 가정하였을 때, 태양광 발전시설을 어느 정도 줄여도 되는지 검토한 내용이다. 태양광 발전량이 1차에너지 소요량을 만족하면 자립율 100%이다. 613.4MWh/2.75=223.1MWh으로 이 발전량은 기존의 발전량에 비해 223.1/425.4×100=52.4% 정도면 된다. 지역난방을 난방과 급탕용으로 사용하고, 냉방은 에어컨으로 했을 때 태양광 발전 설비를 기존 보다 대략 절반 정도만 갖추어도 제로에너지주택을 달성할 수 있다. 이런 결과는 지역난방의 1차에너지 환산계수가 0.728이기 때문에 가능하다.

종류	요구량 [MWh]	소요량 [MWh]	1차에너지소요량 [MWh]	비고
난방에너지	101.9	122.8	89.4	지역난방
냉방에너지	94.7	30.5	83.9	에어컨 (COP 3.1)
급탕에너지	210.1	252.1	183.5	지역난방
조명에너지	49.7	49.7	136.7	전기
환기에너지	43.6	43.6	119.9	전기
합	500.0	498.7	613.4	

지역난방 의무지역인 도심지에 제로에너지건축물을 도입할 경우에는 지역난방과 태양광을 동시에 적용하는 것도 좋은 방안이다. 다만 지역난방을 적용했을 때 자립률을 만족하기 위하여 일정 규모 이상의 신재생에너지 생산 설비를 갖추어야 하므로 신재생에너지와의 융·복합 가능성도 신중하게 고려해야 한다.

(2) 지열에너지를 활용한 열에너지 생산

제로에너지건축물이나 단지 내에서 신재생에너지를 생산하는 방법이 제로에너지건축물의 가치를 높인다는 의견이 많고[13] 한국의 법규에 나오는 자립율 계산도 이런 취지를 그대로 반영하고 있다. 노원 제로에너지주택은 단지 내에서 신재생에너지를 사용하여 열과 전기를 생산함으로써 5대에너지를 전량 공급할 수 있다는 취지로 설계 및 시공이 되었다.

---

13 S. Pless & P. Torcellini, "*Net-Zero Energy Buildings: A Classification System Based on Renewable Energy Supply Options*", Technical Report NREL/TP-550-44586, 2010에는 제로에너지의 등급을 신재생에너지 생산 방법으로 분류를 하고 있다.

특히 노원 제로에너지주택은 국내 최초로 단지에서 사용하는 열에너지 전체를 신재생에너지인 지열에너지로 생산하여 자립율 100%를 만족하고 있다. 물론 국내에서 처음으로 시도된 작업이기에 초기에 발생한 여러 문제를 파악하여 분석하고 신재생에너지에 대한 신뢰를 높이는 추가 작업을 모니터링 연구와 병행하면서 데이터를 기반으로 진행하였고, 타열원과 병합하여 운영할 수 있는 가능성도 검토하였다.

지열에너지 생산을 설계할 때는 무엇보다도 주의할 점은 지중열교환기의 수명과 직접 관련이 있는 냉난방 균형을 맞추는 일이다. 지중의 열적 상황을 모르기 때문에 아무리 설계를 합리적으로 한다고 해도 시추작업을 통해 열교환 상태를 보고 지중열교환기의 깊이나 배열을 정해야 한다. 왜냐하면 지중열교환기를 이용할 때 냉난방 균형을 맞추지 않고 최대부하로 연속운전을 하면 몇 년 이내로 '지중열화'가 진행되어 더 이상 열에너지를 생산하지 못하기 때문이다.

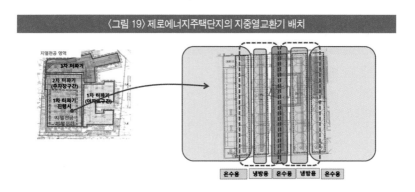

〈그림 19〉 제로에너지주택단지의 지중열교환기 배치

노원 제로에너지주택은 국제수준의 패시브하우스이므로 난방과 냉방에너지 비율이 1:1이 되어 균형이 맞았다. 그러나 연중 온열을 사용하는 급탕이 있고 냉난방에너지를 합친 양과 비슷하기 때문에 지중열교환기의 배치를 잘 하지 않으면 지열시스템을 오래 사용할 수 없게 된다. 특히 지열에너지로 생산한 온수는 통합배관을 통해 세대에 공급되기 때문에 계절별 편차가 많아 지중열교환기의 배치를 더욱 신중하게 검토하였다.

지중열교환기의 열교환 성능은 대략 9.6kW로 단지 전체의 열부하를 고려할 때 50개 이하로 가능하고 지난 3년간 관찰 결과 지중열교환기의 개수나 성능에는 별로 문제가 발생하지 않았다. 통합배관을 이용하므로 연중 온수생산을 하기 위한 지중열교환기는 주차장 아래에서 외부로 향한 곳으로 배치하여 멀리서 들어오는 열에너지를 계속 이용하도록 하였다. 여름철에만 집중적으로 냉수를 생산하는 지중열교환기는 온수 생산을 하는 천공과 가깝게 위치하도록 하여 온수생산에서 필요한 열에너지를 냉수생산을 하기 위한 지중열교환기에서 원활하게 받아들이도록 가운데로 배치하였다.

〈표 3〉 3년간 지열에너지 생산량			
	2018년	2019년	2020년 (11월까지)
온수생산량 [MWh]	545.3	405.0	457.2
냉수생산량 [MWh]	-186.7	-196.2	-184.7
대차대조 [MWh]	+358.6	+208.8	+272.2

온수를 생산하기 위해서는 지중에서 열에너지를 가지고 와야 하고, 냉수를 생산하기 위해서는 지중으로 열에너지를 넣어야 한다. 그러나 실질적으로 대차대조를 하면 연간 지속적으로 약 250MWh의 열에너지를 지중으로부터 더 많이 가지고 왔으므로 땅속은 열에

너지가 계속 부족한 상태가 된다. 부족한 열에너지를 단지 밖의 땅에서 단지 안으로 공급을 하지 않으면 지중열교환기의 성능이 떨어지다가 어느 순간에는 멈추게 된다. 3년간 땅속의 열에너지 상태를 관찰해보는 방법은 지열히트펌프의 성능계수인 COP(Coefficient of Performance)가 잘 유지되는가와 지중에서 올라오는 온수의 온도가 급격하게 내려가서 열에너지를 포함하는 양이 줄어드는가를 보고 판단할 수 있다.

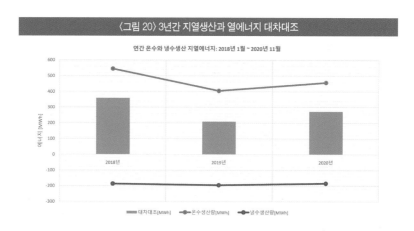

〈그림 20〉 3년간 지열생산과 열에너지 대차대조

노원 제로에너지주택에서는 지열에너지를 생산하기 위하여 50RT 냉수용 히트펌프, 50RT+30RT 조합의 온수용 히트펌프 2개를 운영하고 있다.

연중 연속운전을 하고 있는 30RT 온수생산용 히트펌프의 성능계수는 3.5정도를 계속 유지하고 있다. 즉, 전기에너지 1kWh를 투입하면 열에너지 3.5kWh를 생산할 수 있다는 것이다.[14] 이는 연중 온

---

14 지열히트펌프가 생산하는 열에너지는 지중열교환기를 통해 땅속에 있는 열에너지를 모아서

수를 생산하는 지중열교환기의 배치를 가장자리로 하여 단지 밖의
땅으로부터 열에너지를 계속 공급받게 한 배치가 매우 효과적이었
다는 것을 입증하고 있다.

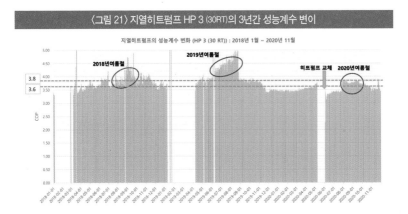

〈그림 21〉과 같이 지중열교환기의 배치를 통해 여름철에 온수 생
산을 할 때 옆 열에 배치한 냉수 생산용 보어 홀에서 열에너지를 받
기 때문에 일시적으로 성능이 향상되고 있다. 또한 겨울철 연속운전
을 할 때 지중의 열에너지 상태를 간접적으로 살펴볼 수 있는 지중열
교환기로 들어가거나 나오는 물(부동액 포함)의 입수와 출수온도를 보
면 큰 변동이 없이 일정한 온도를 유지하고 있다. 〈그림 22〉와 같이
2020년 1월 온수용 히트펌프에서 측정한 온도는 열에너지를 생산할
때는 9℃로 지중열 교환기로 들어가 땅 속에서 열에너지를 받아 11℃
로 가열이 되어 나온 것을 알 수 있다. 열에너지를 생산하지 않을 때

　　지상으로 가지고 와서 히트펌프에서 온도를 올려서 세대에서 사용 가능할 정도의 온수를 만
든 결과이다.

는 입수나 출수온도가 약 13℃를 유지되고 있다. 즉, 지중열교환기의 성능이 설계단계에서 예측한 대로 유지되고 있음을 알 수 있다.

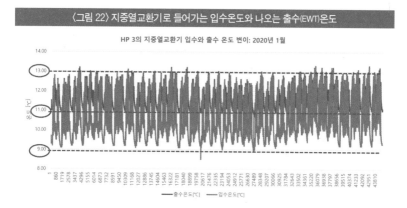

〈그림 22〉 지중열교환기로 들어가는 입수온도와 나오는 출수(EWT)온도

4. 제로에너지주택의 4세대 지역난방의 적용 제안

(1) 지열에너지 생산시스템의 운영

계절이나 시간에 따른 영향을 많이 받는 다른 신재생에너지원과 달리 지열에너지를 활용한 열 생산은 별도의 에너지원을 통해 전력 공급이 가능한 환경에서는 안정적인 운영이 가능하다. 또한 멀리서 원료를 가지고 와서 각 세대에서 열에너지를 생산하는 가스보일러나 지역난방과 같이 특정 지역에서 열에너지를 생산하여 각 세대에 공급하는 시스템에 비해 지열에너지 생산은 단지나 주택 내에서 직접 생산하여 세대에 공급하기 때문에 생산과 소비의 시차가 거의 발생하지 않고 수송손실도 많이 발생하지 않는다.

멀리 있는 곳으로 열수송을 하는 경우 수요가 발생하는 곳에 열에너지를 공급하려고 해도 수송 도중 소비가 줄어들거나 사라지면 운송 도중에 있는 열에너지는 수요에 거의 기여를 하지 못하므로 손실로 이어진다. 이런 문제를 해결하기 위해서는 열수요가 발생하지 않아도 일정량의 온수를 계속 순환시켜주다가 수요가 발생하거나 급증하면 에너지를 공급하거나 증가시키는 방법이 있다. 열에너지를 물이라는 매체에 실어서 보내는 현재의 수송 방식으로는 어쩔 수 없이 공급과 수요가 일치하지 않으나, 지열에너지 생산은 단지나 건축물 내에서 이루어지므로 수요와 공급에 대한 시차가 많이 발생하지 않고 수송거리에 따른 손실량도 많지 않다는 장점이 있다. 그러나 지역난방에 비해 수요에 따른 정확한 공급이 이루어지 않으면 시스템 전체가 불안정해진다는 단점이 있다. 즉, 지열시스템을 장기간 사용하고자 할 경우에는 전문가가 정확한 제어를 해 줘야 한다.

〈그림 23〉은 겨울철 노원 제로에너지주택에서 발생하는 열에너지 수요와 지열에너지 생산과의 관계를 보여준 그래프이다. 수요와 공급의 시차는 30분 이내로 발생하는데 이 시차는 단지 내에서 열수요가 발생했을 때 지열히트펌프가 본격적으로 가동하여 열에너지를 생산하는데 걸리는 시간을 의미한다. 열에너지 생산량 대비 수요량이 적은 이유는 손실이 일어났기 때문이다. 열손실은 기계실 저탕조 내 온수의 온도를 올리는 과정과 세대까지 열을 수송하는 과정에서 나타나고 있다. 그러나 수송에 따른 열손실은 〈그림 11〉에서 언급한 바와 같이 단열면 내에 위치한 배관으로 인해 오히려 세대 내의 난방에너지는 보정예상량의 70%로 줄어드는 효과가 있었다.

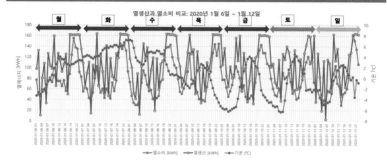

〈그림 23〉 2020년 1월의 일주일간 지열에너지 생산과 열에너지 소비량의 추이

(2) 지열에너지 생산시스템의 개선

지열에너지 생산시스템은 지열히트펌프, 지중열교환기, 버퍼탱크나 저탕조, 순환펌프로 구성되어 있다. 이중에서 지열히트펌프와 순환펌프는 전기에너지를 소비한다. 지열히트펌프는 압축기와 내부펌프, 제어기를 운영하는데, 순환펌프는 지중열교환기로 열교환에 필요한 매체를 순환시키는데 전기에너지를 소비한다. 지열에너지 생산은 히트펌프의 성능이 높다고 해도 전체적인 시스템 운영이 최적화 되지 않으면 성능이 감소된다.

대부분의 지열히트펌프 제조사는 지열에너지 생산시스템을 구성하는데 지중열교환기의 배치나 개수를 고려하지 않고 KS B 8292, 8293, 8294에 따른 히트펌프 자체의 성능만 표시한다. 실제로 지열에너지 생산시스템에는 히트펌프의 성능만 표기되어 있어, 운영을 하는 과정에서 필요한 시스템 전체의 성능과 운영스케줄, 그리고 실제로 열에너지를 생산하는데 필요한 전력사용량을 파악하고 설비설계에 반영하는데 어려움이 있다. 이러한 데이터는 단지의 열에너지 소비특성과 비례하므로 운영과정에서 모니터링을 통해 더 정확히 도출되는 데이터이기 때문에 지열시스템 설치 후의 추적 모니터링이 꼭 필요하다고 할 수 있다.

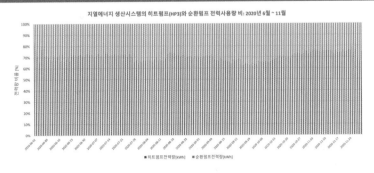

<그림 24> 지열히트펌프 HP 3(30RT)의 히트펌프와 순환펌프의 전력사용량 비율

<그림 24>는 노원 제로에너지주택의 지열에너지 생산시스템에서 히트펌프와 순환펌프의 전력사용량을 추적 모니터링을 통해 도출되었다. 두 기계의 전력 사용량은 거의 7:3을 유지하고 있는 것으로 나타났다. 히트펌프의 성능이 제조사의 표기와 다르게 시스템 전체를 운영하는데 있어 대략 30% 정도의 전력이 더 필요한 것으로 나타났다. 물론 이 사항은 지열시스템 보안공사 후 안정화 단계를 거치면서 2년 정도 더 모니터링을 해 본 후에 그 결과를 최종적으로 알수 있을 것이다. 노원 제로에너지주택의 신재생에너지는 태양광 발전과 지열에너지 생산으로 두 가지 종류의 신재생에너지 생산을 통해 제로에너지를 달성하도록 되어 있다. 즉, 태양광 발전으로 생산된 전력을 열에너지 생산에 필요한 전력으로 공급하여 넷제로 1차에너지를 달성한다는 것이다. 실시간 제로가 아닌 1년을 단위로 넷제로를 달성하고자 하는 이유는 열에너지 생산 시간과 태양광 발전 시간이 상이한 경우가 많아, 한전과 매월 전력 상계거래를 통해 건

축물 5대에너지를 1년 단위로만 제로로 만들 수 있기 때문이다.

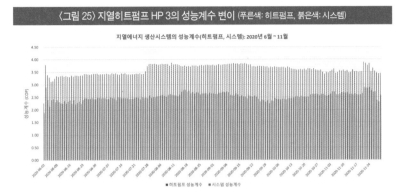

〈그림 25〉 지열히트펌프 HP 3의 성능계수 변이 (푸른색: 히트펌프, 붉은색: 시스템)

건축물의 제로에너지 달성 여부는 앞서 언급한 바, 1차에너지 소요량을 1년을 단위로 대차대조하여 판정을 하고 있으므로 태양광 발전량의 1차에너지 환산계수와 지열에너지의 환산계수 설정이 매우 중요하다. 이에 태양광 발전량의 환산계수는 2.75이고, 지열에너지를 이용한 열생산량은 단지나 건축물 내로 공급하여 계통망으로 나가지 않기 때문에 환산계수 1.0으로 가정한다. 그러나 지역난방 시스템은 단지 외부에서 열에너지를 가져올 때 환산계수를 0.728로 하기 때문에 제로에너지 달성여부를 판단할 때는 지역난방이 지열에너지보다 더 유리한 에너지라고 할 수 있다. 따라서 지열에너지가 지역난방과 비교하여 효과적인 시스템으로 정착되기 위해서는 지열에너지 시스템의 성능계수(COP)가 최소한 2.75가 되어야 한다. 이처럼 넷제로 1차에너지 달성 여부를 계산할 때는 지열보다는 지역난방이 훨씬 유리하다고 할 수 있으나, 현재 국내에서 제로에너지자립률을 계산할 때는 신재생에너지 생산량에 대한 가치를 더 중요하게 생각하고 있어 지열 시스템을 이용할 경우가 오히려 유리한 것으로 계산된다. 따라서 이러한 두 개의 상반된 점을 상호 보완하고자 지열시스템과 지역난방의 융복합화를 제안하고자 한다. 이 두 시스템을 함께 사용한다면 에너지자립률을 향상시키면서도 넷제로 1차에너지를 쉽게 달성하는데 도움이 되기 때문이다.

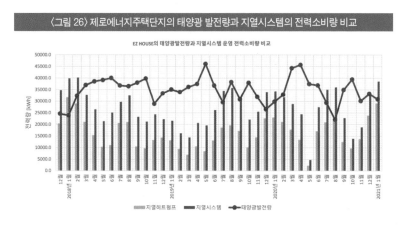

〈그림 26〉제로에너지주택단지의 태양광 발전량과 지열시스템의 전력소비량 비교

〈그림 26〉의 막대그래프 수치는 지열히트펌프와 지열시스템 전체 전력사용량이고, 붉은색 선은 월별 태양광 발전량이다. 제로에너지를 달성해야 하므로 연간 대차대조를 할 때 태양광 발전량이 열에너지 생산에 필요한 지열시스템의 전력사용량을 초과해야 한다. 2017년 12월 이후에 2021년 1월까지 합산을 하여 비교하면 태양광 생산량은 지열시스템의 전력사용량보다 대략 28%정도 초과하였다.

(3) 지열히트펌프로 열에너지를 생산할 때의 비용 평가

에너지 생산 비용은 초기 투자비용 등 여러 가지 요인들이 복합적으로 작용하므로 지열히트펌프로 열에너지를 생산할 때의 비용과 다른 열원으로 열에너지를 생산할 때의 비용을 비교하면 매우 어려우므로 본 장에서는 단순하게 생산단가로만 비교하고자 한다. 생산단가를 비교하기 위한 계산식은 다음과 같다.

지열히트펌프로 열에너지를 생산할 때 비용을 계산하려면 먼저 지열히트펌프의 성능계수[15]를 3.65로 가정하고, 전력요금은 지열히트펌프 운영을 할 때 누진제가 적용되지 않은 일반 전기로 1kWh에 약 100원/kWh으로 가정한 후 계산한다. 즉, 100kWh의 열에너지를 히트펌프로 생산할 때는 39kWh 정도의 전력량이 필요하므로[16] 비용은 3,900원이라고 할 수 있다.

지열히트펌프를 적용할 때는 전력요금 체계에 따라 열에너지 생산 비용이 달라지나, 성능계수가 높을수록 열에너지 생산 단가가 낮아지므로 다른 열원의 생산 비용과 비교하면 유리한 점이 많다.

지역난방의 경우 초기 투자비는 많이 발생하나 안정적인 열 공급이 가능하고 열을 생산하는 연료의 선택이나 전력생산 비율에 따라 1차에너지 환산계수는 물론 온실가스 배출 환산계수도 줄일 수 있다. 제로에너지건축물 인증을 받을 때 지역난방은 1차에너지 환산계수가 낮아 다른 화석연료를 사용하는 열원보다 유리하고, 지열에너지 생산시스템은 에너지자립률 산정에 유리하다.

---

15 전력 사용으로 열에너지를 생산하므로 투입 전력에 대한 열에너지 생산 비율인 성능계수 (COP)가 매우 중요하다. 온수생산에서는 몇 년 전부터 지열히트펌프의 고효율에너지기기자재 승인 조건인 성능계수 3.65 이상으로 하고 있다.

16 지열히트펌프의 성능계수는 3.65이지만 전체 시스템 운영에 필요한 전력량을 고려하면 약 30% 정도의 추가 전력이 필요하다. 따라서 지열에너지 생산시스템의 성능계수는 약 2.56 정도로 가정할 수 있다.

(4) 지역난방과 지열에너지 생산시스템의 결합 운영 제안

　제로에너지주택 인증을 받는데 있어 가장 큰 결정 변수는 열에너지 공급을 하는 열원의 선택이다. 어떤 열원을 선택하여 어떻게 공급하는가에 따라 제로에너지 달성 여부가 결정이 되므로 난방과 급탕, 냉방에너지를 효과적인 신재생에너지 열원으로 해야 한다. 또한 열에너지는 1차에너지 환산계수가 낮은 지역난방과 같은 열원으로 공급하고 제로에너지 등급 산정을 위해 다른 신재생에너지를 공급하는지 신중하게 선택해야 한다. 1차에너지 환산계수가 높은 태양광 발전 시설은 건물의 옥상이나 벽면, 대지를 이용하면 되나 제로에너지 등급을 획득하는데 충분한 설치 공간 확보를 할 수 없는 경우가 많고, 열에너지 공급은 다른 열원을 이용해야 한다. 제로에너지주택에서 열에너지 공급을 지열에너지로 하여 신재생에너지 비중을 높이거나, 1차에너지 환산계수가 0.728인 지역난방을 선택하면 유리한 점이 많다.

　초기에 노원 제로에너지주택에서는 지열에너지 생산 시스템을 구축하면서 지열 히트펌프의 온수생산 온도를 최고 55℃로 하였으나 열수요가 급증하는 겨울철에는 열에너지 공급에 어려움이 있었다. 8톤 규모의 저탕조 2개를 동시에 사용하면서 지열에너지 생산이 원활하지 않아도 안정적인 열에너지 공급이 되도록 하였다. 80RT 부하의 난방과 급탕용 온수 생산을 하려면 동일한 40RT 규모의 히트펌프 2대로 부하를 분담하면 좋으나, 생산 제품이 없어 50RT와 30RT 제품으로 나누어 열에너지를 생산하였다. 열에너지를 생산할 때 어느 한 쪽 히트펌프의 부하가 강해지면 다른 히트펌프의 열공급이 원활하지 않은 경우가 발생하였다.

이러한 문제를 해결 하려고 〈그림 27〉의 왼쪽과 같이 2개의 저탕조에 2개의 히트펌프가 열에너지를 공급하는 방식에서 오른쪽과 같이 각각의 저탕조로 히트펌프가 한 대씩 열에너지를 공급하는 방식으로 변경하였다. 세대에서 환수가 되는 온수를 50RT 히트펌프로 일정 온도(약 4℃)를 승온한 후, 다른 저탕조로 보내면 30RT 히트펌프로 8℃ 정도를 올려 세대에 온수를 공급하도록 하였다.

유럽 국가들은 제4세대 지역난방 보급을 권장하고 있다. 제4세대 지역난방은 난방부하가 적은 건물에 저온수인 30~70℃의 온수를 공급하는 방식으로 신재생에너지인 태양열이나 지열, 연료전지 등과 결합해서 운영하는 것을 목표로 하고 있다. 노원 제로에너지주택의 지열에너지로 온수를 생산할 때 저탕조를 재구성하여 제4세대 지역난방과 결합한 운영이 가능하다면 지열 히트펌프로 일정 온도를 승온하는 기능을 담당하고 추가적인 열에너지 공급은 지역난방으로 하여 세대에서 필요한 온수 공급온도를 유지하도록 할 수 있을 것이다.

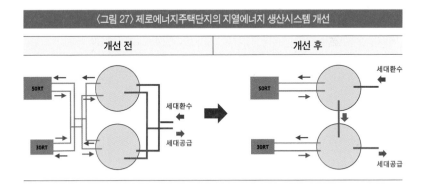

〈그림 27〉 제로에너지주택단지의 지열에너지 생산시스템 개선

현재의 〈그림 28〉 왼쪽과 같이 기존의 2개의 히트펌프로 단계별

승온을 하는 구성에서 오른쪽과 같은 방식으로 지역난방과 연계하여 운영하는 구성이 가능하다. 〈표 4〉와 같이 세대에서 회수가 되는 온수를 지열 히트펌프로 여름철에는 승온을 하지 않거나 2℃ 정도 승온하고, 겨울철에는 4℃ 승온하여 다른 저탕조로 넘기면 지역난방으로 55~60℃로 승온하여 세대에 열에너지를 공급한다.

〈그림 28〉 제로에너지주택단지의 지열에너지 시스템과 지역난방 연계 운영 예시

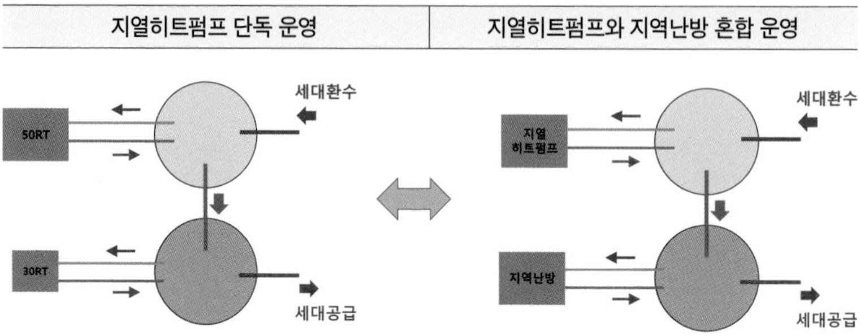

〈표 4〉 제4세대 지역난방의 열에너지 공급 분담 예시			
	여름철	겨울철	비고
세대 공급 목표 온도 [℃]	51	55	
세대에서 회수되는 온수 온도 [℃]	45~49	40~45	
지열히트펌프로 승온 [℃]	0	4	지열히트펌프로 여름철 냉수 생산
지역난방으로 승온 [℃]	2~6	6~11	

지역난방과 지열 히트펌프를 연계 운영하는 방식은 지열에너지 생산을 장기간 유지하는데 도움이 된다. 여름철에 지역난방으로 전

체 열부하를 감당하는 시기는 지열에너지 생산을 멈추어 연속 운전에 따른 지열에너지 생산 시스템의 성능 저하를 줄일 수 있다.

만약 지열 히트펌프가 냉·온수 겸용 생산을 한다면 여름철에는 냉방에너지 공급이 가능하므로 지상의 열에너지를 지중으로 보내고, 겨울철에 지중의 열에너지를 끌어올 때 이용하므로 연간 지열 히트펌프의 큰 효율 저하 없이 지열에너지 생산이 가능하다. 이런 방식의 운영은 앞의 〈그림 5〉에서 검토했듯이 제로에너지건물에서는 기존 주택과 비해 큰 난방부하의 감소로 인해 난방에너지와 냉방에너지 사용량이 거의 1:1이 되는 사실에서 더 효과가 있을 것이다.

지열에너지 생산시스템과 제4세대 지역난방의 연계 운영이 가능하다면 제로에너지건축물 인증 프로그램인 ECO2의 알고리즘 수정이 필요하다. 지역난방으로 감당하는 열에너지 수요량의 분담 비율을 어떻게 산정하여 1차에너지 소요량에 반영할지, 지열에너지 생산 시스템의 열에너지 생산 분량을 에너지자립률에 합리적으로 반영을 할 수 있는지 등에 대한 논의와 연구가 선행되어야 한다. 지열에너지 생산과 지역난방의 연계 운영을 하면서 얻어진 데이터는 제로에너지 등급 산정에 타당하게 적용되는 기초 자료로 활용될 수 있다.

결론

　제3차 에너지기본계획에서는 미활용 열에너지의 사용 확대와 함께 제4세대 지역난방시스템 실증을 중요한 과제로 선정하고 있고, 한국전력공사, 한국가스공사, 한국지역난방공사 등 에너지 공기업을 대상으로 에너지효율향상 의무화제도를 시행하도록 하고 있다. 제4세대 지역난방시스템을 구축하기 위해서는 태양열이나 지열, 산업용 폐열 등을 지역난방과 결합해서 운영해야 한다. 또한 제4세대 지역난방에서는 저온 열수송관 기술개발도 중요한 과제로 부각되고 있다. 이런 과제의 핵심은 분산전원과 지역별 에너지 공급-수요 구축, 비전력 에너지 활용 확대 등에 있다고 할 수 있다.

　노원 제로에너지주택은 넷제로 1차에너지 주택단지를 만들기 위해 열에너지 생산시스템으로 지열시스템을 채택하였으나, 국내 최초로 단지 내 121세대에 난방, 냉방, 환기, 급탕에 필요한 에너지를 지열시스템을 통해 지원하는 과정에서 2년 동안 시행착오를 겪었다. 그러나 준공 이후의 꾸준한 모니터링을 통해 데이터를 통해 장비와 제어에 대한 문제점을 발굴하고 그에 대한 개선방안을 마련할 수 있었다. 시스템 개선을 위해 지열시스템 보완공사를 진행했던 2020년 5월 이후에는 다행히 안정화 된 상태로 가동되고 있고, 그 이후부터 지금까지 탄탄한 열에너지모니터링을 진행하고있다. 보완 전에는 두 개의 히트펌프를 동시에 가동하면서도 안정된 온도의 온수를 공급할 수 없었으나, 보완 후에는 히트펌프 2개를 분리하여 단계별로 운영하는 방법을 사용하면서 열부하가 적은 여름철에 세대에서 회수되어 들어오는 온수를 별도로 승온하지 않고도 온수를 공급할 수 있게 되었다. 121세대 제로에너지주택의 초기 설비설계 오류를 수정보완하면서 얻은 결론은 노원 제로에너지주택보다 큰 규모의 공동주택단지의 경우에 지열히트펌프와 제4세대 지역난방시스템을 함께 설치한다면 겨울철처럼 열부하가 많을 때 더욱 더 효과적으로 온수를 공급할 수 있고, 더 나아가 제로에너지건축물 인증 취득에도 용이할 수 있다는 것이다.

3년간 축적된 노원 제로에너지주택의 모니터링 데이터 및 에너지 절감 현황, 그리고 지열에너지 운영에 대한 자료는 앞으로 제4세대 지역난방 확대나 2025년 제로에너지건축물의 의무화를 앞두고 열에너지의 비중이나 생산에 관련된 여러 가지 상황을 파악하고 해결책을 제시하는데 활용될 것이다. 특히 최근에 국회에서 신재생에너지 공급의무화 제도인 RPS의 공급비율을 10%에서 25%까지 상향하는 법안이 통과되어 발전사업자는 신재생에너지 공급에 대한 부담을 갖게 되었다. (2021년 10월 21일 이후 시행) 만약 한국지역난방공사가 신재생에너지공급 비율 향상을 위해 제4세대 지역난방시스템과 지열에너지를 결합 운영할 경우, 단, 지열에너지 생산을 RPS 의무비율로 인정해 주기만 한다면 지열에너지 보급과 함께 지역난방도 활성화될 수 있는 기회를 갖게 될 것이다. 그러나 이러한 예측은 충분한 데이터 확보를 통해 성공할 수 있을 것이라 믿는다. 4년차 노원제로에너지주택 모니터링이 이루어지고 있다. 이후에는 4세대 지역난방과 지열시스템과의 융·복합 설비시스템 실증사례를 찾아 시간별, 요일별, 계절별, 에너지성능별 그리고 신재생에너지 투입 비율별로 운영데이터를 지속적으로 모니터링하고 에너지플랫폼에서 AI를 통한 열에너지 관리 및 거래를 위한 패턴을 찾아간다면 비지니스 모델 발굴과 함께 미래 신산업 육성사업으로 각광받게 될 것이다.

2050 탄소중립을 위해서는 집단에너지 사업자의 역할이 매우 중요하다. 직접 배출이 없는 미활용열과 폐열 등을 고효율 히트펌프를 적용하는 열에너지 생산 방식의 시도와 보급 그리고 분산전원과 분산열원 간의 통합 운영을 통해 효과적인 열에너지 공급이 이루어질 수 있도록 개발된 운영방식이 빠른 시일 내에 마련되길 기대해 본다.

1. European Commission, "Energy Performance of Buildings Directive(EPBD) 2010/31/ EU", https://ec.europa.eu

2. 국토교통부 보도자료, "제로에너지건축 의무화 세부로드맵 수정(안)", 2021년 2월.

3. 국토교통부, "녹색건축물 조성 지원법", 법률 제17229호, 2020. 4. 7. 일부 개정.

4. 국토교통부, "건축물에너지효율등급 인증 및 제로에너지건축물 인증 기준", 국토교통부고시 제2020-574호, 2020. 8. 13. 일부 개정.

5. 산업통상자원부, "집단에너지사업계획서 작성기준", 산업통상자원부 고시 제2018-202, 2018. 11. 15. 폐지제정, 유효기간: 2021년 11월 14일까지.

6. 산업통상자원부, "제3차 에너지기본계획", 2019.6.

7. 이명주, 건축물중심 제로에너지도시, 2017. 마실와이드.

8. Bundesrat, "EnEV 2014", Energieeinsparungsverordnung 2014, Germany.

9. PHI, 『PHPP(Passive House Planning Package), ver. 9』, Passive House Institute, 2015, Germany.

10. A. Marszal, P. Heiselberg, J.S. Bourrelle, E. Musall, K. Voss, I. Sartori, A. Napolitano, "*Zero Energy Building-A review of definitions and calculation methodologies*", Energy and Buildings 43(4), pp.971~979, 2011.

11. 이종화, 김정훈, 조종두, 임신영, "지역난방 통합배관 시스템의 시험연구", 대한설비공학회 2014 하계학술대회 논문집, pp.465~468, 2014.

12. 임신영, "4세대 지역난방 해외사례 및 국내 적용방안 연구", 대한설비공학회 2017년 하계학술대회 논문집, pp.559~602, 2017.

13. H. Averfalk, S. Werner, "*Economic benefits of fourth generation district heating*", Energy 193(2020), 116727, Elservier, 2020.

IX

스마트 그린시티 시대의
수소기반 집단에너지의 추진방향

왕광익

그린디지털연구소

① 도시와 에너지

　　현재 지구촌 최대 이슈는 '기후변화'와 '에너지' 문제이다. 20세기 초부터 일어난 자동차산업의 성장은 화석에너지의 소비량을 급격히 늘려갔으며, 화석연료에 기반을 둔 전기 에너지 보급으로 도시 생활의 편리함은 전 세계적으로 급속히 확산되었다. 현재는 전 세계 인구의 50% 이상이 도시에 집중됨으로 인해 도시공간의 집약적 이용으로 에너지의 소비가 도시에서 집중적으로 발생되고 있다. 이로 인한 이산화탄소의 지속적인 배출로 기후변화 문제가 대두되면서 사회/경제/문화 등 다양한 분야에서 영향을 끼치고 있다. 특히, 우리나라의 경우는 에너지의 95%를 수입에 의존하며 기존경제기반이 화석연료 의존으로 인하여 에너지자립을 통한 탄소중립을 위한 실천전략을 추진하는 것은 더욱더 취약한 상황이다. 이러한 상황을 타개할 궁극적인 해법은 탈화석 에너지원을 기반으로 태양광, 풍력, 수소 등과 같은 신재생에너지 체제로 전환하는 것이다. 이중 우리나라에서는 수소에 주목하고 있다. 정부는 수소경제를 통해 기존 석탄 및 석유와 같은 화석원료 위주의 에너지 시스템 경제에서 수소 경제로 전환을 통해 국가의 주된 에너지원을 청정 에너지로 바꾸고, 원유와 천연가스 등 에너지의 해외 의존도를 낮추어 효과적인 산업 구조로 변화시켜 나가고자 한다. 또한, 우리나라가 경쟁력을 가지고 있는 수소차나 연료전지 등 미래 유망품목을 육성하고 우리 경제의 신성장 동력으로 키워 관련 산업과 일자리를 창출하는 등 수소경제를 통한 경제산업 구조의 개편을 추진하고 있다.

도시분야에 있어서 친환경 에너지 패러다임의 시발점은 전원도시까지 거슬러 올라간다. 전원도시(Garden city)는 영국의 에버니저 하워드(Ebenezer Howard)가 1898년 '내일: 진정한 개혁으로의 평화로운 길(To-morrow : A Peaceful Path to Real Reform)' 및 1902년 이 책의 증쇄 개정판인 '내일의 전원도시(Garden Cities of To-morrow)'를 통해서 제창한 새로운 도시 패러다임이다. 당시 영국에서는 산업혁명이 진행됨에 따라 고용기회가 많은 도시를 중심으로 인구가 집중됨에 따라 일반 시민들은 자연스럽게 자연으로부터 격리되어 환경오염과 높은 주거비, 원거리 통근, 높은 실업률 등 다양한 도시문제에 시달리게 되었다. 이를 해결하기 위해 하워드는 '도시와 농촌의 결혼', 현대적으로 재해석하면 도농통합을 통해서 도시의 풍요롭고 경쟁력 높은 경제·사회적 혜택(높은 임금, 일자리, 자본 유치, 부의 창조 용이성, 사교 기회, 양호한 보건위생 등)과 농촌의 쾌적하고 우수한 생활·자연 환경(낮은 임대료, 낮은 물가, 쾌적한 자연환경, 협동심, 자유)을 결합한 새로운 도시 형태인 전원도시를 대안으로 제시했다. (이경환, 1993) 이렇게 둘의 장점을 취하여 새로운 도시공간을 조성함으로써 도시의 과밀화와 그로 인해 발생되는 문제를 해결하고, 붕괴되는 농촌으로 인구를 다시 유입시켜 도시와 농촌 모두를 살릴 수 있다는 논리이다. 전원도시는 기존 중심도시 외곽지역에 인구 3만명 정도의 제한된 규모로 조성하는 직주근접형 저밀 소형도시 형태다. 주택마다 정원이 있고 공원과 숲이 인접하며 농지로 둘러싸여 있으며, 지역 토지회사가 약자층을 위한 임대주택을 운영하며 해당 자금을 기반으로 주민들이 공공인프라 정비를 추진하는 등 주민이 직접 참여하는 커뮤니티(지역사회) 형성을 중요한 목표로 두었다. (이정찬, 2020)

전원도시를 근원으로 하여 1970년대 생태도시(Ecocity) 패러다임이 등장하였다. 생태도시라는 용어는 미국의 리차드 레지스터(Rechard Register)가 1975년 캘리포니아 버클리에 설립한 비영리단체 Urban Ecology(도시생태)를 토대로 하여 1987년 'Ecocity Berkeley : Building Cities for a Healthy Future'를 통해 처음 제시하였다. (Register, Richard, 1987) 생태도시는 도시의 환경문제를 해결하고 서로 상충되는 환경보전과 개발을 조화시키기 위한 새로운 도시 패러다임으로서 '도시를 하나의 유기적 복합체로 보아 다양한 도시 활동과 공간구조가 생태계의 속성인 다양성, 자립성, 순환성, 안전성 등을 포함하는 인간과 자연이 공존할 수 있는 환경친화적인 도시'라고 할 수 있다. (이재준, 2005) 다양성, 자립성, 순환성, 안전성이 생태도시 조성을 위한 4대 원칙이라 할 수 있는데 각각에 대해서는 도시마다 중점적으로 고려하는 분야와 방식이 다르기 때문에 다양하게 유형화될 수 있다. (이정찬, 2020)

1990년대에 들어서 국제사회가 지구온난화 문제 해결을 위한 공동의 대응 자세로 저탄소 녹색도시가 등장하였다. 1992년 브라질 리우데자네이루에서 '기후변화에 관한 국제연합 기본협약(United

Nations Framework Convention on Climate Change, UNFCCC)'을 채택하여 선진국을 중심으로 온실가스 배출 제한과 지구 온난화 방지에 대한 공동 노력을 추진함에 합의했다. 당시에는 온실가스 배출량 규제에 대한 강제성은 없었으나 이후 1997년 교토에서 개최된 제3회 UNFCCC 당사국총회(Conference on Parties, COP3)에서는 2008에서 2012년간 온실가스 배출량을 1990년 대비 최소 5.2% 이하로 감축시키는 의무를 선진국(Annex 1 국가)에 부과하였다. 이에 따라 선진국을 중심으로 국가와 함께 도시차원에서 온실가스 배출량을 줄이고 기후위기에 대응하며 최근에는 적응까지 이어지는 저탄소 녹색도시 패러다임이 등장하게 된 것이다. (이정찬, 2020)

이때부터 기존의 도시 생태의 차원을 넘어서 온실가스 배출의 주요 원인이자 모든 도시활동에 결부될 수밖에 없는 에너지 소비를 도시에서 어떻게 줄일 것인가, 아울러 이미 배출된 온실가스를 흡수하기 위해서 녹지조성, 복합용도 기반 토지이용 고도화 등을 어떻게 할 것인가 등에 대한 논의가 도시계획 분야에서 주요 테마로 등장하였는데 대표적인 것이 압축도시, 뉴어바니즘, 스마트성장이라 할 수 있다. (왕광익, 2016) 압축고밀도를 통한 에너지 이용의 효율성 증대 및 접근성 강화와 도시경쟁력 강화, 대중교통지향형 도시개발(Transit-Oriented Development, TOD) 및 차량 사용의 최소화 등 모두 온실가스 배출을 줄이고 발생된 온실가스는 흡수를 통해 상쇄시켜 생태보전 및 기후위기에 대응할 뿐만 아니라 경제, 사회 등 도시 경쟁력을 강화시키는, 즉 환경적으로 건전하면서 지속가능한 개발(Environmentally Sound and Sustainable Development, ESSD)을 위한 저탄소 녹색도시 실현을 뒷받침한다. (왕광익, 2016)

한편, 최근에는 그린 IT기술을 근간으로 Zero Energy와 Zero Carbon, Zero Waste를 목표로 하는 스마트 그린시티로 패러다임이 변하고 있다. 스마트 그린시티는 스마트 서비스에 친환경과 에너지 절감 설비 및 서비스가 융·복합된 도시이며, 첨단 정보통신기술(ICT)과 그린기술이 도시공간에 융·복합되어 인간과 자연이 어우러져 살아가는 쾌적한 환경을 갖춘 도시로 정의할 수 있다.

특히, 스마트 그린시티는 스마트그리드와 신·재생에너지 확대, ICT와 같은 정보통신기술들을 최대한 활용하여 친환경적 도시로 구축함을 목표로 하고 있다. 이에 더해 에너지관리기술(Energy Management System, EMS), 에너지저장장치(Energy Storage System, ESS), 전기차 확대방안을 위한 차량용 충전 인프라, 패시브 빌딩(Passive Building), 사물인터넷(Internet of Things, IoT) 적용이 가능한 스마트 가전 등 에너지 사용 전반에 걸쳐 소비 저감과 효율화 방안을 도시 인프라 전반에 적용할 수 있는 여건을 마련하기 위해 노력하고 있다. (김형주, 2015) 자동차 이용시간 단축을 위한 도로 정비 및 주차 부하 저감, 친환경 인증 건축물 확대, 열섬현상 저감, 도시 내 유휴부지 내 신·재생에너지 활용, 지역 냉·난방 등 스마트그린시티 구현에 필요한 다양한 설계 요소를 도시 계획에 통합 반영하고 있으며, 여기에 해당 지역 주민의 인식 제고와 정책 참여를 독려함으로써 지속가능한 스마트 그린시티를 구축하기 위한 노력을 더하고 있다. (김형주, 2015)

환경부에서는 최근 그린뉴딜 5대 주요사업으로 스마트 그린도시를 제시하였다. 여기에서 스마트 그린도시를 '인간과 환경이 공존하는 지속가능한 미래 환경 도시'로 정의하고 있으며, 회복력, 저배출, 생태복원, 인간중심의 4대 유형으로 구분하고 공모를 통하여 관련

사업을 추진하고 있다.

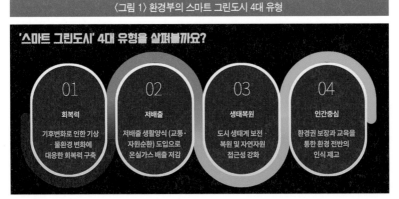

〈그림 1〉 환경부의 스마트 그린도시 4대 유형

자료 : 환경부 홈페이지

또한, 도시 기후환경 진단을 통해 지역 특성별로 필요한 맞춤형 환경개선사업을 실시하고자 지자체 공모를 통하여 추진하고 있다.

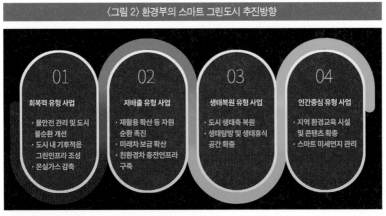

〈그림 2〉 환경부의 스마트 그린도시 추진방향

자료 : 환경부 홈페이지

이처럼 스마트 그린시티는 스마트그리드 인프라에 전기와 열에너지를 조합하여, 에너지 최적화 설계 및 관리·운영하는 기술을 적용하고, 도시 내에서 에너지 사업자가 전기와 열에너지를 일괄 공급하며, 양방향 통신을 통하여 다양하고 새로운 에너지 산업을 창출하는 도시로 말할 수 있다. 또한, 도시내 연간 소비하는 최종 에너지의 양과 생산하는 에너지의 양이 균형을 이루는 도시이며, 그린 에너지 기술과 스마트 기술을 융·복합하여 궁극적으로 시민의 삶의 질과 도시의 경쟁력 제고를 위한 도시로 정의할 수 있다. (왕광익, 2016)

② 수소도시와 수소에너지

1. 수소경제와 수소생태계

(1) 수소경제

수소경제에 대한 학계의 정의는 기존 연구로부터 확인할 수 있다. 1970년 미국의 제이 보크리스(J. Bockris)는 수소경제를 '수소를 주요 에너지원으로 사용하는 경제산업구조를 말하는 것으로, 화석연료 중심의 현재 에너지 시스템에서 벗어나 수소를 에너지원으로 활용하는 자동차, 선박, 열차, 기계 혹은 전기발전, 열 생산 등을 늘리고, 이를 위해 수소를 안정적으로 생산-저장-운송하는 데 필요한 모든 분야의 산업과 시장을 새롭게 만들어내는 경제시스템'으로 정의하고 있다.(관계부처 합동, 2019) 2002년 제레미 리프킨(J. Rifkin)은 '수소경제'를 제목으로 한 저서에서 수소경제를 '현재의 석유중심 경제체제가 무공해 무한에너지인 수소를 중심으로 한 경제체제로 전환된 미래사회'로 정의하고 있으며, 2005년 미국국립과학원은 수소

경제를 '수소를 생산하고, 생산된 수소를 운반하고 저장하는 인프라를 구축하고, 수소를 직접 연소하거나 연료전지를 이용하여 전력을 생산하여 이를 최종적으로 소비하는 에너지수급 시스템에 기반한 경제'로 정의하고 있다. (산업통상자원부, 2019)

위와 같은 학계의 정의 상 공통된 특징은 첫째, 수소의 생산-이송-소비의 전주기를 전제, 둘째, 수소를 통해 기존 에너지를 대체하거나 수소를 중심으로 에너지순환 경제시스템 구축을 할 수 있을 것을 전제, 마지막으로 수소 경제체제에 따른 산업, 시장, 사회의 변화를 전제한다. 즉, 학계의 수소경제 정의는 수소를 그 자체만으로 에너지순환생태계를 구축할 수 있는 에너지원으로 보고, 수소 중심으로 경제체계가 개편될 수 있음을 시사하는 것이다.

수소 중심으로 에너지체계를 개편함으로써 친환경성과 함께 경제혁신이 발생된다는 것이며 이것이 수소경제를 국가적으로 논의하여야 하는 배경이 된다는 것이다. 위와 같은 학계의 정의를 바탕으로 우리나라에서도 정책적으로 수소경제에 대한 정의를 시도한 바 있다. 가장 이른 시기의 정의는 산업자원부(2005)에서 마련한 '친환경 수소경제 구현을 위한 마스터플랜'에 나타나는 정의로서 다음과 같이 간략한 개념적 정의와 광의(廣義)와 협의(俠義)적 정의를 함께 마련하였다.

〈표 1〉 산업자원부(2005)의 수소경제 정의

정의의 범위	내용
간략한 정의	탄소에 기반한 하부 경제구조(에너지기반)가 수소중심으로 전환된 미래 경제사회

광의(중단기적)의 정의	석유, 석탄, 천연가스, 원자력, 신·재생에너지 등을 이용하여 수소를 생산하고, 연료전지 등을 통해 활용하는 고효율 저탄소 경제사회
협의(장기적)의 정의	태양에너지 등 신·재생에너지를 활용하여 직접 또는 물을 분해하여 수소를 생산하고, 연료전지 등을 통해 활용하는 고효율 무탄소 경제사회

자료: 산업자원부(2005), 2005년 산업자원부 연두 업무보고

이후 문재인 정부에서 수소경제를 혁신성장 성장동력 중 하나로 선정하며 마련한 '수소경제 활성화 로드맵('19.1)'에서 수소경제를 '수소가 자동차 등 수송용 연료, 전기·열 생산 등 주요한 에너지원으로 사용되는 경제'로 정의하였다. 또한, 2020년 2월 4일에 '수소경제 육성 및 수소 안전관리에 관한 법률(수소법)'이 제정되었으며 여기에서 수소경제는 제2조(정의)에 따라 '수소의 생산 및 활용이 국가, 사회 및 국민생활 전반에 근본적 변화를 선도하여 새로운 경제성장을 견인하고 수소를 주요한 에너지원으로 사용하는 경제산업구조'로 정의하고 있다.

이러한 우리나라의 법적·정책적 정의는 대체로 첫째, 학계 정의와 마찬가지로 기존연료의 대체, 수소를 주요 에너지원으로 활용하는 것에 대한 개념은 공유, 둘째, 단, 수소의 생산-이송-소비 전주기 생태계를 고려한 서술은 부족한 편이며, 마지막으로 법적 정의에서는 근본적 변화, 경제성장 등 정책적 목표가 함께 담겨있는 것이 특징을 가진다. 이처럼 수소경제의 정의를 종합하면, 수소경제는 (1)수소가 친환경 에너지로서, (2)독자적 에너지 순환 체계를 갖추고, (3)기존 에너지원을 상당부분 대체하며, (4)그를 바탕으로 사회·경제에 변화를 일으키는 것으로 볼 수 있다.

(2) 수소경제 활성화 로드맵

정부는 2018년 8월 '혁신성장전략투자방향'에서 수소경제를 3대 투자 분야 중 하나로 선정했다. '수소경제추진 위원회'를 구성한데 이어 2019년 1월 「수소경제 활성화 로드맵」을 마련했다. 수소차와 연료전지를 두 축으로 세계 최고 수준의 수소경제 선도국가로 도약하는 비전과 계획을 담았다. 정부는 '수소경제'를 혁신성장의 새로운 성장동력이면서 친환경 에너지의 원동력으로 삼아 2040년까지 수소경제 활성화를 위한 수소 생산·저장·운송·활용 전 분야를 아우르는 정책 방향성과 목표 및 추진전략을 담았다. (산업통상자원부, 2019) 「수소경제 활성화 로드맵」을 차질 없이 이행하면 2040년에는 연간 43조 원의 부가가치와 42만 개의 새로운 일자리를 창출하는 혁신성장의 원동력이 될 것으로 기대하고 있다.

주요 목표

- 수소차와 수소 연료전지에서 세계시장 점유율 1위 달성
- 그레이 수소(석유나 천연가스 등 화석연료에서 만들어내는 수소)에서 ➡ 그린 수소(재생에너지에서 생산되는 수소)로 생산 패러다임 전환
- 안정적이고 경제성 있는 수소의 저장과 운송체계 확립
- 수소산업 생태계를 조성, 전 주기 안전관리 체계 확립

---

(3) 수소 관련 국내 기술력 현황과 가능성

수소는 그동안 석유화학, 정유, 반도체, 식품 등 산업 현장에서 수십 년간 사용해온 가스로서, 우리나라는 수소 활용 분야에서 이미 세계적인 기술을 확보하고 있고 이를 전통 주력 산업인 자동차·조선·석유화학과 연계하면 세계적으로 각국이 관심을 가지고 있는

수소경제를 선도할 가능성이 있다. (관계부처 합동, 2019) 또한 우리나라 현대자동차는 세계 최초로 수소차 양산에 성공하였고, 핵심부품의 99%가 국산화되어 자동차 분야에서의 수소 활용은 이미 세계적인 기술력을 확보하고 있다. 현재 우리나라는 울산을 비롯한 대규모 석유화학 단지에서 수소차 확산에 필요한 부생수소를 충분히 생산할 수 있는 능력을 갖추고 있을 뿐만 아니라, 총연장 5천여km의 전국적인 천연가스 배급망을 활용하면 천연가스에서 경제적으로 수소를 추출해 각지에 공급할 수도 있는 강점을 가지고 있다. 현재는 수소를 기존 화석연료에서 추출하는 방식이 일반적이지만 앞으로는 정부는 연구개발을 통해 태양, 풍력, 바이오 등 재생에너지를 사용해 친환경적이면서 보다 경제적인 생산방식으로 바뀌어 가고자 한다. 정부는 이러한 방식을 이용하여 온실가스와 미세먼지를 배출하는 탄소와 달리 이산화탄소 배출이 전혀 없고 부산물이 물뿐인 진정한 청정에너지원이 될 수소를 생산하고자 한다.

(4) 수소생태계

수소생태계는 크게 수소에너지의 순환구조 측면과 후방 산업의 생태계 측면에서 살펴볼 수 있다. 수소에너지의 순환 체계는 〈그림 3〉과 같은 흐름을 가진다. (임희천, 2014) 수소의 생산은 크게 탄화수소에 따른 부생/개질과 전기 에너지에 따른 분해로 살펴볼 수 있으며 각각에 대해 여러 가지 원천이 있다. 수소의 저장은 크게 화학적 저장, 물리적 저장으로 나뉜다. 수소의 활용은 크게 석유화학 대체연료, 전기로 활용, 수소전기차에 활용으로 나뉜다.

또한, 수소에너지의 순환 체계에서 살펴볼 수 있는 수소에너지의 특징은 다음과 같이 정리할 수 있다. 첫째, 수소는 생산방식이 다양하다. 화석연료, 공장부생, 재생에너지발전, 일반발전 등 물만 있으면 다양한 원천에서 생산될 수 있으므로 생산 포트폴리오 구성에 따른 유연한 대체가 쉽다. 둘째, 수소는 저장·운송방식이 다양하다. 대체로 고압저장 후 파이프라인을 통해서나 탱크 운송을 하게 되나 액체수소 저장, 화합물 저장 등을 통한 다양한 방법도 가능하며, 다소의 효율성을 잃더라도 전기로 변환 후 운송하거나 재변환 방식도 가능하다. 마지막으로 수소는 활용처가 다양하다. 수소는 직접 연소 연료로도 사용 가능하며, 일반적으로는 연료전지를 통해 친환경 전기 에너지를 생산하는 연료로 국내에서는 많이 활용을 하고 있는 실정이다.

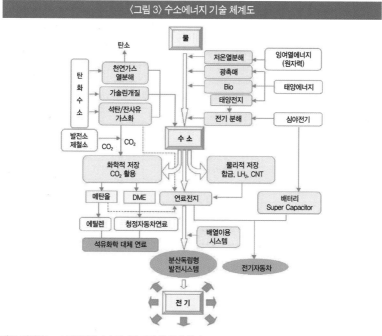

〈그림 3〉 수소에너지 기술 체계도

자료: 임희천(2014), 전력분야 수소에너지 이용 및 향후 전망

즉, 수소에너지의 가장 큰 장점은 에너지 생산-저장·이송-활용에서 다양화를 쉽게 도모할 수 있다는 것으로 인프라 및 경제구조가 뒷받침되면 에너지자원의 생산/배분/활용 효율성을 높이며 환경성을 제고하는 것이 가능하다.

수소산업생태계는 위와 같은 수소에너지의 특징에 따라 정의되는 에너지 경제 생태계로 볼 수 있다. 수소 생산 부문은 크게 부생/추출/수전해/(해외)수입으로 나뉘고, 수소 저장·운송 부문은 파이프라인/튜브트레일러/탱크로리로 나뉜다. 그리고 수소 활용 부문은 크게 수송/연료전지/가스터빈으로 나뉜다.

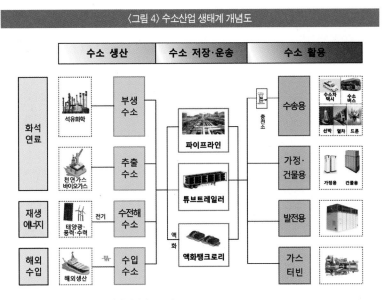

〈그림 4〉 수소산업 생태계 개념도

자료: 관계부처 합동(2019), 수소경제 활성화 로드맵

수소산업 생태계에서 가장 주목할 점은 수소의 활용 측면으로 다시 다음과 같이 살펴볼 수 있다. 수송부문에서는 수소차/버스 이외

에도 선박/열차/드론 등 다양한 수송수단에 대한 활용이 제시된다. 연료전지에 대해서는 가정용/건물용 발전, 상업발전, 산업용 발전 및 생활용품에의 활용 등이 제시된다. 가스터빈의 경우 연료전지를 거치지 않고 곧바로 수소 및 천연가스 혼합 연소를 통해 대규모 발전을 하는 것으로서 주로 상업 발전을 위한 것이다.

이와 같이 수소생태계에 대한 개념적 고찰에 대한 의의는 다음과 같다. 첫째, 수소는 독자적 에너지 순환 체계를 가질 수 있으며 친환경성이 높으므로 차세대 에너지원으로서, 또한 새로운 경제체계 구성의 매개체로서 가치 높다. 둘째, 수소 에너지원의 특성상 생산/저장·이송/활용에 여러 가지 방식을 동원할 수 있으며 이는 곧 각 지역의 특성에 맞는 수소도시 조성이 가능함을 의미한다. 수소의 활용은 산업부문에 국한되지 않고 수송, 가정, 상업 모두에 가능하며 소형화가 가능하므로 도시의 전 구성요소에 영향을 미칠 수 있다.

2. 수소도시

(1) 수소도시의 정의와 개념적 의의

수소도시에 대한 정의는 국토교통부(2019)와 관련하여 제안된 법률안(2020)을 통해 살펴볼 수 있다. 먼저 국토교통부(2019)에서는 다음과 같이 수소도시를 정의하고 있으며, 수소도시 정의를 위해 도시의 3요소(시민, 활동, 기반시설) 관점에서 수소를 살펴보면 다음과 같다.

〈표 2〉 국토교통부(2019)의 수소도시 3요소

요소명	내용
시민(H2 Citizens)	수소를 주된 에너지원으로 활용하는 시민
활동(H2 Activities)	시민들이 도시 내에서 영위하는 주거활동, 경제활동, 문화 및 여가 활동에서 수소를 활용
기반시설 (H2 Infrastructures)	수소의 생산·저장·이송·활용(수소생태계)에 유리한 시설을 구축

이를 바탕으로 수소도시를 '도시 내 수소생태계(생산-저장·이송-활용)가 구축되어 수소를 주된 에너지원으로 활용하면서 도시혁신을 시민이 체감하는 건강하고 깨끗한 도시'로 정의하고 있다. 이 정의는 ①수소생태계 구현을 전제로 한 도시 구축과 ②수소도시를 통해 도시혁신, 시민건강, 환경개선을 도모함을 의미한다고 볼 수 있다. 이러한 정의에 따라 국토교통부(2019)는 다음과 같은 수소도시 개념을 설정하고 있다.

〈그림 5〉 수소도시 개념도

* (수소생태계) 수소 생산-저장·이송-활용의 순환구조

기대효과
❖ **도시내 에너지체계 전환**(중앙집중형 → 분산형)
❖ 이산화탄소 저감, 미세먼지 흡수 등으로 **깨끗한 도시** 구현
❖ 도시내 수소 산업 생태계가 구축되어 **도시혁신** 및 **일자리창출** 가능

개념설정
❖ 도시 내 **수소생태계**가 구축되어 수소를 **주된 에너지원으로 활용**하면서 **도시혁신**을 시민이 체감하는 건강하고 깨끗한 도시

자료: 국토교통부(2019), 수소시범도시 추진전략

또한, 국토교통부는 2020년 9월 '수소도시 건설 및 운영에 관한 법률 제정(안)'을 입법예고 하였으며 다음과 같은 내용을 포함한다. 우선 제2조(정의)제1호에 수소도시를 '수소에너지 수급 생태계를 도시와 연결하고 주거와 건물 및 교통 등에 활용하여 에너지 전환 및 수소경제로의 이행을 촉진하는 지속 가능한 도시'로 정의하였다. 그리고, 제2조(정의)제2호에 수소도시 기반시설은 '수소도시를 구성하는 다음 각 목의 시설에서 수소의 활용에 필요한 생산·수입, 저장·운송 및 공급시설 중 대통령령으로 정하는 일정 규모 이상의 시설'로 정의하였으며, 공공시설·주택·환승센터·물류단지·교통기지 등을 명시하였다. 이처럼 법률안의 정의는 수소생태계 구현 전제와 에너지 전환 및 수소경제로의 이행을 의미한다고 볼 수 있다.

즉, 현재까지 제시된 수소도시의 정의는 다음과 같은 특징을 가진다. 첫째, 수소생태계가 구현되어 수소중심으로 산업 및 경제활동이 이루어지고, 에너지 활용 친환경성이 제고되는 도시를 전제로 한다. 둘째, 도시민에 대해서는 수소도시 구현을 통해 건강 및 환경 개선을 도모한다. 마지막으로 국가 차원에서는 수소경제 구현 및 에너지 전환을 도모한다.

따라서 수소도시의 구현은 ①수소경제의 실현, ②도시민 환경 편익 제공, ③국가 경제성장 및 에너지 전환을 위해 필요한 것으로 정리된다. 그러나 수소도시는 수소경제의 실현의 장이지 수소경제 자체가 아니므로 세부 부문은 다음과 같이 차별화 된다. 수소경제 차원의 부문은 크게 (1)생산, (2)저장·이송, (3)활용이지만 수소도시 차원에서는 생산·저장·이송을 모두 합쳐 (1)에너지 기반시설로 분류할 수 있으며, 활용 측면에서 (2)주거 및 건축물, (3)교통, 그리고 관리 차원을 추가하여 (4)관리 기반시설로 분류할 수 있다.

(2) 국내 수소 시범도시 추진현황

① 울산광역시 수소 시범도시

울산광역시는 '깨끗하고 행복한 H2appy 수소도시 추진'이라는 비전 아래 부생수소 생산능력 연 82만톤(국내 50%), 전국 수소배관망 중 60%(120km) 구축 등 전국 최대 수소에너지 생산능력을 보유한 강점을 활용하고, 지역 내 민간(현대자동차)과 협력·연계를 추진하는 등의 전략을 통해 세계를 대표하는 수소타운을 조성하고, 편리하고 경제적인 교통인프라 구축 등의 목표로 추진 중에 있다.

구체적으로 인프라 확충 측면에서는 수소배관(12.5km)을 신설하고, 국내 최초 수소차 전용 안전검사소 설치를 통한 수소자동차 시대에 대비 하고자 한다. 주거 및 교통에서는 공동주택 1,800여 세대와 행정복지센터 등 다양한 시설에 연료전지를 설치, 수소 수요기반을 확충한다. 또한, 태화강역에 수소 복합환승센터, 메가충전소 등을 설치하여 단계적으로 수소 모빌리티(수소버스, 수소차, 수소트램) 허브를 구축 한다. 지역특화 부문으로는 울산공항 인근 화훼단지에 연료전지를 이용한 열 공급 등을 통해 작물 재배를 하는 스마트 팜을 구축 한다. 이와 함께 연계·협력하여 버스 충전소 1기 등 4개 충전소 구축(환경부), 수소 그린모빌리티 규제특구(중기부), 수소산업 혁신 클러스터(산업부) 조성 등 다양한 부처와 연계하여 추진하고, 태양광을 이용한 수전해 수소생산으로 에너지 자립형 스마트 그리드 실증(한전), 규제특구 지정과 연계한 지게차 보급사업 등도 추진한다.

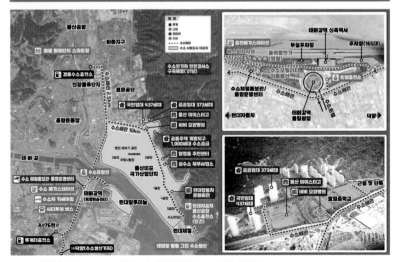

<〈그림 6〉 울산광역시 수소 시범도시 구상(안)>

자료: 관계부처 합동(2020), 수소시범도시 기본계획 및 수소도시법 제정방안(안)

② 안산시 수소 시범도시

경기도 안산시는 '글로벌 수소도시, ECO 안산 추진'이라는 비전 아래 조력발전소(시화호), 국가산단(반월), 하수처리장 및 물류센터 등 기존 지역 인프라를 적극 활용하여, 서해 수도권 친환경 에너지 활용 에너지 자립도시로 육성한다는 목표로 추진 중이다.

세부적으로 인프라 확충측면에서는 LNG 추출수소를 공급하도록 수소 배관(16.3km)을 신설하고, 수소를 활용하는 제조업체 지원을 위해 반월국가산단과 연계하고, 캠퍼스 혁신파크 등 개발 예정지역을 포함하여 인프라 설치효과를 극대화할 예정이다. 주거 및 교통부문에서는 행복주택(232세대)뿐만 아니라 창업혁신센터, 체육시설, 하수처리장 등 수소 연료전지 활용 시설로 다변화와 기술개발 추이에 따라 물류센터 내 지게차, 시화호 뱃길(수소선박) 등 다양한 모빌리티에 수소 에너지원 활용 확대를 위해 지원할 계획이다. 지역특화 부문으로는 조력발전소의 생산전력을 활용한 그린 수소를 생산, 인근에 배관을 통해 수소를 공급하는 등 친환경 모델 개발을 추진한다. 또한, 수소충전소 3기 구축, 수소버스 2대 도입(환경부), 그린수소 생산 타당성 검증 후 연료전지 발전소 건립 등 다양한 연계·협력으로 통하여 추진하고 있다.

〈그림 7〉 안산시 수소 시범도시 구상(안)

자료: 관계부처 합동(2020), 수소시범도시 기본계획 및 수소도시법 제정방안(안)

③ 안산시 수소 시범도시

전주시·완주군은 'H2 시범도시 협력 모델 창출을 위한 생태계 조성'이라는 비전 아래 지역 간 수소 생산(완주), 활용(전주) 협업 체계를 기본으로 지역 특화(관광, 농업) 요소를 접목하여, 수소 생태계 조성을 위한 지역융합·상호협력의 성공모델로 조성하고자 추진 중이다.

세부적으로 인프라 확충측면에서 수소 생산기지 및 수소 메가 충전소 간 연결 등을 포함하여 수소배관(3.7km)를 신설하고, LNG 추출 수소를 원활하게 공급하는 수소트레일러의 충전이 가능하도록 기존 메가 충전소를 확장한다. 주거 및 교통부문에서는 공동주택(900여 세대), 봉동읍 사무소, 완주군청 등에 수소 연료전지를 활용하여 전력을 공급하고, 전주-완주간 운행 버스노선을 수소버스로 대체('22년까지 49대)하여 친환경 교통망을 구축하고, 관광테마 수소버스(전주 한옥마을 등)도 운영한다는 계획이다. 지역특화 부문으로는 수소 생산 시 발생 CO_2를 포집·이용하는 스마트팜을 구축하고, 하천관리(영상 빅데이터 수집·분석 등)에 수소드론을 이용한다. 또한, 버스 충전소 3기 등 6개 충전소 구축(환경부), 수소운반 고압용기 개발(산업부), 단계적으로 새만금 태양광 연계 그린수소 활용 추진 등 다양한 연계·협력을 추진하고 있다.

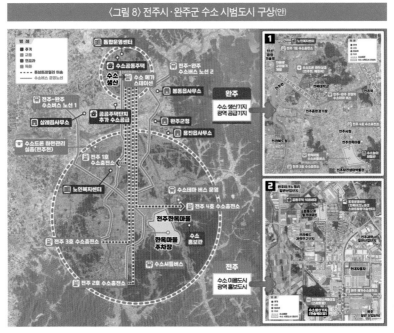

〈그림 8〉 전주시·완주군 수소 시범도시 구상(안)

자료: 관계부처 합동(2020), 수소시범도시 기본계획 및 수소도시법 제정방안(안)

④ 삼척시 국가 수소 R&D 실증 특화도시

강원도 삼척시는 수소 시범도시의 주거부문 수소 활용도 제고를 위해 R&D 특화도시로 국산화 기반의 도시 인프라 기술개발 실증으로 추진된다. 특히, 태양광 등 재생에너지 잉여전력을 활용하여 그린수소를 생산하고 이를 통한 소규모 에너지 자립타운 기술을 개발하여 실증한다.

구축·운영측면에서는 신재생에너지를 활용한 수소 생산·저장·공유 시스템을 개발, 수소 기반 에너지 프로슈머 주택(6동) 실증·운영에 접목하고, 주민 체험형 리빙랩 구현을 통한 수소 수용성 제고 및 홍보를 추진한다. 실용화 측면에서 연구 종료 이후에도 지속 운영(삼척시)하고, 검증된 국산화 기술을 후속 수소도시 연계 및 해외 수출형 사업 모델로 활용한다는 계획이다.

〈그림 9〉 삼척 수소 실증단지 구상도

자료: 관계부처 합동(2020), 수소시범도시 기본계획 및 수소도시법 제정방안(안)

3

스마트 그린시티에서 수소기반 집단에너지의 추진방향

1. 스마트 그린시티에서 수소기반 집단에너지의 역할 및 필요성

최근 화석연료 대신 수소 연료전지 열병합발전시스템의 도입이 활발하게 진행되고 있음은 매우 주목할 만하다. 특히 기존의 연소 방식이 아닌 화학적 반응을 이용한 친환경적 에너지 생산방식으로의 전환은 급격한 온실가스 배출 규제를 겪을 것으로 전망되는 에너지 산업의 문제해결을 위한 새로운 기술적 대안으로 주목 받고 있다.

아직까지는 대부분 천연가스를 개질해 연료전지 구동에 필요한 수소를 생산, 공급한다는 점에서 다소간의 논란이 있지만 최근에는 천연가스 개질 시 발생하는 이산화탄소를 화학적으로 포집 후 수소와 반응시켜 메탄으로 전환, 재활용할 수 있는 기술 등이 상용화 단계에 접어들었다. 이러한 기술들이 적용될 경우 현재 정부가 추진하고 있는 미래 청정 수소사회에 도달하기까지의 간극을 메꿔 줄 수 있을 것으로 기대를 모으고 있다. 특히 집단에너지사업 관점에서 볼 때 메탄화 반응과정에서 발생하는 폐열을 회수, 수요처의 열 수요에 대응하고 이송 및 저장이 용이하지 않은 수소를 안정적인 메탄으로 전환해 기존 천연가스 배관망 인프라를 활용함으로써 온실가스 배출 규제에 대응할 수 있다. 또한 집단에너지에 필요한 안정적인 열원 확보, 효율적인 수소에너지의 저장 및 이용이 가능한 일석삼조의 효과를 기대해 볼 수 있다.

수소 기반 산업 성공의 가장 핵심이라 할 수 있는 저렴한 수소 공급 체계 구축에 있어서도 현행의 튜브 트레일러나 최근 논의되고 있는 액화수소 원거리 이송에 따른 단가 상승 문제 해결을 위해 폐기물 자원화 기술과의 융합으로 대도심 내 수소 공급 사슬 체계 구축을 위한 주요 거점 기지로써의 새로운 발전 모델을 제시할 수 있는 잠재력을 가지고 있음에 주목해 볼 필요가 있다.

현재 정부가 추진하고 있는 수소경제 활성화 로드맵은 지나치게 수송분야에 집중돼 있어 보다 규모가 큰 수요처, 즉 발전분야의 수요 발굴이 병행돼야 한다는 것이 중론이다.

집단에너지사업 입장에서 현재 직면한 RPS, 온실가스 배출 규제, 향후 도입될 것으로 예상되는 미세먼지 배출 규제 등 복잡한 현안 해결과 지속적인 사업의 성장동력 확보를 위해 친환경 수소에너지 기반의 차세대 집단에너지 사업 모델로의 과감한 전환을 고려해 볼 필요가 있다. 따라서, 수소 기반 친환경에너지 생산, P2G(Power to

Gas)[01]를 이용한 수소와 이산화탄소 자원화 이용, 메탄화 반응 폐열 활용을 통한 풍부한 재생에너지 열원 확보 등 미래 수소 사회로의 진입을 주도할 수 있는 집단에너지가 필요하다.

2. 스마트 그린시티 시대의 수소기반 집단에너지의 추진방향

(1) 4세대 지역난방 및 스마트히트그리드 확대 적용

4세대 지역난방을 구성하는 기술적 요소 중 스마트히트그리드는 기존 지역난방에 다양한 열원 및 정보통신기술(ICT)을 활용하여 최적화·효율화하는 지능형 공급 시스템이다. 유럽을 중심으로 4세대 지역난방에 대한 연구가 진행 중이며, 그 중 스마트히트그리드는 저온 열 공급, 재생에너지 등 다양한 열원 활용, 네트워크 지능화를 통해 최적화 및 통합제어가 가능하다.

〈표 3〉 지역난방의 기술적 발전

요소명	1세대	2세대	3세대(현)	4세대
열 매체	스팀	100℃이상의 고온·고압수	100℃미만의 고온·고압수	중·저온수 (30~70℃)

---

01 태양광·풍력의 출력으로 물을 전기 분해하여 수소를 생산 저장하거나, 이 수소를 이산화탄소와 반응시켜 생성된 메탄을 저장하는 기술.

열원	석탄보일러, 일부 CHP	석탄 및 석유 CHP와 일부 열전용 보일러	대규모 분산형 CHP, 바이오매스, 폐기물 혹은 화석연료 보일러	저온 열 환원 및 재생에너지 자원
목적	편안함, 위험감소	연료 절약, 비용 절감	공급 안정	지속가능에너지 시스템으로의 전환
전기시스템과의 통합	열원으로서의 CHP	열원으로서의 CHP	열원으로서의 CHP, 대규모 전기보일러, 히트펌프, 일부 전력 시장에서 CHP 공급	히트펌프와 CHP에 통합되어 전력 시장 뿐만 아니라 계통운영보조 서비스 시장 참여 가능

자료: 한국에너지공단(2019), 스마트 열 그리드 및 4세대 지역난방 소개

4세대 지역난방을 위해서는 다양한 열원 통합과 더불어 디지털화가 매우 중요한 과제이며 이와 관련된 대표기술로는 스마트미터, 사물인터넷, 클라우드 컴퓨팅, 인공지능 등이 있다. 디지털화를 통한 생산 시, 비용 효율적 자원관리와 다양한 열원의 통합이 가능해지며 공급 시 배관 온도·유량·압력 등 데이터로 균형적 열 분배와 열 손실 최소화, 누출 탐지가 가능하다. 또한, 소비 단계에는 빅데이터 분석을 통해 에너지 사용량 인식 및 통찰이 가능해져 소비를 효율화하고 사용 패턴 분석을 통해 향후 수요반응자원을 활용하는 서비스 제공이 가능하다.

〈표 4〉 지역난방 적용 디지털 기술과 효과

요소명	효과
스마트 미터	• 에너지 소비에 대한 데이터를 기록, 모니터링과 요금 고지에 활용
사물인터넷	• 기기 및 장치에 인터넷을 연결하고 고유 IP주소로 원격 모니터링 및 통제가능
클라우드 컴퓨팅	• 빅데이터 저장·분석·의사결정에 활용

블록체인	• 데이터베이스 공유·동기화를 위한 분산형 원장기술
	• 모든 거래 정보를 단일의 원장으로 분산 저장하여 위·변조 불가
인공지능	• 대량의 데이터를 강화된 연산능력으로 반복 학습하여 지능적으로 가능

자료: 한국지역난방공사(2020), 지속가능한 집단에너지 정책과 모델

유럽의 스마트히트그리드 사례로는 대부분 재생에너지를 주요 열원으로 활용하고, 계절 간 축열 시설, 저온 공급 등의 요소를 갖추고 있으며, 비도시권 소규모 지역난방 네트워크 형태이다. 전 국가적으로 적용한 곳은 네덜란드 사우스홀랜드 주 중심의 미활용 폐열 및 재생에너지 열연결그리드가 있으며, 대도시의 경우 덴마크의 코펜하겐, 스웨덴 스톡홀름 사례가 대표적이다. 스톡홀름은 세계 최초로 프로슈머 열거래 개념인 공개 열거래(Open district heating) 프로그램 운영하고 있다. 또한, 코펜하겐은 일간 열 생산계획부터 수요전망치 전달-입찰-주문-생산계획 제출 등 통합된 절차를 통해 시간대별로 최소의 비용으로 열을 생산, 쓰레기 소각로와 지열로 우선 생산, 나머지 기저부하는 CHP로 공급하고 첨두부하는 열전용 보일러로 공급하고 있다.

〈표 5〉 스마트히트그리드 개념 적용 해외 사례		
국가	도시/지역	스마트히트그리드요소
덴마크	마스탈 (Marstal)	• 다른 기술의 통합(CHP, 히트펌프, 태양열 패털) • 재생에너지 열원(바이오매스, 태양에너지) 사용 • 시민 참여(협동조합) • 단기 및 장기 축열 사용 • 저온수 공급
	코펜하겐 (Copenhagen)	• 다른 기술의 통합(CHP, 폐기물 에너지, 자연 냉방) • 재생에너지 열원(지열, 태양열 등)의 통합

독일	크라일스하임 (Crailsheim)	• 태양열 에너지 사용 • 단기 및 장기 축열 설비 통합 • 저온수 공급 • 건물 개조
프랑스	싸끌레 (Saclay)	• 재생에너지원(지열)활용 • 수요반응 수요관리 • 에너지프로슈머 개념 적용 • 저온수 공급 • 건물 관리 시스템과 정보 교환
네덜란드	사우스홀랜드 (SouthHolland)	• 산업체 폐열 및 재생에너지원(지열) 활용 확대 • 저온수 공급 • 일반 운송(Common carrier) 적용
스웨덴	말뫼 (Malmö)	• 폐기물 소각 및 고효율 CHP와 함께 산업 잉여열 사용 • 일부 지역에서는 재생에너지(태양열, 풍력 및 수열) 사용
	스톡홀름 (Stockholm)	• 재생에너지원 사용(폐기물, 해수 및 호수, 데이터 센터) • 다양한 기술 통합(CHP, 히트펌프)

자료: 한국지역난방공사(2020), 지속가능한 집단에너지 정책과 모델

국내는 지역난방 초기부터 열공급 효율을 위하여 폐열을 이용한 CHP를 도입했으나, 스마트히트그리드의 주요 요소를 적용하기에는 한계가 있어 국내 특성에 맞는 효율화 요소 탐색·적용이 필요하다. 지형구조로 인한 저온 지역난방 공급 불가능, 계절 간 열 저장 설비 고비용 조건, 프로슈머 제도 조건 미흡, 미활용 열원의 낮은 경제성, 수요반응 유도 한계 등이 국내 도입의 장애물이다. 또한, 미활용 열원 활용 및 프로슈머를 위한 데이터베이스(DB)구축, 재개발 지역·지방 소규모 지역에 저온 열원 네트워크 구축 연구, 스마트미터 보급, 제도적 지원 체계 마련 등이 우선적 과제라 할 수 있다.

(2) 수소 서브스테이션을 통한 에너지 공급 추진

전 세계적으로 급속한 도시화로 인한 문제 해결방안의 하나로

스마트 그린시티와 수소도시로의 변화가 요구되는 가운데 그 중에서 에너지는 가장 중요한 부문을 차지하고 있다. 도시에서 소비되는 열, 전기, 가스 등 모든 형태의 에너지를 최적으로 관리되는 지능형 시스템으로 빠르게 전환되고 있으며, IoT, 빅데이터 등 다양한 신기술과 연계한 사업들이 활발히 진행되고 있다. 이와 함께 기존의 중앙집중식 에너지 공급방식에서 벗어나 현재 분산형 전원으로 에너지 공급 및 발전방식이 변화하고 있다.

한편 에너지 공급 및 발전측면에서는 분산형 발전시스템을 이용한 마이크로 그리드 중심의 최적 운영과 관련하여 전력과 열을 동시에 소비하는 형태의 CHP(Combined Heat and Power)를 통한 효율을 극대화하는 방향으로 진행되고 있다.

대체로 주로 고려되고 있는 시스템은 연료전지 및 가스엔진 시스템을 기본으로 하여 태양광, 풍력 등 재생에너지를 보조로 활용하고, ESS(Energy Storage System), TESS(Thermal Energy Storage system) 등과 결합하여 시스템 운영을 최적화하고 지능화하는 방향으로 연구가 진행되고 있으며 선진국들을 중심으로 이에 관한 실증연구가 진행되고, 상용화되고 있다.

국내의 기존 몇몇 분산발전 실증 사례에서 확인할 수 있는 바와 같이 열의 사용에 대한 고려 없이 전력만을 고려하여 시스템을 구성하는 경우 운영 경제성이 맞지 않아 고가의 연료전지 설비를 갖추고도 연료전지를 구동하지 못하는 경우가 빈번하게 발생하고 있다는 점은 잘 알려져 있다. 결국, 수소를 에너지로 하는 발전시스템의 경우 가장 현실적인 에너지 생산 설비인 연료전지를 기반으로 수소에너지 시스템을 구축하기 위해서는 열의 활용에 대한 고민이 필요하며 더불어 냉방까지 고려한 다세대 시스템(Multi-generation System)을 구성하여야 할 것으로 보인다.

분산형 전원과 재생에너지 시스템을 기반으로 마이크로 그리드를 구성하는 경우, 특히 사용자가 직접 전력 혹은 열을 직접 생산하거나 판매하는 프로슈머 개념까지 도입하게 된다면, 작게는 약 500세대에서 많게는 약 2,000세대 규모의 에너지 자립 커뮤니티 도입을 검토할 수 있다. 단위 커뮤니티가 마이크로 그리드를 직접 소유하고 여기에서 생산되는 전력, 열을 직접 소비하며, 남는 에너지를 인근 마이크로 그리드에 판매하고, 부족한 에너지는 인근 커뮤니티에서 사 오거나, 혹은 기존의 대규모 사업자에게서 공급받는 방식으로 커뮤니티의 에너지 비용을 최소화하는 방식으로 에너지시스템을 재편하는 것이 바람직하다.

이 경우 고압 송전선로 및 상대적으로 고온인 지역난방 열 배관은 커뮤니티 중앙의 분배센터(혹은 서브스테이션)로만 연결되고, 각 가정은 저압 배전선로와 저온 열 공급 관으로 직접 연결되어 망 전체에 대한 안전성은 증대되고, 송전손실이나 열 손실에 따른 비효율성은 감소되는 효과 확보가 가능하다.

특히, 수소를 에너지 캐리어로 할 때는 이러한 방향이 더욱 효과적이다. 커뮤니티의 중앙에 위치하는 서브스테이션으로 대규모 에너지 사업자의 전력, 열, 수소 등의 공급이 이루어지고, 서브스테이션에서의 에너지는 수소 기반으로 생산되며, 일부 수소는 운송수단에 충전된다. 서브스테이션에 공급되는 수소는 대규모 수소생산기지에서 생산되며 이때 발생하는 이산화탄소는 탄소 포집/저장 및 재이용시설(CCUS, Carbon Capture, Utilization and Storage)을 통하여 90% 이상 제거된다. 이렇게 된다면 커뮤니티 단위에서의 탄소배출 및 미세먼지 배출을 거의 0 수준으로 유지할 수 있다.

이처럼 수소에너지 사회로의 전환은 그 중심에 마이크로 그리드, 즉 서브스테이션이 자리 잡고 있다. 여기에 에너지 피크를 줄여 서브스테이션의 생산 용량을 줄여주기 위한 에너지 저장장치(ESS/TESS)와 지능형 운영 최적화 시스템으로 생산 및 사용효율을 극대화하는 노력도 포함되어야 한다. 아울러 수소 기반 에너지 생산설비와 재생에너지 설비 등 미활용 열을 활용한 열에너지 공급을 위해서는 사용자에게 기존의 중온수(100℃ 이상) 공급방식이 아닌 더 낮은 온도(70℃ 미만)로 공급하는 4세대 지역난방 시스템의 도입이 필수적이다.

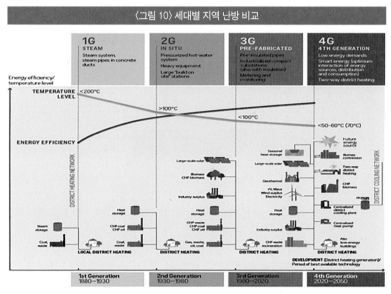

〈그림 10〉 세대별 지역 난방 비교

자료: Lund H., et al., (2014) 4th Generation District Heating(4GDH) Integrating Smart Thermal Grids into Future Sustainable Energy Systems, Energy 68 (2014) 1-11

(3) 통합 에너지 그리드 운영플랫폼을 통한 에너지 운영 최적화

최근의 에너지 그리드는 단방향에서 양방향, 중앙전원에서 분산 전원으로 흐름이 옮겨가면서 그에 맞는 운영 기술을 필요로 한다. 기존의 에너지 그리드 운영플랫폼은 주로 전력의 수요 및 공급에 초점을 맞추고 있으며 온열 및 냉열, 연료 등의 수요 모델이 포함된 통합 에너지 그리드 운영플랫폼의 실증 사례는 거의 전무하다. 또한, 단순히 에너지 수요에 대응하는 운영이 아닌 미래 수요 예측을 통한 에너지 절감과 이를 위하여 에너지 운영 최적화가 필수이다.

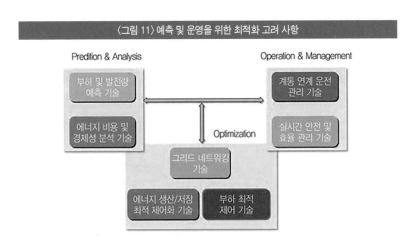

〈그림 11〉 예측 및 운영을 위한 최적화 고려 사항

공급의 측면에서 재생에너지는 친환경적이지만 에너지 생산량을 정확히 예측하고 제어할 수 없는 문제가 존재한다. 재생에너지의 비중이 높아지면서 전력에너지의 수요와 공급의 불일치로 인해 이를 해결할 만한 기술이 필요하며, 잉여 에너지를 부족한 에너지로 변환하는 에너지 변환 장치, 일시적으로 에너지를 저장해 두었다가 필요할 때 꺼내 쓰는 에너지 저장장치, 에너지 수급을 차질 없이 운영할 수 있는 고도의 플랫폼 운영기술이 필요하다.

수요의 측면에서는 전력 외에도 냉열, 온열, 가스등의 다양한 에너지 수요가 존재하며 각 수요 패턴의 특성은 시간, 계절, 재실, 환경 등에 따라 다양하게 나타나기 때문에 수요를 정확하게 예측하고 최대수요 억제(Peak Clipping), 최대부하 이전(Load shifting), 기저부하 증대(Valley Filling) 등의 고난이도 수요관리 기술이 필요하다.

이러한 에너지 플랫폼의 운영은 에너지 종류별 특성, 에너지 수요와 공급 예측, 각종 에너지시스템의 성능 및 손실률, 에너지 변환 및 저장장치의 운전 특성 등을 모두 고려해야 하는 매우 복합한 망 최적화 기술을 필요로 한다. 수소 기반의 스테이션은 기존의 비 수소스테이션 대비 에너지의 다양성이 증대되어 에너지 변환을 통해 유동적인 수요 및 공급에 대응할 수 있는 장점이 있다.

선형계획법(Linear programming)과 혼합정수계획법(Mixed Integer Programming)을 이용하는 조합 최적화 기법을 활용하여 복수의 열원과 수요처에 대한 수요-공급 매칭에 대한 의사결정을 신속하게 최적화할 수 있는 모델을 개발 및 배치하며 비즈니스 성과를 올려줄 수 있는 시스템 개발이 필요하다. 이러한 조합최적화 기법은 작게는 소규모 공장의 공정 프로세스, 넓게는 도시 단위의 망을 최적화하는 데에 필수적이며 운영 기술은 다음의 특성을 보유해야 한다. 첫째, 공급처의 에너지원별 발전설비 종류 및 용량 특성과 수요처의 수, 수요 패턴 및 용량 등을 자유롭게 설정 가능해야 한다. 둘째, 각종 에너지 변환 장치와 저장장치의 운전 성능 특성 및 운영 비용 등의 설정이 가능해야 한다. 셋째, 수소 네트워크에 필요한 각종 전후 인프라를 고려하여 수소 생산처와 수요처를 구현할 수 있어야 한다. 넷째, 첨두부하 등을 사전에 고려하는 최적 그리드 운영 기술이 내장되어야 한다. 다섯째, 에너지 생산 공급장치의 운전 스케줄링 최적화를 통한 시간이나 일 단위로 에너지시스템을 운영해야 한다. 마지막으로 각종 기기 운전 비용, 연료 가격, 손실률, 거래비용을 고려한 통합운영 시스템이어여 한다.

결론 및 제언

　화석연료에 의한 탄소배출로 지구온난화와 기후변화, 대기오염 등의 문제점이 심각하게 발생하여 세계적으로 청정연료로 에너지 패러다임 전환의 필요성이 대두되고 있으며 이를 동시에 해결할 수 있는 저탄소 친환경 청정에너지원으로 수소가 유력한 대체재로 새롭게 조명되고 있다.

　이와 함께 도시에서도 다양한 도시문제를 해결하고자 스마트 그린시티와 수소도시를 적극적으로 추진하고 있다. 도시는 이제 깨끗하고 건강해지고 싶어 한다. 이러한 도시에 '수소도시'는 적격이다. 뉴노멀 시대에 적합한 도시로 다시 태어날 수 있도록 경제성과 기술이 무르익을 때까지 우리는 새로운 에너지원인 수소가 도시에 때가 되면 언제든지 들어올 수 있도록 준비를 해야 한다. 그렇다면 수소 기반 스마트 그린시티는 어떤 모습이어야 하는가? 미래 수소 기반 스마트 그린시티의 첫 번째 대표적인 이미지는 "깨끗하다"이다. 도시경제를 계속 움직이면서 동시에 온실가스 배출량을 줄이기 위해 우리는 수소 기반의 도시를 만들어야 한다. 수소는 우리가 숨쉬는 공기를 개선하고 안전하고 신뢰할 수 있는 에너지를 보장하며 온실가스 배출은 줄이며 고도로 숙련된 일자리를 창출하는 광범위한 혜택을 제공한다.

두 번째, 미래 수소 기반 스마트 그린시티는 도시경제력의 엔진이 될 것이다. 도시는 국내총생산(GDP)의 80% 이상을 차지하는 경제 엔진 역할을 한다. 하지만, 역설적으로 도시가 세계 에너지의 3분의 2 이상을 소비하고 전 세계 CO_2 배출량의 70% 이상을 차지한다는 것이다. 세계가 계속 도시화됨에 따라 지속 가능한 개발은 도시성장의 성공적인 관리와 에너지 소비 및 환경에 대한 영향에 의존하게 된다. 수소 및 연료전지 기술로 갈아입은 수소도시는 도시 환경의 모든 규모에서 청정에너지를 제공할 것이다. 수소는 지속 가능하고 탄력적인 신재생에너지 인프라를 보장하기 위해 모든 부문에서 사용될 수 있다. 또한 소음 및 수질 오염과 같은 심각한 도시문제를 줄일 수 있는 깨끗하면서 효율적인 에너지 시스템을 도시에 보장한다.

세 번째, 미래 수소 기반 스마트 그린시티는 토지이용이 효율적이다. 우리나라와 같이 국토면적은 좁고 인구밀도가 높은 나라에서는 토지이용 효율적인 에너지가 절실하게 필요하다. 수소 인프라를 구축하는데 필요한 공간이 적으므로 쉽게 채택하고 확장 할 수 있다. 충전 시간이 전기차보다 더 빠르기 때문에 수소충전은 이차전지 충전보다 15배 적은 공간을 차지한다. 예를 들어 뉴욕시의 택시를 모두 전기차로 바꾸면 충전소 설치를 위해서 180개의 농구코트가 필요하지만 수소택시는 12개의 농구코트 면적만 있으면 충분하다.

마지막으로 미래 수소 기반 스마트 그린시티는 도시 내에 에너지를 저장할 수 있다. 태양광, 풍력 등은 항상 에너지를 생산할 수 없다. 수소는 도시의 주거용 및 상업용 건물에 열과 전력을 모두 공급하여 화석 연료를 대체하고 에너지를 저장할 수 있다. 열과 전력의 경우 점진적인 접근 방식을 사용할 수 있으며 도시 전체가 전력과 난방을 위해 순수한 수소로 전환되기 전에 저농도의 수소를 천연 가스 네트워크에 혼합 할 수 있다. 수소는 도시에 저장하였다가 가정과 기업에 유용한 형태로 에너지를 이동 및 전달할 수 있는 에너지 운반체이다. 이처럼 미래 수소 기반 스마트 그린시티는 현 세대가 처해 있는 기후변화와 에너지 등 많은 도 문제 해결과 동시에 새로운 도시경제력 엔진으로 작동하여 지속 가능한 도시성장의 열쇠가 될 것이다. 따라서, 미래 수소 기반 스마트 그린시티를 효과적으로 만들기 위해서는 도시를 움직이는 에너지원으로 분산형 집단에너지는 필수가 될 수 있는 잠재력이 매우 높을 것으로 판단되며 향후 에너지 전환과 도시 에너지 문제 해결이라는 두 마리 토끼를 잡는데 핵심요소가 될 것이다. 다만, 2021년 국토교통부를 중심으로 추진 중에 있는 3개의 수소시범도시와 R&D 특화도시가 준공되어 도시에서 수소에너지의 교통, 건물, 인프라 등에 적용되어 운영관리의 결과물이 도출되면 우리나라 실정에 맞는 수소기반 집단에너지 시스템에 대한 충분한 검증을 통한 환경경제성을 갖춘 비즈니스 모델이 시장에 상용화되는 시점에는 지금의 잠재력에 대한 방향성이 명확하게 될 것이라고 생각된다.

참고문헌

1. 국토교통부, 2019, 수소 시범도시 추진전략, 국정현안점검회의자료.
2. 관계부처 합동, 2019, 수소경제 활성화 로드맵.
3. 관계부처 합동, 2020, 수소시범도시 기본계획 및 수소도시법 제정방안(안), 수소경제 위 안건자료.
4. 김형주, 2015, 기술선진국 및 국제기구·기관과의 글로벌 네트워크 구축 스마트그린 시티 모델 개발 방안 연구, 녹색기술센터.
5. 산업통상자원부, 2019, 수소경제 활성화 로드맵 발표 보도자료.
6. 왕광익, 2016, 제로 에너지 스마트 도시 조성방안 연구, 국토연구원.
7. 이겸환, 1993, 전원도시개념과 신도시의 계획조건, 1993-08, 대한건축학회: 33-37.
8. 이정찬, 2020, 친환경·에너지 전환도시를 위한 그린 뉴딜 추진 방안 연구, 국토연구원.
9. 이재준, 2005, 한국형 생태도시 계획지표 개발에 관한 연구, 대한국토·도시계획학회지, 국토계획 40(4): 9-25.
10. 임희천(2014), 전력분야 수소에너지 이용 및 향후 전망, 대한전기협회 전기저널, 전기저널 2014년 9월호(통권 제453호): 31-40.
11. 한국에너지공단(2019), 스마트 열 그리드 및 4세대 지역난방 소개, KEA 에너지 이슈 브리핑 Vol. 113.
12. 한국지역난방공사(2020), 지속가능한 집단에너지 정책과 모델.
13. Lund H., Werner S., Wiltshire R., Svendsen S., Thorsen JE., Hvelplund F., Mathies BV., 2014, 4th Generation District Heating(4GDH) Integrating Smart Thermal Grids into Future Sustainable Energy Systems, Energy vol68. (2014) 1-11.

쓰레기매립지 갈등과 SRF열병합발전
- 수도권 사례를 중심으로 -

유기영

서울연구원

개요

1. 본 장의 배경

(1) 수도권의 생활쓰레기 처리 여건

　우리나라는 폐기물을 생활폐기물과 사업장폐기물로 구분한다. 생활폐기물은 주택, 사무실, 상가, 체육시설, 공원, 도로 등에서 발생하는 폐기물로 기초자치단체인 시장, 군수, 구청장이 관리와 처리에 관한 책임을 진다. 사업장폐기물은 하루에 300kg 이상 다량 배출 생활폐기물, 환경기초시설의 운영으로 배출되는 오니(汚泥) 등의 배출시설계폐기물, 공사로 발생하는 건설폐기물, 병원·공장 등에서 배출되는 감염성폐기물과 유해폐기물 등을 말하며, 관리와 처리에 관한 책임이 배출자에게 있다. (폐기물관리법 제2조 등)

　생활폐기물은 다시 일반쓰레기(이하에서는 "생활쓰레기"로 지칭한다), 음식물류폐기물, 재활용품, 대형폐기물 등으로 구분되어 각기 다른 배출·수거·처리 과정을 거친다. 이중 생활쓰레기는 쓰레기 발생 장소인 주택과 사업장에서 종량제봉투에 담겨 배출되며, 기초자치단체의 청소조직이 수거하여 소각 또는 매립 방법으로 처리한다.

생활쓰레기 처리를 위해 많은 기초자치단체는 소각시설, 매립지 등을 자체적으로 확보하여 운영하는데,[01] 처리시설을 둘러싼 갈등이 적고 수송과정의 환경오염물질 배출도 적어 가장 바람직한 모델로 받아들여진다. 하지만 자체 시설을 설치할 부지가 없는 경우, 자체 시설로는 시설 규모가 작아 경제적이지 못한 경우에는 여러 기초자치단체가 사용하도록 광역지방자치단체가 처리시설을 설치·운영하는데 3~8개 자치구의 생활쓰레기를 함께 처리하는 서울시 4개 소각시설이 대표적인 사례이다.[02] 광역자치단체도 역부족일 때는 정부가 확보에 나서며, 서울시 25개 자치구, 인천시 9개 구·군, 경기도 30개 시·군이 함께 사용하는 수도권매립지가 그 결과물이다.[03]

수도권매립지 부지의 대부분은 행정구역상 인천시 관할구역이고 일부 부지만 경기도 김포시 관할구역이다. 따라서 수도권매립지에 생활쓰레기를 계속 매립하려면 인천시의 매립면허가 반드시 필요하다. 그런데 지난해 11월 인천시는 수도권매립지를 2025년까지만 사용하고 관할구역인 옹진군 영흥도에 인천시만 사용하는 매립지를 건설하겠다고 선언하였다.[04] 인천시를 포함하여 서울시와 경기도의 많은 시·군·구가 수도권매립지를 이용하는 이유는 자체 매

---

01 환경부·한국환경공단, 2019 전국 폐기물 발생 및 처리 현황, 2020.

02 서울특별시 자원회수시설, https://rrf.seoul.go.kr/

03 수도권매립지관리공사, https://www.slc.or.kr/

04 김민정 기자, 인천 수도권매립지 사용 2025년 종료 선언⋯ 경기도는?, *데일리굿뉴스*, 2020. 11. 12.

립지 확보가 어려운 상황에서 소각시설 같은 생활쓰레기 중간처리 시설마저 충분하지 못하기 때문이다. 1988~1989년 수도권매립지를 조성한 이유였고 30년이 경과한 지금도 그 이유는 완전히 해소되지 못했다. 결국 서울시와 경기도도 수도권매립지의 기능을 대체할 새로운 매립지 부지를 올해 4월 14일까지 공개적으로 찾는 절차를 진행하였지만[05] 희망적인 소식은 아직 들리지 않고 있다. 설상가상으로 최근에 정부(환경부)가 추진하는 폐기물관리법 시행령 및 시행규칙 개정안은 수도권의 생활폐기물 관리 행정당국을 더 깊은 궁지로 몰고 있는데, 수도권지역은 2026년부터 종량제봉투에 담긴 상태의 생활쓰레기 매립이 금지되고 타지 않는 성분과 소각해서 생긴 재 형태만 매립을 허용하겠다는 내용이다.[06] 결국 수도권지역은 새로운 매립지 확보와 소각시설 등을 포함한 생활쓰레기 중간처리시설 확보라는 쉽게 달성할 수 없는 과제 두 개를 동시에 풀어야 할 상황에 직면해 있다.

(2) 생활쓰레기 처리 경험과 SRF열병합발전

생활쓰레기의 대표적인 처리방법은 소각과 매립이다. 특히 소각은 좁은 공간에서 짧은 시간에 생활쓰레기를 재로 변화시키고 발생한 열을 발전과 지역난방 열원으로 활용하는 등의 장점 때문에 유럽 지역, 일본, 싱가폴, 홍콩 등 국토가 좁은 국가들이 주로 활용하고 있

---

05 환경부·서울특별시·경기도·수도권매립지관리공사, 수도권 대체매립지 입지후보지 공모 실시, 보도자료, 2021.1.14.

06 권동혁 기자, 2026년부터 수도권 생활폐기물 직매립 금지, 이슈밸리, 2021.2.5.

다. 우리나라도 2019년 전국 생활쓰레기의 66%, 서울시 생활쓰레기의 69%를 소각방법으로 처리하고 있다.[07] 소각은 우리나라 생활쓰레기의 핵심 처리방법인 것이다.

하지만 현재 매립되고 있는 생활쓰레기를 2026년부터 생활쓰레기의 직매립이 허용되지 않은 수도권에서 어떻게 처리할 것인지가 수도권 지방자치단체들이 직면한 커다란 숙제이다. 1990년대 초반 11개의 소각장 건설을 계획했던 서울시가 현재까지 4개 건설에 그친 과거의 경험을 회고하면 신규 소각시설의 건설은 결코 장담할 수 없다. 그런데 서울시 4개소 소각시설의 건설 경험을 되돌아보면 공통적인 성공 요인을 발견하게 된다. 양천시설(시설용량 400톤/일)은 목동 신시가지, 노원시설(시설용량 800톤/일)은 상계신시가지, 강남시설(시설용량 900톤/일)은 영동 및 강남 개발, 마포시설(시설용량 750톤/일)은 마포뉴타운 같은 신도시 개발과 연계하여 건설되었다. 심지어 시설용량이 49톤/일에 불과한 은평시설도 은평뉴타운과 함께 건설되었다. 신도시 건설과 소각시설 설치와의 연계는 소각시설의 입지확보와 폐열의 지역난방 열원으로 이용 면에서 장점을 분명하게 보여주었다.(〈그림 1〉)[08] 안타깝게도 서울에는 더이상 이전과 같은 대규모 신도시 개발이 가능하지 않다. 하려고 해도 충분한 규모의 땅이 없다. 하지만 시야를 서울에 한정하지 않고 수도권으로 확장하면 과거 서울에 일었던 대규모 신도시 개발이 이제 수도권지역에서 이루어

---

07 환경부·한국환경공단, 2019 전국 폐기물 발생 및 처리 현황, 2020.

08 유기영, 서울시 폐기물관리체계 A에서 Z까지, 서울연구원, 2014.

지고 있음을 발견하게 된다.[09, 10] 즉 서울의 4개 소각시설을 건설할 때와 같은 부지확보 여건과 지역난방수요가 수도권지역에서 만들어지고 있는 것이다.

〈그림 1〉 서울시 소각시설 위치와 지역난방과의 관계

서울시 소각시설과 공동이용지역 | 서울시 지역난방 네트워크와 소각시설 위치

자료 : 유기영(2014)

그렇다고 서울의 4개 소각시설처럼 생활쓰레기 적재차량이 들락거리는 소각시설에서 생활쓰레기 소각열을 회수하고, 인접하는 지역난방시설은 열을 받아 지역난방용으로 활용하는 등 생활쓰레기의 발생원과 소각시설이 직접 연결되고, 소각시설과 지역난방시설이라는 목적이 전혀 다른 시설들이 병존하는 형태의 지역난방시스템을 원하는 신도시 지역은 찾기 어려울 것이다. 오히려 수도권매립지와 같은 갈등이 여러 지점으로 확산되는 결과만 초래하기 쉽다. 결국 생활쓰레기 발생 지역에서 고형연료(Solid Refuse Fuel, 이하 SRF란 한다)를 만들고 수도권 신도시 지역에는 SRF 활용시설을 운영하는 광

---

09 국토교통부, 신도시 개념 및 건설 현황, https://www.molit.go.kr/

10 3기 신도시, https://www.3기신도시.kr/

역적 연계 모델이 수도권의 생활쓰레기 문제를 수도권의 성장과 연계하여 풀어가는 방안의 하나라고 판단된다. (《그림 2》) 여건의 변화도 이와 같은 모델의 실현 가능성에 긍정적인 신호를 주고 있다. 먼저 생활쓰레기의 연료가치가 높아지고 있고, SRF라는 고형연료에 관한 기준이 이미 갖추어져 있다. 음식물류폐기물이 혼합배출되던 시기에는 생활쓰레기 발열량이 1,500~2,500kcal/kg 수준이었으나[11] 음식물류폐기물이 분리되면서 2,600~3,100kcal/kg으로 높아졌고,[12] 2000년대 들어 정비된 SRF 기준은 3,500kcal/kg 이상의 열량을 요구하고 있다. 두 번째 기술측면에서도 긍정적 신호가 있는데 열병합발전시설의 연료가 LNG 위주에서 SRF로 확대되고 있다. 원주SRF열병합발전소[13], 부산 생활폐기물 연료화발전시설[14], 가동 준비단계에 있는 나주SRF열병합발전소[15] 등이 관련사례에 해당한다.

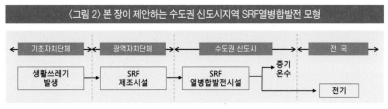

〈그림 2〉 본 장이 제안하는 수도권 신도시지역 SRF열병합발전 모형

자료: 저자 작성

---

11 김정래·김상돈, 폐기물의 에너지 이용기술, *화학공업과 기술*, 제10권 제6호, pp. 454~465, 1992.

12 서울특별시, 강남자원회수시설 가연성폐기물 선별시설 설치사업 기본 및 실시설계 보고서, 2017. 12.

13 원주그린열병합발전소, https://www.komipo.co.kr/

14 ㈜부산이앤이, http://www.busanene.co.kr/

15 한국지역난방공사 제공.

2. 본 장의 목적

본 장은 수도권 신도시 지역의 지역난방 연료로 생활쓰레기 배출원에서 생산된 SRF를 활용하는 수도권 신도시 SRF열병합발전 모형을 수도권 생활쓰레기 문제를 해결한 방안의 하나로 상정하는 것에서 출발했고, 다음과 같이 3가지 사항의 분석과 제안을 목표로 두고 구성·작성되었다.

첫째, 수도권에서 생활쓰레기 문제가 어떻게 발생하고 관리되었는지 수도권매립지를 중심으로 살펴보고 앞으로 수도권이 공동으로 협력하여 풀어야 할 생활쓰레기의 양과 질에 대해 분석한다.

둘째, 국내 SRF열병합발전의 활용 동향과 추진과정에서 겪었거나 드러난 사회적 이슈들 그리고 풀어야 할 과제영역을 검토한다.

셋째, 수도권에서 생활쓰레기와 SRF열병합발전의 연계흐름을 정량적으로 분석하고 SRF열병합발전의 가치를 소각시설과 비교하여 평가하고, SRF열병합발전 사업의 방해요인을 완화시킬 수 있는 방안을 제시한다.

② 수도권의 생활쓰레기 매립지 갈등

1. 수도권매립지 조성

(1) 수도권매립지, 정부와 수도권 3개시도 협력의 산물

1960년대부터 1970년대 중반까지 서울에서 발생하는 폐기물의 처리는 어렵지 않았다. 농촌지역에서 몰려든 인구의 거주공간을 마련하느라 목동, 상계, 장안 등의 지역에 택지가 조성되었고 폐기물은 주택건설을 위한 성토재로 사용되었다. 폐기물의 주요성분이 토사, 목재, 기와, 옹기, 연탄재 등으로 구성되어 질적으로도 양호했다. 1970년대 중반부터 상황은 변했다. 택지개발이 끝나기 시작했고 플라스틱 제품, 음식물류폐기물 증가로 건축자재로서 가치가 낮아졌다. 1978년 서울시는 서울 중심지역과 떨어진 한강변 난지도에 서울시 최초의 공공 폐기물매립지를 조성했고, 5년 정도 사용할 계획이었다. 1986년 아시안게임, 1988 서울올림픽이라는 국제적인 행사를 준비하는 상황에서 김포공항으로부터 서울의 도심으로 이동할 때 눈에 띄일 수밖에 없는 난지도매립지는 반드시 이전해야 할 대상이었다. 1983년부터 대체매립지를 찾아 나선 서울시는 1986년 서울에는 매립지로 활용할 부지가 없다는 결론을 내렸다.[16] 1986년 3월 서울시는 환경청(현재의 환경부)에 수도권 대단위 쓰레기매립지 확보를 요청하였다. 도시화가 많이 진행된 경기도 지방자치단체들도 매립지 확보의 어려움에 처해 있었기에 경기도는 그해 8월 수도권 쓰레기 매립지 조성을 정부에 건의했다.

환경청은 서울을 비롯한 수도권이 전국 생활폐기물의 58%를 배출하고 있어서 매립지 확보는 공통의 난제이며 쓰레기의 양적 증가와 플라스틱 등에 따른 질적 악화로 위생적인 처리 방법이 필요하다고 보고 매립지 부지를 찾아 나섰다. 수도권 내륙에는 충분한 규모의 부지가 없음을 확인한 환경청은 영종지구를 비롯한 7개 해안매립지 후보지에 눈을 돌렸는데 도시에서 멀어지고 침출수 처리에 어려움이 있는 단점에도 불구하고 부지매입비가 저렴하고 국토의 효율적 이용이 가능한 장점이 있다고 보았다. 결국 1987년 2월 18일 방조제 공사가 완료되고 접근성이 좋고 매립지 조성공사 시행 즉시 쓰레기 매립이 가능한 김포지구가 수도권 대단위 매립지 부지로 최종 선정되었다.[17]

4개 매립장으로 구획된 수도권매립지는 단계적으로 쓰레기 매립

---

16 서울특별시, 서울시 쓰레기 매립 후보지 타당성 조사 보고서, 1986. 5.

17 권혁소, 광역행정의 협력적 거버넌스 형성과정 : 수도권매립지 사용연장 사례를 중심으로, 서울시립대 대학원, 2016. 2.

을 위한 기반공사를 진행하는데 제1매립장은 1989년 9월 공사에 착공했다. 그 과정에서 환경청은 수도권 해안매립지 건설사업계획을 수립하고(1987년), 환경관리공단은 동아건설산업으로부터 매립면허권을 양수하고(1988년), 부지 매입비용으로 정부(환경관리공단)가 150억 원, 서울시가 300억 원(이자 포함 373억 원)을 부담하는 등 역할을 분담했다. 경기도는 1992년 2월부터, 서울시와 인천시는 같은 해 12월부터 수도권매립지에 쓰레기 반입을 시작했다. 제2매립장은 2000년부터 쓰레기 매립이 시작되었고, 제3매립장 3-1공구는 2018년부터 매립이 시작되어 현재 사용되고 있다.

수도권매립지는 당초 서울시, 인천시, 경기도가 인력을 파견하여 공동으로 운영하는 조합형태의 조직이 관리하였다. 하지만 지금은 정부의 관리를 받는 수도권매립지관리공사가 관리하는데, 이 조직은 2000년에 신설되었다.

(2) 수도권매립지, 투기형 매립에서 현대식 매립지로의 전환점

지금은 월드컵공원으로 변한 서울의 난지도매립지는 2001년 공원으로 조성되기 전까지 많은 환경문제를 야기했다. 매립지라는 부지경계만 있을 뿐 일반인의 출입을 통제하지 않아 쓰레기 매립작업과 일명 "넝마"로 불리던 사람들의 재활용품 줍기 작업이 같은 공간에서 동시에 이루어졌다. 하수오니, 정수오니 등이 매립된 공간은 지반이 약해 안전하지 못했고, 쥐, 모기, 파리 등이 번성했다. 쓰레기 층의 경사면에서는 침출수가 누출되어 악취를 풍겼고 지표면의 갈라진 틈에서 쓰레기의 발효로 생성된 메탄가스가 새어나와 가끔 큰 화재로 번졌다. 수도권매립지는 우리나라 쓰레기 매립기술에 획기적인 발전을 가져왔다. 쓰레기를 매립할 땅에는 사전에 침출수가 새지 않도록 불투수막을 깔아 침출수를 모을 수 있도록 했고, 모아진 침출수를 정화시설로 보낼 관로와 펌프시설도 설치했다. 하루 쓰레기 매립작업이 끝나면 깨끗한 흙을 덮어 쓰레기가 바람에 날리거나 해충이 번식하는 것을 막았다. 쓰레기를 차곡차곡 쌓아가면서 설치한 구멍이 뚫린 수직관은 쓰레기 발효로 생성된 매립가스를 한곳으로 모아 악취 발산을 막고 메탄가스를 발전 연료로 이용할 수 있게 했다.(〈그림 3〉)

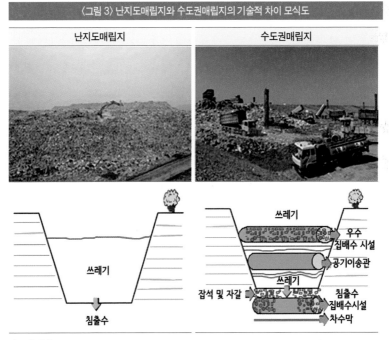

〈그림 3〉 난지도매립지와 수도권매립지의 기술적 차이 모식도

자료: 유기영(2016)

2. 갈등과 4자협의체 합의

(1) 갈등의 발단: 지역사회의 기대와 불편한 현실의 차이

2010년부터 인천시 지방자치단체와 지역사회는 수도권매립지를 당초 매립면허대로 2016년까지 사용해야 한다고 주장하기 시작했다. 이에 대해 서울시와 경기도는 많은 부지가 남아 있으니 계속 사용해야 한다고 맞서면서 "수도권매립지 갈등"이 시작되었다. 인천의 주장과 행동에는 여러 이유가 내재되어 있었다.

먼저 정부의 생활폐기물 감량정책에 힘입어 생활쓰레기 양이 줄었고 수도권매립지의 수명연장이 가능해졌지만 인천시는 매립면허 연장이라는 행정적 부담을 안게 되었다. 환경부장관과 서울특별시장은 공동명의로 인천광역시장으로부터 1989년부터 2016년까지 수도권매립지의 매립면허를 받았다.[18] 그러나 1990년부터 본격화된 재활용품 분리수거 시행, 1995년 종량제봉투 사용에 따른 재활용품 분리 촉진, 2005년 음식물류폐기물 분리수거, 2006년 서울시 4개 소각시설 공동 이용 등의 영향으로 수도권의 생활쓰레기 양이 획기적으로 줄었다. 당연히 매립지 반입량도 감소하여 2016년까지 제1, 제2, 제3, 제4매립장 모두가 소진될 것이라는 예상과 다르게 제1, 제2매립장만 소진되었을 뿐 제3매립장의 일부를 현재 사용 중이고 제4매립장은 나대지로 남아 있다. 그 결과 당초 2016년이 매립면허기한이었지만 수도권매립지관리공사의 제2차 종합환경관리계획은 예상

---

18 권혁소, 광역행정의 협력적 거버넌스 형성과정: 수도권매립지 사용연장 사례를 중심으로, 서울시립대 대학원, 2016.2.

사용가능기간을 2044년이라고 수록하게 되었다.[19]

둘째, 과거 인천시의 변두리에 불과한 수도권매립지 주변지역이 인천의 신흥 발전지역으로 위상이 변했다. 수도권매립지 조성 당시에 주변은 중소규모 굴뚝형 공장과 농어촌 촌락이 산재한 낙후지역이었다. 2000년대에 들어 매립지 주변에 경제자유구역, 위락시설, 교통시설 등이 집중하고, 인천경제자유구역(송도지구, 영종지구, 청라국제도시) 중 인구 9만명이 입주할 청라국제도시는매립지는 약 4km 이격되어 있고, 인구 12만명이 입주할 검단신도시도 이웃하고 있다. 인천공항고속도로(북인천IC), 인천국제공항철도(청라국제도시역), 경인아라뱃길이 주변을 지나고, 경인아라뱃길의 인천여객터미널은 작은 수로 하나를 두고 건설되었다. 골프장 등 체육시설도 주변에 입지해 많은 관광객이나 유동인구가 예상되는 지역이기도 하다.

셋째, 악취 발생으로 인해 매립지 환경관리에 대한 지역사회의 불신이 커졌다.[20] 2011년 연초부터 8월까지 약 6천 건의 악취 민원이, 8월에는 보름 이상 악취가 발생했다. 수도권매립지관리공사는 수해폐기물의 일시 대량 반입이 원인이라고 해명했으나 악취 원인 조사에서 주변 업소 24개소와 함께 매립지의 부지경계선, 침출수 처리 시설, 슬러지 자원화 시설 등에서 복합악취농도나 황화수소 농도가 기준치를 초과하는 것으로 밝혀졌다. 당시 청라국제도시에 주민들의 입주가 진행되는 시점이어서 악취 사고는 매우 민감한 사회문

19 수도권매립지관리공사, 2007~2011 제2차 수도권매립지 종합환경관리계획, 2007.

20 김경태 기자, '수도권매립지 악취 심하네', 환경일보, 2011.11.02.; 유희경 기자, 수도권 쓰레기 매립지 갈등 왜?, 문화일보, 2015.01.07.; 함봉균 기자, 수도권매립지 악취는 판단착오로 인한 인재, 그린데일리, 2011.10.04.; 김봉수 기자, 지역르포 : 악취민원 6000건 수도권매립지를 가다, 아시아경제, 2011.09.23.

제로 부상했었다.

넷째, 2014년 인천아시안게임 경기장 일부를 수도권매립지 내에 건설하자는 인천시 요구에 대해 3년의 기간이 경과하고서 서울시가 동의하였다. 2007년 4월 인천시는 2014년 아시아경기대회 유치에 성공하였다. 2008년 7월 인천시는 경비 절감, 환경 친화적 경기장 건설 등을 위해 수도권매립지에 골프장, 수영장, 승마장 건설을 서울시에 요청하였다. 최초 요청일로부터 2년 8개월이 지난 2011년 3월 서울시는 국가적 행사 개최에 적극 협력한다는 원칙 아래 4개 경기장 모두의 건설에 동의하였다.

(2) 4자협의체 합의사항과 이행: 핵심사항 이행 미흡[21]

2011.11.17. 서울시장과 인천시장은 인천아시안게임의 개최와 지역발전 노하우 공유에 관한 "상생발전과 미래 도약을 위한 서울·인천 공동합의문"에 서명했다. 2013.10.14.에는 경인아라뱃길 보상금을 매립지 주변 환경개선사업에 투자한다는 내용으로 서울시와 인천시 부시장의 공동협력 합의문 서명이 있었다. 2014.7.31.에는 환경부, 서울시, 인천시, 경기도의 국장급 실무자가 모여 수도권매립지 테마파크 조성공사, 사용기간 연장관련 사항, 생활쓰레기 직매립금지 연구 등을 논의하자는 내용의 "수도권매립지 현안 해결 및 지속적인 협력을 위한 공동합의문"을 작성하였고, 실제로 그해 11월까지 10회에 걸친 실무자급의 논의가 있었다. 실무자급의 논의가 어느 정도 마무리되던 2014.12.3. 환경부장관, 서울시장, 인

---

21 유기영, 서울시 폐기물처리시설 장기과제 발굴, 서울연구원, 2016.

천시장, 경기도지사가 참여하는 수도권매립지정책 4자협의체 운영을 인천시장이 제안했다. 4자협의체가 마련한 수도권매립지정책은 2015.6.28. 서명·공표되었다. 인천시장이 4자협의체 운영을 제안한 시점부터 최종합의문 서명까지 4자협의체 회의 8회, 이를 지원하는 국장급 실무자회의 11회가 열렸다. 당초 수도권매립지 사용기간이 2016년까지였지만 지금도 수도권매립지에 생활쓰레기 매립이 이루어지고 있는 것은 이 4자협의체 합의내용에 근거하고 있다.

수도권매립지정책 4자협의체 합의사항의 핵심내용은 수도권매립지 사용기간 연장, 매립면허권과 소유권 인천시에 양도, 수도권매립지관리공사 관할권 인천시로 이관, 수도권매립지관리공사 경영에 인천시 참여 확대, 반입수수료를 가산 징수하여 인천시 지원, 수도권매립지 주변지역 개발 및 경제 활성화 등 6개 분야이며, 〈표 1〉에 요약하여 정리된 바와 같다. 이 중 수도권매립지 주변지역 개발 및 경제 활성화 분야는 긴 시간에 걸쳐 추진될 사항이다. 수도권매립지관리공사 관할권의 인천시로 이관 분야와 수도권매립지관리공사 경영에 인천시 참여 확대 분야는 인천시가 원하면 언제든 가능하다. 매립면허권과 소유권의 인천시 양도 분야는 4개 매립장 중 쓰레기 매립이 완료된 부지에 대해 단계적으로 이루어진다. 수도권매립지 사용기간 연장 분야 중 폐기물 수송도로 환경개선 및 수송도로 밀폐화 추진, 반입수수료를 가산 징수하여 인천시 지원 분야는 이미 시행되고 있다. 이행되지 못하거나 부분적으로 이행되거나 실제로 이행이 어려운 부분은 『수도권매립지 사용기간 연장』 분야이다. 이 분야의 3개 세부내용 중 첫째는 잔여 매립지 부지(제3, 제4 매립장) 중 3-1공구(103만㎡)를 사용하고 그 기간에 대체매립지를 확보하되 실패

할 경우에는 나머지 제3, 제4 매립장 부지의 최대 15%(106만㎡)를 추가 사용한다는 것이다. 3-1공구는 2018년부터 쓰레기매립이 진행되고 있으므로 일부의 합의사항은 이행되고 있는 셈이다. 2016년 수도권 대체매립지 확보추진단을 구성하여 대체매립지 발굴에 착수했으며 실제로 발굴사업안도 마련되었다.[22] 그러나 3개 시도는 공동으로 사용하는 대체매립지가 아닌 인천시와 서울시·경기도로 분리되어 대체매립지를 각자 찾고 있는 상황이다. 『수도권매립지 사용기간 연장』 분야의 3개 세부내용에는 생활쓰레기 직매립 금지 등 친환경 매립방식 도입도 포함되어 있다. 그러나 4자 협의체 합의 이후 수도권 3개 시도에서 생활쓰레기 양이 자체 처리시설이 감당할 수 있는 수준으로 줄었거나 소각시설 등 생활쓰레기 처리시설을 추가로 확보했다는 소식을 들은 바는 없다.

〈표 1〉 수도권매립지정책 4자협의체 합의사항 요약

분야	내용
1) 수도권매립지 사용기간 연장	• 잔여매립부지(제3, 제4 매립장) 중 3-1공구(103만㎡)를 사용하고 대체매립지를 확보하지 못할 경우에는 잔여부지의 최대 15%(106만㎡) 범위 내에서 추가 사용 • 생활폐기물의 직매립 금지, 건설·사업장폐기물 매립량 절감 등 친환경매립방식 도입 • 폐기물 수송도로 환경개선 및 수송차량 밀폐화 등 추진

22 인천광역시, 수도권 폐기물관리 전략 및 대체매립지 조성 연구용역 보고서, 2019.8.

2) 매립면허권과 소유권 인천시에 양도	• 환경부와 서울시는 매립면허권 지분관련 재산권을 인천시를 위해 사용하고, 매립면허권[23]과 파생토지의 소유권을 인천시에 양도 • 면허권 양도 절차
3) 수도권매립지관리공사 관할권 인천시로 이관	• 수도권매립지관리공사의 관할권을 환경부에서 인천시로 이관 • 이관 절차
4) 수도권매립지관리공사 경영에 인천시 참여 확대	• 수도권매립지관리공사 이사회에 비상임이사를 신설하고 4개 지역 국장급은 당연직으로 참여 • 추진절차
5) 반입수수료 가산 징수하여 인천 시 지원	• 폐기물 반입수수료의 50%를 가산금으로 징수하여 인천시 특별회계로 전입하고 주변지역 환경개선 및 주민지원 등에 사용 • 추진 절차
6) 수도권매립지 주변지역 개발 및 경제 활성화	• 도시철도 연장 및 조기 착공 협력 • 테마파크 조성사업 협조 • 검단산업단지 환경산업 활성화 • 체육시설 이용프로그램 개발 및 교통 확충

자료: 유기영(2016)

3. 해법을 기다리는 수도권 생활쓰레기 규모

인천시는 옹진군 영흥도에 인천시만 사용하는 매립지를 건설하겠다고 선언했고 서울시와 경기도는 공동으로 사용할 대체 매립지 부지를 공모하고 있으나 두 개 사업 모두 성공할지는 누구도 장담하기 어렵다. 여기에 더해 정부(환경부)가 2026년부터 수도권지역 생활쓰레기의 직매립 금지에 관한 법률개정을 추진하고 있어 대체매립지 조성에 성공하더라도 소각 같은 중간처리 방법 또한 강구

---

23 매립면허권=소유권=재산권(환경처·서울시·인천시·경기도, 김포지구 수도권 해안매립지 건설 및 운영사업에 관한 협정, 1989.2.2.).

되어야 한다. 매립 외에 별도의 처리방법이 강구되어야 할 수도권의 생활쓰레기 양은 수도권매립지 통계연감에서 확인 가능한데,[24] 2019년 기준 1일 2,154톤이다.(〈표 2〉) 2019년의 양은 1995년 반입량의 18%에 불과해 그간에 있었던 많은 감량정책의 성과를 확인하게 하면서도 2015년보다 약 900톤 증가한 결과는 폐기물관리 측면에서 불편한 현상이다. 수도권매립지 통계연감은 별도 처리방법을 강구할 수도권 생활쓰레기의 구성도 보여준다.(〈표 3〉) 2019년의 경우 종이류, 플라스틱 등 발열량이 높은 가연물의 함량이 생활쓰레기의 91%를 차지하고 불연물은 9%에 불과할 정도로 연소에 유리한 성분이 대부분이다. 2000년 이후의 성상 변화 또한 음식물 성분은 감소하고 종이류와 플라스틱류는 꾸준히 증가하는 등 연료 활용에 유리하게 변화한 특성도 보여주고 있다.

〈표 2〉 수도권매립지 생활쓰레기 반입량(톤/일)				
구분	1995년	2005년	2015년	2019년
계	12,170 (1.00)	3,560 (0.29)	1,275 (0.11)	2,154 (0.18)
서울시	7,046	2,262	673	949
인천시	1,604	472	159	347
경기도	3,520	826	443	858

자료: 수도권매립지관리공사(2020.7.)

---

[24] 수도권매립지관리공사, 2019 수도권매립지관리공사 통계연감, 2020.7.

〈표 3〉 수도권매립지 생활쓰레기 성상(%)										
구분	가연물 전체	음식물	종이	플라 스틱	목재	가죽 고무	섬유	불연물 전체	유리 자기	금속
2000년	92.0	36.1	25.3	20.8	1.1	3.4	4.4	8.0	4.8	1.5
2005년	96.7	12.0	38.1	39.4	2.0	-	5.2	3.3	2.2	1.1
2010년	92.8	12.6	40.1	23.7	1.0	-	4.9	7.2	3.4	1.1
2015년	94.3	8.0	50.1	21.9	0.5	-	5.6	5.7	1.0	1.8
2019년	91.1	9.7	35.3	26.4	0.8	1.4	3.7	8.9	1.6	1.2

자료: 수도권매립지관리공사(2020.7.)

③

국내 SRF열병합발전
동향과 이슈

1. 폐기물에너지 회수와 관련 법률

SRF열병합발전사업은 SRF, SRF 제조, SRF 사용이 유기적으로 연결되어야 작동한다. SRF는 SRF열병합발전의 연료이고, 이 연료는 SRF 제조시설에서 생산되며, 연료를 태워 전기와 증기·온수를 생산하는 곳은 SRF 사용시설이다. 이 3가지 요소를 가장 정확하게 표현하는 법규는 「자원의 절약과 재활용촉진에 관한 법률」(약칭 : 자원재활용법)이며, 여러 재활용 방법 중 "에너지 회수" 영역으로 분류하고 있다.(제2조) 분리된 조항들을 묶어 해석해보면 「자원의 절약과 재활용촉진에 관한 법률」이 정한 설치·운영 기준을 준수하는 SRF 제조시설(제25조의4~제25조의6, 제25조의8)이 생산한 SRF(시행규칙 제20조의2 [별표 기)를 이 법이 정한 절차대로 운영되는 SRF 사용시설에서 사용하면 재활용으로 인정된다는 의미이다.

우리나라 폐기물관리의 모태는「폐기물관리법」으로 폐기물의 종류, 처리 방법, 국가·지방자치단체·국민의 책무, 처리업의 준수사항 등을 규정하고 있다. 이 법에 따르면 수도권매립지에서 처리되는 생활쓰레기를 SRF열병합발전에 활용할 경우 처리방법의 위치가 어떻게 바뀌는지를 보여준다. 폐기물관리법 제2조는 폐기물의 처리방법을 수집, 운반, 보관, 재활용, 처분으로 구분하는데, 수도권매립지에 생활쓰레기를 처리하는 행위는 최종처분의 하나인 "매립"으로 분류된다. 그러나 매립되던 생활쓰레기를「자원재활용법」이 정한 SRF로 제조하고 전기 등의 에너지 생산에 활용하면 재활용이라는 처분보다 가치면에서 앞선 처리방법으로 인정받게 된다.(《그림 4》)

폐기물에너지 회수는 폐기물관리 분야에만 한정되지 않고 에너지관리 분야로까지 영역이 확장된다. SRF는「신에너지 및 재생에너지 개발·이용·보급촉진법」의 "재생에너지"의 일종이고, SRF열병합발전시설은 설치·운영과 관련하여「집단에너지사업법」의 적용을 받는 집단에너지시설이기 때문이다. 물론 생활쓰레기로부터 생산된 SRF가 모두 신재생에너지는 아니다.「신에너지 및 재생에너지 개발·이용·보급촉진법」제2조 및 동법 시행령 제2조 [별표 1]에 따르면 비재생폐기물(석유, 석탄 등 화석연료에 기원한 화학섬유, 인조가죽, 비닐 등으로서 생물 기원이 아닌 폐기물) 부분은 재생에너지로 인정하지 않고 있어서, 〈표 3〉에 따르면 수도권매립지에 반입되는 생활쓰레기의 약 70%만 재생폐기물에 해당된다.

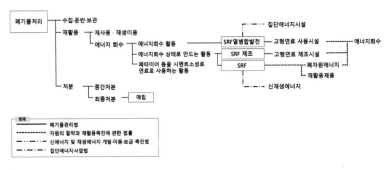

〈그림 4〉 폐기물에너지 회수와 관련 법률

자료: 관련 법규를 토대로 저자 작성

2. 국내 SRF 생산

SRF는 생활폐기물(음식물류폐기물은 제외), 폐합성수지류(자동차 파쇄잔재물(ASR) 제외), 폐합성섬유류, 폐고무류(합성고무류 포함), 폐타이어 등을 개별 또는 혼합하여 제조한 연료를 말한다.(자원재활용법 시행규칙 제2조 [별표 1])

우리나라에 생활쓰레기 SRF가 최초로 도입된 것은 1980년대 중반 서울시 난지도에 설치된 시설이며 1일 1,500톤으로 대규모였다. 그러나 연탄재, 음식물류폐기물이 혼합된 서울의 생활쓰레기는 성형이 어렵고 연료가치도 낮아 설치 후 바로 폐쇄되어 지금은 그 시설의 건물만 공영시장으로 활용되고 있다. 1990년대 들어 청주시에 40톤 규모의 시설이 설치되고 그 외 민간기업이 설치하는 경우도 있었지만 기술 부족으로 모두 실패했다고 한다. 우리나라의 초기 시설 중 생활쓰레기 SRF 생산이 정상적으로 이루어진 곳은 원주시

456

가 설치하여 2008년부터 가동되고 있는 1일 처리량 80톤 규모의 시설이다.[25] 원주시 시설이 가동을 시작한 2008년에 정부는 폐기물연료화에 큰 관심을 보였다. 국제 원유가격이 급격하게 인상되어 에너지 시장이 불안정해졌고, 화석연료를 대체할 에너지원을 모색하던 시기였다. 정부의 폐기물에너지화 종합대책에 따르면 폐기물이 주요 대체연료의 하나로 선정되었는데, SRF 생산비용이 소각시설을 통한 처리보다 저렴하고 폐기물 기반의 SRF는 항상 일정하게 생산 가능하다는 장점이 인정되었기 때문이다. 폐기물 에너지화를 2008년 1.8%에서 2012년 31%로 높이고, 쓰레기 매립가스와 폐기물 소각시설의 열회수량을 80~90%로 높인다는 구체적인 목표도 수립되었다.[26] 폐기물에너지화는 2009년 교육과학기술부, 행정안전부, 농림수산식품부, 지식경제부, 환경부, 국토해양부, 산림청 등 범정부 차원의 사업으로 확대되었고,[27] 환경부는 2010년부터 SRF 제조시설을 설치하는 지방자치단체에게 국비를 지원하기 시작했다. 국비지원사업은 2017까지 지속되었는데 2017년 지원기준에 따르면 시설용량 1톤당 1.5억원~1.8억원의 건설비에 대해 서울시 30%, 광역시 40%, 일반 시·군 30%, 도서지역 50%의 국비를 지원하였다.[28]

2019년 현재 전국에는 27개의 공공 SRF 제조시설이 있고(3개소는 목재칩을 활용하여 BIO-SRF 생산), 생산된 생활쓰레기 SRF는 연간 487,440

---

25 서울특별시, 강남자원회수시설 가연성폐기물 선별시설 설치사업 기본 및 실시설계 보고서, 2017. 12.

26 환경부, 경제살리기와 기후변화대응을 위한 폐기물에너지화 종합대책, 2008.

27 교육과학기술부·행정안전부·농림수산식품부·지식경제부·환경부·국토해양부·산림청, 저탄소에너지 생산·보급을 위한 폐자원 및 바이오매스 에너지대책 실행계획, 2009.

28 환경부, 2017 폐기물처리시설 국고보조금 예산지원 및 통합업무처리지침, 2016.

톤, 1일 1,335톤이다. 여기에는 연간 816,719톤, 1일 2,238톤의 생활쓰레기가 활용되었고 SRF 전환율 또는 SRF 수율은 약 60%였다. 2019년 현재 생활쓰레기 SRF 제조시설 24개소가 소재하는 곳은 부산시 강서구, 대구시 달성군, 인천시 서구·연수구, 광주시 남구, 대전시 유성구, 세종특별자치시, 경기도 부천시·광명시·하남시·수원시·평택시, 강원도 원주시, 전라북도 무주군과 부안군, 전라남도 목포시·순천시·나주시·고흥군, 경상남도 남해군, 경북 포항시이다.[29]

재활용제품으로 인정받는 SRF는 〈표 4〉의 품질기준을 만족해야 한다. 각 기준은 고유의 목적을 갖는데 일정한 모양 및 크기는 균질한 연소를 보장한다. 최소 3,500kcal/kg의 열량은 연료로서 가치를 의미하고 최대 수분 25% 이하는 보관과정에서 부패나 악취 발생을 막기 위함이다. 수은·카드뮴·납·비소 등의 유해 금속 성분 억제는 연소재나 연소가스로 유해성분의 배출을 억제하고, 회분량은 불연성 물질의 혼입을 제한하며, 염소 함유량 제한은 염화수소 가스의 생성을 억제하게 한다. (자원재활용법 시행규칙 제2조 [별표 1]) SRF의 품질과 관련하여 2020. 5. 27.부터 새로운 규정이 마련되었는데 SRF 품질 등급제이다. 이 제도를 통해 SRF 사용시설에게는 재활용제품으로 인증받은 SRF 중에서도 더 품질이 좋은 제품을 선택할 수 있게 정보를 주고, SRF 제조자에게는 매 분기마다 의무적으로 이루어지는 품질검사를 면제하는 혜택을 부여한다고 한다. 등급은 최우수, 우수, 양호로 구분되며, 저위발열량, 수은함유량, 염소함유량, 황분함유량

29 한국폐기물협회, 고형연료제품 제조·사용시설 목록 2019. 12 기준, http://www.kwaste.or.kr/

에 따라 각각 1~3점을 부여하고 합산점수로 등급이 결정된다.[30](자원의 절약과 재활용촉진에 관한 법률 시행규칙 제20조의2 제3항 [별표 7의2])

구분	성형	비성형
〈표 4〉 SRF 품질기준(자원의 절약과 재활용촉진에 관한 법률 시행규칙 제2조 [별표 1])		
모양 및 크기	직경 50mm 이하, 길이 100mm 이하	가로 50mm 이하, 세로 50mm 이하
수분 함유량	15wt.% 이하	25wt.% 이하
발열량	수입 고형연료제품 3,650㎉/kg 이상, 제조 고형연료제품 3,500㎉/kg 이상	
금속 성분	수은(Hg) 1.0mg/kg 이하, 카드뮴(Cd) 5.0mg/kg 이하 납(Pb) 150mg/kg 이하, 비소(As)13.0mg/kg 이하	
회분 함유량	20wt.% 이하	
염소 함유량	2.0wt.% 이하	
황분 함유량 (폐타이어만의 경우)	0.6wt.% 이하 (2.0wt.% 이하)	

비고 1. 발열량은 저위발열량으로 환산한 기준을 적용
　　 2. 금속성분, 회분 함유량, 염소 함유량 및 황분 함유량은 건조된 상태 기준
　　 3. 성형제품은 펠릿으로 제조한 것을 말하며, 사용자가 주문서 또는 계약서 등으로 요청한 경우에는 길이를 100mm 초과하여 제조 가능
　　 4. 비성형제품으로서 고형연료제품 사용시설에 직접 사용하기 위해 같은 부지에서 제조하는 경우에는 체 구멍의 크기가 가로 120mm, 세로 120mm 이하(체 구멍이 원형인 경우 면적이 14,400㎟ 이하)인 체에 통과시켰을 때 무게 기준으로 제품의 95퍼센트 이상이 통과할 수 있는 것으로 제조

　　SRF 제조시설은 설치·운영 단계에서 준수해야 할 행정적 절차가 있다. 먼저 SRF 제조를 원할 경우 폐기물 최종재활용업이나 폐기물 종합재활용업의 허가를 받아야 한다. 다음으로 제조시설을 설치하는 지역의 지방자치단체장에게 신고를 하고 신고확인증을 받는다.(폐기물관리법 제25조 제5항 제6호 및 제7호, 자원재활용법 제25조의4) 제조

30　환경부, 고형연료제품 등급제 시행…발열량 등 4개 기준 평가, 보도자료, 2020. 5. 27.

시설을 운영할 때는 SRF의 품질을 분기마다 1회이상 검사받고 검사 결과를 표기한다. 품질표기가 적절한지는 반기마다 1회 이상 확인 받는다. (자원재활용법 제25조의5 및 제25조의6) 제조시설 자체가 적절한 성능을 발휘하는지도 검사받는데, 점검은 연 1회이상 이루어진다. 정기검사에서 적합판정을 받지 못한 시설은 적합한 성능을 확보할 수준으로 개선공사를 해야 하며, 개선공사 중에는 시설을 이용하거나 SRF를 제조하지 못한다. (자원재활용법 제25조의5 및 제25조의8)

3. 국내 SRF열병합발전

끓은 물을 이용해 증기 터빈을 돌려 전기를 생산하고 이 물의 냉각수를 이용해 난방을 하는 것을 열병합발전이라 한다.[31] 따라서 SRF열병합발전이란 "SRF를 연료로 하여 끓인 물을 이용해 증기 터빈을 돌려 전기를 생산하고 이 물의 냉각수를 이용해 난방을 하는 것"이라 정의할 수 있다. 관련 법률에서 정하는 SRF 사용시설은 ①시멘트 소성로, ②화력발전시설, 열병합발전시설, 화력발전시설과 열병합발전시설을 제외한 발전용량이 2MW 이상인 기타 발전, ③석탄사용량이 2톤/h 이상인 지역난방시설, 산업용 보일러, 제철 소로, ④고형연료제품 사용량이 200kg/h 이상인 보일러시설 등 4유형으로 분류되며 SRF열병합발전시설은 ②의 발전시설 유형에 해당된다. (자원재활용법 시행규칙 제20조의7)

---

31 두산백과, https://terms.naver.com/

2019년 우리나라에는 157개소의 SRF 및 BIO-SRF 사용시설이 있고, 이들 중 SRF만을 사용하는 시설(SRF와 BIO-SRF 병행 사용시설 포함)은 89개소이다. 기능별로는 시멘트 소성로 8개소, 열병합발전시설 14개소, 산업용보일러 67개소이다. SRF열병합발전시설 중 3개소는 지방자치단체 소유의 공공시설이고, 나머지 11개소는 민간시설로 분류된다.[32] 공공시설은 부산 생활폐기물 연료화 발전시설, 평택에코센터, 포항 생활폐기물 에너지화시설 등이고, 민간시설은 원주그린 열병합발전시설 등이다.(〈그림 5〉)

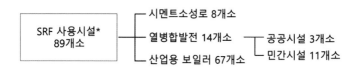

〈그림 5〉 우리나라 SRF 사용시설 현황(2019년 기준)

* SRF, BIO-SRF 병행 이용시설 포함

자료: 한국폐기물협회(http://www.kwaste.or.kr/)를 토대로 저자 작성

3개소 공공시설의 특징은 SRF열병합발전시설이 입지해 있는 동일 부지에서 수거상태로 반입된 생활쓰레기를 전처리하여 연료로 전환하고 바로 열병합발전에 활용하는 폐기물종합처리타운 형태로 운영되는 점이다. 포항 생활폐기물 에너지화시설의 경우 〈그림 6〉과 같이 700톤/일의 생활쓰레기가 반입되면 분쇄, 음식물류폐기

---

32 한국폐기물협회, 고형연료제품 제조·사용시설 목록 2019.12 기준, http://www.kwaste.or.kr/

물·철재 등을 분류해 내고 가연물만으로 비성형 SRF 336톤/일을 생산하여 열병합발전시설로 이송하고 연료로 활용한다. 이곳에 설치된 발전시설의 용량은 12.1MW이다.[33] 한편 민간시설은 지방자치단체의 생활쓰레기와 여타 대량 배출원의 생활폐기물로 생산한 SRF를 받아들여 원료로 활용하는데, 원주그린열병합발전소의 경우 여러 SRF 제조시설로부터 170톤/일의 SRF를 받아들이고 있다.[34]

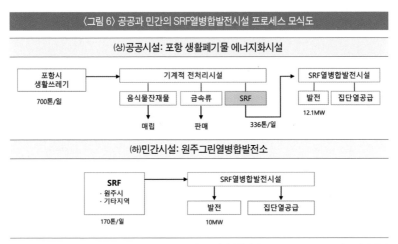

〈그림 6〉 공공과 민간의 SRF열병합발전시설 프로세스 모식도

자료: 포항이앤이그린에너지센터(www.pohangsrf.co,kr/), 원주그린열병합발전소(www.komipo,co,kr/) 토대로 저자 작성

SRF열병합발전시설은 열과 전기를 판매하고자 하는 경우「집단에너지사업법」에 따라 산업통상자원부장관에게 허가를 받는다.[35]「폐기물관리법」에 의한 폐기물 최종재활용업이나 폐기물 종합재활

---

33 포항이앤이그린에너지센터, http://www.pohangsrf.co.kr/

34 원주그린열병합발전소, https://www.komipo.co.kr/

35 한국에너지공단, 열병합발전시스템 설치에 따른 제도, http://www.kemco.or.kr/

용업의 허가를 받는 절차 등은 불필요하다. SRF열병합발전시설은 SRF의 연소를 통해 대기오염물질 등 환경오염물질을 배출하기 때문에 10MW 초과 발전시설은 건설추진과정에서 환경영향평가를 받는다. 환경영향평가는 해당 지방자치단체와 시설 주변 주민의 의견을 듣는 공고공람 과정에서 사업자에게 많은 시간과 에너지를 요구한다. 시설 규모에 관계없이 거쳐야하는 행정절차는 SRF 사용 허가이다. SRF열병합발전 사업자는 시설이 소재하는 기초자치단체장에게 SRF 사용허가를 신청한다. 허가 과정에서 기초자치단체장은 주민생활의 편익, 주변 환경보호 등을 위하여 필요한 조건을 붙일 수 있는데, 구체적으로 ①고형연료제품 사용시설 주변지역 환경보호 계획, ②주민설명회 개최 계획 또는 주민지원 계획, ③대기오염물질 배출량, 고형연료제품 품질검사 결과, 고형연료제품 사용시설 정기검사 결과 등 시설 운영 관련 정보공개 계획 등을 요구한다. (자원재활용법 제25조의7, 동법 시행규칙 제20조의7 [별표 8의2]) SRF열병합발전시설 또한 SRF 제조시설 처럼 시설 자체가 적절한 성능을 발휘하는지 정부로부터 검사를 받는다. 점검은 연 1회이상 이루어진다. 정기검사에서 적합판정을 받지 못한 시설은 적합한 성능을 확보하도록 개선공사를 해야 하며, 개선공사 중에서 시설을 이용하거나 SRF를 제조하지 못한다. (자원재활용법 제25조의5 및 제25조의8)

4. SRF열병합발전을 둘러싼 이슈

2008년 국제유가 급등, 탄소배출 저감을 위한 국제적인 노력에 대응하기 위해 폐기물에너지화에 관심이 높아졌다. 정부의 포괄적인 폐기물에너지 추진 정책에 힘입어 2017년부터 2020년까지 전국에서 SRF발전 허가를 받은 사업은 60여 곳에 달했고, 실제로 원주, 부산, 포항의 공공시설처럼 현재 가동되고 있는 사례도 있다. 그러나 지역주민의 반대와 이에 부응한 해당 지자체의 사업불허로 이미 10여 곳의 공사가 중단되었다고 한다.[36] 한국지역난방공사가 추진한 나주 SRF 열병합발전소의 경우 2007.12.에 집단에너지 사업허가를 받아 2017.9. 발전소를 완공했고, 그해 12월 시운전을 마쳤지만 SRF 사용을 반대하는 지역여론에 밀려 지금도 정상운전에 이르지 못하고 있다.[37] 내포신도시 SRF 열병합발전시설은 〈표 5〉와 같이 당초 SRF와 LNG를 연료로 계획하고 시설설치를 추진했다가 지역사회의 여론에 밀려 전량 LNG 연료로 전환한 바 있다.[38, 39]

〈표 5〉 내포신도시 SRF열병합발전시설 설치 추진 및 연료전환 내역
'08. 5 충남도청 신도시 도시개발구역지정 변경 및 개발계획 수립
* RDF 열병합발전을 통해 사업지구내 열 공급 및 전기 생산, 환경클러스터 조성 등
'14. 1 집단에너지사업 변경허가 (롯데건설)
* (열병합발전시설) SRF : 66MW + 91.2Gcal/h, Bio-SRF : 31MW + 38Gcal/h (열전용보일러) LNG 68.8Gcal/h × 4기

---

36 우상덕·이상헌, SRF발전소 10곳 건설중단…쓰레기 대란, 매일경제, 2020. 08. 12.

37 윤여창, 고형연료 발전시설 관련 주민수용성 문제사례 분석, 에너지경제연구원, 2020. 7.

38 산업통상자원부, 내포그린에너지의 SRF열병합발전소 공사계획 조건부 승인 및 연료전환 이행공고, 보도자료, 2018. 6. 1.

39 채종덕기자, 495MW 규모 내포열병합 건설 본격화, 이투뉴스, 2020. 12. 28.

'14. 5 내포그린에너지(주) 설립
'14. 10 충남도청 주관 민·관협의회 구성

＊총 32명(주민대표 14, 환경전문가 6, 환경단체 2, 사업자 2, 충남도청 3, 홍성군 1, 예산군 1, 충남발전연구원 1, 시행사(충남개발공사, LH) 2)

'15. 10 환경영향평가서(본안) 협의 완료(환경부)
'15. 10 LNG 열전용보일러 등 공사계획 승인(산업부)
'17. 1 집단에너지사업 변경허가(산업부, SRF 33MW ×2기 → SRF 66MW ×1기)
'17. 3 민·관협의회 미참석 주민들 위주로 SRF 반대 민원 증가

＊민·관협의회 미참석 주민들이 별도 반대투쟁위를 구성하여 반대 시위

'17. 4 한국에너지공단에 공사계획 추가 검토 요청(환평 반영여부 등)
'17. 5 충남도청 주관 주민 공청회(전문가 10명, 주민 약500명 참석) 개최
'17. 6 홍성군의회 "SRF 열병합발전소 건설 중단"결의안 채택
'17. 7 충남도청이 산업부를 방문하여 공사계획 승인 1개월 연장 요청
'17. 8 충남도지사가 산업부장관 면담시 열병합발전소 연료전환 건의
'17. 9 김기선의원 "신재생에너지에서 SRF 제외"법안 발의
'17. 9 환경부 SRF 관련 규제 강화 및 제도 개선안 발표
'17. 12 손금주의원 "SRF 등 REC* 추가 발급 금지" 법안 발의

＊REC(Renewable Energy Certificates) : 신재생에너지 공급 인증서

'19. 2 산업부 LNG로 변경허가
＊SRF를 모두 LNG로 변경(LNG 68,8Gcal/h × 7기)

자료: 윤여창(2020.7.)

　　SRF열병합발전을 둘러싼 이슈는 크게 주민들의 환경피해에 대한 우려, 폐기물처리시설과 차별되는 지원, 사업의 수익성 악화로 지적되고 있는데,[40] 그 내용을 들여다보면 다음과 같은 정황들이 혼재해 있다.

　　첫째, 주민들의 환경피해에 대한 우려이다. SRF은 생활쓰레기를 모태로 생산된 고형연료제품이다. 하여 제조자는 「폐기물관리법」의 재활용업으로 허가를 받고 열병합발전시설 같은 사용자는 「자원재활용법」이 정하는 바에 따라 사용승인과 시설에 대한 정기적인 점

40　강정환기자, [이것이 알고 싶다] SRF발전사업 허가절차 3단계는 어떻게?, 뉴스매거진21, 2020.1.21.

검을 받는다. 대기오염물질의 배출기준이나 배출량을 보아도 생활쓰레기 소각시설과 SRF열병합발전시설은 기준치가 거의 같고, 기준치와 충분히 여유를 두고 연소시설 및 환경오염방지설비를 설계하며, 실제 운전되고 있는 시설들에서 측정한 대기오염물질 배출량은 기준치와 비교해 큰 격차로 낮다. (〈표 6〉)[41, 42, 43] 소각시설과 동일한 수준으로 관리된다는 이유만으로도 시설주변 주민들은 건강상 피해를 우려할 수 있다. 그렇다면 소각시설이 주변지역 실제로 피해를 준 적이 있는지가 관건이 된다. 우리나라에는 190여개의 생활쓰레기 소각시설들이 운영되고 있다.[44] 대부분 1990년대 중반 이후 건설되어 현재도 운영되는데 소각시설로 인해 주변지역 주민이 건강상 피해를 보았다는 보고는 아직까지 없다. 세계적으로도 그러한 피해사례는 알려지지 않고 있다. 서울시 4개 대형 소각시설 중 양천시설, 노원시설, 강남시설의 소각열은 인접한 아파트의 주요 난방열원 역할을 하고 있다. 주민들의 건강영향이 우려되어 서울시는 2000년부터 3년을 주기로 건강영향을 조사하였고 올해는 6차 조사 기간에 해당되는데 결과적으로 소각시설의 운영으로 인한 유의미한 부정적 건강영향은 아직까지 확인된 바 없다. 소각시설과 SRF열병합발전시설이 유사한 연료를 유사한 연소시설을 활용하여 처리한다고 할 때 시설의 성능이나 주변지역에 대한 영향에서 차이가 있기보다는 설치과정에 차이가 있는 것 같다. 예를 들어 소각시설의 경우 시설을

41 서용칠·장하나·이은송, SRF발전소의 환경안전검증 평가사례 및 시사점, 2019.

42 서울특별시 자원회수시설, https://rrf.seoul.go.kr/

43 권준범, "나주 열병합발전, 쓰레기 소각장보다 친환경적", 에너지신문, 2019.8.5.

44 KOSIS, 지방자치단체 폐기물처리시설 현황_소각시설, https://kosis.kr/

설치할 때 입지선정위원회를 운영하고, 환경영향평가 과정에서 지역주민들에게 정보와 의견 제시 기회를 주고, 주민협의체를 만들어 시설운영과정에 참여하도록 「폐기물처리시설 설치촉진 및 주변지역 지원등에 관한 법률」에 규정되어 있다. 이에 비혜 SRF열병합발전시설 설치사업에서는 10M 발전시설의 경우에만 환경영향평가 과정에서 주민과 접촉할 의무가 규정되어 있다. (환경영향평가법 시행령 제31조 제2항 및 제41조 제2항 [별표 3])

〈표 6〉 생활쓰레기 소각시설과 SRF발전시설의 대기오염물질 관리현황 예

| 구분 | 생활쓰레기 소각시설 | | SRF 발전시설 | | | |
	기준치	마포시설 (2020~2021)	기준치	나주시설 (설계기준)	원주시설 (2016)	포항시설 (2019)
먼지	10 mg/S㎥ 이하	0.7~1.0	10 mg/S㎥ 이하	5	2이내	2.2
황산화물	20 ppm 이하	0~1.1	20 ppm 이하	10	1이내	0.08
질소산화물	50 ppm 이하	13~16	50 ppm 이하	25	6.8~40.6	13.7
일산화탄소	50 ppm 이하	1.5~4.7	50 ppm 이하	40	0.2~1.5	3.6
다이옥신	0.1 EQ/S㎥ 이하	0~0.024	0.1 EQ/S㎥ 이하	0.05	0.003~0.03	0.002

자료: 서용칠·장하나·이은송(2019), 서울특별시 자원회수시설(rrf.seoul.go.kr/), 권준범(2019.8.5.)을 토대로 재작성

둘째, 시설 주변지역 주민에 대한 정부의 지원 차이이다. 「폐기물처리시설 설치촉진 및 주변지역 지원에 관한 법률」에 따르면 〈표 7〉과 같이 소각시설을 설치하는 경우 부지경계선으로부터 300m이내의 주민에게 다양한 재원의 주민지원기금을 조성하도록 하고 있다. 또한 주민편의시설을 공사비용의 20% 이내를 들여 설치하고 300m이내 주민에게는 이용료를 감면하며, 주민편의시설의 설치를 원하지 않을 경우에는 주민편의시설 설치비용도 주민지원기금으로 편입

한다. SRF열병합발전시설은 「발전소주변지역 지원에 관한 법률」의 규정에 따라 신재생에너지시설의 경우 2MW 용량을 초과하면 판매 전기량 1kWh당 0.1원의 지원기금을 조성하여 시설이 설치된 지점으로부터 5㎞이내의 지역에 지원한다. 이마저도 SRF에 비재생폐기물이 혼재되어 있어 이 규정이 지속적으로 적용될 수 있는지 혼란스러운 상황이다. 분명한 것은 소각시설에 적용되는 지원 기준이 SRF 열병합발전소에 적용되는 지원기준보다 재원이 다양하고 한정된 지역에 집중되어 있다는 점이다.

〈표 7〉 소각시설과 신재생에너지 발전시설의 주변지역 지원에 관한 규정	
구분	내용
소각시설	1. 주민편의시설 설치(폐기물처리시설 설치촉진 및 주변지역 지원등에 관한 법률(이하 폐촉법) 제20조 및 시행령 제24조) - 시설 설치비용-(용지비, 보상비, 부대비 제외)의 20%이내 - 주민들이 원하지 않을 경우 주민지원기금에 편입 2. 주민지원기금 조성(폐촉법 제8조 및 시행령 5조, 동법 제21조 및 시행령 제25조) - 폐기물처리시설 설치기관의 출연금 - 타기초자치단체의 반입폐기물에 대한 반입폐기물 수수료의 10% 이내 가산금 - 반입폐기물 수수료의 20% 이내 가산금 - 해당 시설로 반입을 원하는 타 기초지자체의 출연금 - 기금 운용 수익 3. 영향권(폐촉법 제17조 및 시행령 20조): 소각시설의 경우 부지경계선으로부터 300m 이내
신재생에너지 발전시설	1. 지원금(발전소주변지역 지원에 관한 법률 시행령(이하 발주법) 제27조 [별표 2]) - 지원금 단가 : 신재생에너지 0.1원/kWh - 전전년도 발전량 x 지원금 단가 2. 주변지역(발주법 제2조) : 발전기가 설치되는 지점으로부터 반지름 5㎞이내 읍면동 등 3. 대상시설 규모(발주법 시행령 제2조) : 2MW 초과 시설

셋째, 사업자의 수익성 악화이다. SRF열병합발전과 관련하여 사업자는 크게 SRF제조자와 SRF사용자로 분류되고, SRF제조자는 생

활쓰레기 처리책임자인 지방자치단체 그리고 SRF사용자는 SRF열병합발전사업자이다. 현재의 상황에서 양자 모두 수익 여건은 악화되었다. 지방자치단체는 2010~2017년에 있었던 SRF 제조시설 설치에 대한 국고지원이 2018년부터 중단되어 신규로 SRF 제조시설을 설치하려면 지방자치단체의 재원으로 해결해야한다. 반면 소각시설, 매립시설 등에 대한 지원은 종전대로 유지되고 있다. SRF열병합발전사업의 수익 여건도 악화되었다. 신재생에너지공급인증서(Renewable Energy Certificate, REC)는 SRF열병합발전사업에 중요한 수입원인데 발전량의 일정부분 이상을 신재생에너지로 공급해야 하는 500MW이상의 발전사업자가 이 인증서를 매입했고, SRF 가중치 0.5를 부여받았기 때문이다.[45] 가중치 0.5는 100kWh의 전기를 전력거래소에 판매하면 SRF로 생산된 전기는 100kWh에 해당하는 전력가격 이외에 추가로 50kWh에 해당하는 REC를 인정해 준다는 의미이다. 그러나 SRF의 환경성 문제가 제기되면서 〈표 8〉과 같이 2018.12.26.부터 가중치가 0.25로 낮아졌고 2019.10.1.이후는 가중치가 없어져 그 이후에 발전사업허가를 받은 SRF열병합발전사업자는 500MW이상의 발전사업자에게 판매할 REC와 그와 관련된 수익도 사라졌다.

45　산업통산자원부, 신재생에너지 공급의무화제도 관리 및 운영지침, 2012.1.1.시행.

구분	내용
SRF제조시설	SRF제조시설 설치비용·국고지원(폐기물처리시설 국고보조금 예산지원 및 통합업무처리지침) - 시설명: 가연성폐기물 연료화시설 - 지원기간: 2010~2017년 - 내용: 지역에 따라 설치비의 30~50% 국고지원(2017년)
SRF열병합발전시설	신재생에너지 폐기물분야 가중치(신·재생에너지 공급의무화제도 및 연료혼합의무화제도 관리·운영지침) - 2012~2018.12.25.: 0.5 - 2018.12.26.~2019.9.30.: 0.25 - 2019.10.1.부터: 0

넷째, 타 광역자치단체 SRF의 반입에 대한 SRF 사용시설 주변 주민의 거부감이다. 이 현상은 원주SRF열병합발전시설이 경험한 바 있고, 나주 SRF열병합발전시설은 이 현상에 의해 2017.12.에 발전소 건설과 시운전을 마치고도 현재까지 정상가동에 이르지 못하고 있다. 나주 SRF열병합발전시설은 정부(산업부·환경부), 전라남도, 혁신도시(공공기관)의 요청(2007.4.~8.)으로 한국지역난방공사가 공적 책무를 이행하는 차원에서 2007.12.에 참여를 결정한 사업이다. 나주 SRF열병합발전시설의 주변 주민들이 제기한 문제는 크게 3가지, ① 다이옥신, 미세먼지, 냄새 등 환경오염물질 배출, ②나주 목포, 순천 등 전남권에서 생산된 SRF를 제외한 광주시 SRF의 시설반입 반대, ③성형SRF에서 비성형SRF로 변경으로 인한 환경오염물질 배출량 증가이다. ①과 ③의 문제는 나주SRF열병합발전시설이 충분한 제어설비를 이미 갖추고 있고 주민들의 오해에서 비롯된 부분도 커 적극적인 설명활동에 의해 해소가 가능하다. 그러나 ②광주시SRF 반입 반대는 해결이 쉽지 않은데, 주민들은 2009.3.에 작성된 「폐기물에너지화 업무협력합의서」에 광주시가 없으니 광주시SRF는 반입할 수

없다는 입장이고 나주 SRF열병합발전시설은 나주시가 광주시 SRF 사용에 동의한 적이 있으며 건설된 시설을 충분히 활용하려면 광주시 SRF의 반입이 반드시 필요하다는 입장이다. 이 이슈는 초기계획 단계에서 반입대상지역에 맞게 시설규모를 결정하거나 규모의 경제에 맞게 시설용량과 반입대상지역을 결정하는 것이 얼마나 중요한지 보여준다. 현 단계에서 이 문제를 해결하려면 ①정부관련부처, 광주시, 전라남도, SRF 반입 기초자치단체, 나주 SRF열병합발전소가 참여하는 협정서를 다시 책정하되, ②협정서에 소각시설에 준하는 주변지역 지원을 포함하고, ③이해당사자인 지방정부나 사업자인 나주 SRF열병합발전소기 협상을 주도하기 보다는 정부관련부처가 주도하는 등[46]의 방안을 시도해볼 필요가 있다.

---

[46] 실제로 2015년 수도권매립지 4자협의체의 합의과정에서 정부관련부처인 환경부가 핵심적인 역할을 담당했다.

수도권 SRF열병합발전 구상 및 구현 방안

1. 수도권 SRF열병합발전 네트워크 구상

수도권 SRF열병합발전 네크워크는 SRF 제조, SRF 운반, SRF 열병합발전으로 구성되며 기본적으로 갖추어야할 요건은 다음과 같다.(《표 9》)

SRF 제조시설은 기초자치단체 또는 수도권의 3개 광역자치단체가 관내에 설치하고 운영한다. 생활쓰레기 처리에 관한 기본책무를 최소한이라도 관내에서 이행하려고 노력하라는 의미이다. 제조시설은 정부의 SRF 품질기준에 맞게 생산하도록 공정을 갖춘다. 이 경우 수도권에서 생산될 SRF 양은 하루 최대 약 1,200톤으로 전망된다.

SRF 운반은 밀폐차량을 활용하고 야간에 운반하여 주민들에게 불쾌감을 주지 않도록 배려한다.

수도권에서 매립되는 생활쓰레기를 모두 SRF로 생산하는 경우 350톤/일 규모의 SRF열병합발전시설 약 4개소가 필요할 전망이며,

수도권 신도시에 설치하여 SRF가 발전과 난방 에너지 연료로 효과적으로 활용되도록 한다. 열병합발전시설은 10MW 이상의 발전용량을 갖추어 환경영향을 제대로 평가받고, 75% 이상의 에너지가 전기와 난방에너지에 활용할 수 있게 유동상식 연소로, 발전기, 온수기 등을 갖춘다. REC의 폐지 같은 수익 여건이 악화된 상황을 감안하여 필요할 경우 SRF에 대한 반입수수료를 징수하고, 투명성 확보를 위해 원가계산 결과를 토대로 수수료를 결정한다. SRF발전시설은 생활쓰레기가 모태인 연료를 태우고 연소로도 소각시설과 유사함으로 주변지역 지원기금을 조성하되, 소각시설에 적용되는 「폐기물처리시설 설치촉진 및 주변지역 지원 등에 관한 법률」의 지원기준을 준용하여 지원에 차이가 없거나 최소화되도록 한다.

〈표 9〉 수도권 SRF열병합발전 네트워크의 기본 요건

분야	내용			
1) SRF 제조	• 기초자치단체 또는 광역자치단체는 관내에 SRF 제조시설을 설치·운영 • 품질기준을 만족하는 SRF를 생산하도록 처리공정 구성 • 수도권매립지에 처리되는 생활쓰레기를 SRF 원료로 활용: 최대 1,184톤/일[47]			

구분	2019 수도권 매립지 매립량(톤/일)	매립량 50% SRF 생산 (톤/일)	반입량 100% SRF 생산 (톤/일)
계	2,154	592	1,184
서울시	949	261	522
인천시	347	95	190
경기도	858	236	472

---

47 생활쓰레기 기준 SRF 전환율 55%(서울특별시, 강남자원회수시설 가연성폐기물 선별시설 설치사업 기본

2) SRF 운반 (제조시설→ 열병합발전시설)	• 밀폐 차량에 적재하여 운반 • 야간에 운반하여 주변지역에 노출 최소화

3) SRF 열병합발전	• 발전시설은 수도권 신도시 지역에 설치: 350톤/일(최대) x 4개
	  시설
	• 효율적인 에너지 회수와 대기오염물질 제거를 위해 유동상식
	  연소로 활용
	• 75% 이상의 에너지 회수효율(회수에너지 총량을 투입에너지 총량으로
	  나눈 비율) 성능 보유[48]
	• 10MW 이상의 발전시설과 신도시 지역난방용 증기·온수 생산
	  시설 구비
	• 원가계산에 입각하여 필요할 경우 SRF 반입수수료 징수
	• "폐기물 처리시설 설치 촉진 및 주변지역 지원 등에 관한 법률"
	  의 소각시설 규정을 준용하여 주민지원기금을 조성·운영

2. SRF열병합발전의 가치

수도권은 생활쓰레기 매립지로 인해 심각한 갈등을 겪고 있다. 정부는 2026년부터 생활쓰레기의 직매립을 금지하는 법률개정을 추진하고 있다. 이 상황을 극복하는 방안의 하나로 본 장은 수도권 신도시 SRF열병합발전을 제안하고 있다. 그 토대는 서울에 건설된 4개소 대형 소각시설(양천, 노원, 강남, 마포)과 1개소 소형 소각시설(은평)의 건설 경험이고, 수도권 SRF열병합발전 네트워크는 다음과 같은 가치가 예상된다.

SRF열병합발전은 생활쓰레기의 처분이 아닌 재활용이고, 우리

및 실시설계 보고서, 2017. 12).

48 폐기물관리법 제2조(정의), 에너지법 제2조(정의), 폐기물관리법 시행규칙 제3조(에너지회수 기준 등) 관련.

사회는 소각 같은 처분보다 SRF열병합발전 같은 재활용에 더 관대하고 협조적인 경향이 있다. 〈표 10〉과 같이 소각시설과 SRF열병합발전시설은 연료에서 근본적인 차이가 있고, SRF열병합발전이 재활용으로 인정되는 이유이다.[49, 50, 51] 한편 2012년 서울특별시는 특정 폐기물처리시설이 이웃하는 경우 용인할 수 있는지 시민인식을 조사했었다. 그 결과 매립시설이 이웃하는 경우 용인하겠다는 응답은 2.1%이었고, 소각시설 10.1%, 음식물처리시설 14.5%로 뒤를 이었다. 여러 유형의 폐기물처리시설 중 가장 높은 응답은 재활용품선별시설(35.9%)로 나타나 재활용시설에 대한 사회적 이해가 상대적으로 높았다.[52]

〈표 10〉 소각시설과 SRF열병합발전시설의 연료 차이

구분	소각시설	SRF열병합발전시설
연료 품질 관리	• 연료 품질규정 없음 • 크레인에 의한 파봉과 혼합	• 연료 품질규정 있음 • 파봉, 선별, 성형 등 처리 통해 생산
연료 모양	• 비정형 	• 정형

49 윤균덕, SRF 발전소의 환경 안전성, 2017. 3.

50 서울특별시, 강남자원회수시설 가연성폐기물 선별시설 설치사업 기본 및 실시설계 보고서, 2017. 12.

51 자원의 절약과 재활용 촉진에 관한 법률 시행규칙 제20조의2 [별표7].

52 서울특별시, 2012~2021 서울시 폐기물처리 기본계획, 2012.

수분 함량	• 31%(고질)~35%(저질)	• 성형 15% 이하, 비성형 25% 이하
발열량	• 2,622(저질)~3,158kcal/kg(고질)	• 3,500kcal/kg 이상

자료: 윤균덕(2017.0.3.), 서울특별시(2017.12.)

SRF열병합발전은 소각보다 환경오염물질의 제어, 특히 대기오염물질의 관리에 유리하다. 연료가 균질하여 대부분의 생활쓰레기 소각시설이 활용하는 스토커식 연소로가 아닌 유동상식 연소로를 사용하기 때문이다. (〈표 11〉)[53, 54] 유동상식 소각로는 뜨거운 모래와 SRF를 연소로 내에서 부상시킨 상태로 혼합하면서 SRF를 태운다. 이 원리에 의해 열과 산소가 골고루 전달되어 가연성분을 더 철저하게 연소시키고 산소공급을 위해 활용되는 공기의 양을 줄인다. 모래는 연소로 밖에서 회수하여 다시 연소로로 순환, 사용된다. 줄어든 공기량은 대기오염방지시설의 규모와 정화하는 데에 소요되는 자원과 비용을 줄여준다. 가연성분을 더 철저하게 연소한다는 점은 소각시설보다 높은 감용율(94~96%)에서 그리고 공급공기량이 적다는 점은 이론공기 대비 실제로 공급되는 연소공기의 비(1.2~1.8)에서 확인할 수 있다.

53 東京都, Incineration of Combustible Waste, https://www.tokyokankyo.jp/

54 부산대학교, 소각 및 열분해, http://his.pusan.ac.kr

구분	소각시설(스토커식)	SRF 발전시설(유동상식)
연소로	• 광범위한 연료의 질 변화에 적합 • 우리나라 대부분의 생활쓰레기 소각시설에서 채택 	• SRF 같이 균질한 연료에 적용 가능 • 원주 SRF 열병합발전소, 부산이앤이, 나주 SRF 열병합발전소 등
쓰레기 감량	• 감용율 : 85~92%	• 감용율 : 94~96%
배기가스량	• 실제 연소 공기/이론 공기: 1.5~2.5(2.0)	• 실제 연소 공기/이론 공기: 1.2~1.8(1.5)

자료: 東京都(www.tokyokankyo.jp), 부산대학교(his.pusan.ac.kr)

SRF열병합발전시설은 소각시설보다 에너지회수효율이 높다. 근본 원인은 이미 설명한 바와 같이 높은 열량의 균질한 연료와 유동상식 연소로 사용에 있다. 수도권 신도시에 대규모로 SRF열병합발전시설을 건설할 경우에는 여러 공급처에서 연간 일정량의 연료가 공급되어 더 좋은 에너지회수 조건이 갖추어진다. 〈표 12〉는 소각시설과 SRF열병합발전시설의 에너지회수량을 생활쓰레기 1톤으로 환산하여 보여주고 있다.[55, 56] 생활쓰레기를 직접 연소하는 마포시설의 경우 생활쓰레기 1톤당 회수에너지가 2.42Gcal이고, 원주SRF

---

55 서울특별시 자원회수시설, https://rrf.seoul.go.kr/content/bcrea211.do

56 서용칠·장하나·이은송, SRF 발전소의 환경안전검증 평가사례 및 시사점, 2019.9. ; 나주SRF 열병합발전소에 관한 정보는 한국지역난방공사에서 제공.

열병합발전시설과 나주SRF열병합발전시설의 경우 각각 3.07Gcal, 3.65Gcal이다. 설계기준과 실제운전은 차이가 있을 수 있으나 시설을 설계할 때 원료의 특성이 충분히 반영되었다고 보면 소각시설보다 SRF열병합발전시설의 에너지회수량이 높다는 것을 시설의 실제 운영자료 또는 설계자료를 통해 확인할 수 있다.

〈표 12〉 소각시설과 SRF열병합발전시설의 에너지회수량 차이

구분	에너지회수량 (kcal/톤)	에너지회수량 산출과정
마포자원회수 시설	• 시설상태: 가동중 • 에너지회수량: 2.42Gcal/생활쓰레기-톤	• 설계: 생활쓰레기 750톤/일, 전기 5MW/h + 온수 58Gcal/h • 전기: 5MW/h x 0.86 x 2.6 ÷ 31톤/시 = 0.36Gcal/톤 • 온수: 58Gcal/h x 1.1 ÷ 31톤/시 = 2.06Gcal/톤 • 계: 전기 0.36 + 온수 2.06 = 2.42Gcal/생활쓰레기-톤
원주SRF열병합 발전	• 시설상태: 가동중 • 에너지회수량: 3.07Gcal/생활쓰레기-톤	• 설계: SRF 170톤/일, 전기 10MW/h + 온수 16Gcal/h • 전기: 10MW/h x 0.86 x 2.6 ÷ 13톤/시 = 1.72Gcal/톤 • 온수: 16Gcal/h x 1.1 ÷ 13톤/시 = 1.35Gcal/톤 • 계: 전기 1.72 + 온수 1.35 = 3.07 Gcal/생활쓰레기-톤
나주SRF열병합 발전	• 시설상태: 설계, 시운전 완료 • 에너지회수량: 3.65Gcal/생활쓰레기-톤	• 설계: SRF 350톤/일, 전기 22MW/h + 온수 45Gcal/h • 전기: 22MW/h x 0.86 x 2.6 ÷ 27톤/시 = 1.82Gcal/톤 • 온수: 45Gcal/h x 1.1 ÷ 27톤/시 = 1.83Gcal/톤 • 계: 전기 1.82 + 온수 1.83 = 3.65Gcal/생활쓰레기-톤

자료: 서울특별시 자원회수시설(rrf.seoul.go.kr), 서용칠·장하나·이은송(2019.9.), 한국지역난방공사 제공자료 등을 이용하여 저자 작성

3. 수도권 SRF열병합발전 촉진 방안

수도권 신도시에 SRF열병합발전사업을 추진하려 한다면 다음과 같은 방안들의 도입을 적극 고려할 필요가 있다.

사업자는 주변주민들에게 SRF열병합발전에 대한 충분한 정보를 제공한다. 발전용량이 10MW를 초과할 때는 환경영향평가의 공고·공람과정을 활용하고, 그 이하의 규모일 때는 고형연료 사용승인단계에서 관할 지자체의 도움을 얻어 주민들과 소통한다. 주민들에게 제공할 정보는 해당 SRF열병합발전시설에 대한 정보와 함께 환경오염 피해와 관련된 다음과 같은 정보들이다. ①SRF열병합발전시설의 필수기능 중 하나가 지역난방이며, 이를 위해 주거지역에 근접한 입지는 불가피하다. ②SRF열병합발전시설은 소각시설과 다른 질의 연료와 연소로를 사용함으로 대기오염물질이 적게 발생하며, 그럼에도 소각시설과 같은 대기오염물질 배출기준과 굴뚝원격감시체계(TMS)[57]를 적용하여 엄격하게 관리한다. ③환경오염물질 배출로 인해 부정적 영향이 우려될 수 있으나 소각시설로 인한 피해사례가 알려진 바 없고, 20년간 꾸준하게 부정적인 영향 여부를 관찰한 서울시의 소각시설 주변지역 건강영향평가 결과가 이를 뒷받침한다. ④일정규모 이상으로 SRF열병합발전시설을 건설하고 운영하는 것은 규모의 경제 달성, SRF 연소량의 변동 최소화와 그에 따른 에너지 회수량 극대화, 환경오염방지시설의 안정적 운영과 관련설비의 수명연장에 중요한 역할을 하며, 나주SRF열병합발전시설(1일 350톤) 등 기존 시설의 사례에서 확인할 수 있다.

---

57 한국환경공단, 굴뚝원격감시체계, https://www.keco.or.kr/

SRF 제조하여 SRF열방합발전시설에 반입하려는 지방자치단체는 SRF열방합발전시설 주변지역 주민에게 소각시설에 준하는 수준의 주민지원기금을 지원한다. 주민지원기금은 「폐기물처리시설 설치촉진 및 주변지역 지원 등에 관한 법률」이 정하는 항목에 대해 SRF 반입수수료 형태로 징수하여 조성하고, 수도권매립지 반입료(시설운영비)를 "기준반입료"로 한다. 주민지원기금의 재원 항목(예)는 ①SRF열병합발전시설 설치비용(용지비, 보상비, 부대비 제외)의 20%를 시설내구연수를 고려하여 SRF 1톤당 반입료로 환산한 금액, ②타기초자치단체의 반입 SRF에 대한 기준반입료의 10% 가산금, ③반입 SRF에 대한 기준반입료의 20% 가산금, ④「발전소주변지역 지원에 관한 법률」에 따른 지원금, ⑤기금 운용 수익 등이다. 주민지원기금 항목은 SRF를 반입할 지방자치단체와 SRF열방합발전시설 사업자가 협의하여 결정한다.

정부는 SRF 제조시설 및 사용시설에 대한 정부의 재정적 지원을 복원한다. SRF 제조자인 지방자치단체에게 시설설치에 따른 재정적 부담을 줄여주고, SRF 사용시설인 SRF열병합발전시설의 수익성을 높여주기 위해서이다. SRF 제조시설에 대한 정부 지원 폭은 2017년 수준(시설 설치비의 30~50%)[58]을 참조하면 되고, REC 가중치는 과거 가중치를 참고하여 0.25~0.5 범위에서 결정할 수 있다. 하지만 생활쓰레기를 모태로 생산한 SRF가 모두 재생에너지로 인정받는 성분은 아니다. 따라서 재생에너지의 함량을 결정하는 방법, 그 함량을 SRF 품질표시에 추가하는 방법 등은 추가 검토를 통해 정할 필요가 있다.

---

58 환경부, 폐기물처리시설 국고보조금 예산지원 및 통합업무처리지침, 2016.

수도권 신도시 SRF열병합발전시설 설치사업을 수도권매립지를 둘러싼 갈등해결을 위한 4자협의체의 합의사항에 포함한다. 이는 SRF열병합발전시설 시설설치를 위한 행정절차를 원활하게 추진하기 위해 필요하다. 여기서 4자협의체는 환경부장관, 서울시장, 인천시장, 경기도지사를 말한다. 2015년 4자협의체의 합의사항에는 친환경 매립(소각재 등 안정된 물질 매립)에 관한 조항이 포함되어 있으나 합의이후 이행되지 못했고 오히려 2015년보다 매립된 생활쓰레기 양이 늘었다. 현재의 수도권매립지를 연장하여 사용하든 새로운 수도권매립지를 확보하든 2015년처럼 4자협의체는 새로운 합의사항을 작성할 것이다. 이때 친환경매립과 관련하여 "수도권 3개 시도는 친환경매립의 이행을 위해 SRF열병합발전사업 등을 추진하며, 관련시설의 확보를 위해 상호 협력한다"는 조항을 추가하면 수도권 신도시 지역 SRF열병합발전시설 설치에 도움이 될 것이다.

1. 경제정의실천시민연합, 충남 내포신도시 SRF 보일러 설치에 대한 〈경실련〉 의견서, 2014.7.15.

2. 교육과학기술부·행정안전부·농림수산식품부·지식경제부·환경부·국토해양부·산림청, 저탄소에너지 생산·보급을 위한 폐자원 및 바이오매스 에너지대책 실행계획, 2009.

3. 권혁소, 광역행정의 협력적 거버넌스 형성과정 : 수도권매립지 사용연장 사례를 중심으로, 서울시립대 대학원, 2016.2.

4. 김정래·김상돈, 폐기물의 에너지 이용기술, 화학공업과 기술, 제10권 제6호, pp.454~465, 1992.

5. 박성복 외, 국내 고형연료화 기술개발 동향, 코네틱리포트 34호, 2015.1.

6. 산업통산자원부, 신재생에너지 공급의무화제도 관리 및 운영지침, 2012.1.1.시행

7. 산업통상자원부, 내포그린에너지의 SRF열병합발전소 공사계획 조건부 승인 및 연료전환 이행공고, 보도자료, 2018.6.1.

8. 서용칠·장하나·이은송, SRF발전소의 환경안전검증 평가사례 및 시사점, 2019.

9. 서울특별시, 2012~2021 서울시 폐기물처리 기본계획, 2012.

10. 서울특별시, 강남자원회수시설 가연성폐기물 선별시설 설치사업 기본 및 실시설계 보고서, 2017.12.

11. 서울특별시, 서울시 쓰레기 매립 후보지 타당성 조사 보고서, 1986.5.

12. 수도권매립지관리공사, 2007~2011 제2차 수도권매립지 종합환경관리계획, 2007.

13. 수도권매립지관리공사, 2019 수도권매립지관리공사 통계연감, 2020.7.

14. 유기영, 서울시 폐기물관리체계 A에서 Z까지, 서울연구원, 2014.

15. 유기영, 서울시 폐기물처리시설 장기과제 발굴, 서울연구원, 2016.

16. 윤균덕, SRF 발전소의 환경 안전성, 2017.3.

17. 윤여창, 고형연료 발전시설 관련 주민수용성 문제사례 분석, 에너지경제연구원, 2020.7.

18. 인천광역시, 수도권 폐기물관리 전략 및 대체매립지 조성 연구용역 보고서,

2019. 8.

19. 환경부, 2017 폐기물처리시설 국고보조금 예산지원 및 통합업무처리지침, 2016.

20. 환경부, 경제살리기와 기후변화대응을 위한 폐기물에너지화 종합대책, 2008.

21. 환경부, 고형연료제품 등급제 시행…발열량 등 4개 기준 평가, 보도자료, 2020. 5. 27.

22. 환경부·서울특별시·경기도·수도권매립지관리공사, 수도권 대체매립지 입지후보지 공모 실시, 보도자료, 2021. 1. 14.

23. 환경부·한국환경공단, 2019 전국 폐기물 발생 및 처리 현황, 2020.

24. 환경처·서울시·인천시·경기도, 김포지구 수도권 해안매립지 건설 및 운영사업에 관한 협정, 1989. 2. 2.

25. 3기 신도시, https://www.3기신도시.kr/

26. KOSIS, 지방자치단체 폐기물처리시설 현황_소각시설, https://kosis.kr/

27. 국토교통부, 신도시 개념 및 건설 현황, https://www.molit.go.kr/

28. 부산대학교, 소각 및 열분해, http://his.pusan.ac.kr

29. 서울특별시 자원회수시설, https://rrf.seoul.go.kr/

30. 수도권매립지관리공사, https://www.slc.or.kr/

31. 원주그린열병합발전소, https://www.komipo.co.kr/

32. ㈜부산이앤이, http://www.busanene.co.kr/

33. 포항이앤이그린에너지센터, http://www.pohangsrf.co.kr/

34. 한국에너지공단, 열병합발전시스템 설치에 따른 제도, http://www.kemco.or.kr/

35. 한국폐기물협회, 고형연료제품 제조·사용시설 목록 2019. 12 기준, http://www.kwaste.or.kr/

36. 한국환경공단, 굴뚝원격감시체계, https://www.keco.or.kr/

37. 東京都, Incineration of Combustible Waste, https://www.tokyokankyo.jp/

XI

재생에너지를 활용한
그린 집단에너지 기술

임용훈

숙명여자대학교

서론

1. 기후변화에 따른 그린 집단에너지 기술 필요성

온난화에 따른 전 지구적인 환경변화와 발생빈도 및 강도가 점차 증가하고 있는 재난, 재해 등 기후변화의 영향이 본격화되면서 지구 온난화에 대응하기 위한 국제적 노력이 가속화되고 있으며, 파리 '신 기후협약 협정'에 따른 국가별 온실가스 감축 의무이행으로 수출형, 에너지 다소비 업종 중심의 산업구조를 갖는 우리나라는 국가 온실가스 배출량 중 2/3를 차지하고 있는 발전·산업 부문에 대해 집중적인 규제가 적용되고 있다. 2014년 국가 배출권 할당계획(제1차 계획 기간)이 확정된 이후 벤치마크 계수(BM) 적용, 유상할당 도입 등 기후변화에 대응한 온실가스 감축 정책의 본격적인 이행에 돌입하고 있어 집단에너지 부문을 포함한 전통적인 에너지 다소비 업종 사업자들은 기후변화로 인한 새로운 에너지생태계 환경에 적응하기 위한 대안 마련에 고심하고 있다.

국내 집단에너지 사업은 1980년대 중반에 '저렴하고 품질 좋은 난방에너지 공급'이라는 사업 비전으로 비약적인 발전을 거듭, 2019년 기준 지역냉난방은 31개 사업자가 약 400만 세대에 열에너지를 공급 중이며, 산업단지 집단에너지 사업은 39개 사업자가 41개 사업장에서 약 870개 업체에 공정용 증기를 공급하고 있고, 전체 연료사용량은 16,065천 Toe로 국내 1차에너지 총 소비량(308.8백만toe)의 5.3%를 차지하고 있다.[1] 열병합발전 방식을 적용하고 있는 국내 집단에너지 사업은 국내 총 발전량(585,301천 MWh)의 약 9%에 해당하는 52,399천 MWh 규모의 전력생산을 감당하고 있어 사업 초창기 난방 공급 중심사업에서 점차 전력판매 중심으로 전환되는 추세이며 집단에너지 사업의 전체 사업성이 전력시장에서의 계통한계가격(SMP)의 변동 추이와 연동되는 경향을 보이는 등 분산에너지 사업자로서의 입지를 강화해 나가고 있다. 개별에너지공급(SHP; Separate Heat & Power) 방식 대비 20% 수준의 에너지절감 편익과, 40%대 환경개선 편익[2]으로 급격한 성장을 거듭해 온 국내 집단에너지 산업은 최근 정부가 추진 중인 탈석탄·탈원전 에너지전환 정책, 범정부 차원의 초미세먼지 문제해결을 위한 대기 환경 규제강화, 분산에너지 및 수소 경제 활성화 로드맵 수립 등 기후변화 대응형 친환경 에너지생태계로의 대전환 과정에서 향후 지속 가능한 사업성 확보를 위한 그린 집단에너지 사업으로의 전환이 요구되고 있어 안정적인 성장과 과감한 변화를 통한 혁신의 선택적 갈림길에서 고민 또한 깊어지고 있다. 파리 '신 기후협약' 이행에 따른 국내 부문별 온실가스 감축 목표 할당 과정에서 집단에너지 사업은 열병합발전 기술의 에너지절감 및 환경 편익 기여도를 인정받아 기후변화의 시대에 적합한 고효율 산업으로의 입지를 강화할 수 있을 것으로 기대하였으나, 화석연료 사용에 대한 사회적 수용성 악화와 전기·수소 자동차 보급 확대 등 예상을 훨씬 뛰어넘는 신재생에너지 보급확산 등 외부환경 변동성 급증으로 기대했던 만큼의 성과를 거두지 못하게 되면서 향후 전개될 탄소 중립을 지향하는 정책의 큰 흐름에 부합할 수 있는 집단에너지 산업의 방향성 설정에 큰 관심이 쏠리고 있다.

이러한 관점에서 국내 집단에너지 산업은 지구 온난화에 따른 난방 수요 급감, 냉방시장 확대, 온실가스 배출규제 강화, 분산에너지 활성화 추진 등의 주요한 대내·외 사업 환경변화에 적응하기 위한 대응전략 수립에 있어 이전과 다른 보다 과감하고 선제적인 전략 수립이 요구되고 있다. 대규모 신규 택지지구 개발 수요 감소와 별개로 지구 온난화에 따른 난방 수요의 급감 전망은 지역냉방 수요 확대에 어려움을 겪고 있는 지역냉난방 사업 관점에서 큰 부담으로 작용할 것이고, 따라서 우수한 성능(COP; Coefficient of Performance), IOT 기술과 접목한 체계적 관리 등 비약적인 발전을 거듭하고 있는 기존 전기냉방 기술과 경쟁하기 위한 열 구동 냉방(Heat Driven Cooling) 기술의 기술적 한계를 극복하기 위한 기술개발도 소홀히 할 수 없는 부분이다.

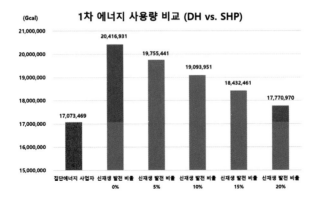

최근 연구결과[3]에 따르면 현행 열병합발전 기술 중심의 집단에너지 사업은 개별 에너지공급 방식 대비 에너지절감 및 환경개선 효과 측면에서 여전히 비교 우위를 차지하고 있으나, 지역난방 사업 기준, 10년 전 대비 에너지 절감 편익이 평균 약 7% 정도 감소한 것으로 분석[2], [4]되고 있고, 특히 향후 재생에너지 보급이 본격화될 경우, 국내 집단에너지 사업의 보급 명분이었던 효율성 편익이 크게 감소하여, 예를 들어 2030년 20% 재생에너지 보급 시, 에너지절감 편익이 현행 20% 수준에서, 수% 수준으로 급감, 재생에너지 및 온실가스 배출 감축을 위한 친환경 기술 적용 확대 등 자구책 마련에 소홀할 경우 자칫 기존 집단에너지 사업보급 논리의 명분을 상실하게 될 개연성이 높다. 이에 최근 일부 집단에너지 사업장을 중심으로 연료전지 열병합발전 설비 도입이 진행되고 있는 점은 매우 고무적이라 할 수 있다. 물론 현재 국내 관련 기술 인프라 수준에서, 연료전지 스택에 대한 국산화, 천연가스 개질을 통한 연료공급 방식에 대한 근본적인 개선이 필요한 측면은 있으나, 현재 추진 중인 수

소 경제 활성화 정책의 성공을 위해서는 정치형 발전 시스템의 보급 확대가 필수적이며, 분산발전 및 다중발전(Poly-generation) 기술의 적용이 용이한 집단에너지 사업이야말로 연료전지 기반의 정치형 발전 사업을 수행하기에 가장 적합한 산업이기 때문이다. 결론적으로 기후변화로 인해 급변하는 에너지 시장에서의 사업의 자생력을 높이고, 지속 가능한 사업 경쟁력을 확보하기 위해서는 기존 사업 방식에 연연하기보다는 큰 변화의 흐름에 순응하여 함께 변화할 수 있는 자세가 중요하며, 지금이 바로 급변하는 기후변화의 시대에 부합하는 새로운 성장 동력 확보를 위한 최적의 시기임을 인식하고 지속 가능한 그린 집단에너지 사업으로의 변신을 시작할 때이다.

본론

1. 그린 집단에너지 기술

앞서 살펴본 기후변화의 영향에 따른 국내 집단에너지 산업의 변화 필요성에 따른 그린 집단에너지 기술 보급에 있어 집단에너지 산업발전을 주도하고 있는 유럽(EU)의 경우 재생에너지 기반의 친환경 집단에너지 사업모델 활성화가 활발하게 진행되고 있다. 〈그림 2〉에서 보는 바와 같이 집단에너지 분야에 적용 가능한 주요한 온실가스 감축 기술은 크게 4가지 유형으로 분류할 수 있다.

〈그림 2〉 EU 집단에너지 부문 주요 온실가스 감축 기술 분류 [5]

EU 집단에너지 부문에서 현재 추진 중인 주요 온실가스 감축 기술 중 기존 열병합발전 시스템 적용에 따른 효율 개선(Energy efficiency district heating and cooling)기술과 태양광, 태양열, 지열, 바이오 연료 등을 이용한 재생에너지 기반 집단에너지(Renewable Heating and Cooling) 기술은 이미 기존 시장 및 산업에서 오래전부터 적용 중인 기술이 대부분으로 국가별 환경에 따라 적용 수준 및 향후 보급 잠재량에 있어 다소 차이가 날 수 있음에 유의하도록 한다. 대 도심 단위의 열 및 전력수요를 주 대상으로 하는 국내 지역냉난방 사업의 경우, 재생에너지 기술 도입에 필요한 대규모 부지확보가 어렵고, 가격 변동성 확보가 어려운 현행 전력시스템에서는 재생에너지를 직접 집단에너지 시스템에 도입하기는 쉽지 않으리라고 판단되며, 소규모 커뮤니티 단위에 적용하기 적합한 재생에너지 기반 4세대 집단에너지 기술 모델은 규모의 경제가 적용되는 국내 집단에너지 사업 환경에서 신규 수요 확보의 기여도는 매우 제한적일 것으로 전망되고 있다. 오히려 기후변화 대응과 지속 가능한 저탄소 친환경 에너지생태계 확보를 위한 최근의 정책 기조와 맞물려 향후 국내 집단에너지 산업 보급 잠재력이 큰 기술 분야로는 재생에너지 보급 확대에 따른 계통 안정성 확보와 연관된 P2H(Power to Heat) 기술과 수소 경제 활성화 로드맵, 그리고 온실가스 자원화 이용 기술과 연관된 P2G(Power to Gas) 기술 모델 등을 꼽을 수 있으며, 아울러 P2H, P2G 등 세부기술을 적용한 사업화 모델로 구역형 집단에너지 사업(CES; Community Energy Supply) 형태의 분산형 마이크로 집단에너지 기술이 큰 주목을 받을 것으로 전망된다. 해당 기술 및 사업모델에 대한 기술개요, 기술현황 및 보급 잠재력 등에 대해 아래 간략히 기술하도록 한다.

(1) 재생에너지 보급 확산에 따른 P2H형 집단에너지 기술

기존 열병합발전 중심의 고효율 기반 사업모델에서 재생에너지 중심의 친환경 집단에너지 사업으로의 전환을 적극적으로 진행하고 있는 EU에서는 〈그림 3〉에서 보는 바와 같이 석탄, LNG를 포함한 화석연료의 사용 비중은 최근 15년간 대폭 감소하고 있는 데 반해, 풍부한 삼림 자원을 활용한 바이오매스 연료화 중심의 온실가스 감축 노력이 두드러지고 있음을 알 수 있다. 2015년 이후에는 태양에너지를 이용한 집단에너지 모델이 덴마크 등을 중심으로 일부 보급이 이루어지고 있으며, 지열 등 재생 열원을 활용한 대용량 히트펌프 시장 또한 점차 비중이 확대되고 있음을 알 수 있다. 심지어는 대용량 전기보일러를 이용한 열 공급 비중도 점차 증가하고 있음을 볼 수 있는데 일반적으로 에너지의 효율적 사용 측면에서 난방 등 낮은 엑서지(Exergy)를 갖는 열 수요에 고 엑서지의 전기를 활용하는 것은 일반적으로 매우 비효율적인 방안으로 인식되나, 이러한 전력이 잉여 재생전력일 경우에는 그 판단 기준이 크게 바뀔 수 있다.

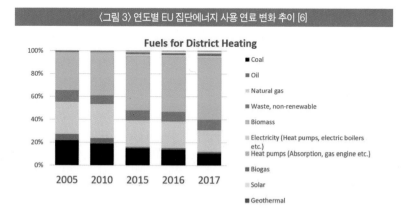

〈그림 3〉 연도별 EU 집단에너지 사용 연료 변화 추이 [6]

P2H 기술은 최근 재생에너지 보급 확대에 따른 재생발전 출력 제한 등의 현안 해결을 위한 대안으로 온실가스감축규제 강화에 따른 집단에너지 사업 부문의 향후 주요한 대안으로 큰 주목을 받고 있다. 단속적인 에너지 생산이 불가피한 재생에너지원의 특성상 전력계통에 흡수되지 못하는 잉여 재생전력을 이용한 히트펌프 기술, 전기보일러 등이 집단에너지에 적용 가능한 대표적인 P2H 기술이라 할 수 있는데, 발전 출력을 제한하는 대신 생산된 전기에너지를 열로 전환하여 생산 후, 축열조 등을 활용 이용함으로써 재생에너지 전력생산이 여의치 않은 시점에서의 전력수요를 줄일 수 있다는 시계열 부하 이동(load shifting) 개념이 적용된다. 태양광, 풍력 등 재생에너지 발전의 비중이 각각 50%, 30%를 이상을 달성하고 있는 덴마크, 독일 등에서 관련한 기술 보급이 가장 활발하게 추진 중이며, 이는 현재 국내에서 본격화되고 있는 재생에너지 보급 확대 정책과 맞물려 향후 필연적으로 발생하게 될 전력계통 안정성 문제해결 관점에서 향후 그린 집단에너지 신사업 모델로의 전환과 보급 확대를 위한 주요 수단으로 활용될 것임에 확실시 된다.

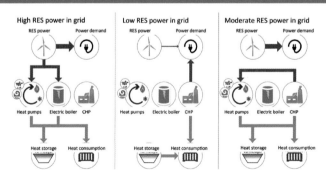

〈그림 4〉 재생에너지원 활용도에 따른 기술 분류 [7]

〈그림 4〉는 재생에너지원을 이용한 집단에너지 모델에서의 재생에너지원 활용도에 따른 집단에너지 기술분류를 나타내고 있는데, 일반적으로는 재생에너지를 이용한 전력체계와 열병합발전에 따른 전력 및 열 공급을 주요 생산품으로 하는 집단에너지 시스템은 상호 분리하여 운영되는 것이 일반적이나(가운데), P2H 기술과 연계한 집단에너지 기술은(좌측) 전력계통에서 처리 가능한 용량 이상의 재생전력 발생 시, 히트펌프, 전기보일러 등 기술을 적극 활용, 집단에너지 시스템의 장점이라 할 수 있는 대용량 열저장 기술을 적용, 대규모로 열에너지로 저장 후 필요할 때 효율적으로 활용할 수 있어 친환경 재생에너지 기술과 고효율 열병합발전 기술간 연계성이 강화된 좀 더 진보된 개념의 집단에너지 모델이라 할 수 있다.

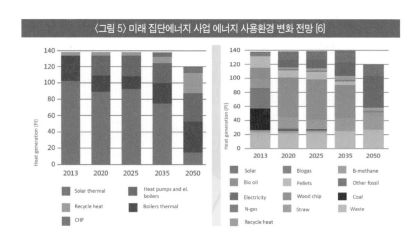

〈그림 5〉 미래 집단에너지 사업 에너지 사용환경 변화 전망 [6]

EU 국가별 산업화 수준 및 에너지사용 환경과 무관하게 전 지구적 기후변화에 따른 대응을 위해 기존 화석연료 중심에서 재생에너지 중심의 에너지산업 구조의 변이(Transition)는 불가피한 큰 흐름으로 인식되고 있고 덴마크, 스웨덴, 독일 등 신재생에너지를 기반으로 한 친환경 에너지체제로의 전환을 선도하고 있는 북유럽 국가들이 집단에너지 보급 또한 가장 앞서 있는 점 등을 고려할 때 이들 국가를 중심으로 한 P2H 기술의 보급 확대 추이는 국내 집단에너지 산업 관점에서 시사하는 바가 매우 크다.

〈그림 5〉에서 보는 바와 같이 기후변화에 따른 온실가스 감축 이행에 따라 독일, 덴마크를 포함한 유럽 국가별 재생에너지의 급격한 확산 계획이 수립되어 있고, 이에 따른 집단에너지 분야에서의 에너지원별 비중은 2020년 현재 대비 크게 변화할 것으로 전망되고 있다. 특히 현재 집단에너지 사업의 주요 열원이라 할 수 있는 열병합발전(CHP)의 비중이 2035년 이후 점차 줄어들어 2050년에는 전체 공급량에서 그 비중이 15% 수준으로 대폭 줄어드는 것을 볼 수 있는데, 이는 열병합발전의 고효율에 따른 여러 편익에도 불구하고 화석연료 사용에 따른 온실가스 배출이 허용되지 않는 방향으로 에너지 산업 구조가 재편될 것을 의미하고 있으며, 열병합발전이 담당했던 역할을 잉여 재생전력을 활용한 P2H 기술 등이 대체할 것으로 전망하고 있다. 또한, 사용 연료별 비중에 있어 친환경 그린 집단에너지 기술의 보급 확대로 인해 전통적인 화석연료, 특히 석탄의 사용 비중은 2030년을 기점으로 거의 미미한 수준으로 떨어질 것이며, P2H 기술 적용 확대에 따른 잉여 재생전력 사용 비중이 급격히 확대될 것임을 알 수 있다.

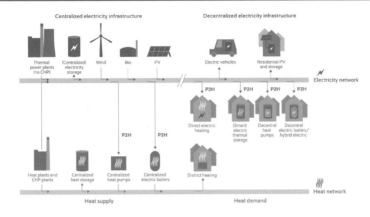

〈그림 6〉은 P2H 기술의 집단에너지 적용방안에 대한 개요도를 보여주고 있다. 앞서 기술한 바와 같이 단속적으로 생산되는 재생에너지원 활용성을 높이는데 필요한 대규모 열저장(Thermal ESS) 시스템 측면에서 P2H 기술의 집단에너지 활용성은 매우 적합한 것으로 평가되고 있으며, 향후 분산에너지 보급 활성화를 통해 크게 보급될 것으로 기대되는 마이크로 그리드 단위의 분산형 그린 집단에너지 모델로서 적용하기 유용한 기술로 평가되고 있다. 특히 잉여 재생전력 활용을 위한 히트펌프, 전기보일러 기술과 열저장 기반의 집단에너지 기술은 이미 시장에서 검증이 완료된 기술로써 당장 시장 적용이 가능하지만, 최근 수소 경제 활성화 측면에서 또 다른 주목을 끌고 있는 수소(Hydrogen) 기반의 온실가스 에너지 자원화·이용 기술인 P2G 기술은 이제 막 상용화 단계로 접어든 것으로 알려져 집단에너지 기술과 연계한 사업모델 보급 측면에서는 P2G 기술보다는 P2H 기술 보급이 더 선행적으로 이루어질 것으로 예측된다.

전기보일러 기술은 에너지의 질적 이용 측면(엑서지)에서 볼 때

지양되어야 할 비효율적 에너지 이용 방식이지만 재생에너지 보급 확대에 따른 재생발전 출력 제한 등 특수한 상황에서는 버려지는 재생에너지의 활용 측면에서 향후 P2H 방식의 집단에너지 기술에 접목 가능한 대안으로 새롭게 주목받고 있다. 즉, 단속적 에너지 생산이 불가피한 재생에너지 보급 확대에 따른 특수한 상황에서 대규모 열저장이 가능한 집단에너지 기술과 접목하여 전력계통 변동성 대응에 매우 효율적인 적정기술이라 할 수 있다.

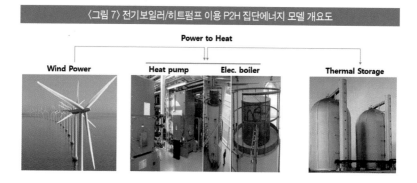

〈그림 7〉 전기보일러/히트펌프 이용 P2H 집단에너지 모델 개요도

Power to Heat

Wind Power   Heat pump   Elec. boiler   Thermal Storage

① Power to Heat 집단에너지 기술현황

가) 재생전력 이용 대용량 히트펌프 기술

집단에너지 부문에서 재생에너지 보급이 활발하게 전개되고 있는 EU에서는 독일, 덴마크를 중심으로 전력계통 불안정성 완화를 위한 수단으로 P2H 개념을 적용한 대용량 히트펌프 기반의 집단에너지 모델 보급이 본격화되고 있다. 히트펌프를 이용한 건물 난방은 이미 일반적으로 널리 적용되고는 있으나 집단에너지와 경쟁 관계에 있는 개별 건물 단위의 개별에너지공급 방식이 주를 이루고 있

다. 개별 건물 단위 히트펌프 기술은 히트펌프의 성능(COP)에 영향을 미치게 되는 증발기 열원의 종류에 따라 공기열, 지열, 수열원 히트펌프 기술로 분류할 수 있는데 재생 열원으로써 안정적인 열 공급이 가능한 지열을 활용하는 것이 선호되고 있으나 도심에 적용하기에는 규모에 맞는 충분한 천공 부지확보 등의 문제가 보급 확대에 큰 걸림돌로 작용하고 있다. 최근 하천수 등 수열원이 재생 열원으로 인정받을 수 있는 길이 열리면서 수열원 기반 히트펌프 기술의 보급 확대가 기대되는 가운데 지역난방 회수 열 및 원수 열을 이용한 집단에너지 규모의 대용량 히트펌프 기술의 잠재적 수요는 크게 증가할 수 있을 것이다.

〈그림 8〉은 유럽지역 대용량 히트펌프를 적용한 집단에너지 적용사례와 적용사례별 운전특성을 보여주고 있는데, 최적 성능(COP) 확보를 위한 일반적인 히트펌프의 특성으로 주로 55~60℃ 영역에서 운전하는 경우가 대부분이며, 효율 저하를 감수하고서라도 공급 목적에 따라 최대 90℃까지 적용된 사례도 있는 것을 알 수 있다. 유럽의 경우 국내와 같이 대규모 수요처를 대상으로 하기보다는 최근 4세대 지역난방을 중심으로 한 소규모 커뮤니티 단위의 집단에너지 사업보급이 점차 확대되는 추세여서 국내 집단에너지 사업 환경과는 다소 차이가 있음에 유의할 필요가 있다. 국내 지역냉난방 사업 환경을 고려할 때, 기존 대규모 열 네트워크의 열원의 형태로 적용되기 보다는 마이크로 그리드 단위의 중·소규모, 커뮤니티를 대상으로 한 새로운 수요 확대가 이루어지면서 기존 지역난방 시스템 기준, 2차측(수요처)에 연계, 설치되는 사업모델이 현실적인 대안으로 고려될 수 있을 것이다. 산업단지 집단에너지 사업의 경우에도 스

팀 기반의 산업 공정열(>110 ℃) 생산을 주목적으로 하므로 일반적인 대용량 히트펌프 기술을 산업단지 집단에너지 사업에 적용하기 위해서는 다음에 소개할 증기 재압축 기술(MVR; Mechanical Vapor Recompression) 등 좀 더 새로운 개념의 기술 도입이 필요하다.

〈그림 8〉 집단에너지 대용량 히트펌프 적용사례 및 운전특성(가로축:열원 온도, 세로축:운전온도 범위) [9]

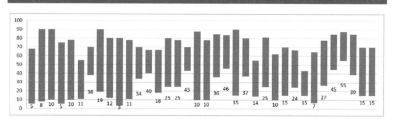

그럼에도 불구하고 〈그림 9〉에서 보는 바와 같이 향후 재생에너지 보급에 따른 잉여 재생전력 문제해결을 위한 집단에너지 사업을 활용한 다양한 형태의 대용량 히트펌프 보급은 급격히 증가할 것으로 전망되고 있음에 주목할 필요가 있다.

〈그림 9〉 집단에너지 대용량 히트펌프 보급 전망 in 2050 [9]

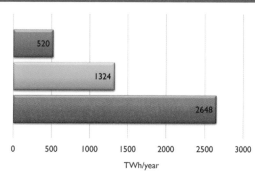

② 증기 재압축 이용 기술

증기 재압축(MVR; Mechanical Vapor Re-compression)기술이란, 활용가치가 낮은 저압의 증기를 기계적 압축을 통해 활용가치가 높은 고압의 증기로 재생산하는 기술을 지칭한다.

〈그림 10〉 증기 재압축 이용 기술개요 [10]

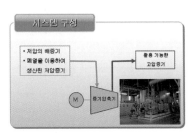

증기 재압축 기술은 높은 효율성(COP)과 고압의 증기 생산이 용이한 산업현장 적용성으로 인해 산업단지에서의 보급 잠재력이 매우 우수한 기술로 알려져 왔으나 엑서지 관점에서 저급한 열 에너지의 고품위화를 위해 고엑서지를 갖는 전력을 사용해야 한다는 점이 보급에 큰 장애요인으로 작용해왔다. 그러나 앞서 언급한 바와 같이 P2H 기술은 재생에너지 보급 확대에 따라 필연적으로 발생하는 전력계통 불안정성 해소 차원에서 재생발전 시스템의 출력을 제한하는 대신 잉여의 재생전력을 활용한다는 점에서 기존 엑서지(Exergy) 관점에서의 전력사용의 거부감을 해소할 수 있으며, 산업단지에서 다량으로 발생하는 폐열을 온실가스 배출 없이 고품위화하여 활용할 수 있다는 점에서 산업단지 집단에너지 사업의 온실가스 감축을 위한 주요 감축 수단으로 큰 보급 잠재력을 가지는 것으로 평가된

다. 온수를 기반으로 하는 지역냉난방 사업 관점에서도 온난화에 따른 냉방수요 급증에 대응하기 위한 고온의 열원을 이용한 열 구동 냉방, 커뮤니티 단위의 마이크로 에너지 그리드 신규 모델과 접목한 새로운 형태의 적용 모델 개발과 활용이 가능할 것으로 기대되므로 앞서 살펴본 대용량 히트펌프 기술과 더불어 향후 잉여 재생전력을 활용한 대표적인 P2H형 집단에너지 기술로 주목된다.

〈그림 11〉은 산업공정에서 열 저장조와 연계한 MVR 기술 적용 사례를 보여주고 있는데, 공정의 특성상 연속반응 방식이 아닌 비연속 방식의 간헐 운전조건에서 발생하는 공정 열을 축열조에 저장 후, MVR 기술로 고품위화하여 고온 스팀이 필요한 공정에 열을 공급하여 큰 운전 편익 확보가 가능한 것으로 알려져 있다.

〈그림 11〉 MVR 기술 적용사례(비연속 공정) [11]

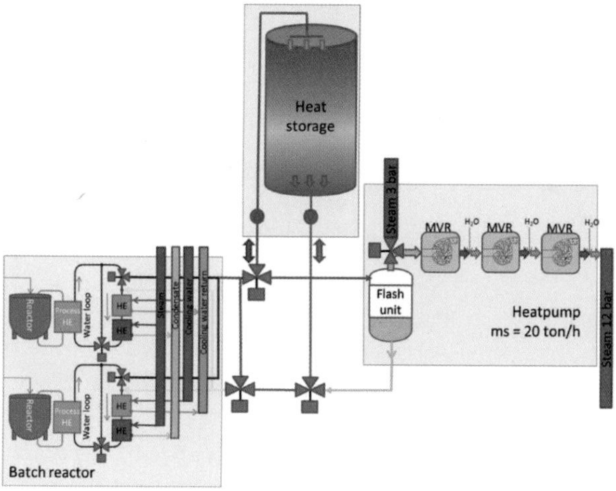

〈그림 12〉는 화학 공정 반응에 MVR 기술 적용을 통해 달성한 에

너지비용 절감 사례를 보여주고 있는데, MVR 설비용량은 약 15MW
이며, 현재 산업현장에서는 일반적으로 대략 5~50MW 용량의 시
스템들이 적용되고 있는 것으로 알려져 있다. 일반적으로 MVR 기
술 적용에 적합한 조건은 설비 효율성을 감안, 200℃ 이하가 적합한
것으로 알려져 있고, 적용 규모 및 운전조건에 따라 다소 차이가 있
으나 MVR 적용 이전 방식 대비 수십%대의 높은 에너지비용 절감
이 가능한 것으로 조사되고 있다. 〈표 1〉은 실제 산업공정에 적용한
MVR 사례에 대한 시스템 및 운전특성을 보여주고 있는데, 에너지
절감 효과가 우수하여 단기간에 투자비 회수가 가능함을 알 수 있
다. P2H 기술 및 사업모델 적용의 전제조건이 계통을 통해 흡수가
어려운 재생전력을 활용하는 것이므로 기존 사례에서의 물리적 에
너지절감 효과뿐 아니라 잉여 재생전력 활용에 따른 여러 지원정책
을 기대해 볼 수 있으므로 향후 수익성 확보가 가능한 차세대 그린
집단에너지 모델 수립에 매우 적합한 기술이라 할 수 있다.

〈그림 12〉 MVR 기술 산업공정 적용사례

(a) MVR 적용 현장 전경
(AKV Langholt, Denmark, 13MW)

(b) MVR 적용에 따른 에너지비용절감 비
교[12]

	단위	Case 1	Case 2
Steam flow	ton/hr	50	10
Input steam pressure	bar	4.5	2.5
Output steam pressure	bar	13	10
Compressor power	MW	4.4	1.1
COP	-	9.8	7.9
Running hours	hr/yr	8000	6000
Reference energy costs	천€/yr	7600	330
Energy costs MVR	천€/yr	1760	810
Cost reduction	천€/yr	5840	2090
Simple Payback	yr	1	2.6

(2) 온실가스 감축을 위한 P2G형 집단에너지 기술

온실가스 감축을 위한 잉여 재생전력 기반 에너지이용 기술인 P2X 기술로는 앞서 살펴본 P2H 기술과 더불어, 수소와 이산화탄소의 반응을 통해 메탄(CH_4)을 생산하여 연료의 형태로 수소를 저장·활용하는 개념의 P2G 기술이 큰 주목을 받고 있다. 즉, P2G 기술은 기후변화의 주요 원인인 이산화탄소(CO_2)와 재생전력을 전기분해(Electrolysis)하여 생산 가능한 수소를 반응시켜 화석연료원 중 하나인 메탄(CH_4)으로 전환·활용하는 자원순환 개념의 신기술이라 할 수 있다. 특히 전통적으로 대규모 열저장과 열 네트워크를 기반으로 하는 집단에너지 사업의 특성을 고려하여 수전해, 메탄화 과정에서 발생하는 열 에너지를 회수·활용하고, P2G 반응을 통해 생산된 생성물인 메탄(CH_4)을 열병합발전 시스템의 연료로 활용할 수 있어 기술 간 융합에 따른 기술적 적합성이 우수하므로 재생에너지 보급 확대에 따른 전력계통 안정성 확보와 수소 기반 친환경 에너지생태계 조성을 위한 기술적 대안으로 급부상하고 있다. 〈그림 13〉은 재생전력으로부터 전기분해 과정을 거쳐 이산화탄소와의 메탄화 반응을 통해 최종 메탄(CH_4)으로 전환되는 P2G 기술의 반응 단계별 효율을 나타내고 있는데 전기적 관점에 국한했을 경우, 재생에너지 단계를 100으로 보았을 때, 최종 전환효율은 대략 55% 수준임을 알 수 있다.

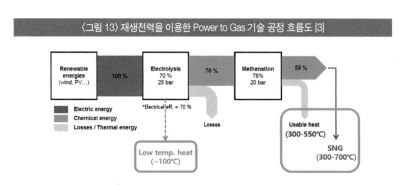

〈그림 13〉 재생전력을 이용한 Power to Gas 기술 공정 흐름도 [3]

일반적으로 전력을 전기분해하는 과정에서 평균 70%, 최대 80%의 효율을 달성할 수 있는 것으로 알려져 있으나 현재 기술 수준으로는 이 과정에서 25% 내외의 에너지 손실은 불가피하며 이때 100℃ 미만의 폐열이 발생하게 된다. 메탄화 과정에서도 반응 종류에 따라 생물학적 메탄화 반응은 20~70℃, 열화학적 메탄화 반응의 경우는 300~550℃의 급격한 발열 반응이 일어나게 도는데 잉여 재생발전 전력을 연료의 형태로 저장·이용할 수 있는 P2G 기술은 전력 관점에 국한했을 경우 55~60% 내외의 낮은 전환효율로 인해 가격 경쟁력 확보가 어려워 그동안 상용화의 큰 걸림돌로 작용해왔다. 그러나 전기분해 및 메탄화 과정에서 발생하는 광범위한 온도의 반응열(20~550℃)을 활용할 수 있는 기술적 특징을 이용, 반응열(폐열)

회수를 통한 열병합 개념을 도입할 경우 전체 종합에너지이용 효율 개선에 따른 가격 경쟁력 확보가 가능해져 집단에너지 기술과 접목할 경우 사업화에 따른 시장 경쟁력 확보가 가능할 것으로 기대되는 기술이다. P2G 기술의 메탄화 프로세스, 즉 열화학적, 생물학적 메탄화 기술에 대한 특성을 정리하면 〈표 2〉와 같다.

앞서 언급한 P2H 기술과 비교했을 때, P2H 기술은 잉여의 재생전력의 열적 전환 활용에 방점을 두고 있다면, P2G 기술은 잉여의 재생전력을 전기분해하여 수소를 얻고, 온실가스의 주요 원인인 이산화탄소와의 반응을 통해 집단에너지 열병합발전 설비 가동을 위한 연료인 메탄(CH4)을 생산할 수 있으므로, 이산화탄소를 자원으로 활용한 연료화 저장·이용(ESS)의 개념이 적용되고 있어 단순 에너지 전환·이용 개념의 P2H 기술에 비해 사업 운영상의 확장성이 더 클 것으로 기대되고 있다.

〈표 2〉 메탄화 과정 종류에 따른 운전특성 비교

구분	열화학적(촉매사용)	생물학적(미생물사용)
기술수준	상용	50
압력(bar)	1-100	4.5
에너지효율(%)	80	13
운전온도(℃)	300-550	4.4
GHSV(1/h)	2,000-5,000	9.8
장점	- 1-10MW급 규모(대용량) - 열활용성 높음	- 단순한 구조 - 비용·절감 가능 - 소용량에서 경쟁성 확보 가능

단점	- 간헐적 운영에 대한 유연성 적음 - 열제어 필요(강한 발열반응)	- 열활용성 낮음 - pH제어 필요 - 가스상, 액상반응에서의 물질전 달 제한	
건설비(Reactor)	- 200만원kW$_{HHV-SNG}$(5MWW$_{HHV-SNG}$) - 100만원kW$_{HHV-SNG}$(2050년)	-	
수명(h)	25,000	-	

〈그림 14〉 지역난방 연계형 열화학적 메탄화 Power to Gas 적용 모델 개요도 [3]

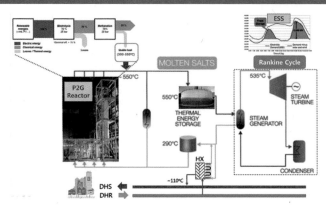

〈그림 14〉는 고온 폐열 생산이 가능한 열화학적 메탄화 반응을 이용한 지역난방 연계형 P2G 모델 개요를 보여주고 있다. 현행 지역 냉난방 사업의 경우 생산 전력을 직접 판매할 수 없고 전력계통으로 역송만이 허용되어, 전력의 계통한계 가격(SMP) 체계로 보상을 받는 구조이다. 특히 계절 간 열부하 변동, 전력수요 관리에 따른 급전 가동, 기후 온난화로 인한 냉방부하 급증 및 냉방사업 확대에 따른 하절기 열병합발전 가동율 증가 등 열원 설비 가동 확대에 따른 다양한 운전모드 적용으로 낮은 계통한계 가격임에도 불구하고 전력을 불가피하게 생산, 판매해야 하는 경우가 발생할 수 있다. 〈그림 14〉

에서 보듯이 열화학적 메탄화 방식의 P2G 기술 적용에 따라 확보 가능한 최대 550℃의 고온 반응열을 이용할 수 있는 열저장 기술(용융염(Molten salt) 등) 적용시, 고온의 열 에너지를 엑서지 손실을 최소화하여 저장 후 적정 전력가격에 즉각적인 스팀생산을 통한 추가 발전이 가능해짐에 따라 향후 신재생에너지발전 보급 확대에 따른 계통 불안정성으로 인해 변동성이 더욱 커지게 될 전력시장 환경에서 현행 방식 대비 높은 전력수익 창출을 기대할 수 있다.

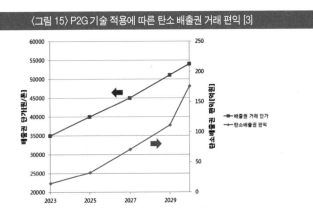

〈그림 15〉 P2G 기술 적용에 따른 탄소 배출권 거래 편익 [3]

P2G 연계형 지역냉난방 사업모델의 추가적인 편익은 상기한 열 저장 기반 전력판매 편익과 더불어 열 활용 측면에서도 고려해 볼 수 있다. 특히 스팀터빈 발전 이후 회수되는 열매체 온도가 여전히 260~290℃ 이상의 고온을 유지할 수 있으므로 기존의 고온(<120℃) 열 네트워크로의 Cascade 방식 열 공급 활용이 가능하므로 기존 수축열조를 이용한 축열의 기능을 유지할 수 있으며, 또한 흡수식 등 열 구동 냉방(Heat Driven Cooling)기술 적용에 필요한 130~150℃ 이상

의 열 에너지 활용 또한 가능해 온난화 심화로 향후 급격히 증가할 것으로 예측되는 지역냉방 공급에도 능동적으로 대처할 수 있는 장점이 있다. 게다가 기후변화로 인한 집단에너지 사업의 온실가스 배출규제 대응 측면에서도 기존 열병합발전 설비 가동에 따라 배출되는 배기가스 중 이산화탄소를 회수, P2G 반응에 활용함으로써 온실가스 배출 감축에 대한 직접적인 편익의 추구가 가능할 것으로 기대된다. 향후 배출권 거래제도에 대한 변동성을 고려할 때 배출권 거래 단가에 따라 다소간 차이가 발생할 수 있으나 실제 사업장 탄소 배출량 통계자료를 이용, 고온 열 공급 기반 P2G 연계형 집단에너지 사업모델 적용에 따른 온실가스 배출권 거래 편익분석 결과를 〈그림 15〉에 나타내었다.

〈그림 16〉 Power to Gas 기술 실증 현황 (독일, 덴마크) [3]

Energie Park Mainz, Germany

BioCat, Denmark

Ineratec, Germany

Test Center Foulum, Germany

P2G 기술은 재생에너지 보급률이 각각 30%, 50% 이상을 상회하는 독일, 덴마크를 중심으로 상용화 단계의 개발이 진행되고 있는

데, 이는 재생에너지 변동성에 따른 전력계통 안정화 문제는 재생에너지 보급 확대에 필연적으로 해결해 나가야 하는 핵심 사안임을 반증하고 있다고 보아야 할 것이다. P2G 기술개발을 주도하고 있는 이들 국가에서는 바이오메탄화, 열화학적 메탄화 기술 모두 상용화에 근접한 개발 단계에 접어든 것으로 조사되고 있다.[3] 일례로 수 MW 용량의 바이오 메탄화 기술 상용화 실증을 완료한 Biocat(덴마크)사에서는 수십 MW급 용량 플랜트 건설을 통한 상용화 보급을 추진 중인 것으로 알려지고 있다. 국내의 경우도 최근 풍력발전 출력 제한 횟수가 급증하고 있는 제주도 사례를 참고해 볼 때, 재생에너지 보급 확대에 따른 계통 변동성 문제해결을 위한 근본적인 고민을 시작해야 할 시점이며, 잉여 재생전력을 이용한 다양한 기술적 대안 수립 측면에서 집단에너지 사업모델과 연계한 P2G형 그린 집단에너지 모델 개발을 적극 검토해 볼 필요가 있다.

(3) 재생에너지 기반 분산형 마이크로 집단에너지 기술

최근 수립된 3차 에너지기본계획에서는 화석연료 중심의 에너지다소비 산업구조에서 분산에너지 중심의 친환경 에너지생태계로의 전환을 통해 지속가능한 성장동력 확보를 주요 목표로 하고 있으며 분산에너지 활성화 로드맵 수립을 통해 국내 에너지 총 사용량의 2/3를 차지하고 있는 발전부문에 대한 대대적인 체질 개선에 나설 것으로 전망되고 있어 집단에너지 분야에도 적지 않은 파급효과가 미칠 것으로 전망된다. 또한, 연료전지 등 분산형 전원확대 및 전력 프로슈머 사업 활성화 등 대도심 단위의 지능형 마이크로 그리드 기술에 대한 수요 급증으로 분산형 마이크로 그리드 시장의 급격한 성장세가 예상된다. 2021년 기준 세계 마이크로 그리드 시장규모는 약 670억 달러에 달하고 최근 3년간 연평균 성장률이 약 22%에 달하는 등 기후변화 대응을 위한 재생에너지 보급 확대의 영향으로 인한 성장세는 당분간 지속될 것으로 예측된다. 국내에서도 2030년 에너지신산업 확산전략 수립 등을 통해 스마트 마이크로 그리드 활성화 방안을 지속적으로 추진해오고 있으나 전력 중심의 스마트 그리드 모델은 한전 중심의 독점적 전력시장 구조로 인해 성장에 한계가 있고, 따라서 기존 전력 중심의 마이크로 그리드 개념에서 탈피하여 열 및 가스 에너지 공급을 포함하는 포괄적 개념에서의 분산형 마이크로 집단에너지사업 모델을 수립, 보급할 필요성이 대두된다.

〈그림 17〉 중앙집중형 vs. 분산형 에너지공급 시스템 비교 [14]

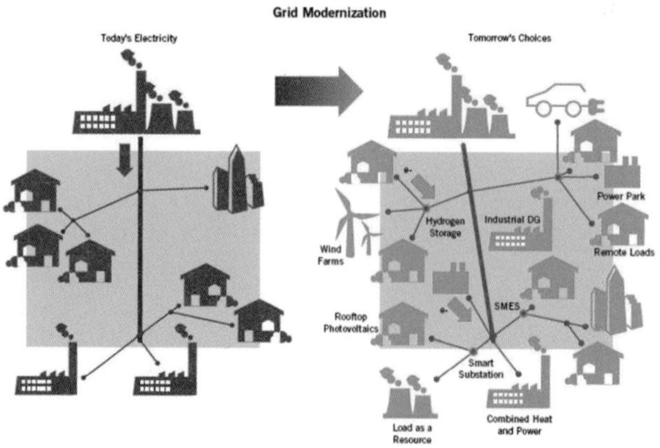

이러한 발상 전환에는 최근의 기술 산업적 흐름, 특히 모빌리티(Mobility) 분야에서 촉발되고 있는 전기 및 수소자동차 중심의 자동

차 산업구조 재편에 따라 분산에너지 산업 활성화에 있어서도 자가형 열병합이나 초소형 열병합발전시스템, 소형 태양광, 풍력 발전 등 고전적인 정치형 기술에 더하여 전기, 수소 자동차 기술과 분산형 에너지기술이 융합된 종합 에너지 그리드 개념으로의 확장을 포함한다. 향후 온실가스 감축 목표 이행 및 '그린뉴딜' 등 재생에너지 중심의 국내 에너지전환 정책의 방향성과 독일, 덴마크 등 친환경 재생에너지 보급을 선도하고 있는 해외 선진국들의 사례에 비추어 볼 때 재생에너지 비중 확대에 따른 안정적인 전력망 관리 차원에서도 전기자동차의 보급 확대, 더 나아가 연료전지를 기반으로 한 수소자동차 기술과 연계한 종합 에너지그리드 개념의 분산형 발전 및 에너지저장·이용 모델의 수립은 4차산업혁명과 신재생에너지 중심의 미래 에너지생태계에 적응 가능한 신속한 체질 개선과 관련한 신시장 창출, 그리고 국가적 차원의 친환경 에너지생태계 전환 정책에도 큰 기여를 할 수 있을 것으로 기대되고 있다. 특히 앞서 살펴본 재생에너지 보급 확대에 따른 전력계통 안정성 확보를 위한 P2H 기술, 재생에너지 전기분해를 통해 생산되는 그린 수소의 효율적인 저장·이용이 가능한 P2G 기술과 전기자동차를 매개로 한 에너지 프로슈머 기반의 양방향 전력거래 플랫폼인 V2G(Vehicle to Grid) 기술 등의 연결을 통한 신개념의 그린 집단에너지 모델 수립이 가능해질 전망이다. 이를 달성하기 위해서는 기존 대규모 열병합발전 설비 기반의 전통적인 사업모델에서 지역 내 수요 전력을 직접 공급할 수 있는 구역전기사업(CES;Community Energy Supply) 모델과 기존 집단에너지 열 네트워크와 연계 운영이 가능한 마이크로 그리드 단위로 신규 열 수요 모델을 발굴하는 것이 필요하며, 특히 지역에서 에너지를 스스로 생산하고, 소비하고, 거래하는 에너지프로슈머 플랫폼을 기반으로 재생에너지 거래, 복합에너지저장(ESS) 기반 전기 및 수소차 수요관리, 가상(Virtual)발전소 등 IOT 기술을 융합한 지역 종합 에너지 수요관리 사업자로의 혁신적인 전환을 고려해볼 필요가 있다.

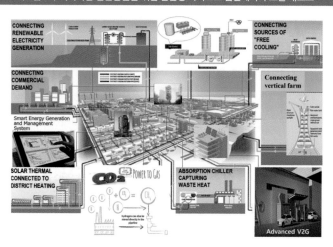

〈그림 18〉 지역기반 분산발전을 위한 분산형 마이크로 집단에너지 모델 개요도

산업단지 집단에너지 사업 관점에서도, 기존 공정 증기 기반의 열 공급 사업자로서의 특성을 반영하여, 스팀 기반의 열 네트워크 모델을 수립하는 것이 바람직하며, 스팀 열 네트워크 사업모델의 적용은 기존 열병합발전 설비 및 수요처에서 발생하는 폐열 에너지를 효율적으로 재활용할 기회를 제공해줌으로써 에너지이용 효율 재고와 온실가스 감축의 성과를 동시에 달성할 수 있을 것으로 보인다. 현재 산업단지 집단에너지 사업은 주로 집단에너지 고시지역 내 산업체의 공정 열 수요를 대상으로 한 다소 한정된 열 공급 사업의 형

태이므로 기존 단지 내 공장 등 공정열 수요처뿐 아니라 사업장 인근의 주거·상업용 건물, 스마트팜 등 대규모 신규 열 수요 발굴과, 수요처별 열수요 조건에 맞는 다양한 온도대별 열 공급 서비스 개발을 통해 지역냉난방 사업과 마찬가지로 분산형 구역전기사업(CES; Community Energy Supply) 형태의 지역 에너지공급 사업모델로의 전환을 적극 고려해볼 필요가 있을 것이다. 특히 국가적 차원의 온실가스 감축 규제강화에 따라 현재 대부분의 산업단지 집단에너지 사업자들이 고려하고 있는 LNG로의 연료전환의 경우 기존 스팀발전방식에서 복합발전방식 적용에 따라 현행 열 수요를 훨씬 넘어서는 열 생산 능력을 갖추게 되므로 기존 산업단지 내 제한적 열 수요처 이외에 인근 신규 열 수요를 적극 개발, 다양한 열 공급 사업에 기반한 사업 다각화 추진이 더욱 필요하다.

〈그림 19〉 산업단지 스팀 열 네트워크 사업모델 개념

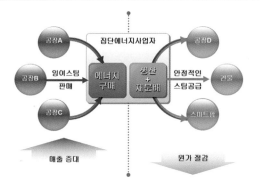

〈그림 20〉 산업단지 스팀 열 네트워크 사업모델 개요도

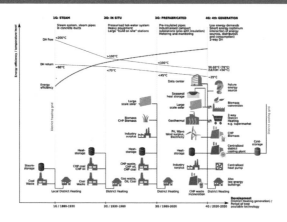

〈그림 21〉 열 네트워크 운전온도에 따른 집단에너지 모델 변천 [6]

　〈그림 21〉에서 보는 바와 같이 집단에너지 산업 초창기에는 200℃ 내외의 열 공급 온도를 갖는 스팀 열 네트워크를 이용한 열 공급 모델이 일반적으로 적용되었으며, 열 이송에 따른 손실 저감 차원에서 온수 기반의 2세대, 3세대 집단에너지 공급 모델을 거쳐 재생에너지 열원 활용성이 고려된 저온 열 공급 기반의 4세대 집단에너지 모델로 진화해오고 있다. 그러나 재생에너지 보급 확대로 인해 촉발

되고 있는 발전 출력 제한 등, 대규모 잉여 재생전력의 활용 측면에서 볼 때, 현행 4세대 저온 열공급 모델은 열 수요 밀도가 낮아 대량으로 발생하는 잉여 재생전력을 흡수하는데 한계가 있으므로 오히려 현행의 열 공급 온도의 저온화 추세에 따르기보다는 중·고온(<200℃) 영역의 열 활용이 가능한 MVR을 이용한 P2H 기술이나, 고온(300℃~550℃) 영역의 열 활용이 가능한 P2G 기술적 특성을 고려한, 고온 열 공급 기반의 분산형 마이크로 집단에너지 모델 개발로 재생에너지 활용성을 극대화할 수 있는 전략 수립을 고려해볼 필요가 있다.

2. 그린 집단에너지 기술 보급 전망

기후변화에 따른 온실가스 감축 목표달성을 위해 EU에서 추진하고 있는 집단에너지 부문의 최근 기술 동향을 정리하면 〈그림 22〉와 같다.

〈그림 22〉 EU 집단에너지 기후변화 대응 기술 트랜드 [15]

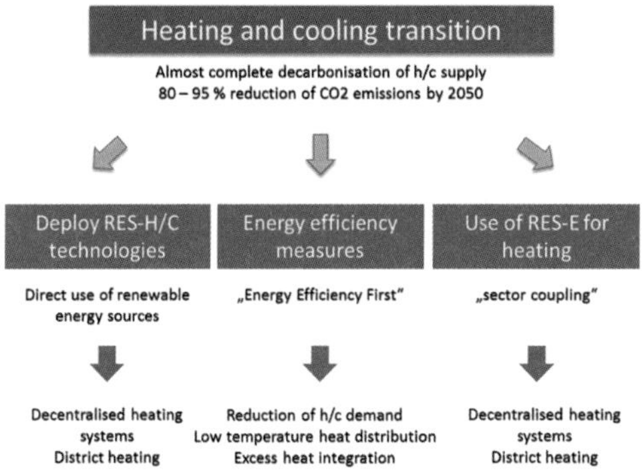

EU에서는 2050년까지 냉난방 수요·공급의 탈 탄소화를 목표로 BAU 대비 최대 95% CO_2 감축 달성을 위한 세부기술 분야로 ① 에너지 효율화, ② 재생에너지 열 이용, ③ 재생에너지 기반 탈 탄소화 기술을 선정하였으며, 이중 에너지 효율화는 현행 열병합발전 기반의 집단에너지 기술을 근간으로 열수요 저감(단열 등), 설비효율 개선, 폐열 활용, 저온 열 공급(4세대 지역냉난방) 시스템 등 분야에서 에너지이용 효율을 좀 더 개선하고자 하는 것을 주요 골자로 하고 있다. 반면 재생에너지 열 이용은 지열, 태양열, 바이오매스 보일러 등 재생에너지원을 열로 직접 전환하여 기존 집단에너지 열 공급에 활용하는 방식이며, 재생에너지 기반 탈 탄소화 기술은 재생에너지원 등을 열로 직접 전환하지 않고 탄소 저감을 위한 신기술 적용을 통해 궁극적인 탈 탄소화를 달성할 수 있는 기술을 적용하는 것으로, 대표적인 기술로는 앞서 살펴 본 P2G, P2H 기술 등을 꼽을 수 있다. 주목할 만한 점은 재생에너지원을 이용한 집단에너지 탈 탄소화 기술은 전통적인 중앙집중형 모델이 아닌 마이크로 그리드 등 분산형 모델에 기반한 보급을 전제로 하고 있다는 점이며, 이는 우리 정부의 분산에너지 활성화 로드맵의 "지역주도의 분산에너지 시스템 구축" 전략과도 일맥상통한다.

〈그림 23〉은 EU에서 수립한 Heat Roadmap Europe의 Baseline 시점(2015)과 최종 목표달성 시점(2050년)에서 목표로 하는 집단에너지 에너지공급 시나리오에 대한 비교를 보여주고 있다.

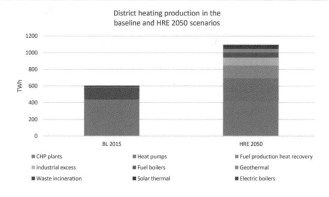

〈그림 23〉 EU 집단에너지 열 공급 시나리오 [16]

2015년 기준, EU의 집단에너지는 열병합발전(CHP) 설비 중심의 열 공급이 이루어지고 있는 것을 알 수 있으며, 재생에너지원인 태양열, 히트펌프 기술이 일부 적용되기 시작하는 경향을 보여주고 있는데, 대부분 화석연료에 기반한 에너지효율 모델이 집단에너지 열원의 중심을 이루고 있다.

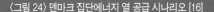

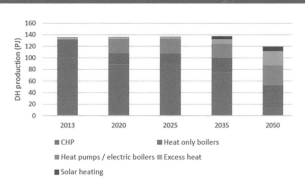

〈그림 24〉 덴마크 집단에너지 열 공급 시나리오 [16]

이에 반해 2050년에는 전체 열 공급 규모도 크게 증가하지만, 세부 열원 구성 측면에서 현행의 열병합발전 모델로부터 재생에너지를 이용한 히트펌프(P2H), P2G 과정에서의 생산열 이용(Fuel production heat recovery), 산업공정 잉여배열, 지열, 그리고 전기보일러 등 앞서 언급한 재생에너지원 기반의 신규 열 공급 기술로의 전환이 두드러짐을 볼 수 있다. 집단에너지 분야에서 유럽의 탈 탄소화를 주도하고 있는 덴마크의 경우 풍력 중심의 재생에너지 보급확산으로 (2020년 현재 전체 전력수요 공급 능력의 50% 초과), 전력계통 변동성에 대한 해결방안의 하나로 집단에너지 기술을 적극 활용하고 있다. 〈그림 24〉에서 보는 바와 같이 2020년 현재 65% 내외를 차지하고 있는 열병합발전 비중이 2050년에는 대폭 감소하여 10% 수준을 차지할 것으로 예측하고 있는데, 열병합발전이 차지했던 열 공급 분야를 산업 폐열을 포함한 잉여배열, 재생에너지를 이용한 P2H 개념의 히트펌프, 전기보일러 기술이 대체할 것으로 전망하고 있음에 유의할 필요가 있다.

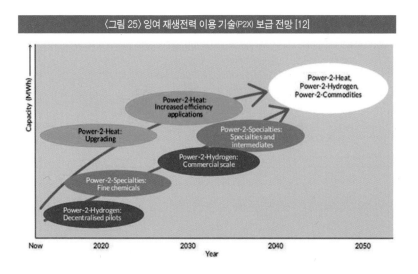

〈그림 25〉 잉여 재생전력 이용 기술(P2X) 보급 전망 [12]

덴마크, 독일 등 재생에너지 보급률이 35% 이상을 차지하고 있는 해외사례를 살펴볼 때 단속적인 재생에너지 생산에 따른 전력계통 안정성 문제해결 방안과 병행한 재생에너지 보급 확대기 필수적임을 보여준다. 재생에너지 보급률이 13% 내외를 달성하고 있는 국내 제주도의 경우 2016년 6회에 불과했던 풍력발전 출력 제한 횟수가 2019년 이후 45~50회로 급증하여 전력계통 안정성 확보와 출력 제한에 따른 경제성 문제 등이 급증, 향후 정부의 적극적인 재생에너지 보급 확대 정책에 따른 전국적인 재생에너지 보급률이 상향에 따른 대안 마련이 시급하다. 앞서 살펴 본 잉여 재생전력 활용에 적합한 P2H, P2G 기술은 독일과 덴마크 사례에서도 볼 수 있듯이 집단에너지 기술과 연계한 사업화에 매우 적합함을 확인할 수 있었다.

다만, P2G 기술은 수소 전기분해 및 고온의 반응 공정에 대한 시장 경쟁력 확보를 위한 상용화 개발과 검증이 좀 더 필요한 단계에 있으며, 앞서 설명한 증기재압축 기술(MVR) 등, 시장에서 이미 검증된 기술을 근간으로 하는 P2H 기술보다는 시장 도입이 다소 늦춰질 것으로 분석된다. 〈그림 25〉에서 보는 바와 같이 P2H 기술은 대규모 히트펌프, MVR 기술 등 이미 시장에서 검증된 요소기술을 기반으로 할 수 있어 현행의 대규모 열저장 설비와 연계한 운전이 가능한 집단에너지 기술과의 활용성이 높아 대규모 단위로 보급이 진행될 것으로 전망되며, 반면 P2G 기술은 온실가스인 CO_2를 직접 이용하는 기술인만큼 향후 온실가스 감축 규제 대응 측면에서 보다 다양한 사업 모델화가 가능한 기술로 평가되나 기술적 관점에서 상용화 단계에 도달하는 데는 P2H 기술 대비, 다소간의 시간이 더 소요될 것으로 예측되고 있다.

결론

1. 기후변화 시대 적용 가능한
그린뉴딜형 차세대 집단에너지 보급모델 제안

급변하는 기후환경 변화의 영향으로 온실가스 배출 감축의 필요성이 더욱 부각되고, 재해 발생빈도와 강도, 그리고 피해 규모 측면에서 예측이 어려울 정도의 불확실성이 커짐에 따라 지구 온난화에 따른 환경변화와 이에 수반되는 피해는 학계의 경고나 언론보도 등을 통해 듣는 정보 수준이 아닌 일상생활에서 직접 체감하는 현실이 되고 있다. 최근 온실가스 배출 증대에 따른 기후변화의 영향에 본격 대응하기 위한 국가적 차원의 환경규제가 점차 강화되고, 구체화 되면서 그간 고효율 열병합발전(Combined Heat & Power, CHP) 기술을 기반으로 발전해 온 국내 집단에너지 산업 또한 기후변화 시대에서의 사업의 지속가능성에 대한 논란이 점차 가속화되고 있다.

한편으로 급격한 재생에너지 보급 확대는 전력계통 안정성을 크게 위협하는 문제를 유발하게 되는데, 단속적인 전력생산이 불가피한 재생에너지의 비중이 올라갈수록 안정적인 전력망 유지에 필요한 사회적 비용이 급증, 재생에너지 보급 비중이 높은 국가들을 중심으로 계통 안정성 확보를 위한 방안 마련이 큰 과제로 부상하고 있다. 일례로 재생에너지 비중이 13% 내외로 비교적 높은 제주도의 경우 계통 안정성 확보를 위한 재생발전 출력 제한 횟수가 최근 급증하는 추세여서 재생에너지 보급 확대를 중심으로 한 대대적인 에너지전환이 추진되는 향후 국내 에너지생태계 환경변화에 대한 집단에너지 산업의 체계적이고 집단에너지 사업의 역할 제고와 적극적인 대응전략 수립이 시급하다. 온난화의 영향으로 인해 국내 난방시장은 신규 열수요 확보가 크게 여의치 않은 상태로 지속적인 열수요 감소로 이어질 개연성이 높아 지속적인 집단에너지 사업 확산을 위해서는 기후변화로 촉발된 일련의 사업환경 변화 속에서 안정적 성장 동력 확보를 위한 기후변화 대응형 신산업 모델 확보가 매우 필요한 시점이라 할 수 있다. 향후 전 세계적인 에너지공급 이슈는 전통적인 효율성에 기반한 에너지수요관리와 병행한 친환경 에너지·자원화 이용 성격의 문제를 동시 해결할 수 있는 전략적 방안 마련이 필요하게 될 것이다. 4차산업혁명 기조에 부합할 수 있는 지능형 에너지네트워크 사업화 추진과 효율성의 한계를 극복해낼 수 있는 지속가능한 신재생에너지원의 도입이 병행되는 것이 필요한데 앞서 살펴본 잉여 재생전력 활용 측면의 Power to Heat, Power to Gas 기술과 해당 기술을 적용한 분산형 마이크로 집단에너지 기술 모델은 기후변화 시대에 적응 가능한 그린뉴딜형 차세대 집단에너지 모델로써 집단에너지 산업의 새로운 성장을 견인할 수 있을 것으로 전망된다.

P2H+P2G 연계형 분산형 마이크로 집단에너지 모델의 핵심은 재생에너지를 이용한, 특히 잉여 재생전력을 활용하여 안정적인 수소 생산 체계를 수립하고 기존 화석연료 기반의 열병합발전 사업모델과의 융·복합형 모델을 확립하는 데 있다. 이를 위해서는 기존 중앙집중형 집단에너지 사업과의 연계성을 감안, 중앙집중형 지역냉난방 사업 체계는 유지하되 기존의 집단에너지 사업자로부터 수요처로의 일방향(One-directional) 에너지공급 체계로부터의 탈피, 망과 연계된 마이크로 에너지그리드 단위에서의 양방향(Bi-lateral) 에너지거래가 가능한 에너지프로슈머 플랫폼 적용이 필수적이다. 특히 대규모의 재생에너지 발전을 위한 부지확보 측면에서 집단에너지 사업자가 해당 재생에너지 설비를 직접, 설치 운영하는 모델로는 향후 전개될 분산에너지 시장 환경에서 경쟁력을 확보하기가 여의치 않을 것이다. 따라서 CO_2 에너지 자원화 기반의 지속 가능한 친환경 지역냉난방 사업화 추진을 위해서는 기존 열 네트워크의 물리적 연결(Physical Connection) 시스템과 더불어 열 공급 수요처(빌딩) 운영 주체와의 IOT 기술을 근간으로 한 가상적 연결(Virtual Connection)에 기반한 커넥티드(Connected) 운영플랫폼 도입을 통해 4차산업혁명 산업화에 따른 지능형 집단에너지 사업모델의 수요에 대응할 필요가 있다.

2. 결언 및 고찰

정부는 제9차 전력수급기본계획, 제3차 에너지기본계획

및 분산에너지활성화 로드맵 정책 등을 통해 친환경 재생에너지와 분산에너지 중심의 새로운 에너지생태계 마련을 위해 고심 중이며, 세부 실행계획으로 분산에너지 활성화 로드맵을 수립, 지역에너지 자립 강화, 신시장·신사업 창출 중심으로 분산에너지 활성화를 본격화할 것으로 전망되고 있다. 한편으로는 기후변화 대응을 위한 온실가스 감축 목표 달성의 일환으로 화석연료를 이용한 집단에너지 부문을 포함한 발전 부문산업에 대한 강도 높은 사업 체질 개선을 요구할 것으로 예측됨에 따라 집단에너지 사업자로서는 정부의 탈석탄 에너지전환 및 기후변화 대응 친환경 에너지 정책 기조에 부합할 수 있는 실효적인 대응방안 마련을 통한 대응전략 수립이 시급하다.

일련의 정부 정책에 따른 재생에너지 중심의 분산에너지 보급 확대시, 전력계통 안정성 확보 차원에서의 대응방안 마련과, 기후변화 영향으로 강도 및 발생주기가 증대되고 있는 자연재해로부터의 전력망 손상에 따른 회복탄력성 문제 등이 국가 전력산업 측면에서의 주요한 이슈로 대두될 것으로 전망되므로 기후변화 대응으로 급변하는 대내·외 사업환경 변화에 부합하여 집단에너지 사업 측면에서는 전통적인 집단에너지 사업의 편익이라 할 수 있는 ① 에너지절감 및 환경개선 편익, ② 고효율성 기반 사업자 및 사용자 운영비용 편익 이외에, 기후변화로 인해 점차 그 규모 및 발생횟수가 증가하고 있는 태풍, 홍수 등 재난·재해에 따른 블랙아웃(Black-out) 등 국가적 전력망 피해 상황 손실을 최소화하기 위한 리질리언스(Resilience; 회복탄력성) 확충 편익, 그리고 재생에너지 비중 확대(2035년 최대 40%)에 따라 필연적으로 수반되는 전력계통 불안정성을 흡수할 수 있는 Power to Heat(P2H), Power to Gas(P2G) 기술을 활용, 전력계통 변동성 해소 편익이 기대되는『재생에너지 기반 분산형 마이크로 집단에너지』신사업 추진을 통해 집단에너지 사업의 활로를 모색할 필요가 있다.

특히 전 세계적으로 재생에너지 보급 확대에 따른 새로운 문제점으로 전력계통 안정성 문제가 심각하게 대두되고 있으며, 태양광, 풍력 등은 기상상태에 따라 가동시간이 간헐적으로, 주파수 추종 운전이 불가하고, 전력 역조류, 고조파, 전압 상승 등의 부작용 발생이 지적되고 있음에 주목할 필요가 있다. 계통 안정성을 확보할 수 있는 수준의 신재생에너지 적정 규모는 약 10% 내외로 알려져 있는데 이례로 전체 전력수요의 30% 내외를 차지하고 있는 독일에서는 이상기후로 갑작스러운 신재생 출력이 5% 이하로 급격히 저하, 블랙아웃의 위기를 예비발전소(열병합 포함) 가동을 통해 간신히 위기를 넘긴 사례 또한 보고되고 있고, 국내의 경우 재생에너지 보급률이 가장 큰 제주도의 경우 재생에너지 출력 제한 횟수가 급증, 재생에너지 보급 확대에 따른 전력망 안정 운영에 대한 관심이 증대하고 있다.

대규모 열 수요처와 열 공급 네트워크 인프라 및 대용량 축열조 설비를 갖추고 있는 집단에너지 시스템은 재생에너지원의 변동성에 따른 전력계통 진입 불가시, 현행의 출력 제한방식 대신 에너지저장이 용이한 열 에너지로 전환·이용(Power to Heat)하거나 재생전력의 전기분해와 기존 열병합발전 설비에서 배출되는 온실가스인 CO_2를 활용할 수 있는 에너지저장 개념의 Power to Gas(P2G) 기술과 연계성이 매우 우수한 적정 대안 기술로 큰 관심을 받고 있으며, 향후 재생에너지 보급 확대에 따른 전력계통 안정화 역할이 기대되고 있다.

대규모 산업 공정 열 수요를 감당하고 있는 산업단지 집단에너지 사업 또한 재생에너지 보급 확대에 따라 불가피하게 발생하는 전력 변동성 흡수가 매우 용이하며, 따라서 구역형 전기사업(CES: Community Energy Supply System)에 기반한 지역에너지 자립형 『지역기반 분산형 에너지』 사업 모델 등을 통한 재생에너지 보급 확대에 크게 기여할 수 있을 것으로 기대된다.

1. 한국에너지공단, 『집단에너지사업편람』, 2020.
2. 한국집단에너지협회&한국열병합발전협회, 『집단에너지 부문 온실가스 할당 관련 해외사례 및 시설특성 연구』, 2016.
3. 한국지역난방공사, 『Power to Gas 기반 집단에너지 적용 신사업 모델 수립 및 타당성 분석 연구』, 2019.
4. 한국지역난방공사, 『개별난방 대비 지역난방의 에너지절감 및 환경개선 효과 분석에 관한 연구』, 2006.
5. 한국열병합발전협회, 『2020 산업단지 업종 온실가스 감축 연구회 연구용역』, 2020.
6. GronEnergi, 『District Heating in the Danish Energy System』.
7. Fjernvarme Fyn, 『Green Transition of District Heating - Persepective from Fjernvarme Fyn-』, 2019.
8. Andreas Bloess et al., "Power-to-heat for renewable energy integration: A review of technologies, modeling approaches, and flexibility potentials", Applied Energy, 212, 2018.
9. Andrei David, "Large Heat Pumps in European District Heating Systems", 4th Int. DHC+ Student Awards, 2016.
10. 삼성에버랜드, 『산업폐열 활용 및 집단에너지 이용 방안』, 집단에너지기술 워크샵, 2010.
11. Robert de Boer et al., "Waste Heat Recovery in industrial batch processes", 12th IEA Heat Pump Conference, Rotterdam, 2017.
12. 『Dutch Heat Pumping Tehcnology Journal』, 2017.
13. Pennwell Corporation, 『Steaming ahead with MVR』, 2015.
14. http://newenergynews.blogspot.com/2017/03/todays-study-how-to-make-grid_13.html
15. EU, 『Policy recommendations to decarbonise EU heating and cooling system』, 2017.

16. Albog Univ, 『Toward a decarbonised heating and cooling sector in Europe』, 2019.

XII

탄소 제로 열병합발전을 위한 CCUS 기술

심상준

고려대학교

개론

1. 정부의 "2050년 탄소 중립" 선언

　　한국 정부가 2050년 탄소중립을 이루겠다고 공식 선언했다.「탄소중립」은 온실가스 배출량과 흡수량이 상쇄돼 실질적으로 순 배출량이 "0"이 되는 상태로 일명 "넷 제로(Net zero)"라 불린다. 문재인 대통령은 2020년 10월 28일 국회 시정연설에서 "국제사회와 함께 기후변화에 적극 대응하여 2050년 탄소중립을 목표로 나아가겠다"고 대내적으로 밝혔다. 본 "탄소중립"의 선언은 곧 "기후위기"라는 전 지구적 문제를 해결하기 위한 한국의 첫걸음으로 볼 수 있다. 아울러 문재인 대통령은 2020년 12월 12일 열린 기후목표정상회의(Climate Ambition Summit)에서 화상 연설을 통해 대한민국의 "2050년 탄소중립선언"과 실천을 위한 노력들을 대외적으로 소개하였다. 현재 전 세계적으로「탄소제로」를 추구하는 "기후목표상향동맹(Climate Ambition Alliance)"에 전 세계의 120여 개국이 참여하고 있으며[1] 2019

년 9월 "유엔기후행동정상회의(UN Climate Action Summit 2019)" 이후 지금까지 70여 개의 국가가 탄소중립을 선언했다. 특히 미국의 신속한 파리기후변화협약 복귀를 예고한 민주당 바이든 대통령의 당선이 지난해 12월 14일 최종 확정된 가운데, 앞으로 온실가스 배출량이 세계 7위(7억 970만 톤CO_{2eq}**01**; 2017년 기준)[2]인 한국의 기후위기에 맞선 책임 있는 역할 수행을 요구하는 국제사회의 목소리가 커질 전망이다. 한국의 경우 전력, 열, 수송, 산업공정 등이 포함된 에너지 부문이 전체 국가 온실가스 배출의 86.8%(2017년 기준) 이상을 차지하며,[3] 그 중 총 발전량에서 다량의 온실가스를 배출하는 석탄화력발전이 차지하는 비율은 2019년 기준 51.0%로 발전 에너지원 중 가장 높은 편[4](OECD 국가 중 석탄화력발전 비중은 상위 4위)인 것으로 나타났다. 그중에서 이산화탄소(CO_2)는 대기로 배출되는 온실가스 중 88.6%의 가장 압도적인 부분을 차지하고 있는 것으로 알려져 있으며,[5] CO_2가 지구온난화의 주범임은 이미 세계기상기구(World Meteorological Organization, WMO)와 국제연합환경계획(United Nations Environment Program)에서 1985년 공식선언한 바 있다. 이런 가운데 정부는 지난해 12월 15일 기후위기 대응을 위해 관계부처가 합동하여 수립한 「2050 장기저탄소발전전략(Long term low greenhouse gas Emission Development Strategies, LEDS)」과 「2030 국가온실가스감축목표(Nationally Determined Contribution, NDC)」 정부안을 국무회의에서 확정하고 최

---

01 여기서 CO_{2eq}(CO_2 equivalent)란 1995년 "기후변화에 관한 정부 간 협의체(Intergovernmental Panel on Climate Change, IPCC)"에서 발간된 「제2차 평가보고서」에서 사용된 일종의 온실가스 통합지수인 「지구온난화지수(Global Warming Potential, GWP)」를 도입하여 이산화탄소를 기준값(CO_2GWP: 1)으로 한 온실가스 종류별 배출량과 그에 따른 지구온난화 기여도를 환산한 단위[2]이다.

종확정안을 유엔기후변화협약(United Nations Framework Convention on Climate Change, UNFCCC)에 제출하였다. 또한 정부는 본 정책의 연장 선상으로 「2030 국가온실가스감축로드맵-세부수정안」을 차질 없이 준비하여 2021년 중으로 발표할 계획인 것으로 밝혀졌다. 따라서 우리나라도 앞으로 "2050년 탄소중립"의 선포 아래 국가 에너지 수급 구조의 대대적인 변화와 산업구조의 개편을 예고하고 있으며 기존의 국내 석탄화력발전의 퇴출(탈석탄)과 더불어 신재생에너지의 보급이 확대되고, 중·장기적인 관점에서 석탄에너지를 신재생에너지로 대체하기 위한 과도기적 방법으로서 전기와 난방을 동시에 공급하여 석탄발전에 비해 에너지 효율이 높고 상대적으로 온실가스 및 미세먼지의 배출이 적어 환경친화적인 청정 LNG 열병합발전의 확장 속도가 빨라질 것으로 전망된다. 이에 따라 우리나라의 탄소중립을 성공적으로 달성하기 위해서는 신재생에너지와 같은 탄소 발생을 근본적으로 저감하는 기술의 확충도 중요하지만, 향후 LNG 열병합발전 도입 증가로 발생한 이산화탄소의 포집-저장 및 그중 일부를 유용하게 자원으로 활용하고 이를 통해 경제적으로 탄소 저감을 달성하는 「CCUS(Carbon Capture, Utilization and Storage)」에 대한 관심도 점차 증대되고 있으며 그 중요성도 크게 부각되고 있는 실정이다.

2. 범지구적 기후변화 도래와 온실가스

19세기 이후 과도한 산업화로 인하여 화석연료의 사용량이 급증하기 시작하면서 대기 중의 열을 흡수하는 성질을 갖는 "온실가스"의 대량 배출로 발생하는 "지구온난화" 현상이 가속화되고 있다. 2007년 미국 해양대기청(National Oceanic and Atmospheric Administration, NOAA)의 보고에 따르면, 세계 평균 대기 온도가 20세기 초와 비교하여 1℉ 상승하였고 더욱이 70년대 중반 이후의 세계 평균 기온 상승 속도는 전에 비하여 3배 이상에 이르렀다고 한다.[6] 2007년 IPCC의 「제4차 평가보고서」에 따르면 6대 온실가스(CO_2, CH_4, N_2O, HFCs, PFCs, SF_6)의 배출량이 1970년에 비하여 2004년도에 무려 70% 증가(1990년 이후 대략 24% 증가)하였으며[7] 2020년 국제에너지기구(International Energy Agency, IEA)의 보고에 따르면, 이 중 가장 많은 배출량을 보이는 이산화탄소의 경우 최근 2019년 한 해 동안 에너지 사용에 의한 전 세계 CO_2 배출량이 33Gt(giga tonne; 기가 톤)에 육박하는 것으로 추산되었으며[8] 그중 선진국들의 배출량은 서서히 감소세로 전환하고 있는 반면, 개도국들의 CO_2 배출량은 급격한 증가세를 유지함으로써 전 세계 CO_2 총 배출량은 꾸준히 상승하고 있는 것으로 나타났다. 결과적으로 대기 중 이산화탄소 농도는 해마다 증가하게 되어 처음 계측이 시작된 1958년에는 대기 중 이산화탄소 농도가 310 ppm 정도였으나,[7] NOAA연구팀이 측정한 Mauna Loa 관측소의 데이터에 따르면 2020년 현재 12월 대기 중 이산화탄소 농도는 414 ppm을 상회하는 것으로 기록되었다.[9]

　대기 중의 열을 흡수하는 성질의 CO_2 증가가 인류의 생존을 위협하는 대재앙이 될 수 있음을 대략적으로 암시하는 극단적인 예는 바로 같은 태양계에 있으면서 지구와 근접한 금성이다. 금성은 지구와 비슷한 중력(8.87 m/s²)을 가지고 있지만, 지상에 근접한 대기의 온도는 복사에너지를 방출하는 태양에서부터 금성 간 거리의 대략 절반 정도인 수성보다도 더 뜨겁다. 그 이유는 바로 금성의 대기가 매우 두꺼운 CO_2층으로 구성되어 있기 때문이다. 금성의 대기는 대부분 (96%)이 고밀도의 무거운 CO_2 기체로 채워져 있으며 본 기체 성분의 적외선 복사열 흡수에 따른 막대한 온실효과로 인하여 지상의 낮 동안은 납이 녹아내릴 정도인 약 477℃(890.6℉)에 육박하는 높은 온도가 유지되고 있다. 이는 성경에 나오는"인페르노"를 연상케 함과 동시에 온실가스 증가의 위험성에 대한 경각심을 갖게 하는 대목이다. 지구온난화로 인해 전 세계의 평균 기온이 꾸준히 상승하고 있는 가운데, 우리나라도 이로 인한 고온 현상이 최근 들어 두드러지게 나타나고 있다. 2016년의 평균 기온은 13.6℃로 1990년대 이래 가장 높은 온도를 나타냈으며 전국 평균 폭염 일수는 22.4일로 역대 2위, 열대야 지수는 10.8일로 역대 4위를 기록하였다.[10]

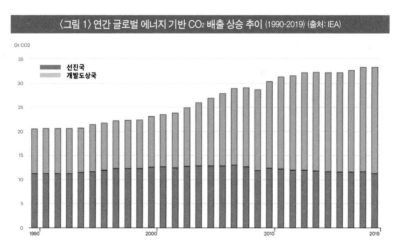

〈그림 1〉 연간 글로벌 에너지 기반 CO_2 배출 상승 추이 (1990-2019) (출처: IEA)

출처: Global CO_2 emissions in 2019 (참고문헌 8) (https://www.iea.org/articles/global-co2-emissions-in-2019)

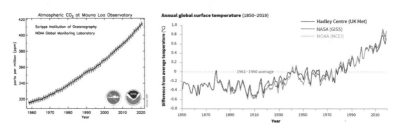

출처: NOAA-Mauna Loa(좌), The Royal Society and the US National Academy of Sciences(우)

　　온실가스의 증가로 인하여 현재 우리가 살고 있는 지구에 당장 초래되는 가장 심각한 문제는 바로 해수면의 상승이다. 대기 하층부의 기온 상승은 지속적으로 해수 표면의 기온 상승을 초래하였다. 2000년 미국 항공우주국(National Aeronautics and Space Administration, NASA)의 보고에 따르면, 지구온난화로 인하여 그린란드의 빙하가 녹아내리고 있으며 이로 인하여 1년에 약 500억 톤 이상의 물이 해양으로 유입되어 지난 100년간 해수면이 약 23cm(0.23cm/년) 상승하였다.[11] 최근의 2020년 미국 국립과학원(National Academy of Sciences, NAS)의 보고에 따르면, 지구의 평균 표면 온도는 1900년 이후 1℃(1.8℉) 증가하였으며 이는 1970년대 중반 이후로 0.5℃(0.9℉) 이상 증가한 수치로, 이로 인하여 현재 진행 중인 그린란드를 비롯한 북반구의 눈과 빙하가 녹아내리고 빙하 내 녹아있던 CO_2가 해수와 대기로 방출됨에 따라 지구온난화가 더욱 가속화되고 있는 것으로 분석된다.[12] 대기 중 흡수된 열의 증가와 해수면의 상승으로 지구촌 곳곳에 각종 기상이변 및 자연재해가 증가하게 되었고 관련 피해액은 전 세계 GDP의 1.6%에 해당하는 연간 1.2조 달러에 달하는 것으로 NASA는 추정하였다.[11] 한편, 2021년 2월 16일자 CNN 보도에 따르면, 이날 미국 본토 48개 주(州) 가운데 플로리다, 조지아, 사우스캐롤라이나 3개 주를 제외한 45개 주가 눈으로 덮였으며 기록적인 한파로 인하여 정전사태가 이어지면서 미국 텍사스 주에 위치한 삼성전자 오스틴 공장의 전력공급이 중단되는 정전피해가 발생하기도 하였다.

2019년 세계기상기구(WMO)가 발표한 「2015-2019 전 지구 기후보고서」에 따르면, 그린란드 빙하에 이어 극지방 빙하도 빠르게 녹기 시작하여 1979년 한 해 400억 톤 정도 사라졌던 남극의 얼음이 2009년부터 2017년까지 9년 동안 해마다 2,520억 톤씩 6배가 넘게 녹아내렸고 이로 인하여 최근 5년 동안 해수면은 2.5 cm 상승(0.5cm/년)하였으며, 이러한 추세가 지속될 경우 2100년까지 해수면이 2 m 넘게 상승할 수도 있다고 경고하고 있다.[13] 이러한 내용은 관련 전문가들이 2019년 PNAS(Proceedings of the National Academy of Sciences U.S.A.) 저널에 발표한 자료와도 맥락을 같이 하고 있는데, 지금까지 지배적이었던 2100년까지 세계의 해수면이 최대 1 m 미만 상승하리란 예측과는 달리 지금대로라면 실제 해수면 높이가 그 두 배 수준으로 충분히 상승할 수 있다고 전망하였다.[14] 해수면 높이가 지금부터 2m 상승할 경우 부산 해운대 마린시티 일부, 센텀시티 신세계·롯데백화점, 용호동 등 주거단지가 물에 잠기게 된다.[15] 실제로 2014년 「한국 기후변화 평가보고서」에 따르면, 한반도 연평균 기온은 1980년대 이후로 뚜렷이 증가하고 있으며 연 강수량 또한 한반도 6대 도시 기준 2.17mm/년의 비율로 꾸준한 증가 추세를 보였는데 이는 여름철 강수량의 증가가 크게 기여한 것으로 판단된다.[16] 이로 인하여 우리나라 주변 해양의 수온과 해수면이 지속적으로 상승 중이며 상승률은 전 지구 해양 평균보다 약 2~3배 높았다.

이 밖에도 지구 표면의 70%를 차지하는 해수는 일반적으로 인간 활동으로 배출된 CO_2의 25% 이상을 흡수하는데 대기 중 CO_2 농도와 더불어 빙하 침식으로 인하여 유입된 CO_2의 지속적 증가로 인하여 해수의 pH값이 8.0 이하로 떨어지는 이른바 "해양 산성화"가 심각하게 진행되고 있어 해양 생태계 또한 급속히 위협을 받고 있는 실정이다.[12] CO_2 급증으로 인하여 발생하는 해양 온난화 및 산성화의 가속화는 중·장기적으로 해양 어획량 감소와 더불어 영양학적으로 오메가3 지방산 공급부족 문제를 발생시킬 수도 있다. 그러므로 현재 CO_2 대량 배출 산업(발전, 철강, 석유화학, 시멘트, 반도체, 디스플레이) 기반의 한국도 온실가스의 발생량 통제에 적극적으로 동참해야 하며, 최근 10년간 온실가스의 지구온난화 유발 효과에 대한 과학적 증거들이 하나둘 제시되기 시작하였고 실제로 일상 속에서 체감되는 기후변화가 심각히 전개되면서 국내에서도 본 사항에 대한 공감 인식이 빠른 속도로 확산되고 있으며 온난화 대응책 마련을 위한 국제사회의 논의가 본격화되고 있다.

앞서 언급한 기후변화 적응 및 피해 저감을 위해 IPCC는 전 세계 기후변화 관련 최신 연구 결과를 집대성하여 5~6년 간격으로 보고서를 발간하고 있으며, 우리나라에서는 국가 기후변화 적응대책 수립 등 국가 정책을 지원하기 위해 「IPCC 평가보고서」등을 바탕으로 2011년부터 한반도에 대한 기후변화 연구 결과를 집대성한 「한국 기후변화 평가보고서」를 기상청(제1실무그룹: 과학적 근거)과 환경부(제2실무그룹: 영향 및 적응) 합동으로 발간하고 있다. 아울러 환경부 훈령 근거 2009년 7월 한국환경정책·평가연구원(Korea Environment Institute,

KEI)에 설립된 국가기후변화적응센터(Korea Adaptation Center for Climate Change, KACCC)에서는 국내의 온실가스 유래 기후변화로 인하여 예상되는 피해를 최소화하고자 부분별 국가 적응대책의 수립 및 시행, 기후변화 적응에 대한 전략적 연구 및 정책지원을 수행하고 있다.

② CCUS 기술 개발의 필요성

1. CCUS 기술이란

국가차원에서 "2050년 탄소중립"을 성공적으로 달성하기 위해서는 사전감축수단인 신재생에너지와 더불어 사후감축수단으로서 CCS(Carbon Capture and Storage), CCU(Carbon Capture and Utilization) 및 이 두 가지 기술의 융합개념인 CCUS 기술을 적극적으로 활용해야 한다.[17] CCS 기술은 산업 및 발전 부분에서 배출되는 이산화탄소를 포집, 수송하여 육상 및 해저 등의 지하 지층에 폐기 또는 저장하는 것으로 정의되며, 대량 온실가스 처리 방안의 하나로 널리 알려져 있지만 고비용, 고에너지, 잠재적 저장 능력의 한계와 불확실성, 유해 포집제의 대기 방출 가능성, 지층 저장의 안전성(지진으로 인한 누출 가능성) 및 이에 따른 환경 영향과 주민 수용성 문제 등이 여전히 산적하여 있는 상태이다. 이런 가운데, 전 세계적으로 석탄의 연소로 연간 대략 15Gt에 육박하는 CO_2가 대기로 방출되는 것으로 밝혀졌으며 CCS 기술의 적용이 여의치 않은 석탄발전소들의 경우 추가적인 CCS 공정 도입 없이 초임계(SC; Supercritical) 혹은 초초임계(USC; Ultra Supercritical) 기술을 적용하여 HELE(High-Efficiency Low-Emission)을 달성하기 시작하면서 "Clean coal"이란 용어가 등장하였다.[18] 그러나 태생적으로 석탄발전(SC 및 USC 포함)은 천연가스발전에 비하여 CO_2 및 미세먼지의 배출량이 상대적으로 높고 USC 석탄발전의 경우에도 가성비 측면(투자비 대비 발전 효율)에서 기술적 성숙도와 관련하여 보완되어야 할 부분들이 산적해 있기 때문에 국내에서는 여전히 정책적으로 석탄발전보다는 LNG발전을 더욱 선호하고 있는 추세이다.

2014년 IEA에서 기술한 「Energy Technology Perspective」에 따르면 CCS 기술은 높은 비용, 범정부 차원에서의 재정적 지원의 부족으로 인하여 발전이 더디며, 2025년까지 CO_2 포집 및 저장 속도가 현재의 2배 이상은 향상되어야 함을 2DS(low carbon 2℃ Scenario, 2050년까지 CO_2 배출을 2013년 대비 50% 감축(13Gt)하고, 2013-2050년 누적배출량을 1,000Gt으로 제한하여 2100년까지 세계 평균 기온 상승을 2℃ 이하로 억제하는 시나리오)에서 명시하고 있다.[19] 그럼에도 불구하고, 2014년 11월 채택된 IPCC 「제5차 평가종합보고서」에서는 CCS 기술 없이는 기후 변화 완화 비용이 138%까지 증가하며 2DS의 실현이 불가능할 수도 있다고 결론을 내렸다.[20] 안타깝게도 그로부터 3년 뒤인 2017년 IEA의 「World Energy Outlook」에 따르면, 2040년까지 세계는 재생 에너지 개발 및 에너지 효율성의 급성장에도 불구하고 여전히 화석 연료에 주로 의존하고 있을 것으로 예견(2040년 기준, 석탄: 22.3%, 석유: 27.5%, 가스: 24.8%, 바이오에너지: 10.2%, 재생에너지: 6.4%)하고 있다.[21] 아울러, IPCC "제5차 보고서"에서는 온실가스 감축을 위하여 재생에너지, CCS 및 BECCS(Bioenergy with CCS) 기술의 활용 가능성을 언급하고 있으며, 바이오매스의 연소 후에 이용되는 CCS 기술인 BECCS 기술은 이 기간에 중요한 역할을 수행할 수 있는 대규모 "Carbon-negative"배출을 가능하게 하고, BECCS를 포함한 CCS 기술의 전개는 향후 기후 목표를 충족하지 못할 위험을 현저하게 감소시킬 것이며, 2100년까지 필요한 배출 감소를 성취할 비용을 최소화하는데 가장 중요한 기술임을 명시하고 있다.[20]

이러한 상황 속에서 당장 진척이 별로 없는 CCS 기술에 대한 반사이익으로, 배출된 이산화탄소를 탄소원으로 활용하여 각종 유용물질로 전환하고 이를 통하여 배출 감소(emission reduction)를 통하여 CO_2를 경감(CO_2 mitigation)하는 CCU 기술에 대한 관심이 매우 증가하였다. CCU 기술은 산업 및 발전 부분에서 배출되는 이산화탄소를 포획하거나 직접 활용하여 화학적 및 생물학적 전환을 통한 각종 기능식품, 의약품과 같은 고부가가치 산물부터 연료, 화학 원료, 플라스틱 및 건축자재와 같은 비교적 저렴하지만, 관련 시장의 잠재적 규모가 거대한 산물에 이르기까지 각종 유용물질을 널리 생산하는 탄소자원화 기술로 정의되며, 상대적인 측면에서 CCS 기술처럼 CO_2를 대량으로 저감시키기는 어렵지만 기술의 성숙도에 따라 CO_2의 감축 공정에 어느 정도 경제성을 부여할 수 있다는 장점이 있다.[22] 따라서 CCU 기술의 이산화탄소 경감 기능은 CCS 기술에 비하여 비교적 제한적이라고 할 수 있으며 이는 CCU 기술이 결코 CCS 기술을 대체할 수 없다는 것을 의미한다. 그럼에도 불구하고 CCU에 의해 촉진되는 이산화탄소의 폭발적 수요 증가는 전체 CCUS 탄소 포획 기술의 규모를 키우고 생산 비용을 낮추는데 기여할 수 있다는 점에 주목해야 한다. 즉, CCU 기술이 궁극적으로 CCS 기술의 등대 같은 역할을 할 수 있다는 것이다. 아울러, CCS 기술도 향후 대규모 CO_2를 처리하기 위하여 반드시 수반되어야 할 기술이며, 특히 CCS 기술을 통하여 저장된 CO_2는 저장방식에 따라 향후 탄소자원화기술 (CCU)을 도입하여 활용가능하기 때문에 국가와 더불어 온실가스 대량 배출기업인 경우 기업 차원에서 자체적으로도 적극적인 투자가 지속적으로 이루어져야 한다. 최근의 2021년 1월 21일 보도된 미국 전기자동차 업체 테슬라의 창업자인 일론 머스크가 CCUS 기술 개발에 1억 달러 기부를 추진 중인 점은 매우 고무적이다.

이처럼 CCS와 CCU 기술은 서로 상호보완적 내지는 필요불가분한 관계를 형성하고 있으므로 최근에 이 두 기술을 융합한 「CCUS 기술」이 각광을 받고 있는 것이다. 하지만, 우리나라의 경우 완전한 CCUS 기술의 구현을 위해서는 여전히 안전성이 확보된 고농축 CO_2 저장을 위한 부지 및 시설 확보가 관건이다. 2015년 INDC(Intended Nationally Determined Contributions)들을 취합한 UNFCCC의 「종합보고서」에 따르면, 전 세계 온실가스의 배출량 전망치 BAU 규모는 2030년 56,700Mt(million tonne; 백만 톤)에 이를 것으로 전망되고,[23] 이 중 CCU 기술을 이용한 온실가스 감축효과는 연간 3,700Mt(2030년 BAU 대비 6.5-10%)에 이를 것으로 추산하고 있다.[24] 이후, CCU 기술의 온실가스 감축효과는 신규 기술의 발굴, 개발 및 전과정평가(Life Cycle Assessment, LCA) 분석 등을 통해 급속히 상승하여 2017년 「IEA 에너지기술전망 보고서」에 제시된 2DS에 의하면 CCUS 기술이 2060년까지 이산화탄소 누적 배출 감축에 14% 정도 기여(에너지기술별 온실가스 감

축 기여도: 최종 사용자 연료 및 전기효율 향상 40%, 신재생에너지 35%, CCS 14%, 원자력 에너지 6%, 최종 사용자 연료전환 5%)할 것으로 예측하고 있다. [25]

2. CCUS 기술과 국내 온실가스 감축 목표 및 주요 정책

    1994년 3월에 발효한 유엔기후변화협약(UNFCCC)과 1997년 12월 유엔기후변화협약 제3차 당사국 총회에서 채택되고 2005년 2월 16일 공식 발효된 「교토의정서」를 비롯하여 이를 대체하는 신(新)기후체제의 근간이 되는 국제조약으로서 제 21차 UNFCCC 당사국총회(Conference of the Parties, COP)에서 2015년 12월에 채택된 「파리기후변화협약」은 전 세계적으로 이슈화된 온실가스 유래 지구온난화로 비롯된 기후변화를 방지하기 위하여 190개국 이상의 회원국이 합의한 결과의 산물들이다. 특히, 파리협정에서는 산업화 이전 수준 대비 지구 평균 온도 2℃ 상승을 억제하기 위한 합의를 도출하였으며, 과거 온실가스 배출에 대한 책임 논란보다는 선진국과 개발도상국이 공동으로 온실가스 감축에 노력하되 차별적 의무를 부여해야 한다는 취지를 강조하고 있다. 국내 「저탄소 녹색성장 기본법」에 의하면, "온실가스"란 적외선 복사열을 흡수하거나 재방출하여 온실효과를 유발하는 대기 중의 가스 상태의 물질이라고 제2조 9항에 규정되어 있다. [26]

    과거 2005년 발표된 "교토의정서"에서는 이산화탄소(CO_2), 메탄(CH_4), 아산화질소(N_2O), 수소불화탄소(HFCs), 과불화탄소(PFCs), 육불

화황(SF_6)을 6대 주요 온실가스로 지정하였으나, 이후 반도체와 디스플레이 산업에서 주로 발생하는 NF_3가 온실가스로 추가됨에 따라 현재 국제기구인 유엔기후변화협약(UNFCCC)에서는 총 7종(CO_2, CH_4, N_2O, HFCs, PFCs, SF_6, NF_3)을 온실가스로 규제하고 있다.[27] 최근 들어 온실가스 배출량의 급격한 상승으로 인하여 유발된 각종 자연 및 산업 재해의 발생빈도가 세계 곳곳에서 증가함에 따라 앞서 설명한 CO_2를 경감하는 CCUS 기술과 더불어 "Non-CO_2 온실가스" 감축 기술에 대한 관심도 함께 증가하고 있는 추세이다. "Non-CO_2 온실가스"는 지구온난화에 미치는 영향이 CO_2에 비해 21~23,900배로 매우 높고 지구온난화뿐만 아니라 오존층 파괴에도 직·간접적으로 관여하는 등 환경적으로 CO_2 못지않게 문제가 많은 물질들로 여겨진다.[27] CH_4와 N_2O의 경우는 유럽, SF_6의 경우는 일본과 미국이 각각의 저감 기술 발달 정도가 가장 높다.[28] 본 장에서는 집단에너지 기반 LNG 열병합발전소의 경우 온실가스가 대부분 CO_2의 형태로 배출되므로 다루는 온실가스의 범위를 CO_2에 한정하기로 한다.

2016년 우리나라의 온실가스 배출량은 사상 처음 700Mt을 넘어 경제협력개발기구(OECD) 회원국 중 5위를 기록함에 따라 한국도 적극적인 온실가스 감축 요구를 받게 되었다. 「제2차 대한민국 격년갱신보고서」에 따르면, 우리나라는 온실가스 주요 배출 부문을 크게 5분야[에너지, 산업공정, 농업, LULUCF(land use, land use change, and forestry; 토지 이용, 토지 이용 변경과 임업), 폐기물]로 분류하고 있으며, 국가 온실가스 배출량 산정에 사용된 인벤토리 통계의 정확도를 향상시키기 위하여 매년 분야별 세부 평가항목의 활동 자료, 배출계수, 산정 방법론 등을 지속적으로 개선하고 있다.[29] 한국의 경우 여전히

CO$_2$를 대량 발생시키는 에너지 부문이 배출의 대부분을 차지하고 있지만, 산업 내 제조업 비중이 높고 에너지 효율이 이미 높은 수준에 도달해있어[30] 온실가스 감축을 위해서는 특별히 에너지 부분의 과감한 혁신이 요구된다.

　　신(新)기후체제에 대비하여 한국은 2016년 12월 파리협정에 부합하는 자발적 국가 감축목표의 설정과 국가이행계획인 「INDC」를 UNFCCC에 제출한 바 있으며 이를 이행할 수 있는 국가 온실가스 감축 로드맵을 국무조정실 주관하에 정부 관계부처의 공동 작업으로 수립하였다. 세부적으로는 2015년 6월, 2030년까지 온실가스 예상 배출량(BAU; Business As Usual) 850.8Mt 대비 37%(314.8Mt)를 새로운 국가 감축목표로 설정하고[29] 이후 국가 감축목표 달성을 위한 기본 방향을 제시하기 위해 2016년 12월 「2030년 국가 온실가스 감축목표 달성을 위한 기본로드맵」을 마련하였다.[31] 국가 온실가스 감축 로드맵에 따르면, 에너지 부문이 2030년을 기준으로 739Mt(총 배출의 87%)을 차지하고 있는 것으로 밝혀졌다. 그러나 기존 로드맵은 2030년 감축목표만 제시하여 감축경로 등 구체적인 정책시그널이 불분명해 기업의 장기 투자계획 수립 등에 장애를 발생시키고, 최종년도 단일목표로는 계속 증가하는 국가 온실가스 배출추세를 전환시킬 만한 유인으로의 부족함이 단점으로 제기되어 왔다.[31] 이러한 문제들을 보완하여 2018년 7월 수정 발표한 2030 국가 온실가스 감축 기본 로드맵에서는 기존 로드맵 배출전망치인 2030년 850.8Mt과 그에 대한 감축목표치인 314.8Mt은 그대로 유지하되, 이 중 10.3Mt(2030 국가 BAU 대비 1.21%) 가량을 온실가스 감축수단으로서 CCUS 기술을 활용하여 감축하는 방안을 구체적으로 명시하고 있는 것으로 확인

되었다.[31)]

　2015년 12월 제21차 UNFCCC COP에서 채택된 파리기후변화협약에 따라 여기에 참여한 한국도 2021년부터는 신(新)기후체제가 시행되어 자국의 온실가스 감축 목표를 확정하고 이를 이행할 자발적 의무를 갖게 되었다. 2016년 11월 발효된 파리협정과 이후 2018년 10월 IPCC 「1.5℃ 특별보고서」가 채택된 이후 지구 평균온도 상승을 산업화 이전 대비 2℃ 이내에서 나아가 1.5℃ 이하로 제한하기 위해서는 2050년까지 "CO_2 넷제로" 달성의 필요성이 제시되었으며, 이를 위한 첫걸음으로 한국을 포함한 협정 당사국들은 당장 2020년 연말까지 「2050 장기저탄소발전전략(LEDS)」과 「2030 국가온실가스감축목표(NDC)」를 UN 사무국(UNFCCC)에 제출해야 할 의무가 있었다. 이러한 국제사회의 흐름 속에서 환경부는 2020년 국가 LEDS를 마련하기 위하여 2019년 3월 "2050 저탄소 사회 비전 포럼"을 출범시킨 후, 국내 분야별(총괄, 전환, 산업, 수송, 건물, 비에너지, 청년 등 총 7개 분과)로 온실가스 전문가가 참여하여 약 9개월간 60여 차례의 논의를 거쳐 검토안을 마련하고[31)] 2020년 2월, 2017년 한국 배출량(7억 970만) 기준 2050년까지 최대 75%까지만 감축("제1안"에 해당)한다는 초안을 정부에 제출하였다. 탄소중립의 현실성에 대한 우려 섞인 목소리와 함께 탄소중립은 감축효과, 기술성숙도, 감축비용 측면에서 아직은 현실적으로 실현불가능하다고 전문가들은 1차적으로 판단을 내린 것이다.

　실제로 UN에 구체적인 LEDS를 제출한 17개 국가 중 탄소중립을 목표로 한 국가는 유럽연합, 포르투갈, 남아프리카공화국, 핀란드, 코스타리카, 피지, 마셜제도, 슬로바키아 8개 국가에 그쳤다. 이미 제출했던 기존 목표를 탄소중립으로 상향 수정할 예정인 캐나다와 독일을 합쳐도 총 10개 나라에 그친다. 이는 선언은 쉽지만 구체적인 감축 계획을 정책으로 이어나가기가 그만큼 까다롭다는 것을 의미한다. 그럼에도 불구하고 최근 들어 계속된 국제사회의 비난과 기후변화에 대한 국민들의 여론이 급속히 형성된 가운데, 한국은 지난해 9월 민주당뿐 아니라 국민의힘, 정의당 의원을 포함한 252명(전체 258명)의 의원들이 "2050년 탄소중립"을 담은 「기후위기 비상선언 결의안」을 국회에서 가결하였다. 이런 긴박한 상황 속에서 정부는 지난 해 12월 15일 기후위기 대응을 위해 관계부처합동으로 수립한 「2050 LEDS」와 「2030 NDC」정부안을 국무회의에서 확정하였다. 관련 내용을 대략적으로 살펴보면 LEDS 정부안 명칭은 "지속가능한 녹색사회 실현을 위한 대한민국 2050 탄소중립 전략"으로 2050년 탄소중립을 목표로 나아가겠다는 비전 아래 5대 기본방향과 부문별 추진 전략을 제시하였다.[32,33] 5대 기본방향은 ① 깨끗하게 생산된 전기·수소의 활용 확대 ② 디지털 기술과 연계한 혁신적인 에너지효율 향상, ③ 탈탄소 미래기술 개발 및 상용화 추진, ④ 순환경제로 지속가능한 산업혁신 촉진, ⑤ 산림, 갯벌, 습지 등 자연·생태의 탄소 흡수기능 강화 등으로 구성되었다.

여기서 주목할 점은 ③의 경우 대규모 온실가스 배출 대표 산업인 철강, 석유화학 및 전력 부문에 대한 탄소중립(탈탄소) 정책을 중심으로 언급하였다. "철강"부문의 경우 기존의 1t의 철강 생산을 위해 2t의 CO_2가 발생하던 화석연료 중심의 공정(코크스와 납사 사용) 대신 수소환원제철 공정의 상용화로 CO_2발생을 50% 감축시키고, "석유화학"부문의 경우 바이오플라스틱 생산기술을 집중적으로 개발하고 상용화할 계획임을 기술하고 있다. 아울러 LNG 열병합발전 중심의 집단에너지가 포함된 "전력"부문도 탄소중립 정책에 「CCUS 기술」이 적극적으로 활용되고 확대될 것임을 명시하고 있다. 본 장 3장에서 상세히 다룰 광합성 능력이 일반 식물에 비하여 월등히 우수한 미세조류를 이용한 생물학적 탄소자원화(CCUS) 기술의 경우 ⑤보다 상대적으로 단위면적 대비 환경 친화적 탄소 흡수 기능을 훨씬 더 강화할 수 있으며, 실제 산업배기가스(flue gas) 내 포함된 CO_2를 활용하여 생산된 바이오매스는 생분해성을 돕는 바이오플라스틱 생산을 위한 원료로도 사용가능하므로 CO_2 경감과 난분해성 석유기반 플라스틱 폐기물 문제를 동시에 해결가능하다. 우리나라는 2015년 6월 "NDC"를 제출한 후 2018년 7월 「2030 국가온실가스감축 수정로드맵」을 마련하고 "저탄소 녹색성장 기본법 시행령"을 개정하는 등 감축목표 이행을 위해 노력해왔으며 그간의 노력을 바탕으로 2020년 12월 「NDC 갱신안」을 마련하였다. 갱신안의 주요 내용을 살펴보면 경제성장 변동에 따라 가변성이 높은 배출전망치 방식의 기존 목표를 이행과정의 투명한 관리가 가능하면서 국제사회에서 신뢰가 높은 "절대량 방식"으로 전환해 2017년 배출량(7억 9백만 톤 CO2eq) 대비 24.4% 감축을 우리나라 "2030년 국가온실가스감축목표"로 확정하였다. 감축목표 설정 시 절대량 방식은 현재 유럽, 미국, 일본 등 100여 개의 국가에서 채택한 상태이다. 한편, 2050 탄소중립을 목표로 나아가는 "장기저탄소발전전략 비전"을 고려하여 2025년 이전까지 2030년 감축목표를 상향할 수 있도록 적극적으로 검토할 계획임을 명시했다.[33]

2020년 2월 작성된 우리나라의 「2050 저탄소 사회 비전 포럼 검토안」에서 CCUS 기술관련 내용을 살펴보면, 일반적으로 CCUS 기술의 감축효과는 유리하고, 기술성숙도는 보통이며, 감축비용은 불리하다고 대략적으로 기술하고 있다. 특히 기술성숙도의 경우 최고 기술보유국(미국) 대비 상대적 열위에 있는 것으로 파악되었다.[3] 아울러, 탄소중립 달성을 위한 방안으로 활용 가능한 감축수단으로서 산업 부문의 경우 배출량만큼 온실가스 마이너스 배출을 하는"CCUS" 및 대기 중 CO_2(400 ppm 내외)를 직접 포집하여 이를 저장·활용하는 기술인 DAC(Driect Air Capture)의 도입을 확대하고 CCUS 또는 DAC에 소요되는 발전원은 신재생에너지(태양광, 풍력, 지열 등) 기반의 제로 배출 발전으로 충당하는 방안이 최초로 검토되었다. 또한, 앞서 언급한 CCUS 및 DAC 기술의 상용화 등을 강조하고 있으며 DAC의 경우 비용이 매우 높거나 현재 상황으로는 추정이 곤란한 수준으로, 실제 Carbon Engineering사의 경우 최대 1톤의 CO_2를 처리하는데 100만원 이상 소요되는 것으로 분석하고 있다.(프로젝트 총 투자비 1,100백만 달러 수준) 참고로, 본 검토안에 반영이 되어있지는 않지만 미세조류를 이용한 생물학적 탄소자원화(CCUS) 기술의 경우, 상대적으로 경제적인 DACU(Direct Air Capture and Utilization)이 가능하여 대기 중 CO_2를 포집하기 위한 비용을 절감할 수 있다. 그러나 아직도 포집·저장·활용에 대한 법적 검토 및 시장형성을 위한 인센티브 마련 등 관련 법적·제도적 보완 체계 정비가 필요한 것으로 판단된다. 이에 기반을 두어 정부는 과학기술정보통신부, 산업통상자원부, 환경부가 서로 협력하여 CCUS 기술의 실증 및 상용화를 위한 신규 로드맵 수립에 착수한다고 지난해 11월 밝힌 바 있다. 관련 내용을 대략적으로 살펴보면, 2021년 신규 CCUS 로드맵은 크게 CO_2 포집, CO_2 활용, CCU 산업전략, CCU 정책·제도 4개 분야로 분류하였으며 온실가스 감축효과 및 성과목표를 검토하기 위한 검토위원회를 구성, CCUS 기술 개발 및 상용화 전략과 법·제도적 지원방안을 구체적으로 수립할 계획인 것으로 밝혀졌다.[34)]

이런 가운데 프랑스 파리에서 지난해 2월 개최된 제52차 IPCC 총회에서 「제6차 평가주기(2015-2023) 종합보고서」의 개요가 승인되었다. 본 "6차 IPCC 종합보고서"는 총 6개의 세부 보고서로 구성되어 있으며, 이 중 3개의 "특별보고서"[지구온난화 1.5℃(2018.10.), 기후변화와 토지(2019.8.), 해양 및 빙권(2019.9.)]는 이미 발간되었고, 나머지 3개의 "실무 그룹별 평가보고서"는 올해 중으로 발간될 예정인 것으로 밝혀졌다. 발간을 앞둔 3개의 실무 그룹별 평가보고서는 제1실무그룹인 "기후변화의 과학적 근거 평가", 제2실무그룹인 "기후변화의 영향, 적응과 취약성 분야 평가", 제3실무그룹인 "기후변화 완화(온실가스 감축 등) 분야 평가"로 구성된다. 여기서 특별히, 제3실무그룹인 "기후변화 완화(온실가스 감축 등) 분야 평가" 부분에서 실재 온실가스를 저감할 수 있는 기술로서 개발되어 학계/산업계에 현재까지 널리 알려진 CCUS 기술들을 선별적으로 소개하고 다양하면서도 구체적이고 심도 있게 거론될 것으로 판단된다. 「저탄소 녹색성장 기본법」 제45조 3항에 의하면, 온실가스 종합정보관리체계의 구축과 관련하여 "정부는 국가 온실가스 배출량·흡수량, 배출·흡수 계수(係數), 온실가스 관련 각종 정보 및 통계를 개발·검증·관리하는 온실가스 종합정보관리체계를 구축함에 있어 국제기준을 최대한 반영하여 전문성·투명성 및 신뢰성을 제고하여야 한다."고 언급하고 있다. 따라서 "기후변화 완화 분야 평가" 자료는 향후 국무조정실을 비롯한 2050탄소중립위원회 및 녹색성장위원회를 포함한 온실가스 관련 업무를 담당하는 15개 부처에서 정책 및 R&D 투자 결정에 활용될 것으로 판단된다.

3. CCUS 기술과 국내 집단에너지 온실가스 감축 정책

2016년 12월 제1차 「2030 온실가스 감축 기본 로드맵」 수립 이후 2017년 1월 관계부처 합동으로 진행한 「배출권 할당계획 변경(안)」에서는 기존의 감축수단의 감축 항목 내 전환 부분을 발전에너지와 집단에너지로 구분하여 각각 2030년 감축목표를 BAU(발전에너지: 322Mt, 집단에너지: 11.4Mt) 대비 19.9 및 3.1%로 조정함을 최종 확정하였다.[35] 집단에너지 업종이 속한 전환부분(발전에너지+집단에너지)의 2030년 BAU 배출량은 333.4Mt(2030 국가 BAU 대비 39.1%)으로 추정되며 전환부분은 감축목표를 당초 64.5Mt에서 57.8Mt으로 약간 하향 조정하였으나, 이 중에서 23.7Mt은 결정하고 34.1Mt의 온실가스 감축은 미확정된 상황으로 실제로 집단에너지설비에서의 감축량 설정이 현재까지 완료되지 않은 상태이다.[31] 온실가스종합센터의 국내 온실가스 통계 자료에 따르면 업체별로 온실가스 배출량을 추산해본 결과, 국내 상위 10개 업체에서 배출한 온실가스가 국가 배출량의 절반가량을 차지하고 있는 것으로 확인되었다.[36] 2014년 기준 온실가스 배출량 상위 10개 기업에서 총 3억 2,466만 7,844톤에 달하는 온실가스를 배출하였으며 이 같은 수치는 같은 해 국가 배출량 6억 9,060만 톤 대비 약 48%에 이른다. 온실가스 배출량 1위 기업인 철강기업 "P"는 연간 7,000만 톤 이상의 온실가스를 배출하고 있으며, 전체 국내 BAU의 10% 이상을 차지하고 있다. 석유에서 추출된 나프타를 원료의 기반으로 하는 석유화학 산업 분야와 더불어 발전, 철강 및 시멘트 관련 업체들이 온실가스 다배출 업종인 이유는 다름 아닌 이들 산업들이 석탄을 주원료로 사용하고 있기 때문이다.

〈표 1〉 전환부문 업종별 BAU와 감축목표에 대한 수정 사항

부문	구분	업종	BAU(Mt; 백만 톤)	감축량(Mt; 백만 톤)	BAU대비 감축률(%)
전환	당초	전환	333	64.5	19.4
	수정	발전에너지	322	64.15	19.9
		집단에너지	11.4	0.36	3.1

출처: 배출권 할당계획 변경(안)

〈표 2〉 국가 온실가스 감축 기본 로드맵 수정 내용 (출처: 환경부)

(단위 : Mt(백만 톤), %)

구 분		BAU 배출량 감축후 배출/감축량	기존 로드맵		수정안		비 고
			BAU 대비 감축률	감축후 배출/감축량	BAU 대비 감축률		
배출원 감축	산업	481.0	424.6	11.70%	382.4	20.50%	기존로드맵 대비 3.4-14.6% 상향 조정
	건물	197.2	161.4	18.10%	132.7	32.70%	
	수송	105.2	79.3	24.60%	74.4	29.30%	
	농축산	20.7	19.7	4.80%	19.0	8.20%	
	폐기물	15.5	11.9	23.00%	11.0	28.90%	
	공공기타	21.0	17.4	17.30%	15.7	25.30%	
	탈루 등	10.3	10.3	0.00%	7.2	30.50%	신규 감축원
감축수단 활용	전환(확정분)	(333.2)[*1]	-64.5		-23.7		소폭 하향 조정 및 향후 조정
	전환(추가감축)				-34.1[*2]		
	E신산업 / CCUS	-	-28.2		-10.3		하향 조정
	산림흡수원				-22.1	2.60%	신규 감축원
	국외감축 등	-	-95.9	11.30%	-16.2	1.90%	대폭 하향 조정

	BAU 배출량 (A)	850.9					
	국내 감축량		218.9	25.70%	298.6	35.10%	79.7Mt 증가
	BAU대비 목표배출량 (B)		536.1	37.00%	536.1	37.00%	
	목표 감축량 (A-B)		314.8		314.8		
	배출원 감축량 (C)		126.3		208.5		
	감축수단 감축량 (D)		188.6		106.4		
	감축량 합계 (C+D)		314.9		314.9		

비고 : 1. 전환부문 배출량(333.2Mt)은 전기 및 열 사용량에 따라 부문별 배출량에 포함되어 합계로 산정됨
　　　2. 전환부문 감축량 23.7Mt 확정, 추가감축 잠재량은 추후 확정

이런 상황 속에서 정부는 발전 부분의 에너지 개혁을 우선적으로 단행하게 되는데, 제3차 에너지기본계획(2019년 6월)에 의하면 발전용 에너지원으로서 원전 및 석탄발전의 비중을 과감히 축소하는 대신 2017년 7.6%인 재생에너지 발전 비중이 2040년 30-35%로 크게 확대되었으며, 발전용 에너지원으로 천연가스(LNG)의 활용도 지속적으로 확대될 전망이다.[37] 아울러 환경부의 "환경영향평가법"에 따른 환경영향평가 절차가 새롭게 도입되면서 「9차 전력수급기본계획의 최종안」이 지난해 12월 28일 확정되었으며, 발전용 에너지원으로 석탄발전 비중을 대폭 줄이는 대신 이로 인한 전력 부족분을 LNG로 대체함으로써 환경성과 안전성을 동시에 잡겠다는 계획이다.[38] 대략적으로 살펴보면, 석탄설비의 경우 현재 60기 중 30기(15.3GW)를 폐지하고 신규 7기(7.3GW)를 준공할 계획이며, LNG설비의 경우 폐지되는 석탄 30기중 24기(12.7GW)를 LNG로 전환 등을 추진 중인 것으로 밝혀졌다. 결과적으로, 석탄의 경우 2020년 현재 35.8GW에서 2034년 29.0GW로 6.8GW 감소하고, LNG의 경우 2020년 41.3GW에서 2034년 59.1GW로 17.8GW 증가할 것으로 예상된다. 신재생

에너지의 경우에도 제8차 전력수급기본계획과 앞서 설명한 제3차 에너지기본계획에 따라 2020년 20.1GW에서 2034년 77.8GW로 크게 확대될 전망이다.[37]

한편, 2020-2034년 연평균 전력수요 예상 증가율은 1.0%로 8차 계획의 1.3%보다 낮아졌는데, 이러한 현상은 향후 국내 인구감소 현상과 더불어 코로나-19의 영향으로 "Post 코로나"시대에 접어들면서 산업전력 수요의 지속적 감소가 이어질 수도 있다는 예측이 부분적으로 영향을 미쳤을 가능성이 있다. 그러나 향후 전기자동차의 도입과 확대에 따른 대중화의 정도는 향후 전력수요를 탄력적으로 상승시킬 수 있는 중요한 변수이다. 아울러, 집단에너지사업법 제3조에 근거하여 2020년 2월 공고된 제5차 집단에너지 공급 기본계획에 의하면 집단에너지생산방식(열병합발전, 보일러, 외부수열)이 대체생산방식(국가 평균 화력발전, 보일러) 대비 2019-2023년 5년간 지역냉난방의 경우 에너지사용절감량은 1,643만 톤(절감률 31.5%), 대기오염물질 배출감축량은 5만 톤(감축률 53.3%), 온실가스 배출감축량은 3,850만 톤(감축률 31.1%)으로 추정되며, 산업단지 집단에너지의 경우 에너지사용절감량은 1,967만 톤(절감률 22.9%), 대기오염물질 배출감축량은 26.2만 톤(감축률 27.3%), 온실가스 배출감축량은 6,371만 톤(감축률 26.2%)에 이를 것으로 밝혀졌다.[39]

그러므로 지금까지는 우리나라의 전력 생산방식의 구조가 경제성 측면에서 LNG의 경우 상대적으로 높은 연료비 단가로 인하여 전력이 대부분 LNG 발전보다 석탄발전 위주로 생산되어 왔지만, 앞으로는 온실가스 배출 문제로 촉발된 환경적 이슈로 인하여 상대적으로 우수한 발전효율과 비교적 낮은 온실가스 및 미세먼지 배출량을 자랑하는 좀 더 환경친화적인 LNG 발전이 정책적으로 계속 확대될 전망이며, 장기적 관점에서는 석탄발전과 신재생에너지 발전의 교두보 역할을 할 것으로 판단된다. 그러나 LNG 열병합발전 중심의 집단에너지 생산방식이 석탄발전 중심의 대체 생산방식에 비하여 발전 효율과 환경적 측면에서 장점이 많은 것은 사실이나, 향후 집단에너지 육성을 위한 제도적 보완과 보급 및 확장사업이 대부분 완료되는 시점에서 사실상 상당 부분 그 장점의 희소성은 희석될 것이며 이후 CO_2 배출규제는 집단에너지 사업장에 더욱 강화될 소지가 다분하다. 따라서 가까운 미래에 온실가스 배출권의 보유 정도가 그 기업의 경쟁력을 나타내는 지표로 널리 사용될 것으로 예상되며, 집단에너지 사업장에서는 천연가스 유래 열병합발전시스템을 더욱 확대하고 노후화된 설비를 교체하여 발전 효율을 향상시킴과 동시에 사전감축 수단을 통하여 열병합발전소의 온실가스 배출량 대비 전력 생산량을 지속적으로 증대시키고, 사후 감축 수단으로서 CCUS 원천기술의 확보를 비롯한 실증화 연구와 더불어 대규모 표준화 공정 구축을 통한 상용화가 조속히 이루어져야 할 것이다.

③

CCUS 기술 분류 및
국내·외 현황

1. 세계 각국의 CCUS 기술 표준 통합 분류

이산화탄소는 다양한 산업 및 공정에서 발생하고 있지만 CO_2 저감을 달성하는데 있어 CCS 단일 기술로는 환경적, 기술적, 경제적 부분에서 여건상 여전히 다양한 현실적 문제들이 산적한 상황이므로 전 세계적으로 CO_2 저감을 위한 다양한 접근 방식이 거론되고 있다. 미국 역시 초기에 CCS를 통한 이산화탄소 저감을 고수했으나, 현재는 다양한 방식으로 CO_2를 경감하고 자원으로 재활용하기 위한 CCU 기술에 역점을 두고 있으며, 최근 들어 CO_2 포집·저장·활용을 함께하는 CCUS 기술 개발을 미국 DOE(Department of Energy)에서 다각적으로 추진하고 있다. "CO_2 포집기술"의 대표기술로는 습식 포집기술, 건식 포집기술 및 분리막 포집기술 등이 있다. 포집된 농축 CO_2는 직접 수송관을 통하여 저장장소로 주로 운반된다. "CO_2 저장기술"의 경우 주로 지중 저장 형태로서 본 목적에 가장 적합한 것으로 밝혀진 사암층이 풍부한 지반의 확보가 무엇보다 필요하며, 최근에는 온실가스 저장고로 원유나 천연가스 생산이 종료된 폐유전 및 폐가스전과 같은 시설들의 활용도 검토되고 있다.

다음으로 "CO_2 활용기술"은 크게 두 범주로 분류된다. 첫째는 "CO_2 recycling(or CO_2 non-conversion)" 기술로서 CO_2를 감축하지 않고 회수하여 재사용하는 것이 특징이며, 대표기술로는 CO_2를 활용하여 지층 하부의 오일 및 가스 회수 효율을 향상시키는 CO_2-EOR(Enhanced Oil Recovery), CO_2-EGR(Enhanced Gas Recovery) 등이 있으며 본 기술을 통하여 2050년까지 연간 100-1800Mt의 CO_2가 활용될 것으로 기대된다.[40] 둘째는 "CO_2 converting(or CO_2 conversion)" 기술로서 CO_2를 다양한 유용물질로 전환하여 경감하는 것이 특징이며, 크게 광물화 기술, 생물학적 기술, 화학적 기술 분야 3가지로 분류되며 본 기술들을 통하여 각각 2050년까지 연간 100-1400Mt CO_2, 700-5900Mt CO_2, 1300-4800Mt CO_2가 활용될 것으로 기대된다.[40]

〈그림 3〉 CCU (탄소자원화) 기술의 분류

출처: US Department of Energy

대표적으로 "광물화 기술" 분야에는 경질 탄산칼슘 제조 기술, 콘크리트 제조 기술 등이 있고 "생물학적 기술" 분야에는 광합성 식물 및 미생물을 이용한 BECCS 기술과 바이오플라스틱 원료 생산 기술 등이 있으며, "화학적 기술" 분야에는 연료, 폴리머, 요소(Urea) 제조 기술 등이 있다. CO_2-to-Urea 전환 공정의 경우 현재 전체 화학적 전환 기술 중 가장 큰 규모로 연간 200Mt의 Urea를 생산하기 위하여 140Mt의 CO_2가 활용되고 있으나, 모든 질소 기반의 비료들이 분해 시 CO_2 보다 온실가스 효과가 300배 이상인 N_2O를 대기 중으로 발생시키므로 장기적으로 확장성 측면에서 환경적 이슈로 인하여 정책적으로 추진하기에는 근본적 한계가 있는 상황이다.

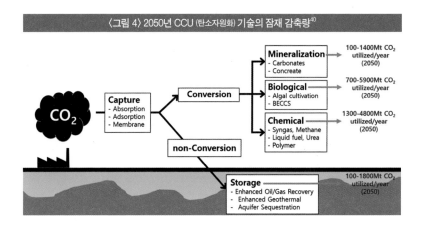

〈그림 4〉 2050년 CCU (탄소자원화) 기술의 잠재 감축량[40]

최근 국제학술지 "네이처(Nature)"의 보고에 따르면, 「US National Academy of Sciences」와 「UK Royal Society」에서 합동으로 회의를 거쳐 엄격하게 선별된 10개의 대표 CCU 기술들을 다음의 3가지의 이용 경로(Cycling, Closed 및 Open)로 분류하여 소개하였다.[40] 첫째로 "Cycling 이용 기술"의 특징은 탄소의 순환 개념으로서 그 주기는 수일에서 수달에 이르며 비록 대기 중의 CO_2 농도 저감에 기여도는 떨어지지만, 화석연료의 일부 대체효과로 인하여 산업배가스의 배출을 줄일 수 있으며 (1) CO_2 기반 화학제품 기술, (2) CO_2 기반 연료 기술 및 (3) 미세조류 기반 생화학제품 기술들이 이 부류에 포함되려는 경향이 있다. 다음으로 "Closed 이용 기술"은 CO_2의 이용과 더불어 CCS 기술과 연계하여 거의 반영구적 저장이 가능한 기술로서 (4) CO_2 기반 탄산염광물화 기술 (5) 원유 회수기술(CO_2-EOR), (6) CO_2 기반 바이오에너지 생산 및 연소 후 발생하는 CO_2 포집 및 저장 기술(BECCS), (7) 자연적 광물화 기술(Enhanced weathering)들이 이 군에 속한다. 마지막으로 "Open 이용 기술"은 생물학적 시스템으로 자연계에 널리 존재하는 바이오매스 및 토양을 기반으로 하여 상당량의 CO_2 저감 잠재성을 가지지만, 한편으로는 자연스럽게 대기 중에 막대한 양의 일부를 다시 방출하는 위험성도 상존하는 기술로서 (8) Forestry technique(삼림확장 기술), (9) Land management practices(토양 기반 CO_2 흡착 기술), (10) biochar(바이오숯) 기술들이 여기에 속한다.

- **CO_2 capture, transfer and storage** (CO_2 포집, 수송 및 저장 기술)

산업배가스 내 이산화탄소의 저장 및 전환을 위해서는 배가스로부터 CO_2를 선택적으로 분리하여 포집해야 하며, 적용될 수 있는 세부 포집기술로는 현재 흡수, 흡착, 막분리, 상분리(수화물-Hydrate), 심냉법 기술 등이 있다. 현재 널리 상용화 되고 있는 기술들 위주로 설명해보면, "흡수공정"은 이산화탄소와 물리화학적으로 친화력이 있는 액상 또는 고상의 흡수제와 접촉하여 CO_2를 선택적으로 분리하는 포집 방법으로, 흡수제의 특성에 따라서 화학흡수공정과 물리흡수공정으로 구분된다. 일반적으로 흡수공정은 석유화학공정에서 이미 적용된 상용공정으로 적용이 용이한 것으로 평가되며 화학흡수공정은 연소배가스와 같이 이산화탄소의 농도(분압)가 낮은 배출원에 적용되고, 물리흡수공정은 반대로 이산화탄소 농도(분압)가 높은 배출원에 적용된다. "막분리 공정"은 도입 시 현재 CO_2 포집을 위해 산업적으로 널리 활용되는 흡수공정과는 대조적으로 스팀(steam)을 사용하지 않아 발전 효율 손실을 최소화할 수 있고, 상대적으로 저렴한 처리 비용과 더불어 협소한 공간(도심형 발전소, 산업단지)에도 설치가 가능한 컴팩트 CO_2 포집 시스템의 구축이 가능하지만, 고농도 이산화탄소 포집에는 분리막의 특성 중 낮은 선택도에 의하여 적용상 제약이 있으므로 연소배가스와 같이 이산화탄소의 농도(분압)가 낮은 배출원에 비교적 적합한 기술이다. 이어서 포집된 이산화탄소는 "심냉법 공정"을 통하여 포집된 산업배가스 내 수분 및 불순물을 특정 온도 및 압력 조건에서 제거하고 액화하여 농축하고 각 성분별 비점 차이로 분리하는 기술로 최근 들어 액화 이산화탄소(L-CO_2)와 연계한 시스템 개발이 추진되고는 있으나 대량의 처리가스를 액화하기 위한 다량의 에너지 소비, 설비투자비 등이 소요되는 문제가 있다. 포집된 이산화탄소를 저장하기 위하여 일반적으로 앞서 포집된 CO_2를 액화하여 배출원의 일정한 장소에 임시저장한 뒤 저장소로 수송, 저장하게 되는데, 수송 수단으로 액화천연가스의 수송개념에서 도입된 선박을 이용하는 경우 다량의 시설 투자비가 소요되므로 현실적으로 육상 및 해상에 지중 저장을 하는 경우는 주로 파이프라인으로의 수송이 우선 적용될 것으로 예상된다. 그러므로 발생원으로부터 포집된 이산화탄소는 파이프라인과 같은 수송 수단을 이용하여 저장지인 심부의 지층(석유·가스전, 대염수층, 석탄층 등)에 고압 압축 상태로 저장되고, 지상 환경으로부터 장기간에 걸쳐 격리 관리를 받게 된다.

• CO_2-EOR (Enhanced Oil Recovery, CO_2 기반 석유회수증진법)

원유를 채굴할 때 압력이 처음보다 하강하여 채굴량이 감소하면 물이나 가스를 주입(3차 회수단계에 적용)하여 생산량을 증대시키는 방법으로서, CCUS 기술 중 기술성숙도가 가장 높고 이미 미국에서는 30년 전부터 상업적으로 널리 이용되고 있으며 기술적으로도 잘 확립되어 있다. 현재 미국 총 원유 생산의 5%가 "석유회수증진법"을 이용하여 채굴되고 있다. 현재 원유 생산업자는 기존의 CO_2-EOR 방법을 통하여 회수된 원유의 양과 주입된 CO_2 톤당 회수된 CO_2의 양을 극대화하는 것에 목표를 두고 있으며, 통상적으로 1톤의 CO_2가 주입되면 1.1-3.3 배럴의 원유가 생산되는 것으로 알려져 있다. 전 세계적으로 90% 이상의 원유 매장지역에 잠재적으로 CO_2-EOR 방법의 적용이 가능하며, 이는 곧 140Gt의 CO_2를 이용 및 저장할 수 있음을 의미한다. 만약 CO_2-EOR 방법이 원유 생산량보다 CO_2 저장을 극대화하기 위하여 활용된다면, 유의미한 CO_2배출 저감이 가능할 것으로 판단된다. CO_2 기반 석유 회수 기술은 CO_2를 톤당 \$45-\$60의 구입비용으로 조달이 가능하다면, 대략적으로 배럴당 \$100 수준의 경제성이 있는 것으로 보고되고 있으며 이때 감가상각비가 \$60-\$45에 이르는 것으로 추산된다. 배럴당 \$100의 가격은 본 기술의 비즈니스 모델이 성숙기에 있는 미국에서 특히 유의미한 수치일 것으로 추정된다. CO_2-EOR을 통한 원유 채굴 공정의 경우 대략적으로 2050년 기준 잠재적인 CO_2 이용량은 각각 100-1,800Mt에 육박할 것으로 예상된다.[40]

• **Mineralization** (CO₂ 기반 경질 탄산염광물화 기술)

알칼리 토금속 활용 화학적 광물화(Mineralization) 반응을 통한 경질 탄산칼슘 제조 공정의 경우, 대체적으로 월등한 CO_2 전환속도와 더불어 기술성숙도가 비교적 높고 용도에 따라 반영구적 CO_2 격리가 가능하다는 측면에서 CCU 기술로서 높게 평가받고 있다. 한편, 토금속 함유 폐기물을 재활용하여 생산된 탄산칼슘을 각종 건물 자재 생산에 활용할 경우, 단가가 비교적 높지 않아 고부가 창출은 현실적으로 어렵다는 것이 아쉬운 점이다. 광물화의 원료가 되는 알칼리 토금속의 값싼 원료 공급원으로 시멘트 waste, 건물 해체 시 waste, 강철 슬래그, 시멘트 가마 먼지, 미분탄재와 같은 다양한 산업폐기물의 활용이 가능하고, 액상에서 알칼리 토금속과 CO_2의 광물화 반응을 통하여 생산된 경질의 탄산칼슘은 precast 콘크리트 시장(100%) 및 부어서 사용하는 콘크리트 시장(70%)에서 시멘트 양생에 사용가능하다. 화학적 광물화(Mineralization) 공정의 경우 대략적으로 2050년 기준 잠재적인 CO_2 이용량은 각각 100-1,400Mt에 육박할 것으로 예상된다.[40]

• **BECCS** (Bioenergy with Carbon Capture and Storage, CO₂기반 바이오에너지 생산 및 연소 후 발생하는 CO₂ 포집 및 저장 기술)

BECCS 기술의 기본 개념은 전기 혹은 연료의 생산을 목적으로

에너지 작물이나 미생물을 이용하여 광합성을 통해 대기 중의 이산화탄소를 생물학적으로 고정하고, 생산된 바이오매스는 기존의 화석에너지원을 일부 혹은 완전히 대체함으로써 실질적 온실가스 경감을 실현하는 기술로, 생산된 바이오매스는 건조 후 무산소 연소를 통한 바이오숯의 제조 혹은 유산소 연소 후 발생하는 CO_2를 무기탄산염으로 전환 혹은 포집 후 저장기술(EOR 활용가능)을 통하여 지중에 격리 저장된다. BECCS를 통한 콘크리트 건물 자재 생산 공정의 경우 대략적으로 2050년 기준 잠재적인 CO_2 이용량은 500-5,000Mt에 육박하고, 연간 100-300EJ 정도에 해당되는 바이오매스가 2050년까지 BECCS 공정에 이용될 것으로 판단된다. [40]

- **Microalgae-based bio-chemicals** (CO_2 기반 미세조류 유래 생화학물질 생산기술)

학계에서는 생물학적 CCU 방법을 광합성 미생물을 이용하는 방법과 비광합성 미생물을 이용하는 방법으로 구분하고 있으며, 최근 세계 유수 저널인 "Nature communications"의 보고에 따르면, 비광합성 미생물의 경우 CO_2 고정이 가능하지만 CO_2를 고정하면서 성장하는 동시에 생물체의 호흡으로 발생하는 CO_2 양을 고려하였을 때 순고정량이 0으로 평가되는 것으로 밝혀졌다. [42] 반면, 광합성 미생물인 미세조류의 경우 순수한 CO_2 저감은 여전히 +인 것으로 보고되고 있으며 광배양을 통하여 생산된 미세조류 바이오매스 내 탄소 함량 50%를 기준으로 하였을 때, 1톤 바이오매스 당 1.83톤의 이산화탄소 저감이 가능하며 미세조류 유래 생화학물질 생산 공정을 위하여 광생물반응기 활용 시 CO_2 저감 효율은 다음의 식

[Efficiency(%) = (Influent of CO_2 - Effluent of CO_2) / Influent of CO_2 × 100][43]으로 표현된다. 광합성 미세조류 기반 CCU 기술의 가장 큰 장점은 여느 기술보다 친환경적이고 생물학적 CO_2 고정화를 일으키는 핵심 에너지 광원으로서 자연광을 활용하여 기술 구현이 가능하다는 점과 대기 중의 저농도 CO_2와 산업배가스 내 고농도 CO_2 모두 활용 가능하고 별도의 CO_2 포집 공정을 요구하지 않는다는 점 (CO_2 3-15% 함유 산업배가스 직접 활용 가능), 기술성숙도가 비교적 높다는 점 그리고 매우 다양한 종류의 고부가 산업 창출에도 용이하다는 점 등이 특징이다. 그러므로 생산품목별로 활용 목적에 따라 CO_2 저감 잠재성이 다양해질 수 있으며, 균종에 따라서는 의약품 생산에도 활용되고 있다. 특히, 헤마토코쿠스 플루비알리스(Haematococcus pluvialis)의 경우 강력한 항산화 및 항염증 효과로 인하여 각종 항산화제 및 면역증강제로 사용되는 아스타잔틴(Astaxanthin)이란 고부가 천연 의약물질을 합성하는 것으로 잘 알려져 있다. 전 세계적으로 사회적 이슈화가 되어버린 COVID-19 팬데믹 이후로 SARS-CoV-2 감염으로 인한 사망자가 급증하면서, 본 코로나 바이러스의 주된 사망의 원인이 싸이토카인 폭풍(Cytokine storm) 유발 후 패혈증 및 장기부전으로 밝혀진 가운데, 최근 들어 아스타잔틴은 SARS-CoV-2 감염 유래 싸이토카인 폭풍, 급성 폐 손상, 급성 호흡기 증후군 및 패혈증 완화 효과가 있음이 밝혀짐을 통해 아스타잔틴이 천연 항바이러스제이면서 이상적인 코로나 19 보조 요법 후보군으로 인정받고 있다. [44,45] 여러 국제사회의 신호들을 종합해 보았을 때, 향후 본 미세조류 활용 기술이 온실가스(CO_2)를 경감하는 기술로서 당당히 인정받기 위해서 우선적으로 수반되어야 할 기술은 바로 저에너지 소

모형 DACCS(direct air carbon capture and storage)와 BECCS 기술의 확립이다. 아울러, 기존의 광원으로 활용되던 에너지 소모형 LED 및 온실 내부 온도 조절을 위하여 활용되던 온풍시설을 자연광과 폐열로 대체하게 된다면 상대적인 온실가스 저감 효과를 얻을 수 있을 것으로 판단된다. "미세조류 유래 생화학물질 생산(Microalgae-based bio-chemicals)"공정의 경우 대략적으로 2050년 잠재적인 CO_2 이용량은 200-900Mt에 육박할 것으로 예상된다.

2. 국내·외 CCUS 기술 상용화 및 관련 사업 현황

2016년 기준으로, 전 세계 38여 개의 대규모 실증 CCUS 프로젝트가 주로 미국과 중국을 중심으로 수행되어왔으며 미국은 12개, 중국은 8개, 유럽은 5개, 캐나다는 5개의 프로젝트가 각각 진행되고 있다. 전 세계적으로 38곳의 대규모 CO_2 포집 설비 중 12곳이 발전설비에 설치되어 있으며 전체 38곳의 포집 설비로부터 예상되는 포집량은 연간 71.5백만 톤에 이른다.

미국은 최고 기술국으로 DOE와 OFE(Office of Fossil Energy)에서 CCUS 관련 기술들을 중점적으로 투자하고 있으며, 기초 및 원천 연구와 더불어 산업적용을 위한 대규모 실증 프로젝트를 지속적으로 추진하고 있다. 특히, 미국은 2009년 국립탄소포집센터(National Carbon Capture Center)를 설립하고 기존의 포집 세부 대표 기술들(건식포집, 습식포집, 분리막포집)의 포집비용을 현저히 낮추기 위한 혁신적 기술의 개발을 단계적으로 추진하고 있다. 관련 세부 내용을 일부 살펴보면, 2025년 이산화탄소 1톤당 포집비용 $40-$45 수준의 2세대 포집기술, 2035년 이산화탄소 1톤당 포집비용 $24이하의 변형 탄소 포집기술(Carbon Capture Transformational Technology, 멤브레인 기반 하이브리드 공정, 다공성 금속-유기 골격체 등) 등을 상용화하는 단계별 목표를 설정하고 연구가 진행되고 있다.[46) 또한, 미국은 2003년 DOE 산하 NETL(National Energy Technology Laboratory) 주도로 착수하여 현재 진행 중인 7개 지역 탄소 격리 파트너십 프로젝트(Regional Carbon Sequestration Partnership, RCSP) 중 하나인 동남 지역 탄소 격리 파트너십(Southeast Regional Carbon Sequestration Partnership, SECARB) 프로젝트를 통해 2007년부터 10년간 세계 최초로 석탄화력발전에 지중저장 기술이 통합된 실증 연구를 추진하였다. 본 프로젝트를 통하여, 2012년 착수한 인위적 실험에서 알라바마 Barry 플랜트(2,657MW 전력생산)에서 구축된 이산화탄소 포집시설을 통해 CO_2를 포집하고 이를 인근 지층에 수송/주입하여 매년 100,000-150,000톤의 CO_2를 3년간 격리했었던 것으로 보고되었다. 2017년 Carbon Capture Journal의 보고에 따르면, 2017년에 출범한 세계 최대의 이산화탄소 포집/저장 프로젝트로 주목받는 페트라 노바(Petra Nova) 프로젝트의 일환으로 완공된 세계에서 가장 큰 발전소 기반 습식 포집설비로부터 텍사스주 휴스턴 근처 석탄화력발전소의 240MW급 전력생산 플랜트에서 배출한 이산화탄소의 90%를 포집(1.4백만 톤/년 규모)하고, 포집된 CO_2를 EOR에 활용하고 있는 것으로 파악된다.[46) 참고로, 페트라 노바 프로젝트는 현재 Mitsubishi Heavy Industries의 아민계 흡수제(KS-1™)를 CO_2 포집에 사용하고 있다. 한편, 미국은 2009년 국립탄소포집센터(NCCC)를 설립하고 2025년까지 CO_2 1톤 당 $45 수준으로 비용을 낮추는 2세대 포집 기술 개발에 매진하고 있다. 최근에는 코넬, 듀크 대학 등을 중심으로 조류(Algae)를 이용하여 전기에너지와 각종 유용물질들을 생산하고 이산화탄소는 저감하는 BECCS에 관한 연구도 추진 중인 것으로 알려졌다.[46] 아울러, 미국 하와이 시아노텍(Cyanotech)에서는 현재 2개의 180kW급 등유발전 시설의 배가스를 활용하여 헤마토코쿠스 바이오매스를 생산 중이다.[47]

유럽은 2030년 BAU 대비 40% CO_2 감축을 위해 4억 톤의 탄소배출권(carbon credit)에 해당하는 90억 유로를 탄소 저감 프로젝트(NER400) 투자금으로 조성한 바 있으며, 유럽의 많은 국가들이 실제로 대규모 CCUS 실증 프로그램을 운영하고 있다.[28] Horizon 2020을 비롯하여 노르웨이는 CCS 기술 개발을 선도하며 지난 20년 동안 총 2,000만 톤 이상의 CO_2를 지중 저장해 왔으며, 네덜란드는 Rotterdam Capture and Storage Demonstration Project를 수행하고 있고, 스위스는 세계 최초로 대기 중의 이산화탄소를 직접 포집할 수 있는 DAC 설비를 자체 개발하여 현재 실증 테스트를 진행 중이다.[28] 미국과 더불어 유럽도 현재 습식 포집설비를 구축하고 많은 국가에서 Mitsubishi Heavy Industries의 아민계 흡수제(KS-1™)를 CO_2 포집에 사용하고 있다. 최근 유럽에서는 2017년 「IEA 에너지기술전망 보고서」에 제시된 2℃ 시나리오인 "2DS"를 실현하기 위해 좀 더 강력한 온실가스 저감(carbon-negative) 기술이 필요한 상황에서 bio-CCS plants를 이용하여 공기 중 CO_2를 직접 포획 후 생산된 바이오매스를 석탄발전소에서 연소를 통하여 에너지나 바이오숯으로 활용하는 BECCS 기술 개발을 진행 중이다. 스웨덴 국영에너지기업인 "Vattenfall"사(社)는 2020년 10월 "Aker Carbon Capture"와 스웨덴과 북유럽 지역에서 이산화탄소 포획 식물(bio-CCS plants)에 대한 LCA 평가를 촉진시키기 위해서 양해각서를 체결하였다. 노르웨이 몽스테드센터(Technology centre Mongstad, TCM)에서는 미세조류 배양시설을 구축하고, LNG 연소 배가스를 활용하여 연어양식용 오메가3 고축적 미세조류 바이오매스를 대량 생산하기 위한 실증연구를 진행 중이다. 유럽은 앞으로도 CCUS 기술과 신재생에너지 기술에 대한 투자를 확대할 계획인 것으로 밝혀졌다.

한국의 경우 "CO_2 포집기술"은 2002년 이후 한국에너지기술연구원(KIER)과 한국전력연구원(KEPRI)에서 공동으로 건식 CO_2 흡수제 개발을 진행해왔으며, 2012년 8월 한국남부발전 하동화력본부 석탄화력발전소 내 K_2CO_3을 이용한 10MW급 대규모 CO_2 건식 흡착 설비를 구축하고, 세계 최초로 상용화에 성공하였다. 과학기술정보통신부는 Korea CCS 2020 프로젝트를 통하여 한국에너지기술연구원(KIER) 내 2MW급 발전설비를 연계한 습식, 건식 및 분리막 포집 공정 개발 및 장기운전 연구를 성공적으로 수행한 바 있으며, 한국서부발전 태안발전본부 석탄화력발전소 내 0.5MW(상용급의 1/1000 수준)급 CO_2 습식 포집 플랜트를 구축하고 MAB-E, MAB-N 2종의 습식 흡수제를 사용한 장기운전을 통하여 실증 연구를 성공적으로 수행하였다. 산업통상자원부는 에너지기술개발사업의 일환으로 한국중부발전과 한국전력연구원(KEPRI)의 주도로 한국중부발전 보령발전본부 석탄화력발전소 내 Kosol4(아민계) 습식 흡수제를 이용한 10MW급 대규모 습식 CO_2 흡착 설비 구축(하루에 최대 200톤, 연간 7-8톤의 CO_2 포집 가능)을 통하여 상용화에 성공하였다. 아울러, 산업통상자원부는 현재 한국지역난방공사 판교지사 내 LNG 열병합발전 시설의 Zero-emission을 달성하기 위하여 다양한 중공사막을 이용한 0.1MW급 CO_2 분리막 포집, CO_2 광물화 전환 및 고부가 창출형 CO_2 미세조류 바이오매스화 통합 실증 공정을 구축하고 장기운전 시험을 성공적으로 수행하고 있다. "CO_2 저장기술"의 경우, 과학기술정보통신부는 Korea CCS 2020 프로젝트를 통하여 10,000톤 규모의 CO_2를 저장하기에 적합한 지리적 위치를 탐색 및 확보 후 실증연구를 수행할 계획이었으나, 불행하게도 실증연구 부지로 유력하였던 포항 인근(이산화탄소를 해양 지중에 저장하는데 가장 적합한 사암층이 풍부한 지반 형성)에서 지진이 발생하고, 지진 발생지 인근 지열발전소가 포항지진을 유발했다는 전문가 지적이 나오면서 한동안 실증 연구가 크게 위축된 상태로 잠정 중단되어왔다. 그러나 최근에 산업통상자원부와 한국석유공사는 2022년 6월 천연가스 및 초경질 원유 생산이 종료되는 울산 근해에 위치한 현재로서는 유일한 CO_2 저장소로 평가되는 동해-1, 2 가스전의 지하공간을 활용하여 30년간 매년 40만 톤씩 총 1,200만 톤의 CO_2를 수용하고, 포집·저장·활용을 망라한 대형 CCUS 프로젝트 실증 및 상용화 로드맵 수립에 착수하였으며 현재는 CCS 통합실증사업 예비타당성 조사 연구를 수행 중이다.

청정개발체제(Clean Development Mechanism, CDM)라 함은 점점 심화되고 있는 지구온난화 현상을 완화시키기 위하여 선진국(Annex I 국가)과 개도국(Non-Annex I 국가)이 공동으로 추진하는 국제적 온실가스 감축사업으로서,[48,49] 2005년 2월 발효된 「교토의정서」에 따라 「온실가스 감축사업 등록제도」를 UN 주도로 운영하고 있다. CDM사업 대상은 「교토의정서」에서 지정하고 있는 6대 온실가스(CO_2, CH_4, N_2O, HFCs, PFCs, SF_6)로 한정하고 있으며, 2020년 10월 기준 전 세계적으로 8,198개의 감축사업이 등록되어 있고, 그중 우리나라의 CDM 등록사업 수는 104개인 것으로 나타났다.[47,48] 본 사업을 통해 감축 의무가 있는 선진국은 감축 의무가 없는 개도국에서 온실가스 저감 이 가능하여 "탄소배출권 획득"을 통한 자국의 온실가스 감축 비용 을 더욱 낮출 수 있고, 개도국은 친환경 기술에 대한 해외 투자 및 기술이전을 받음으로써 지속가능한 개발이 가능하므로 본 글로벌 사업은 일거양득의 효과를 갖는 윈-윈(win-win) 전략임을 알 수 있 다. 그러므로 "CDM 사업"을 통해 선진국의 기업들은 개도국 내에서 친환경 온실가스 저감 사업을 통하여 "탄소배출권(Certified Emission Reductions: CERs or Carbon Credits)"을 획득하여 감축의무 대상국에 판 매 가능하며, 이를 위해서는 UNFCCC에서 지정한 CDM운영기구 (Designated Operational Entity)를 통하여 사업 계획 단계에서 타당성 확 인(Validation)과 사업 이행 과정에서 감축실적에 대한 검증(Verification) 을 받아야 한다.

또한, UN의 CDM 제도를 통해 국제적 온실가스 감축기술로 인 정받기 위해서는 반드시 UNFCCC로부터 해당 감축기술에 대해 국 제적으로 표준화된 온실가스 감축을 의미하는 「청정개발체제(CDM) 방법론」을 승인받아야 하며(방법론 승인 없이 온실가스 감축실적 인증 불 가), 현재까지 우리나라의 배출권거래제도에 활용된 CDM 감축실 적은 약 29,177천 톤 규모에 이르는 것으로 밝혀졌다.[50,51] 제86차 EB(Executive Board, CDM 운영사항 의사결정기구)회의에서 사업의 특성 에 따라, 1개의 방법론이라도 분야별 범위를 적용토록 개정되었으 며 이에 따라 바이오매스를 활용한 재생에너지 사업의 경우, 에너지 와 폐기물 또는 농업의 분야별 범위를 복수 적용토록 변경되었다.[52]

"UNFCCC 지정 CDM 방법론"은 2020년 10월 기준 총 220건이 승인 (직권상정 포함) 되어 있는 것으로 확인되었으며 2019년 11월 발간된 「CDM Methodology Booklet」을 살펴보면, 주로 신재생에너지 등 에너지산업, 폐기물 등의 주요 분야에 집중되어 있고, 그중에는 바이오매스와 같은 생물자원도 재생에너지원으로 분류하고 있다. 아울러, CCUS와 관련이 있는 기술들로는 ① 기존의 화석연료를 광합성 식물 및 미생물 기반 바이오매스로 대체하여 열병합발전소에서 전기 및 열을 생산하는 방법, ② 기존의 화석연료를 광합성 식물 및 미생물 기반 바이오매스로 대체하여 연소 후 CO_2를 생산하고 이를 활용하여 무기물질(inorganic compound)을 생산하는 방법, ③ 각종 생활폐기물로부터 바이오 메탄가스(CH_4)를 제조하고 천연가스로 활용하는 방법 정도를 언급하고 있는 것으로 확인되었으며, 그럼에도 불구하고 CCUS 분야로 정식 등록된 방법론의 경우 현재까지는 거의 전무한 수준이다.[52]

〈그림 5〉 CCUS 온실가스 감축경로1-화석연료를 광합성 식물 및 미생물 기반 바이오매스로 대체하여 열병합발전소에서 전기 및 열을 생산하는 방법 (No. AM0007)

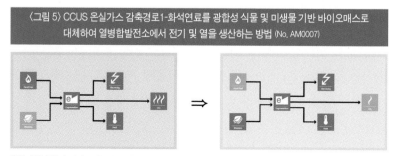

출처: CDM Methodology Booklet 2019

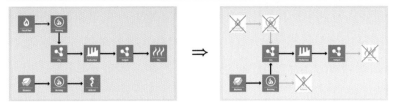

〈그림 6〉 CCUS 온실가스 감축경로2-화석연료를 광합성 식물 및 미생물 기반 바이오매스로 대체하여 연소 후 CO_2를 생산하고, 이를 활용하여 무기물질을 생산하는 방법 (No. AM0027)

출처: CDM Methodology Booklet 2019

〈그림 7〉 CCUS 온실가스 감축경로 3-각종 생활 폐기물로부터 바이오 메탄가스(CH_4)를 제조하고 천연가스로 활용하는 방법 (No. AM0053)

출처: CDM Methodology Booklet 2019

　기존의 시멘트 공정은 제조 시에도 다량의 온실가스가 배출되지만, 생산된 시멘트 내 다량으로 첨가되는 탄산칼슘($CaCO_3$)으로 인하여 건축물 원재료로 활용 시에도 다량의 온실가스(CO_2)가 배출되는 등 국가의 지속가능한 개발 차원에서 매우 골칫거리가 아닐 수 없었다. 이런 가운데, 우리나라는 최근 2020년 10월 과학기술정보통신부, 산업통상자원부, 환경부 공동으로 기존의 시멘트 원료인 탄산칼슘($CaCO_3$)을 산업부산물인 발전회(석탄재 등)에 포함된 알루미나(Al_2O_3)로 대체하는 차수성 시멘트를 제조하여 폐광산 채움재 및 친환경(녹색) 스마트 건축물 등에 활용 가능한 CCUS 기술을 자체 개발하고, 국내 최초로 신규 "CDM 방법론"이 UNFCCC에서 승인·공표되었음을 밝혔다. [53] 물론, "파리기후협약" 발효에 따라 향후 CDM 사업에 대한 전망은 다소 불투명해질 가능성도 다분히 있지만, 그동안 글로벌 온실가스 감축사업에 대한 CDM 방법론의 역할을 감안한다면 신(新)기후체제 하(下)에서도 해당 기술의 발전에 따라 새롭게 등록 및 개정이 가능한 "CDM 방법론"을 거의 준용할 것이라는 의견이 우세한 상황이다. 특히, 2020년 이후 다양한 메커니즘의 등장으로 소규모 프로그램 사업 또는 정책사업에 대한 방법론이 다수 개발될 것으로 예상된다. 이렇듯 선진국이 개발한 UNFCCC CDM 방법론은 앞으로도 개도국과 협력하여 온실가스 감축목표를 달성하기 위한 수단으로서 적극 활용될 것으로 판단된다.

2013년 2월 발족 이후 최근 들어 국내·외 기업들(개도국 포함)에게 각종 온실가스 저감을 위한 플랫폼 사업을 지원하는 녹색기술센터(Green Technology Center, GTC)로부터 국내 최초로 2019년 1월 녹색기후기금(Green Climate Fund, GCF)의 사업준비금융(Project Preparation Facility, PPF) 승인과 2020년 11월 레디니스(Readiness) 사업을 수행할 수 있는 딜리버리 파트너(Delivery partner) 자격 획득은 참으로 괄목할 만하다. 아울러 앞서 CCUS 기술과 국내 온실가스 감축 목표 및 주요 정책" 부분에서 언급한 바와 같이 올해 중으로 발간을 앞둔 6차 IPCC 종합보고서의 제3실무그룹인 "기후변화 완화(온실가스 감축 등) 분야 평가" 부분에서 실재 온실가스를 저감할 수 있는 CCUS 기술들을 대거 소개할 예정이므로, 향후 CCUS 기술의 UNFCCC CDM 방법론 등록 및 관련 사업 출범에도 적지 않은 영향을 미칠 것으로 판단되며 결과적으로 "CCUS 관련 기술"의 "CDM 방법론"과 관련하여 총 등록수의 증가를 가져올 것으로 기대된다. 또한, "CDM 방법론" 내 이미 대기 중의 CO_2를 광합성을 통하여 고정화한 후 유기물 형태로 전환된 바이오매스가 기존의 석탄을 대체하는 재생에너지원으로서 활용 가능함을 명시하고 있고[52] 지금까지의 "CDM 방법론"에서는 기존의 석탄과 같은 식물유래 화석연료를 식물유래 바이오매스(광합성 미생물 포함)로 대체하는 기술을 기본적으로 온실저감에 기여하는 경로로 여기고 있다고 볼 수 있으므로 향후 LNG 열병합발전소로부터 배출되는 온실가스(CO_2)를 직접 이용하여 생산된 바이오매스 및 이의 다양한 활용 기술(재생에너지, 바이오플라스틱 및 각종 생리활성물질 생산)도 생물학적 CO_2를 경감하는 carbon-negative 기술로서 인정받을 가능성과 잠재력은 충분하다고 예상해 볼 수 있다.

〈그림 8〉 광합성을 통한 대기 중 CO_2의 생물학적 고정화 및 바이오매스 전환 경로

Fixation of CO_2 in Biomass
Fixation of atmospheric CO_2 from the atmosphere in biomass through the process of photosynthesis

출처: CDM Methodology Booklet 2019

하지만, 전체적으로 보았을 때 CCU 기술이 CO_2를 경감하는 carbon-negative 기술로서 국제적으로 인정받기 위해서는 현재로서 갈 길이 먼 것도 사실이다. 2018년 3월 세계 유수의 국제학술지 "*Energy & Environmental Sciences*"의 보고에서도 앞서 설명한 "UNFCCC 지정 CDM 방법론"과 맥락을 같이하고 있는데, CCU 기술이 Carbon-negative가 되기 위한 조건으로는 대기로부터 직접 CO_2를 흡수하는 기술(포집설비나 바이오매스를 이용하여 대기 내 CO_2를 직

접 포집)이어야 하고 가급적이면 생산된 산물이 $CaCO_3$와 같은 장기간 저장이 가능한 무기물질 형태여야 하며 만약 CO_2가 발전소에서 배출되는 산업배가스로부터 포집될 경우, 이로부터 파생한 CCU 기술은 전과정평가(LCA)에서 적어도 Carbon-negative일 수 없음을 명시하고 있다.[54] 그러나 한편으로 CCU 기술은 추가적인 다양한 기작들을 통하여 기후변화 경감에 기여할 수 있는데, 그 기준으로는 첫째, CCU 기술로 생성된 제품이 기존의 비교 가능한 제품군에 비해서 생산 시 전과정평가(LCA)에서 CO_2 발생량이 상대적으로 적을 경우이고, 둘째, 일시적인 탄소 저장(temporary storage) 기능을 하는 경우로서, 이 부분은 생성되는 생산 품목의 특성에 따라 다양해질 수 있다. 예를 들어 현재 Carbon-negative로 인정받는 화석연료 대체 기능을 가지는 "재생에너지"를 제외한 기타 대표산물들의 경우 바이오플라스틱(비교적 긴 수명) ＞ 각종 생리활성물질(비교적 짧은 수명) 순으로 차등을 둘 수도 있지만, 현재 전과정평가(LCA)에서는 emission timing(배출시간)을 다루지 않고 있을뿐더러 앞서 언급한 일시적인 CO_2 저장이 기후변화에 미치는 영향에 관하여 충분한 이해가 아직까지는 부족한 것으로 학계는 보고 있다.[40]

그로부터 1년 뒤인 2019년 11월 세계 유수의 국제학술지 "네이처(Nature)"의 보고에 따르면, 전 세계적으로 "탈화석연료"를 위한 "신(新)재생에너지 기술"의 현재 기술성숙도 및 미래 발전 속도로는 향후 100년간 화석연료의 의존도를 완전히 벗어나기는 현실적으로 어렵다는 에너지 관련 전문가들의 분석이 이어지면서, 기존의 DAC 기술만이 유일한 CO_2 경감 기술이라는 개념에서 확장하여 산업배출가스를 활용하는 CCUS 기술을 온실가스 배출업체의 배출 경감

(emission reduction)과 더불어 또 다른 CO_2 경감 기술임을 처음으로 제시하였다.[40] 결론적으로, 앞서 설명한 기술들의 특성들을 종합해 보았을 때 CCUS 기술은 각종 산업으로부터 배출되는 CO_2량 혹은 대기 중 CO2 농도를 경감시키는 비용을 감소시킬뿐만 아니라, 열병합발전소로부터 배출되는 산업배가스 내 CO_2 경감과 더불어 대기 내 CO_2 경감에도 DACCS 기술이 직접적으로 기여할 수 있으며, 특히 BECCS 기술의 경우 명백한 Carbon-negative 기술로서 대기 중의 CO_2 농도의 저감이 가능하다고 논문에서는 명시하고 있다.[40]

결언

　　온실가스 감축을 위한 대표적인 사전감축수단으로 신재
생에너지 등과 같은 친환경 에너지원의 도입 및 산업, 건물, 수송 부
문 등에서의 에너지 전환 및 효율화 등을 들 수 있으며, 이를 통하여
이산화탄소 배출을 사전에 줄이는 것이 가능하다. 최근 들어 국내
의 석유화학업계는 "탄소중립"의 시대정신에 맞추어 "탄소제로위원
회"를 출범시키는 등 발 빠르게 대응하고 있다. SK그룹 계열사 8곳
이 사용 전력을 100% 재생에너지로 대체하는 이른바 "RE(Renewable
Energy)100" 가입을 밝혔으며, LG화학도 지난해 7월 업계 최초로
"2050 탄소중립성장"을 선언하고 전체 사업장을 대상으로 RE100을
추진할 예정이다.

　　그러나 일반적으로 재생에너지의 전력효율이 비교적 낮고 우리
나라의 경우, 4계절의 변동성이 큰 기후환경 조건은 근본적으로 신
재생에너지 전력효율을 더욱 떨어뜨리는 주요 요인이기 때문에 아
직은 전체적인 기술성숙도 측면에서 획기적인 보완이 필요하다고

볼 수 있다. 결과적으로 당장 신재생에너지 생산시설의 대규모 확장, 또 화석연료를 신재생에너지로의 급진적인 전환은 현실적으로 불가능하다. 더군다나 에너지 집약적 산업, 즉 발전, 철강, 석유화학, 시멘트, 반도체 및 디스플레이 산업들의 경우 여전히 현재 한국의 경제를 지탱하는 근간이고 국가경쟁력을 좌지우지하는 주력산업들이기 때문에 현재로서는 해당 기업들뿐만 아니라 정부도 당장 신재생에너지로의 급속한 전환과 관련된 규제를 논하기가 매우 조심스러울 수 있다. 이에 따라 높은 효율로 열과 전기를 동시에 생산할 수 있는 종합에너지솔루션으로서의 열병합 발전 기반의 집단에너지는 화석연료 사회에서 신재생에너지 사회로 전환에 있어 훌륭한 가교 역할을 할 수 있는 대안으로 떠오르고 있다. 또 같은 목적, 즉 신재생에너지 기반의 탈탄소 경제 사회 구축을 두고 최근 진행되고 있는 그린 뉴딜 생태계 조성에서도 집단에너지의 역할은 적지 않을 것으로 판단된다. 하지만 여전히 열병합 발전 또한 많은 부분 액화 천연가스 등 CO_2-양성(CO_2-positive) 연료에 의존하고 있어 탈탄소 사회 실현에 실질적인 역할을 수행하기 위해서는 CCUS 기술과의 병합을 통해 에너지 생산에서 발생하는 CO_2의 대기 중 배출을 최소화해야 한다.

상기 필요성에 발맞춘 집단에너지에서의 CO_2 감축 노력의 대표적인 예로, 현재 한국지역난방공사가 실증 규모(0.1MW급)로 개발을 진행 중인 도심발전소에 적용 가능한 「컴팩트 CO_2 포집 및 탄소자원화 하이브리드 기술」의 경우, 대규모로 CO_2를 고속 전환하고 동시에 경제성 높은 다양한 CO_2 유래 고부가 유용 물질 생산이 가능한 전 세계적으로 유례없는 기술로서 기술성숙도 측면에서 대용량화를 통한 실용화 가능성에 매우 근접해있다고 판단되며, 따라서 국가 차원에서 집중적으로 지원할 가치가 있다. 탄소중립을 위해서는 온실가스 배출을 줄이는 것 자체도 매우 중요하지만 배출된 탄소를 경제적이면서도 고속으로 처리하는 것 또한 중요하기 때문이다. 이처럼 각종 산업시설에서 방출되는 CO_2를 최소화하고, 이미 방출되어 나오는 CO_2를 효과적으로 포집, 친환경 유용물질로 전환하여 저장하는 CCUS 산업을 발전시키고 활성화시키는 것이 전반적으로 그 나라 국가경쟁력에 지대한 영향을 미치는 시대가 점차 다가오고 있다.

최근 들어 국내에서도 환경에 대한 국민의 관심이 자연에 국한되지 않고 제품으로 확장됨에 따라 제품이 환경에 주는 영향까지 고려하는 소비자들이 늘고 있다. 환경부에서는 일상 생활용품, 식료품, 인테리어 소품, 가정용 전자기기, 서비스에 이르기까지 모든 제품의 환경성 정보를 공개하는 '환경성적표지' 제도를 시행하고 있다. 환경성적표지의 환경 영향범주로는 '자원발자국', '탄소발자국', '오존층영향', '산성비', '부영양화', '광화학 스모그', '물발자국', '생태독성', '인체독성', '생물다양성 영향'으로 총 10가지로 구성되어 있으며, 환경성적표지 제도 도입일로 2017년 8월 말 기준 2,675개의 제품 및 서비스가 인증을 받았으며 이 중 저탄소제품 인증으로 약 554만 톤의 온실가스를 감축한 것으로 나타났다. 이처럼 고효율 에너지·열원인 LNG 열병합발전을 기반으로 하는 집단에너지 시스템도 「탄소중립」의 시대적 요구에 적극 부응하여 대규모 「친환경, 경제적 탄소 제로 CCUS 융합 시스템」을 구축하고 변화하는 사회의 요구에 선제적으로 대응함으로써 국가 CO_2 감축 목표에 기여하는 동시에 탈탄소 사회 구축을 위한 그린 뉴딜에서의 그 역할을 수행해야 한다.

1. 환경부, "장기 저탄소 발전전략, 국민 의견 입체적 반영하여 수립", 2020. 6.

2. 환경부-온실가스종합정보센터, 『2020년 국가 온실가스 인벤토리 보고서』, 2020. 12.

3. 2050 저탄소 사회 비전 포럼, 『2050 장기 저탄소 발전전략』, 2020. 2.

4. 에너지경제연구원, 『에너지통계연보』, 2020. 2.

5. OECD(Organization for Economic Cooperation and Development), https://www.oecd.org/

6. NOAA(National Oceanic and Atmospheric Administration), "Global Climate Report", 2007.

7. IPCC(Intergovernmental Panel on Climate Change), "AR4 Climate Change", 2007.

8. IEA(International Energy Agency), "Global CO2 emissions in 2019", 2020.

9. NOAA(National Oceanic and Atmospheric Adminstration), https://www.esrl.noaa.gov/gmd/ ccgg/trends/mlo.html

10. 기상청, "8월 기상 특성", 2016. 8.

11. NASA(National Aeronautics and Space Administration), "Goddard Institute for Space Studies (GISS)", 2000.

12. The Royal Society and the US NAS(National Academy of Sciences), 『Climate Change Evidence & Causes: Update 2020』, 2020. 2.

13. WMO(World Meteorological Organization), 『2015-2019 전 지구 기후보고서』, 2019.

14. Bamber, J. L., Oppenheimer, M., Kopp, R. E., Aspinall, W. P., Cooke, R. M., "Ice sheet contributions to future sea-level rise from structured expert judgment", PNAS(Proceedings of the National Academy of Sciences U.S.A.), 제116권, 제23호, pp. 11195-11200, 2019. 5.

15. 부산발전연구원, 『Report』, 2015.

16. 환경부·국립환경과학원, 『한국 기후변화 평가보고서』, 2014.

17. 한국에너지기술평가원, 『글로벌기술협력기반육성사업(GT) 심층분석보고서-이산화탄소 저감 및 자원화 기술 미국의 CCUS 산업 동향 분석』, 2015.

18. 'Clean Coal' Technologies, Carbon Capture & Sequestration, 2020, https://www. world-nuclear.org/information-library/energy-and-the-environment/clean-coal-

technologies.aspx

19. IEA(International Energy Agency), 『Energy Technology Perspective』, 2014.

20. IPCC(Intergovernmental Panel on Climate Change), 『제5차 평가종합보고서』, 2014.

21. IEA(International Energy Agency), 『World Energy Outlook』, 2017.

22. 한국CCS협회, 『이산화탄소 활용 산업 창출을 위한 국내외 이산화탄소 활용 기술 현황 분석』, 2015.12.

23. UNFCCC(United Nations Framework Convention on Climate Change), 종합보고서, 2015.

24. Aresta M., "1. Carbon dioxide: utilization options to reduce its accumulation in the atmosphere", Carbon dioxide as chemical feedstock, WILEY-VCH, 2010.

25. IEA(International Energy Agency), 『Energy Technology Perspective』, 2017.

26. 저탄소 녹색성장 기본법, https://www.law.go.kr/법령/저탄소녹색성장기본법.

27. 문승현, "Non-CO_2 온실가스 저감기술 동향", News & Information for Chemical Engineers, 제33권, 제6호, pp.675-692, 2015.

28. 녹색기술센터, 『Korea Green Climate Technology Outlook(한국 녹색 기후기술 백서)』, 2020.

29. 대한민국정부, "제2차 대한민국 격년갱신보고서", 2017.11.

30. 에너지경제연구원, 『전원구성계획을 고려한 에너지·기후변화 정책분석 모형개발』, 2012.12.

31. 환경부, "2030년 온실가스 감축 로드맵 수정안 및 2018~2020년 배출권 할당계획 확정", 2018.7.

32. 대한민국정부, "대한민국 2050 탄소중립 전략(LEDS)", 2020.12.

33. 대한민국정부, "2030 국가 온실가스 감축목표(NDC)", 2020.12.

34. 대한민국 정책브리핑(과학기술정보통신부, 산업통상자원부), https://www.korea.kr/news/policyNewsView.do?newsId=148880127

35. 관계부처합동, "배출권 할당계획 변경(안)", 2017.1.

36. 시사저널, https://www.sisajournal.com/news/articleView.html?idxno=166603

37. 산업통상자원부, "제3차 에너지기본계획", 2019.6.

38. 산업통상자원부, "제9차 전력수급기본계획(2020-2034)", 2020.12.

39. 산업통상자원부, "제5차 집단에너지 공급 기본계획", 2020.2.

40. Hepburn, C., Adlen, E., Beddington, J., Carter, E. A., Fuss, S., Mac Dowell,

N., Minx, J. C., Smith, P., Williams, C. K., "The technological and economic prospects for CO₂ utilization and removal", Nature, 제575권, pp. 87-97, 2019.11.

41. European Commission, "Carbon Capture Utilisation and Storage Technology development report," 2019.

42. Jones, S. W., Fast, A. G., Carlson, E. D., Wiedel, C. A., Au, J., Antoniewicz, M. R., Papoutsakis, E. T., Tracy, B. P., "CO₂ fixation by anaerobic non-photosynthetic mixotrophy for improved carbon conversion", Nature communications, 제7권, 12800, 2016.9.

43. Klinthong, W., Yang, Y.-H., Huang, C.-H., Tan, C.-S., "A review: microalgae and their applications in CO₂ capture and renewable energy", Aerosol and Air Quality Research, 제15권, 제2호, pp. 712-742, 2015.4.

44. Fakhri, S., Nouri, Z., Moradi, S. Z., Farzaei, M. H., "Astaxanthin, COVID-19 and immune response: Focus on oxidative stress, apoptosis and autophagy", Phytotherapy Research, 제34권, 제11호, pp. 2790-2792, 2020.11.

45. Talukdar, J., Bhadra, B., Dattaroy, T., Nagle, V., Dasgupta, S., "Potential of natural astaxanthin in alleviating the risk of cytokine storm in COVID-19", Biomedicine & Pharmacotherapy, 제132권, 110886. 2020.10.

46. 한국과학기술기획평가원, 『이산화탄소 포집·저장·활용기술』, 2018.

47. Doucha, J., Straka, F., Lívanský, K., "Utilization of flue gas for cultivation of microalgae(Chlorella sp.) in an outdoor open thin-layer photobioreactor", Journal of Applied Phycology, 제17권, pp. 403-412. 2005.10.

48. 한국에너지공단, CDM인증센터-http://www.koreacdm.com/

49. 대전세종연구원, 『대전시 온실가스 감축을 위한 외부사업 여건 조사』, 2018.3.

50. UNFCCC(United Nations Framework Convention on Climate), https://cdm.unfccc.int/

51. IGES(Institute for Global Environmental Strategies), CDM 사업 관련 통계자료-https://www.iges.or.jp

52. UNFCCC(United Nations Framework Convention on Climate), 『CDM Methodology Booklet』, 2019.11.

53. 과학기술정보통신부, "국내개발 온실가스 감축기술 국제적 인정-탄소광물화를 통한 시멘트 생산 기술(보도자료)", 2020.10.

54. Bui, M., Adjiman, C. S., Bardow, A., Anthony, E. J., Boston, A., Brown, S., Fennell, P. S., Fuss, S., Galindo, A., Hackett, L. A., Hallett, J. P., Herzog, H. J., Jackson, G., Kemper, J., Krevor, S., Maitland, G. C., Matuszewski, M., Metcalfe, I. S., Petit, C., Puxty, G., Reimer, J., Reiner, D. M., Rubin, E. S., Scott, S. A., Shah, N., Smit, B., Trusler, J. P. M., Webley, P., Wilcox, J., Mac Dowel, N., "Carbon capture and storage (CCS): the way forward," Energy & Environmental Science, 제11권, pp.1062-1176, 2018.3.

조형희　연세대학교 기계공학부 교수

최종 학력　미국 미네소타주립대학교 기계공학 박사
경력 사항　대한기계학회 회장, 연세대학교 산학협력단장/연구처장
최근 논문
- Efficient Design of Heat Exchange for CFB Reactors in CO_2 Capture System Regarding Geometry-Induced Secondary Flow (*Energy Conversion and Management*, 2021, 235(1) 113995)
- Impingement/Effusion Cooling with a Hollow-Cylinder Structure for Additive Manufacturing (*International Journal of Heat and Mass Transfer*, 2020, 155, 119786)

윤종헌　한양대학교 기계공학과 부교수

최종 학력　한국과학기술원(KAIST) 기계공학과 박사학위
경력 사항　미국 플로리다 대학교 박사후과정, 한국재료연구원 선임연구원
최근 논문
- Effect of Laser Patterning on Axial Crushing Performance of Cylindrical 22MnB5 tubes(*Composite Structures*, 2021, 262(15), 113633)
- Artificial Neural Network for Predicting Edge Stretchability in Hole Expansion Test with GPa-grade Steel(*IEEE Access*, 2020, 8, 195622-195631)

이 찬　수원대학교 산업 및 기계공학부 교수

최종 학력　KAIST 항공우주공학과 공학 박사

경력 사항　수원대학교 기획처장/산학협력단장/연구처장, 한국에너지기후변화학회
수석부회장

대표 논문

- Evaluation on the Performance and the NOx Emission of IGCC Power Plant Integrated with Air Separation Unit(*International Energy Journal*, 2007, 8, 37-44)
- Investigation on the operation status of a user-side thermal facility of Korean district heating system by using exergy analysis method(*International Journal of Smart Grid and Clean Energy*, 2016, 5(3), 196-201)

정재동　세종대학교 기계공학과 교수

최종 학력　서울대학교 기계공학과 공학 박사

경력 사항　설비공학회 부회장, 기계학회 수석부회장

최근 논문

- Effect of Coating Thickness, Binder and Cycle Time in Adsorption Cooling Applications(*Applied Thermal Engineering*, 2021, 184(5), 116265) 외 최근 5년간 90여 편.

이재용　한국에너지기술연구원 에너지효율연구본부 책임연구원

최종 학력　인하대학교 기계공학과 공학 박사

경력 사항　삼성종합기술원 전문연구원, University of Cincinnati, Research Associate

대표 논문

- Energy and Flow Demand Analysis of Domestic Hot Water in an Apartment Complex Using a Smart Meter(*Energy*, 2021, 229(15), 120678)
- Analytical Study on Changes in Domestic Hot Water Use Caused by COVID-19 pandemic(*Energy*, 2021, 231(15), 120915)

홍희기 　경희대학교 기계공학과 교수

최종 학력 　Tokyo Institute of Technology 기계공학과 공학박사
경력 사항 　대한설비공학회 회장
최근 논문
- 벽체일체형 강제순환 태양열온수기의 열성능 평가(제1보: 실증실험)(설비공학논문집, 2021, vol. 9)
- Greenhouse Gas Reduction Effect of Solar Energy Systems Applicable to High-Rise Apartment Housing Structures in South Korea(*Energies*, 2020, 13(10), 2568)

배성호 　한국에너지기술평가원 수석연구원

최종 학력 　프랑스 파리제6대학, 지구자원학, 박사
경력 사항 　대통령직속 녹색성장위원회 전문위원, 한국지역난방공사 책임연구원
대표 논문
- A Study on the Economic Analysis and Optical Project Model of Woodchip Cogeneration Systems(*The Korean Journal of Chemical Engineering*, 2011, 28(4), 1023-1028).

이명주 　명지대학교 건축대학 건축학부 교수

최종 학력 　독일 베를린공과대학 건축학과 Dipl.-Ing. (건축학전공)
　　　　　　　세종대학교 대학원 기후변화협동과정 행정학박사 (기후변화정책전공)
경력 사항 　대통령직속 탄소중립위원회 녹색생활분과 분과위원장
　　　　　　　(前)국무총리 소속 녹색성장위원회 총괄기획분과 분과위원장
최근 논문
- Effects of Mechanical Ventilation on Indoor Air Quality and Occupant Health Status in Energy Efficient homes(*Science of The Total Environment*, 2021, 785(1), 147324)
단독 저서 　건축물중심 제로에너지도시 2017. 11 마실와이드

왕광익　　그린디지털연구소 소장

최종 학력　동경대학교 도시공학과에서 저탄소도시공간구조로 박사학위
경력 사항　국토연구원 연구위원, 대한주택공사 주택도시연구원 선임연구원
대표 연구
- 울산광역시 수소시범도시 마스터플랜 수립연구 책임.
- 행복도시 스마트제로 에너지도시 기본구상 연구 책임.

유기영　　서울연구원 선임연구위원

최종 학력　서울시립대학교 대학원 공학박사
대표 논문
- Evaluation and Development of Solid wWaste Management Plan: A Case of Seoul for
  Past and Future 10 years(*Journal of Material Cycles and Waste Management*, 2015, 17, 673-689)
대표 연구
- 서울시 폐기물관리체계 A에서 Z까지, 2014.

임용훈　　숙명여자대학교 기계시스템학과 부교수

최종 학력　포항공과대학교 기계공학과 박사
경력 사항　한국에너지기술연구원 책임연구원, 과학기술연합대학원(UST) 겸임교수
최근 논문
- Feasibility Study on the Low Temperature District Heating and Cooling System with
  Bi-lateral Heat Trades Model(*Energy*, 2018, 153, 988-999).
- Optimal Operation of Greenhouses in Microgrids Perspective(*IEEE Transactions on Smart
  Grid*, 2018, 10, 3474-3485).

심상준　고려대학교 화공생명공학과 교수

최종 학력　한국과학기술원(KAIST) 화학공학과 공학 박사
경력 사항　한국과학기술연구원(KIST) 선임연구원, 성균관대학교 화학공학과 교수
최근 논문
- A Sustainable Mixotrophic Microalgae Cultivation from Dairy Wastes for Carbon Credit, Bioremediation and Lucrative Biofuels(*Bioresource Technology*, 2020, 313, 123681).
- Emerging Prospects of Mixotrophic Microalgae: Way Forward to Sustainable Bioprocess for Environmental Remediation and Cost-effective Biofuels(*Bioresource Technology*, 2020, 300, 122741).

그린뉴딜과 집단에너지

초판 1쇄 인쇄   2021년 8월 10일
초판 1쇄 발행   2021년 8월 20일

지 은 이   조형희 윤종헌 이 찬 정재동 이재용 홍희기
             배성호 이명주 왕광익 유기영 임용훈 심상준
기   획   집단에너지연구회 한국지역난방공사
편   집   전홍식 임슬예

펴 낸 이   최종숙
편집진행   이태곤 문선희 권분옥 임애정 강윤경
디 자 인   안혜진 최선주 이경진
마 케 팅   박태훈 안현진

펴 낸 곳   글누림출판사
주   소   서울시 서초구 동광로 46길 6-6 문창빌딩 2층 (우-06589)
전   화   02-3409-2060(편집), 2058(마케팅)
팩   스   02-3409-2059
전자우편   nurim3888@hanmail.net
홈페이지   www.geulnurim.co.kr
출판등록   2005년 10월 5일 제303-2005-000038호

ISBN 978-89-6327-644-1 93300